仓修良先生（摄于 2012 年春）

章学诚评传

（增订本）

仓修良　叶建华　著

图书在版编目（CIP）数据

章学诚评传 / 仓修良，叶建华著. — 增订本. — 北京：商务印书馆，2022
ISBN 978-7-100-21413-1

Ⅰ.①章… Ⅱ.①仓… ②叶… Ⅲ.①章学诚（1738—1801）—评传 Ⅳ.①B249.75

中国版本图书馆CIP数据核字（2022）第117676号

权利保留，侵权必究。

章学诚评传
（增订本）

仓修良　叶建华　著

商　务　印　书　馆　出　版
（北京王府井大街36号　邮政编码100710）
商　务　印　书　馆　发　行
三河市尚艺印装有限公司印刷
ISBN 978-7-100-21413-1

2022年11月第1版　　　开本 710×1000　1/16
2022年11月第1次印刷　印张 21 1/2　插页 1

定价：108.00元

出版说明

仓修良先生（1933—2021）是当代著名历史学家、方志学家，江苏省泗阳县人。1958年毕业于浙江师范学院历史系，一直在杭州大学历史系任教。1998年国务院决定四校合并，为浙江大学历史系教授。生前社会兼职有中国历史文献研究会名誉会长、学术委员会主任委员，中国地方志学会学术委员，浙江省地方志学会副会长，华中师范大学历史文献研究所、华东师范大学中国史学研究所、宁波大学、温州大学兼职教授等。

仓先生毕生致力于中国史学史、历史文献学、方志学和谱牒学等方面的教学与研究，著述宏富。出版学术专著有《中国古代史学史简编》（与魏得良合著）、《中国古代史学史》、《方志学通论》、《谱牒学通论》、《章学诚和〈文史通义〉》、《章学诚评传》（与叶建华合著）、《章学诚评传》（与仓晓梅合著），自选文集《史家·史籍·史学》、《仓修良探方志》、《史志丛稿》、《独乐斋文存》。主持二十五史辞典丛书的编纂工作，主编《中国史学名著评介》（三卷本、五卷本）、《史记辞典》、《汉书辞典》、《二十五史警句妙语辞典》、《中国历史文选》（下册，与魏得良合编）、《中国史学史参考资料》、《中国华东文献丛书·华东稀见方志文献》（全五十卷），《中国历史大辞典·史学史卷》编委，撰写《中国历史要籍介绍及选读》要籍解题。古籍整理有《爝火录》（与魏得良合校）、《文史通义新编》、《文史通义新编新注》等。在《历史研究》、《新华文摘》、《中国史研究》、《文史》、《人民日报》、《光明日报》等报刊发表论文两百余篇，科研成果多次受到国家和省部级的奖励。事迹被收入中外名人辞典三十多种，治学经历被收入朝华出版社《学林春秋》，享受国务院特殊津贴。

仓先生在2017年出版《谱牒学通论》后，有意出版本人文集，将生平著述作一总结，集中呈现给学界朋友与广大读者。文集的出版，承商务印书馆的大力支持，同时得到浙江大学中国古代史研究所"双一流"项目经费出版资助。编纂工作从2019年底正式启动，由于身体原因，仓先生委托留系弟子鲍永军负责，从事制订编纂计划、搜集整理并复印论文、整齐文献格式、校对清样及引文、联络沟通等编务。仓先生确定文集编纂计划与目录，指导编纂工作，夫人任宁沪女士、女儿仓晓梅女士提供书信与照片资料，对封面设计、文集装帧等提出宝贵的意见建议。文集编纂工作，得到先生弟子们的积极参与和热忱帮助。叶建华同志校对文集排版文字、核对论著引文。陈凯同志参与制订编纂计划，负责书信整理编纂工作，参与统一文集文献格式，编撰《学术论著编年目录》。张勤同志编撰《学术活动年表》。先生其他弟子，钱茂伟、舒仁辉、刘连开、殷梦霞、文善常、范立舟、陈鹏鸣、金伟、白雪飞、邹晏君、邢舒绪等同志，始终关注支持文集编纂工作。

本文集包含五方面内容，依次为专著、古籍整理、论文集、附录、书信集。文集凡十卷：第一卷《中国古代史学史》；第二卷《方志学通论》；第三卷《谱牒学通论》；第四卷《章学诚评传》（与叶建华合著）；第五卷《章学诚和〈文史通义〉》、《章学诚评传》（与仓晓梅合著）；第六卷《文史通义新编新注》；第七卷《中国史学史论集》；第八卷《方志学论集》；第九卷《谱牒学与历史文献学论集》，附录《学术活动年表》、《学术论著编年目录》；第十卷《友朋书信集》。仓先生所撰中国历史要籍解题，收入第七卷《中国史学史论集》。仓先生主编的《中国史学名著评介》、《文史通义新编》、《燹火录》以及《中国历史文选》，所撰《中国历史大辞典·史学史》、《史记辞典》、《汉书辞典》、《二十五史警句妙语辞典》词条，限于篇幅，本文集不再收录。原四本论文集《史家·史籍·史学》、《仓修良探方志》、《史志丛稿》、《独乐斋文存》中的相关序言、前言、后记，分别收入第七、八、九卷中。

文集中的专著，有增订本者，收增订本。已出版著作与发表的论文，注释体例多有不同，此次出版，为方便读者，重新编排，核对引文，尽可能按照最新出版规范，统一注释体例。

文集编纂尚在进行，仓先生不幸于2021年3月逝世，遗憾不可弥补。文集第一卷于11月问世，后续各卷陆续出版，以慰先生在天之灵。先生之风，山高水长；先生之学，百世流芳。

编者
2021年10月26日

目 录

第一章 "万马齐喑"的专制时代 1
    第一节 专制政策及其对学术文化的影响 1
    第二节 盛极一时的乾嘉考据学风 14
    第三节 在"乾嘉盛世"的背后 21

第二章 穷困潦倒的坎坷一生 24
    第一节 "意气落落,不可一世"的青年时代 24
    第二节 "不合时好",不敢入仕的中年时代 34
    第三节 为人幕僚,"坎坷潦倒"的晚年 42
    第四节 集古大成,成一家之言的史志著作 60

第三章 倡言改革的社会政治思想 81
    第一节 "三王不相袭,五帝不相沿"的社会变革思想 81
    第二节 "以吏治为急"的政治改革方案 85
    第三节 "时会使然"的人才论 90

第四章 朴素唯物论的哲学思想 94
    第一节 "道不离器"的天道观 94
    第二节 "效法成象"的认识论 97
    第三节 "不负我生"的人生观 100
    第四节 "天德天位"的伦理观 104

第五章　杰出的史学理论家 ... 108
第一节　史学经世论 ... 108
第二节　六经皆史论 ... 112
第三节　史义论 ... 142
第四节　史德论 ... 147
第五节　史书编纂论 ... 156

第六章　方志学理论的奠基人 ... 183
第一节　方志的起源、性质和作用 ... 183
第二节　方志编纂理论 ... 192
第三节　章学诚方志理论的三大来源 ... 213

第七章　集古之大成的校雠学理论 ... 235
第一节　校雠学的目的和任务 ... 236
第二节　校雠学的起源和发展 ... 239
第三节　校雠学的理论和方法 ... 242

第八章　"史部支流"的谱牒学理论 ... 255
第一节　谱牒学的性质和作用 ... 255
第二节　谱牒学的起源和发展 ... 260
第三节　谱牒的编纂原则和方法 ... 265

第九章　别具一格的文学理论 ... 274
第一节　文贵"明道"、"用世" ... 274
第二节　倡导"文德" ... 277
第三节　"文理"说 ... 281
第四节　"清真"说 ... 285

第十章　蕴意丰厚的教育思想 ... 288
第一节　"学以致其道"的教育目的 ... 288
第二节　"通经服古"的教学内容 ... 290
第三节　"尽人达天"的教学方法 ... 293

  第四节　可贵的治学经验 300
第十一章　浙东史学的殿军 312
  第一节　浙东史学的概况 312
  第二节　章学诚是浙东史学的殿军 315

结束语 328
后　记 334
附　记 335

第一章
"万马齐喑"的专制时代

章学诚，字实斋，号少岩，原名文敩。浙江会稽（今绍兴）人，生于清乾隆三年（1738），卒于嘉庆六年（1801），终年64岁。其生活的时代，正是历史上所谓的"乾嘉时代"。

乾嘉时代，曾被后人看成清代历史上的一个"盛世"，"乾嘉学派"又被视为这个"盛世"学术繁荣的象征。然而，正是在这个时代，统治者推行了空前的文化专制主义高压政策，把整个学术文化纳入考据轨道。这种考据学是一种严重畸形发展的学术文化，它虽然在考据领域内做出了不小的成绩，但那是许许多多的聪明才智之士用血的代价换来的。乾嘉时期的社会，也表现出那样的"盛世"不盛迹象，甚至是处于危机四伏的动荡不安境地。这个时代，其实正是龚自珍所揭示和形容的"万马齐喑究可哀"[1]的专制时代！

第一节 专制政策及其对学术文化的影响

诚然，"政治、法律、哲学、宗教、文学、艺术等的发展是以经济发展为基础的"[2]。从根本上讲，社会政治的安定、经济的发展，是学术文化得以繁荣发展的先决条件和物质基础。然而，应当注意的是，一个时代的学术文化的繁荣和发展，"决不是同社会的一般发展成比例的，因而也决不是同仿佛是社会组织的骨骼的物质基础的一般发展成比例的"[3]。经济发展对这些领

---

[1] （清）龚自珍：《己亥杂诗》，《龚自珍全集》第十辑，上海人民出版社1975年版，第521页。
[2] 恩格斯：《致符·博尔吉乌斯》，《马克思恩格斯选集》第4卷，人民出版社1972年版，第506页。
[3] 马克思：《〈政治经济学批判〉导言》，《马克思恩格斯选集》第2卷，第112页。

域的影响多半"只是在它的政治等等的外衣下起作用……经济在这里并不重新创造出任何东西……而且这一作用多半也是间接发生的"。对学术文化"发生最大的直接影响的,则是政治的、法律的和道德的反映"①。所以,一个时代的学术文化究竟怎样发展、朝什么方向发展及其内容和特点如何,在很大程度上是取决于该时期统治者所采取的政治文化政策的。乾嘉时期统治者所推行的文化专制主义政策,直接铸就了乾嘉时代的整个学术特征。

一、大兴文字狱,打击经世致用思想

众所周知,明清之际,是我国封建社会晚期历史上一个剧烈动荡的时期,阶级矛盾和民族矛盾都极为尖锐,反映在意识形态领域内,出现了一大批唯物论和具有民主色彩的进步思想家,黄宗羲、顾炎武、王夫之、方以智、吕留良等人就是其中杰出的代表。他们大多反对宋明以来程朱理学的空谈,主张"经世致用"之学,不同程度地对封建专制主义和民族压迫进行了批判。特别是黄宗羲,在其名著《明夷待访录》中,对专制的暴君政治和现存的封建秩序进行了猛烈的抨击。顾炎武的《天下郡国利病书》也是一部切于"当世之务"的经世之作。当时许多著名学者,著书立说,也都和黄、顾一样,抱有明显的"经世"目的。因此学术空气非常活跃,各种有价值的著作也都应时出现。从学术思想领域来看,这的确是一种十分可喜的现象,称得上是一场带有民主色彩的思想启蒙运动。不难看出,形势的正常发展,会自然地把中国导向近代民主社会。可是,这种局面的出现,却使清朝统治者感到惶惶不安,他们很快意识到,如果让这种学术文化思想继续自由发展下去,势必要冲击封建统治,对于政权的巩固将会产生极其不利的影响。于是,清朝统治者便逐步改变了入关之初对知识分子相对比较宽容的政策,决心以高压手段,对这些"掉弄笔墨"的学者予以严厉的惩创。他们大兴文字狱,打击"经世致用"思想,残杀富有民主思想的知识分子,以此加强对学术思想的控制,企图把带有民主启蒙色彩的文化思潮扼杀在摇篮里。

文字狱虽是古已有之,但各代文网的疏密是有所不同的,明清时期的

---

① 恩格斯:《致康·施米特》,《马克思恩格斯选集》第4卷,第485—486页。

文网要远超前代，而清代文字狱之凶残较之明代更有过之而无不及。从康雍到乾嘉的几个朝代，接连兴起一连串的文字狱。康熙初年有所谓"《明史》案"。时浙江归安（今吴兴）富户庄廷鑨购得明万历年间大学士朱国祯编著的《明史》，原书未完，庄廷鑨请人续完刻印，因其中涉及李成梁与建州卫的关系和明末抗战事迹，为落职归安知县吴之荣告发，遂兴大狱。时庄廷鑨已死，仍被剖棺戮尸。其父兄弟侄等家属亦处极刑。此外，凡是作序、校补、刻印甚至售书、买书者都惨遭杀戮，共杀了 72 人，充军者更不计其数。这里特别要指出的是，被顾炎武"视为畏友"的吴炎（字赤溟）、潘柽章（字力田）两位年轻有为的史学家，亦不幸死于此案。梁启超后来称之为"实清代史学界第一不幸事也"[①]。吴、潘俱为吴江名士，本未参与庄氏《明史》的校刻工作，时二人正专心撰著《明史记》。但庄氏家属倾慕二人盛名，遂刊其名于参阅名单之中，于是二人均遭杀身之祸，康熙二年（1663）五月，"俱磔于杭州弼教坊"。他们都长于史学，两人合作仿《史记》体例撰《明史记》。顾炎武对他们十分敬慕，将自己所藏有关史料千余卷都借给了他们，《明史记》于两人遇难时被抄没焚毁，顾炎武所借的藏书也被一并烧毁。这不仅是明史研究上的一大损失，更是时代的一大悲剧。顾炎武、钱谦益等人对二位青年的遇难表示十分悲痛和惋惜，并为他俩写下许多哀悼诗文。顾炎武在一首题为《汾州祭吴炎潘柽章二节士》的诗中这样写道："一代文章亡左马，千秋仁义在吴潘。"[②]康熙末年又有"《南山集》案"。清翰林院编修桐城人戴名世著有《南山集》，书中多处引用了同乡人方孝标《滇黔纪闻》所记明永历政权抗清事迹，并主张弘光、隆武、永历三帝在《明史》中应立"本纪"，被人告发。戴名世全族被斩，孝标早死，也被戮尸，凡为书作序、捐资刻印及收藏者都被牵连。是狱死者达 100 多人，流放者数百人。雍正时期有"吕留良案"，这和"《明史》案"、"《南山集》案"同为清初的大案。湖南诸生曾静，收得浙江学者吕留良（崇德县人）遗书，接受其中有关

[①] 梁启超：《清代学者整理旧学之总成绩（三）》，《中国近三百年学术史》十五，见朱维铮校注：《梁启超论清学史二种》，复旦大学出版社 1985 年版，第 410 页。

[②] 参见叶建华：《"一代文章亡左马，千秋仁义在吴潘"——记清初史学家吴炎、潘柽章》，《历史大观园》1992 年第 3 期。

"夷夏之防"及"井田"、"封建"等学说，著有《知新录》一书，提出清朝入主中原，使人民陷于水深火热之中，中国的文化传统遭到了破坏。他号召恢复"井田封建"（即指文化传统），同时还揭露了清廷统治下人民生活的种种痛苦和雍正帝夺取帝位前后的阴谋行为及其贪财残忍的性格。① 雍正七年（1729），曾静派遣他的弟子张熙到西安见清川陕总督岳钟琪，劝他起兵反清，岳钟琪反向清廷告发，曾静、张熙及吕留良之子毅中等皆被捕。而抄出吕留良诗文中又有"清风虽细难吹我，明月何尝不照人"等句，更成为残酷镇压的口实。时吕留良已死 46 年，仍被剖棺戮尸，子孙族人被杀的杀，流放的流放。吕留良的学生严鸿逵、再传弟子沈在宽以及严、沈的族人，还有刻书人、读书人等也均被斩首。雍正帝亲自审问后，却释放了表示忏悔的曾静、张熙两人（乾隆即位后亦被处死），目的是利用他们替清廷宣传，欺骗人民。同时又将曾静等人的口供，以及雍正帝和曾静的辩论词、雍正帝反驳吕留良思想的谈话等编辑成《大义觉迷录》一书，这是对死者的公开口诛笔伐和对生者的严厉警告。此书一直发到全国各地学校，迫令士人阅读，其用心是从根本上消除反清思想。对此，梁启超曾一针见血地指出："以一位帝王而亲著几十万字书和一位僧侣一位儒生打笔墨官司，在中外历史上真算绝无仅有。从表面看，为研求真理而相辩论，……但仔细搜求他的行径，……著成《大义觉迷录》以后，跟着把吕留良剖棺戮尸，全家杀尽，著作也都毁板。像这样子，哪里算得讨论学问，简直是欧洲中世教皇的牌子。在这种主权者之下，学者的思想自由，是剥夺净尽了。"② 自此以后，文网愈密，动辄犯忌，令人心寒。尤其是"明"、"清"二字，更不可随便使用，因为清统治者猜疑过甚，往往望文生义，为一两个字而定为"大逆"。用当时办案人员的话来说，便是"推求其意，悖逆显然"③。这就是说，"悖逆"乃系"推求其意"而得出。于是，许多人因被"推求其意"而丧生。如雍正四年（1726），礼部侍郎查嗣庭（浙江海宁人）主持江西省试，因所出试题引用了《诗经》

---

① 参见《大义觉迷录》中所引《知新录》说法，《清史资料》第四辑，中华书局 1983 年版。
② 梁启超：《清代学术变迁与政治的影响（中）》，《中国近三百年学术史》三，见朱维铮校注：《梁启超论清学史二种》，第 113 页。
③ 《阎大镛〈俣俣集〉案》，《清代文字狱档》第八辑，见《清代文字狱档》下册，上海书店出版社 1986 年影印本。

里的一句话，叫作"维民所止"，有人却向皇帝报告说，"维"、"止"二字正是"雍正"二字去掉上半截，岂不是暗示要砍掉皇帝的头吗？又试题中所涉及的其他"正"字、"止"字，也被推其意与去年正法之汪景祺文稿《历代年号论》中指"正"字有"一止"之象，凡有"正"字者皆非吉兆等语相同。雍正帝勃然大怒，立即定下"大逆不道"之罪，将查嗣庭逮捕入狱。后查嗣庭病死狱中，仍被戮尸枭首，其亲属或被杀或被流放。次年，雍正更以汪景祺、查嗣庭均为浙江人，认为浙省士风浇薄，玷辱科名，竟下诏停止浙江乡试、会试六年。后来，翰林院庶吉士徐骏因诗中有"清风不识字，何得乱翻书"之句，也被指为有意讥讪而遭惨杀。

清代文字狱在乾隆时期达到登峰造极的地步。乾隆在位60年，大规模的文字狱即有71起之多，这也可以说是空前的。案件原因大多为"妄议朝政"或"讥讪朝政"，可见打击的矛头主要是针对"经世致用"思想。而其挑剔程度也比以前更为苛细，往往都是望文生义、"推求其意"、捕风捉影而定的案。如安徽戴移孝之子戴昆著有《约亭遗诗》一书，刊于乾隆九年，因书中有"长明宁易得"等诗句，被认为"悖逆狂吠"而定为大案。乾隆四十五年案发时，父子俩早已死，仍被刨坟戮尸，曾孙戴世道尽管在刊刻《约亭遗诗》时尚年幼，仍被斩杀，其兄弟三人也受株连。而为此书作序的鲁之欲及其子也早已死，其孙鲁恕杰在祖父作序时，年仅三岁，"未通文墨"，根本不知道其祖父作序之事，也不认识戴家的人，却也因是"罪人之孙"，与兄弟四人一起受到惩处。其他如徐一夔《一柱楼诗集》里有"大明天子重相见，且把壶儿搁半边"，"明朝期振翮，一举去清都"；胡中藻《坚磨生诗钞》里有"一把心肠论浊清"；李骥《虬峰集》里有"杞人惊转切，翘首待重明"；沈德潜《咏紫牡丹诗》里有"夺朱非正色，异种也称王"等诗句，都因涉及了"朱明"和"清"字样，被定为重案。更有甚者，卓长龄《忆鸣诗集》中的"忆鸣"二字被"推求"之后，变成"忆明"，遂成"大逆"。彭家屏因家藏明末野史数种，也被处死刑。诸如此类，不胜枚举。"上有所好，下必甚焉"。最高统治者的意图如此，各级官吏、爪牙自然纷纷迎合。这不仅表现在那些办案官吏往往轻罪重办，而且表现在有些无耻之辈为了营谋私利，则乘机挟嫌诬陷，遂使告讦之风纷然而起，大批无辜士人含冤丧命。当时御史曹一士在上疏中即指出："比年以来，小人不识两朝所以诛殛大憝之故，往往挟睚眦之怨,借影响之词,攻讦诗文,指摘字句。有司见事风生,多方穷鞫,或致波累师生,株连亲故,破家亡命,甚可悯也!臣愚以为井田封建,不过迂儒之常谈,不可以为生今反古;述怀咏史,不过词人之习态,不可以为援古刺今。即有序跋,偶遗纪年,亦或草茅一时失检,非必果怀悖逆,敢于明布篇章。使以此类,悉皆比附妖言,罪当不赦,将使天下告讦不休,士子以文为戒。"[1]事实正是如此,当时天下告讦之风蜂起,"笔墨招非,人心难测",士人无不"以文为戒",遇有一切字迹,都"必须时刻留心,免贻后患"。[2]学者们的思想自由、著作权利,被剥夺得一干二净,清初学者所倡导的"经世致用"学风,亦被扫荡无遗。因为谈论"经世",免不了要涉及时政,开口便触忌讳,遂使人人皆深具戒心,钳口不谈,而这正是当时统治者的主观愿望。

二、禁毁、篡改"异端"书籍

　　清初康雍时期,虽然大兴文字狱,但杀人并不一定毁书。到了乾嘉时期,则由文字狱进而焚书、禁书,又由查禁书籍而屡兴文字狱。如此循环无穷,遂使文网愈演愈烈。乾隆时大力搜查全国书籍,严审其内容,凡犯忌讳或具有"异端"思想的书籍,一律查禁,而且进行删改,甚至大规模地销毁。据汪启淑《水曹清暇录》卷5记载,乾隆三十七年(1772)下令征集天下图书,全国各地上缴书籍达13781种。特别是乾隆三十八年下令设置《四库全书》馆,名义上是为了作一次古今图书的结集,实际上仍是在于实行文化专制主义政策,借机全面清查各种文献书籍,进而销毁反清和反封建统治的"异端"著作。清廷当时的命令就曾明确指出:"明季造野史者甚多,其间……必有抵触本朝之语,正当及此一番查办,尽行销毁。……各省已经进到之书,见交《四库全书》处检查,如有关碍者,即行撤出销毁。"[3]说得多么的露骨!而地方官吏在执行过程中也是变本加厉,如闽浙总督杨景在上

---

[1]《曹一士传》,《清史稿》卷306,中华书局标点本。
[2]《胡中藻〈坚磨生诗钞〉案》,《清代文字狱档》第一辑,见《清代文字狱档》上册。
[3]《清高宗实录》卷964,乾隆三十九年八月初五诏。

奏中即表示:"浙省尤为书籍汇聚之所,更宜加意访查,臣现复严谕各道府督饬地方官及原委各员,遍行剀切晓谕,认真实力询访,务期收缴净尽,以除邪说,断不敢以具文塞责,致有疏漏。"[①] 需要指出的是,当时销毁、抽毁、篡改、禁绝的范围,不独限于反清文献,就是宋人言金事、明人言元事的书籍也在其列,甚至内容稍与封建制度有抵触或"辞含激愤,意存感慨"者亦不免于被销毁。可见,他们是要把整个中国的学术文化变成符合他们统治需要的清一色的政治说教,容不得半点"异端邪说"和新思想新学说,更容不得知识分子有半点"指点江山"、议论社会和朝政的思想行动。据孙殿起所辑《清代禁书知见录·自序》云,乾隆时期,"在于销毁之例者,将近三千余种,六七万部以上,种数几与四库现收书相埒"。可见被销毁书籍之多,实在令人吃惊!至于被篡改删削的书籍更是不计其数。诚如鲁迅先生在《且介亭杂文·病后杂谈之余》中所指出的:"现在不说别的,单看雍正乾隆两朝的对于中国人著作的手段,就足够令人惊心动魄。全毁,抽毁,剜去之类也且不说,最阴险的是删改了古书的内容。乾隆朝的纂修《四库全书》,是许多人颂为一代盛业的,但他们却不但捣乱了古书的格式,还修改了古人的文章;不但藏之内廷,还颁之文风颇盛之处,使天下士子阅读,永不会觉得我们中国的作者里面,也曾经有过很有些骨气的人。"

三、笼络士人,控制学术

清政府的文化专制主义政策包括两手:一手是以高压手段控制社会舆论,打击"经世致用"思想;一手是用怀柔手段,笼络士人,控制学术。前者通过大兴文字狱,禁毁篡改书籍而收到了预期的效果;后者则表现为利用特科(在进士之外的特别科目)对知识分子进行笼络和收买,引诱学者埋头书斋,稽古而不问政事,同时严厉控制学术,垄断编修近现代史的大权,企图以官方学术压倒私人著述。这一政策在康熙时期就已开始,康熙十二年(1673)曾荐举山林隐逸,十七年又借纂修《明史》之名,举行博学鸿儒科,罗致了全国的"名士"143人,录取了50名,俱授以翰林院官职。不过,正

---

① 《袁继咸〈六柳堂集〉案》,《清代文字狱档》第三辑,见《清代文字狱档》上册。

如梁启超在《中国近三百年学术史》二《清代学术变迁与政治的影响（上）》中所说，被收买的都是些二三等人物，那些深孚重望的大师，一位也网罗不着。像黄宗羲、顾炎武等人都一再避而不征。万斯同虽然秉老师之命参与编修《明史》，为的却是"恐众人分操割裂，使一代治乱贤奸之迹，暗昧而不明耳"，所以他"不署衔，不受俸"，始终以布衣参其事。①此外，清政府还召集大批文士编辑《古今图书集成》（一万卷）、《康熙字典》、《全唐诗》、《朱子全书》等许多大部头书籍。雍正、乾隆朝除继续举行博学鸿儒科外，又有《永乐大典》的缮写、"续三通"的编修、武英殿十三经廿一史的校勘、《通鉴辑览》的编写等等。特别是《四库全书》馆的设置，竟网罗了300余位学者参与从事古籍的整理考订工作。不仅如此，朝廷还大肆鼓吹"稽古右文"，提倡历史考据，督促和引诱学者就范。这样一来，遂引起整个社会学风的巨大变化。章学诚的友人邵晋涵、周书昌以及戴震等人都被"特征修四库书，授官翰林，一时学者称荣遇。而戴（震）以训诂治经，绍明绝学，世士疑信者半。二君者皆以博洽贯通，为时推许。于是四方才略之士，挟策来京师者，莫不斐然有天禄石渠、句坟抉索之思，而投卷于公卿间者，多易其诗赋举子艺业，而为名物考订，与夫声音文字之标，盖骎骎乎移风俗矣"②。可见，《四库全书》馆设置以后，许多学者纷纷抛弃诗赋举子艺业，致力于训诂名物的考订工作，考据之风逐渐取代了"经世致用"的"实学"。同时由于清政府严厉控制学术，特别是垄断了近现代史尤其是当代史的研究和编纂大权，企图以官史压倒私史，当时的史狱又往往涉及近现代史的问题，在这种情况下，私人实在不敢或难以研究明清史和当代史，只好被逼而转向古代史领域，越古越好，去从事古代学术文化、历史文献的考证、训诂校释和辑佚之类的工作。因此，这些做法，实际上是清政府在学术领域变本加厉地推行文化专制主义政策。其目的在于禁锢人民的思想，钳制学者的言论，垄断学术，以维护自身的统治。

---

① （清）钱大昕：《万先生斯同传》，《潜研堂文集》卷38，见吕友仁校点：《潜研堂集》，上海古籍出版社1989年版。

② （清）章学诚：《周书昌别传》，《章氏遗书》（以下简称《遗书》）卷18，文物出版社1985年版《章学诚遗书》本，第181页。本书所引《章氏遗书》均据此版本，不一一注明。

四、学术文化全部被纳入考据轨道

　　清政府推行镇压和怀柔相结合的文化专制主义政策，严重地禁锢了人民的思想，在这种情势下，一部分趋附朝廷权贵的学者，为封建统治者所用，而绝大多数学者为了明哲保身，避嫌免祸，被迫钳口不言，噤若寒蝉，而一头钻进故纸堆中，大搞训诂名物，专事三代秦汉文献的整理和考订，因为唯有这一工作才保险，也唯有这一工作才有出路，这是当权者所提倡的。于是，在乾嘉时期，逐渐形成了一代学风——考据学风。乾嘉考据学的代表人物钱大昕便是因为慑服于时政而专事历史考据，写其《廿二史考异》的。对此，他自己曾有过清楚的透露，其"安心真是药，省事便成仙。……山妻苦相劝，第一且归田"[①]、"自适田园头，兼无燕雀喧。耐贫缘省事，避谤独忘言"[②]等诗句，便表明归隐完全是为了逃避现实的政治斗争，图"安心"、"省事"、"避谤"而"忘言"。其晚年自题像赞中言"因病得闲，因拙得安，亦仕亦隐，天之幸民"，更表明他是一个十足的明哲保身、苟且偷安的隐士。王鸣盛在当时文网严密的情况下，也只能"猥以校订之役，穿穴故纸堆中"，著述《十七史商榷》，而绝不敢"横生意见，驰骋议论，以明法戒"。[③]赵翼自受降职处分后，也归家藏身避祸，"翻书度日"，"寝馈于文史以送老"，而不敢进行"言有可用"的"经世"事业了。[④]三大家尚且如此，其他学者的精神状态就更不用说了。当时的学术界，各种学科，无不是千篇一律的考证。不独做学问的人个个竞言考订，在整个社会上也形成一种不可逆转的风气。对于这种社会风气，梁启超在《中国近三百年学术史》三《清代学术变迁与政治的影响（中）》里曾风趣地说："乾嘉间之考证学，几乎独占学界势力，虽以素崇宋学的清室帝王，尚且从风而靡，其他更不必说了。所以，稍为时髦一点的阔官乃至富商大贾，都要'附庸风雅'，跟着这些大学者学几句考证的内行话。"不过需要说明的是，清室帝王并不是被动地"从风而

[①]（清）钱大昕：《病起》，《潜研堂诗集》卷8，见吕友仁校点：《潜研堂集》。
[②]（清）钱大昕：《自适》，《潜研堂诗续集》卷9，见吕友仁校点：《潜研堂集》。
[③]（清）王鸣盛：《十七史商榷·自序》，中国书店1987年影印本。
[④]（清）赵翼：《廿二史劄记·小引》，见王树民校证：《廿二史劄记校证》，中华书局1984年版。

靡",而是他们发现了这种考据学风更有利于巩固自己的统治政权,所以对这种学风不仅推波助澜,而且大力扶持和利用。乾嘉时代的整个学术界全部被纳入了考据的轨道,考据之风笼罩着整个学术领域,成为一种时代的精神。诚如梁启超在《清代学术概论》中所概括的,乾嘉以来,"考证学统一学界"。

这里需要提出来讨论的是,近年来学术界有的同志认为乾嘉时代的学术并不能用"考据学"来概括,因为除了考据著作之外,还有历史撰述、历史评论、史学理论等著作,还有不少类纂之作等等。有的同志甚至还把乾嘉学术划分为三派:一派着重采集文献,代表是全祖望;一派着重整理古籍,代表是钱大昕;一派着重评述义法,代表是章学诚,并认为这三派代表了乾嘉学术的概貌。我们认为,这种看法是片面的。经典作家一直教导我们,看问题要全面分析,把握事物的主流,不能只抓住个别例子。列宁曾这样说:"在社会现象方面,没有比胡乱抽出一些个别事实和玩弄实例更普遍更站不住脚的方法了。罗列一般例子是毫不费劲的,但这是没有任何意义或者完全起相反的作用,因为在具体的历史情况下,一切事情都有它个别的情况。如果从事实的全部总和、从事实的联系去掌握事实,那么,事实不仅是'胜于雄辩的东西',而且是证据确凿的东西。如果不是从全部总和、不是从联系中去掌握事实,而是片断的和随便挑出来的,那么事实就只能是一种儿戏,或者甚至连儿戏也不如。"[1] 如果我们能从乾嘉时代学术文化的"全部总和"和"全部事实"出发,而不是"胡乱抽出一些个别事实和玩弄实例",那么,我们难道能否认乾嘉时代的学术文化其主流、其最主要的特征是"考据"这个普遍存在的客观事实吗?

至于所谓三派的划分就更值得商榷了。这样的划分,不仅不符合乾嘉学术的特点,更无法勾画出乾嘉学术的概貌,而只能是混淆乾嘉学术的主要特点和内容。因为当时整个学术界,绝大多数人都从事古籍的整理和考订工作,尽管采用的方法不同,但目的一致,对古籍进行整理和考订,殊途同归,这是乾嘉学术的特点和主流。为了对古籍进行研究,围绕这个中心,产生了为其服务的许多辅助学科,如文字学、音韵学、训诂学、校勘学、版本

---

[1] 列宁:《统计学和社会学》,《列宁全集》第23卷,人民出版社1963年版,第279页。

学、辨伪学等等。这些学科都从不同角度对古籍进行整理研究。至于当代文献的采集和史论的研究，在当时根本毫无地位可言，当然更谈不上称之为派。就以全祖望而言，他一生中确实花了很多精力采集乡邦文献，但这只不过是继承黄宗羲、万斯同的未竟之遗绪，何况这些工作并不能公开进行。他一生中花了十多年时间续补《宋元学案》，还七校《水经注》，三笺《困学纪闻》，在考据学上仍做出了很大成绩。所以《清代七百名人传》里说："论者谓（厉）鹗之诗、（胡）天游之文、（全）祖望之考证，求之近代，罕有其比。"① 这一评论绝非出于偶然。还应注意的是，全祖望晚年的活动，还是处在乾隆早期，而乾嘉考据之风的形成是在乾隆中叶以后，因此，用他作为乾嘉学术的某派代表自然是不妥当的。至于章学诚，他所从事的研究，正是当时人们所"弃置勿道"的，因为他的学问不合时好，因而一生中他的学术思想很少有人领会，自云平生著作，除"归正朱先生（笥河）外，朋辈征逐，不特甘苦无可告语，且未有不视为怪物，诧为异类者"②。尽管他的学术思想在当时甚至在整个中国古代思想文化史上都是非常可贵的，但这样的人在当时仅是凤毛麟角，自然不能代表那个时代的精神，更无从称得上派了。

我们不否认，绝对清一色的学术文化是没有的。乾嘉时代也确有所谓历史撰述、评论和史学理论等著作，但这些能代表整个乾嘉时代学术的主流吗？而至于划分三派，把考据学同史论等派并列看待，便更是主次不分了。当时的考据学是以压倒一切的绝对优势占据着整个学术界，所以乾嘉时代的学术文化只能用"考据"二字概括之，否则必然是舍本逐末，不可能反映出乾嘉学术的真貌来。

另外，近年来又有许多学者提出乾嘉考据学的产生和形成与清朝文化专制主义政策毫无关系，它仅仅是康乾盛世社会经济稳定发展的产物，或者说是古代学术文化发展的必然趋势所致，还有些学者则认为与乾嘉学者的学术旨趣和思想情绪有关。我们认为，这几种说法都是值得商榷的。

如前所述，经济发展对文化领域的影响多半是间接发生的，而且总是在

---

① 蔡冠洛编著：《厉鹗》，《清代七百名人传》第五编《艺术·金石书画》，中国书店1984年版，第1848页。
② 章学诚：《与族孙汝楠论学书》，章学诚著，仓修良编注：《文史通义新编新注》（以下简称《文史通义》）外篇三，商务印书馆2017年版。本书所引《文史通义》均据此版本，不一一注明。

政治等"外衣下起作用"。检讨中国封建文化的发展历程，不难看出，在大致相同的经济条件下，由于统治者所推行的文化政策不同，会出现迥然有异的学术文化。这只要举汉、宋两个朝代为例便可清楚。西汉经济在武帝时代应该说是稳步发展，为学术文化的发展提供了坚实的物质基础。但是，武帝以后的学术文化发展却并不取决于经济发展所提供的基础，恰恰相反，它完全取决于汉武帝所采取的文化政策。汉武帝推行"罢黜百家，独尊儒术"的文化政策，并为儒学文化的发展制定了一系列的制度，如立五经博士、开弟子员设科对策等等，五经博士成为重要的"利禄之路"，凡得博士经说者才得仕进，否则一概排斥于仕进之外。儒生能通一经者，皆复其身，公卿之位未有不从经术进者。儒生只要通明经术，即使要作丞相、太尉、御史大夫等三公官，也易如拾芥，故当时有"遗子黄金满籝，不如一经"[1]之语。是以人们竞相读经。后来诸帝也都继续奉行这一文化政策，到东汉章帝亲自召开了白虎观会议，讲论五经异同，章帝亲自裁决，制成定论，确定了解释五经的标准答案。在全国推行五经教育，上自公卿，下至椽吏，莫不通经。儒学文化定于一尊，成为正统的学术文化，得到了长足发展。总之，汉代学术文化发展的路子及其内容与武帝以后的统治者所推行的"独尊儒术"的文化政策是有着密不可分的联系的。宋代的学术文化堪称中国封建社会最繁荣的时代，这个文化高峰的形成固然是经济发展、学术文化的积累诸因素相互作用的结果，但在很大程度上却又不能不归功于宋统治者所采取的较为开明的文化政策。宋统治者深知"王者虽以武功克定，终须用文德致治"[2]的道理，着意推行"重文轻武"的文化政策，"兴文教，抑武事"[3]，"以文化成天下"[4]，尊用文臣，提高知识分子的政治地位和物质待遇。虽也曾出现过几次文化之禁，但总的来说，打击面不大。在通常情况下，允许知识分子评论时政甚至朝廷和皇帝，允许各种不同学术思想观点的存在。正是宋统治者这种较为开明宽松的文化政策，最终促使宋代学术文化繁荣昌盛。当时书院林立，讲学

---

[1]《韦贤传》，《汉书》卷73，中华书局标点本。
[2]（宋）李焘：《续资治通鉴长编》卷23，中华书局标点本。
[3]（宋）司马光：《稽古录》卷17，北京师范大学出版社1988年版。
[4]《文苑英华·序》，中华书局1966年版。

之风盛行，通过讲学，形成许多学派，学派之间相互交流和竞争，出现了各种不同的思想观点，自由辩论，相互并存，一派繁荣景象。可见，如果单纯用"经济基础"这一模式显然无法解释汉、宋两代两种不同文化的形成。

无疑，每个时代的学术文化，"都具有由它的先驱者传给它而它便由以出发的特定的思想资料作为前提"[①]。否定学术文化的继承性，显然是不明智的。但这只能说明，每个时代的学术文化所取得的成就是继承了前人的一些已有成果，或者说是在前人已有成果的基础上获得的，却不能说明前人的已有成果是导致后代某种学术文化产生的原因。我们说，乾嘉考据学所取得的许多考据成果，是继承和吸取了前人尤其是宋人的已有成果，这是正确的。但却不能说，前人的考据成果导致了乾嘉时期必然出现以考据学为特征的学术文化。否则，有明一代为什么不出现考据学风？如果说，清初顾炎武等提倡严谨的治学精神，重视考据，多少是为了纠正崇尚空谈的学风偏差，那么，乾嘉时代的全盘考据化至少也是矫枉过正了。所以，也不能把纠正学风偏差视作乾嘉考据学形成的主要原因。

还有些学者认为乾嘉考据学的形成与学者的学术旨趣和思想情绪有关，殊不知这个旨趣的形成，特别是情绪的产生，又是对统治当局所采取的政治文化政策作出的反应。如前所述，乾嘉时期的许多考据代表人物，其因对时事政治的消极态度而转入考据，都是清政府的文化政策一手造成的。

总之，无论从经济基础出发，还是从学术发展的本身规律出发，甚至从学者的学术旨趣和思想情绪入手，解释乾嘉考据学的形成，都是无法作出令人信服的结论的。因为，这至多只能找到一些最一般、最基本、最普遍的表面原因，却找不到最深刻、最直接的真正的原因。乾嘉时期出现的这种特定的学术文化，其原因只能从乾嘉这个特定的时代中去考察，也就是从乾嘉统治者所推行的文化政策中去寻找答案。梁启超在《中国近三百年学术史》三《清代学术变迁与政治的影响（中）》里曾指出："凡当权者喜欢干涉人民思想的时代，学者的聪明才力，只有全部用去注释古典，欧洲罗马教皇权力最盛时，就是这种现象，我国雍乾间也是一个例证。记得某家笔记说：'内廷唱戏，无论何种剧本都会触犯忌讳，只得专排演些《封神》、《西游》之类，

---

① 恩格斯：《致康·施米特》，《马克思恩格斯选集》第4卷，第485页。

和现在社会情状丝毫无关不至闹乱子。'雍乾学者专务注释古典,也许是被这种环境所构成。"又在同书《清初学海波澜余录》章中说:"康熙中叶,文网极宽,思想界很有向荣气象。此狱(指戴南山案)起于康熙倦勤之时,虽办理尚属宽大,然监谤防口之风已复开矣,跟着就是雍正间几次大狱,而乾嘉学风,遂由此确立了。"这清楚地指出了乾嘉考据学风形成的直接原因。他还进一步指出,四库馆的设置,说明汉学已经取得胜利,考据之风宣告形成。梁启超又在《中国历史研究法》一书中指出:"试一检康雍乾三朝诸文字之狱,则知其所以箝吾先民之口而夺之气者,其凶悍为何如!"[1] 对此,后来鲁迅先生也曾有过精辟的评论,他说:"清朝的康熙、雍正和乾隆三个,尤其是后两个皇帝,对于'文艺政策'或者说得较大一点的'文化统制',却真尽了很大的努力的。……文字狱只是由此而来的辣手的一种,那成果,由满洲这方面言,是的确不能说它是没有成效的。"[2] 又说:"这不能说话的毛病,在明朝是还没有这样厉害的,他们还比较地能够说些要说的话。待到满洲人以异族侵入中国,讲历史的,尤其是讲宋末的事情的人被杀害了,讲时事的自然也被杀害了。所以,到乾隆年间,人民大众便更不敢用文章来说话了。所谓读书人,便只好躲起来读经,校刊古书,做些古时的文章,和当时毫无关系的文章。有些新意,也还是不行的。"[3] 梁启超和鲁迅先生的话说得多么明白!事实证明,清统治者所推行的镇压和怀柔相结合的文化专制主义政策,足以将整个学术文化纳入考据轨道,而不是向其他方向发展。我们讨论历史上学术文化的发展,追求真理,无须忌讳。

第二节 盛极一时的乾嘉考据学风

乾嘉时代的学术文化——乾嘉考据学,曾被视作清代学术文化最繁荣的象征。这种认识是不符合历史实际的。当时的历史事实表明,乾嘉时代学

---

[1] 梁启超:《过去之中国史学界》,《中国历史研究法》第二章,东方出版社1996年版,第30页。
[2] 鲁迅:《且介亭杂文·买〈小学大全〉记》,《鲁迅全集》卷6,人民文学出版社1981年版。
[3] 鲁迅:《三闲集·无声的中国》,《鲁迅全集》卷4。

术界所出现的局面，根本谈不上繁荣，它毫无生动活泼、欣欣向荣的"百家争鸣"景象，而只是死气沉沉的"万马齐喑"的局面，各种学科无一不是千篇一律的考证。这是一种严重畸形发展的学术文化，与真正学术繁荣的宋代所呈现的书院林立、学派众多、讲学之风盛行、各种思想观点互相争鸣互相并存景象形成鲜明的对比。这种畸形发展的考据学，虽然在考据领域做出了不小的成绩，但重要的是，整个时代的学术，特别是思想并没有得到多少发展，反而有所倒退，其不良影响不容忽视。

一、手段成为目的，博古而不通今

由于清政府镇压与怀柔相结合的文化专制主义政策的推行，造成了乾嘉时期社会学术风气大变，与清初相比显然已经大不相同。清初学者治学所关心的是当世之务，他们所提倡的考据，确是为了矫正宋明理学空言心性、束书不观的弊病，并且与反对清初民族压迫的现实斗争形势密切相关。他们提倡"实学"，要求研究历史真相，是为了博古通今，经世致用。所以，研究历史上的得失成败和地理形势也就成为他们治学的重点，而各自著作，亦多言有所指，有理论，有思想，观点鲜明，决不作"无病呻吟"。可是，乾嘉考据学者虽然在治学方法上继承了清初大师们所开辟的道路，但却抛弃了大师们治学的精神实质。尽管他们把训诂、校勘等考据深入到经史子集各方面文献，可惜的是，他们把治学的手段变成了目的，为考据而考据，他们囿于古而蔽于今，博古而不通今，抛弃了"当世之务"的目标。考据学成为清廷用来粉饰所谓"乾嘉盛世"的点缀品，成为统治者歌颂"升平气象"的工具。生活在当时的章学诚对这种局面已深表不满，他在写给朋友的书信和许多文章里都批评了这个怪现象，指出："自四库馆开，寒士多以校书谋生，而学问之途，乃出一种贪多务博，而胸无伦次者，于一切撰述，不求宗旨，而务为无理之繁富，动引刘子骏言'与其过废，无宁过存'，即明知其载非伦类，辄以有益后人考订为辞。"[①] 又说："方四库征书，遗籍秘册会萃都下，学士侈于闻见之富，别为风气，讲求史学，非马端临氏之所为整齐类比，即

---

① 《丙辰札记》,《遗书》外编卷3，第390页。

王伯厚氏之所为考逸搜遗。是其研索之苦，襞绩之勤，为功良可不少，然观止矣。至若前人所谓决断去取，各自成家，无取方圆求备，惟冀有当于《春秋》经世，庶几先生之志焉者，则河汉矣。余尝语君，史学不求家法，则贪奇嗜琐，但知日务增华，不过千年，将恐大地不足容架阁矣。"①他把这些"逐于时趋，而误以襞绩补苴谓足尽天地之能事"的考据学者斥为"俗儒"，嘲讽他们"幸而生后世也，如生秦火未毁以前，典籍具存，无事补辑，彼将无所用其学矣"。②遗憾的是，在当时考据学以压倒一切的优势笼罩整个学术领域的情况下，像章学诚这样能始终保持清醒的头脑，不为考据学风所囿而予以批评的学者，实在是太少了，他们依旧无法扭转整个时代的学术风气。诚如学诚死后 5 年出生的英国哲学家约翰·密尔（1806—1873）所言："在精神奴役的一般气氛之中，曾经有过而且也会再有伟大的个人思想家。可是在那种气氛之中，从来没有而且也永不会有一种智力活跃的人民。"③

本来，在当时资本主义继续萌芽发展，新的市民阶层不断出现并与封建经济体系产生矛盾的社会条件下，思想意识形态领域里应该出现一种新与旧、生与死的对立冲突和尖锐斗争，产生一股生机勃勃、代表新事物新势力的力量，鞭挞旧世界，向往新的未来世界。但是，由于清政府推行严厉的文化专制主义政策，垄断控制了学术，禁锢了人们的思想，从而限制和扼杀了任何进步思想的产生和发展。在这种局面下出现的乾嘉考据学，丝毫不代表社会的进步思潮，依然是封建专制主义幽灵的顽固体现。他们缺乏对现实社会的大胆揭露和批判，更没有对未来新世界的憧憬和追求。他们甚至高呼"回到汉代去"的口号。他们从博古、求古、存古，发展到尊古，甚至是"舍古无是"，泥古不化。看看他们对于当代史迹的关心和记载情况，并与宋代稍作对比，便可一清二楚。宋代史学的最大特色，便是详于当代史迹的记述，能够及时地把现实的社会变化和政治得失编写成书。有的学者早就指出，这是宋代史学最成功的地方。当时由于统治者非常注意时事的编纂，所以激起学者们私人编修当代史的勇气，许多人把毕生精力投入到当代史著的

---

① 《邵与桐别传》，《遗书》卷 18，第 177 页。

② 《博约中》，《文史通义》内篇二。

③ 约翰·密尔著，许宝骙译：《论思想自由和讨论自由》，《论自由》第二章，商务印书馆 2007 年版，第 39 页。

编撰上。如李焘著《续资治通鉴长编》，自称"网罗收拾垂四十年"，"精力几尽此书"。这与乾嘉学者的"皓首穷经"，把毕生精力埋在故纸堆中形成鲜明的对照。宋代学者私人所编当代史著之多，除李焘所著外，著名的还有徐梦莘的《三朝北盟会编》、李心传的《建炎以来系年要录》和《建炎以来朝野杂记》、徐度的《国纪》、王偁的《东都事略》、熊克的《中兴小纪》和《九朝通略》、赵甡之的《中兴遗史》、李丙的《丁未录》、彭百川的《太平治迹统类》、江少虞的《皇朝事实类苑》、李攸的《皇朝事实》以及杜大珪的《名臣碑传琬琰集》等等。虽然宋统治者偶尔也曾有过几次"野史之禁"，但多为统治集团内部的党派和权臣挑起，而且时间相对短暂，危害面也不大，绝没有像清朝一样，上自最高统治者，下至一般的权臣奸佞，一致行动，贯穿始终，波及全国。所以，乾嘉学者私人编修当代史，几付阙如。

乾嘉学者的"博古而不通今"，再次证明清统治者文化专制主义政策的残暴及其危害之极！诚如郭沫若同志早已指出的：乾嘉时代考据之学，"虽或趋于繁琐，有逃避现实之嫌，但罪不在学者，而在于清廷政治的绝顶专制，聪明才智之士既无所用其力，乃逃避于考证古籍"[①]。

这种脱离社会实际、脱离现实政治斗争的学风，大大阻碍了社会的发展，束缚了科学的进步，打断了明末清初兴起的思想启蒙运动，阻碍了学术文化向近代化的发展。近代中国落后挨打局面的形成，应该说这也是重要因素之一。因此，对乾嘉考据学的评价自然不宜过高。尽管梁启超曾说过，"乾嘉间考证学，可以说是清代三百年文化的结晶体"[②]，这只能说明清代文化的成就不大。事实上非常清楚，当时除了训诂、校勘、整理古籍外，几乎很少有其他创造发明可言。所以鲁迅先生在评价乾嘉学术成就时说："说起清代的学术来，有几位学者总是眉飞色舞，说那发达是为前所未有的。证据也真够十足：解经的大作，层出不穷；小学也非常的进步；史论家虽然绝迹了，考史家却不少；尤其是考据之学，给我们明白了宋明人决没有看懂的古书。"但他接着指出，成绩不过如此而已，而所花代价实在是太大了，恐

---

① 郭沫若：《读随园诗话札记》，作家出版社1962年版。
② 梁启超：《清代学术变迁与政治的影响（中）》，《中国近三百年学术史》三，见朱维铮校注：《梁启超论清学史二种》，第117页。

怕是件折本生意。① 鲁迅的话不仅说明了乾嘉考据学的特点和内容，也表达了他对乾嘉考据学的评价。《汉学商兑》的作者方东树就曾一针见血地指出这种考据学的实质："毕世治经无一言几于道，无一念及于用"，"言言有据，字字有考，只向纸上与古人争训诂形声，传注驳杂，援据群籍，证佐数百千条，反之身己心行，推之民人家国，了无益处"。② 乾嘉考据学，正是这样一种为考据而考据，"推之民人家国，了无益处"的畸形文化。

二、实事求是的考证态度和形而上学的思维方法

乾嘉学者的治学态度是比较严谨的，他们始终以"实事求是"相标榜。钱大昕自称："唯有实事求是，护惜古人之苦心，可与海内共白。"③ 所以，他反对"清谈"，反对"以褒贬自任"。王鸣盛更在所著《十七史商榷·自序》中强调"学问之道，求于虚不如求于实"，"读史者不必横生意见，驰骋议论"，"但当考其典制事实"，将"实事求是"奉为治学原则。乾嘉学者把这种"实事求是"的态度运用到考据工作中去，他们不仅提倡认真读书，反对空发议论，而且在具体进行考据时，能以充分的论据为基础，广稽博征，力求真实，做到言必有据，事必有本。并且坚持"疑者缺焉"，而不"穿凿附会"，把隐匿和曲解证据材料视作不道德的行为。这种"实事求是"的治学精神，确实是对宋明以来束书不观、游谈无根的空疏学风的一种反动。也唯其如此，乾嘉考据学者才在考据学上做出了可喜的成绩。梁启超在《中国历史研究法》一书中曾指出："吾以为有一重要之观念为吾侪所一刻不可忘者，则吾前文所屡说之'求真'两字，即前清乾嘉诸老所提倡之'实事求是'主义是也。"④ 在这里，梁启超对乾嘉考据学者"实事求是"的治学态度作了充分的肯定。即使在今天，我们也是应该继承和发扬这一精神的，因为这是达到科学的基础。所以，梁启超又在《清代学术概论（三十三）》中说："经清代考证学派二百余年之训练，成为一种遗传，我国学子之头脑渐趋于冷静缜

---

① 鲁迅：《花边文学·算帐》，《鲁迅全集》卷 5。
② （清）方东树：《汉学商兑》卷中之上。
③ 钱大昕：《答王西庄书》，《潜研堂文集》卷 35，见吕友仁校点：《潜研堂集》。
④ 梁启超：《史料之搜集与鉴别》，《中国历史研究法》第五章，东方出版社 1996 年版，第 119 页。

密，此种性质，实为科学成立之根本要素。"

但是，我们在充分肯定乾嘉考据学者治学的实事求是态度时，也应同时看到，他们所运用的考据方法还是欠科学的。乾嘉学者基本上采用"内证"、"外证"、"理证"等方法，善于在同类现象的类比中发现问题，又在遍找事例中归纳出结论来。这在当时来说，确实是比较严谨和先进的方法，是对古代考据学方法的一大总结和发展。但这种方法实质上是形式逻辑的归纳和类比法，它是一种形而上学的思维方法。这种方法对于解决一些个别的、具体的问题，是不无裨益的。如考定某条史料的真伪、训诂和校勘文字等等，所得出的结论多半是正确的。但是，这种思维方法的最大局限就是"只见树木，不见森林"，只注意到局部的、个别的、静止的事物，而很难看到全局的、运动的事物及其相互之间的联系，从而无法对历史事物进行整体的、全面的和发展的考察。因为他们只重微观研究，而缺少宏观研究。诚如恩格斯在《反杜林论》中所指出的，它具有"片面的、狭隘的、抽象的，并且陷入不可解决的矛盾，因为它看到一个一个的事物，忘了它们互相间的联系，……因为它只见树木，不见森林"。① 乾嘉学者的考据正是如此。他们往往只能进行一些具体的一事一物的烦琐考证，甚至只满足于从"识字"开始，到"识字"为止。如王鸣盛便公开表白其著《十七史商榷》只是囿于做些"正文字，辨音读，释训诂，通传注"等纯考证性质的工作。即使像赵翼著《廿二史劄记》广泛采用的"归纳法"，甚至是"比较研究法"，称得上是当时考据方法的高层次代表，但如作者本人在自序中所言也只是"多就正史纪、传、表、志中参互勘校，其有牴牾处，自见辄摘出"，日积月累而成。乾嘉考据学所用方法的局限性直接影响着其所做出的成就的大小及正确性。当然我们今天指出这一点，并不是要苛求乾嘉考据学者掌握现代科学方法，因为这是受历史条件所制约的。

三、用血的代价换来的考据成果

由于乾嘉学者皓首穷经，埋头于故纸堆中，又抱着"实事求是"的严谨

---

① 恩格斯:《反杜林论》一《概论》，《马克思恩格斯选集》第3卷，第61页。

态度和运用"内证"、"外证"、"理证"等当时来说比较先进的方法,考据古书、古字、古音、古义,所以,他们在考据领域内确实做出了巨大的成绩,主要体现在对古籍的校注、辨伪、辑佚和对古史的补作、改写、考证两个方面。这些成绩为后人研读古籍创造了方便的条件。对他们所做出的成绩,我们今天自然应加以充分的肯定。

如对古籍的校注方面,乾嘉考据学者普遍认为"欲读书必先精校书",当时校注的先秦古籍,涉及经史子集各个方面,而成绩最卓著者要推王念孙的《广雅疏证》、卢文弨的《群书拾补》和戴震所校《水经注》等。所有这些校注为后人研读古籍提供了很大的方便。如王念孙常常是"一字之证,博及万卷",《战国策》那篇《触詟说赵太后》里的那个"触詟",以讹传讹,持续一千余年,王念孙根据大量材料考订出是"触龙言"之误,从而解决了阅读古籍的一大疑案。

在辨伪方面,乾嘉学者在前人已有的成果基础上做出了更大的成绩。他们从师承关系、思想渊源、文体句式、典章制度、内容材料等多方面进行考辨,最后判断出一部书的真伪。如阎若璩的《古文尚书疏证》、惠栋的《古文尚书考》等,一一揭发出东晋梅赜所献之《古文尚书》全系伪作,从而结束了长期以来今古文《尚书》争论不休的一大悬案。

辑佚工作更是乾嘉学者所长。乾隆年间因编纂《四库全书》,进行了大规模的辑佚工作,从《永乐大典》中辑出了大量久已失传的宝贵书籍,其中经部书 66 种,史部书 41 种,子部书 103 种,集部书 175 种,共计 385 种 4926 卷之多,十分可观。嘉庆时,徐松又从《永乐大典》中辑出《宋会要》366 卷。此外,乾嘉学者又从唐宋其他类书中辑出许多重要资料,如马国翰的《玉函山房辑佚书》、严可均的《全上古三代秦汉三国六朝文》等。

乾嘉时期,考史之风大盛,对古史(尤其是正史)进行改写、补作和考证者甚多。如周济用编年体改写《晋书》成《晋略》,谢启昆改编《魏书》成《西魏书》,陈鳣作《续唐书》,邵晋涵、章学诚有志改编《宋史》,钱大昕、汪辉祖改编《元史》,以及钱大昕、洪亮吉、杭世骏、顾栋高等对古史表、志的补作等等,特别是钱大昕的《廿二史考异》、王鸣盛的《十七史商榷》、赵翼的《廿二史劄记》,堪称乾嘉学者考史的代表作。

此外,方志和谱牒的盛行,也是乾嘉学术的一个方面,取得的成绩也很大。

就中国古代考据学发展的本身看,乾嘉考据学应该是一个最鼎盛的时期,成绩也最大。对这份文化遗产,我们确应加以批判地继承。但是,应该看到,这个鼎盛的考据局面的出现,是全国人民付出了十分惨痛的代价换来的。它是许许多多的聪明才智之士,为了逃避现实之嫌,将自己的毕生精力葬送在故纸堆中,作出了重大的牺牲换来的。我们更应该看到,乾嘉时代的学术成就也仅仅在考据学方面表现得比较突出。然而,考据并不能代表整个学术,学术文化也不只是考据。在整个思想意识形态领域,乾嘉时代仍然是一种"万马齐喑"的局面,笼罩着阴森可怕、动辄触犯刑律的气氛。对于这一点,我们同样是不能不清楚地认识到的。[①]

第三节 在"乾嘉盛世"的背后

被称为"盛世"的乾嘉时代,其学术文化是如此地畸形发展,那么,当时的社会政治又是怎样的一种状况呢?只要人们回顾一下当时的历史,就同样可以发现"盛世"不盛的情况。乾隆、嘉庆两朝,土地高度集中,统治阶级奢侈腐化,大小官吏贪污成风,在全国范围内,阶级矛盾和民族矛盾日益尖锐,各族人民的反抗斗争风起云涌,整个国家府库空虚,缓急俱不可恃。清王朝长期积弱的局面,其实正是形成于这个时期。

一、土地兼并严重,贪污腐化成风

土地兼并现象虽说由来已久,不过乾嘉时期显得更为突出。乾隆时,怀柔地主郝氏霸占良田多至万顷。有名的奸贪宠臣和珅,兼并土地达8000顷,他的两个家丁,也仗势掠夺土地600顷。嘉庆时,广东巡抚百龄,到任不足一年,占田就有5000顷。山西的老亢家,仅大小粮仓就多达千百座,被人叫作"亢百万"。乾隆末年,不到十分之一二的官僚、地主、富商竟兼并了

[①] 参见仓修良、叶建华:《试论乾嘉考据学的形成及其功过》,《历史文献研究》(北京新一辑),北京燕山出版社1990年版。

绝大部分的土地，而广大农民则纷纷丧失土地，沦为佃户、乞丐或流民，生活无靠。至于吏治的腐败，更成为当时的突出问题。整个官僚机构，从上到下，贪污腐化普遍成风，而皇帝更成为贪污、受贿、腐化的典型。乾隆帝本人生活极为奢侈，为了到南方游玩，曾六下江南，而每次南巡，铺张浪费十倍于康熙，他还五次巡幸五台山，五次告祭曲阜，七次东谒三陵等等，所到之处，营造行宫，进宴演戏，耗尽了民脂民膏。乾隆皇帝给母亲孝圣宪皇后过六十大寿、七十大寿、八十大寿，以及他本人过七十大寿、八十大寿之时，更是大肆挥霍、贪污受贿之日。如乾隆四十五年（1780）他过七十大寿时，虚伪地宣称不接收礼物，但却借口图吉祥，说明如意可送。这么一来，大臣们便四处搜购金、玉如意，致使如意价格猛涨，一个如意竟卖4000两银子。上行下效，皇帝本人如此，官吏就更加无所不为。宠臣和珅当政20余年，贪污掠夺财富总计约银10亿两，超过乾隆整朝军费开支的10倍，相当于和珅当政20余年间清政府财政收入的一半。乾嘉之际任过湖广总督的毕沅，死后曾把大量珍宝带进坟墓，1971年在江苏吴县金山公社天平山清理他的墓葬，出土的贵重随葬品达200多件，仅其中一串朝珠，就有玭霞（珠子）四粒、翡翠108粒、红宝石五颗。他老婆戴金凤冠，一个小老婆戴银凤冠，双手套金镯四只，翡翠镯二只。[①]嘉庆年间，湖南布政使郑源琇，"凡选授州县官到省"，不向他行贿，就不准上任。他"以缺之高下，定价之低昂，大抵总在万金内外"。家属跟随在衙门里的"四百余人，外养戏班两班，争奇斗巧，昼夜不息"。嘉庆三年（1798）九月，"因婚嫁将家眷一分送回，用大船十二只，旌旗耀彩，辉映河干。凡此靡费，皆民膏脂。是以楚南百姓，富者贫，贫者益苦矣"[②]。浙江巡抚福崧则贪污盐商税银11.5万两，其母亲游览一次西湖，就花费2000两银。而甘肃省被查出的全省官员合伙贪污案中，贪赃千两以上的即达66人之多。至于一般地主富商，据昭梿《啸亭续录》卷2"本朝富民之多"条记载，当时"海内殷富，素封之家，比户相望"。如怀柔郝氏，"膏腴万顷"，乾隆住宿他家时，他所贡奉的"上方水陆珍错至百余品"，"一日之餐费至十余万"。京师祝氏，"富逾王侯，其家屋宇至千余

[①] 见《"文化大革命"期间江苏省出土文物展览简介》，南京博物院，1972年，第9页。
[②] （清）姚元之：《竹叶亭杂记》卷2，中华书局1982年版。

间，园亭瑰丽，人游十日未竟其居。宛平查氏、盛氏，其富丽亦相仿"。这就说明，当时各地的地主富商，莫不过着挥金如土的骄奢淫逸生活。

二、社会矛盾尖锐，民族起义频繁

在以满族贵族为首的封建统治阶级的残酷剥削压迫下，农民被逼得无法生活，阶级矛盾和民族矛盾日益激化，加之政治的极端混乱和黑暗，乾嘉时期全国各地先后发生了近百起各族人民的武装起义。其中影响较大的有：乾隆三十九年（1774）山东清水教（白莲教的一支）首领王伦领导的农民起义；乾隆四十六年（1781）西北甘肃、青海地区苏四十三和田五领导的回族、撒拉族人民起义；乾隆五十一年（1786）林爽文领导的台湾人民起义；乾隆六十年（1795）石柳邓在贵州领导的苗民起义，曾控制了贵州、湖南、四川三省的广大地区，清政府动用了云、贵、川、湘、鄂、粤、桂等七省10余万兵力进行围剿。特别是嘉庆元年（1796）爆发的川、楚、陕、甘、豫五省白莲教起义，是在湘黔苗族人民反清斗争激烈进行的时候爆发的一次规模更大、组织更严密的农民起义，波及五省，历时九年，是清朝中期规模最大的一次起义。清廷为对付这次起义，耗费了二万万两银子，屠杀了几十万人民。嘉庆十八年（1813），在北方的河南、河北、山东等地又爆发了李文成、林清领导的天理教起义。此后，各族人民的起义风起云涌，如火如荼，从未间断过。虽然这些起义都被清廷残酷镇压下去，但它大大削弱了清廷的统治力量，预示着腐朽没落的清朝封建统治末日的到来。此后不久，果然爆发了震撼大地的太平天国农民大起义。

这就是章学诚生活的时代——"乾嘉盛世"的真实写照！

第二章
穷困潦倒的坎坷一生

章学诚生活在这么一个政治专制、吏治腐败、学术考据、社会动荡的时代，却又欲不随时俗、针砭学术、揭露黑暗、倡导改革，这就决定了他那坎坷悲惨、穷困潦倒的一生，也造就了他那生命不息、著述不止的"掉弄笔墨"的性格。

第一节 "意气落落，不可一世"的青年时代

一、家世与家学

章学诚出生在一个中小地主知识分子的家庭。章氏的始祖可追溯到五代时起家于福建浦城的仔钧。北宋末，章氏一支章綜为避祸难移居浙江山阴（今绍兴）。南宋光宗、宁宗间，经章彦武（文叔）再迁，始居会稽偶山南面的东乡（今绍兴上虞道墟街道），以耕读立业，礼义传家，并渐成一方大族。

学诚的族祖章慎一，字德卿，元末与朱元璋各起自布衣，提三尺剑，一起打天下。后见朱元璋先功成定鼎，就归家隐居农耕。朱元璋建立明朝后，曾欲招他辅政，三次礼聘，皆谦让不出。据说，明太祖朱元璋第三次率臣南下亲访时，闻见乡里书声琅琅，车盘辘辘，人皆知书达礼，教养有素，不禁赞曰：此真有道之墟也！此后，东乡遂易名为"道墟"。至清乾隆朝时，道墟章氏已有万余人，以种稻谷、木棉，或酿酒、做师爷为职业。

学诚的曾祖名子正。祖父名如璋，字君信，是候选经历（明清职官名），家有一定藏书，并对历史有所研究。"惇行隐德，望于乡党，尤嗜史学。晚岁闭关却扫，终日不见一人，取司马《通鉴》，往复天道人事，而于'惠迪从

逆吉凶'，所以影响之故，津津盖有味乎其言。"①到了父亲章镳（字骧衢，亦曰双渠，号励堂，又号岩斿），学问渐大，于史学、古文辞以及书法等均有一定研究。据《章氏遗书》卷22《瀹云山房乙卯藏书目记》记载，镳，少孤，"先祖遗书散失，家贫不能购书，则借读于人，随时手笔记录，孜孜不倦。晚年汇所札记，殆盈百帙。尝得郑氏《江表志》及五季十国时杂史数种，欲钞存之，嫌其文体破碎，随笔删润，文省而义意更周。仍其原名，加题为章氏别本。镕裁亦费苦心。又喜习书，缮五经文，作寸楷法，尤喜《毛诗》、《小戴氏记》，凡写数本，手不知疲。尝恨为此二事所牵，不得专意札录所未见书。每还人所借，有札未竟者，怅怅如有所失。盖好且勤也如是。然聚书无多，缘家贫为累，自授经馆谷，至仕宦俸禄，未有可以为购书赀者，随身三数千卷"。《两浙辖轩录》卷22收有章镳所作诗，又注录章学诚所作行状，内亦云："先人读书，不为名声，为古文辞，镵刻峭削。病唐宋野史小说传记足辅正史而文多芜漫，因以意节之，钞《江表志》、《五国故事》、《南唐马书》、《北梦琐言》凡十数种。诗则唐体多于古风，遗命勿轻示人……"

章学诚的母亲史氏，为赠朝议大夫颖州府知府史义遵的第九女，亦绍兴人。约在康熙中期，章镳把家从道墟迁至绍兴府城南门内善发弄。乾隆七年（1742），镳中进士，但却一直未能做官，只好在家乡以教书为生。直到乾隆十六年方得湖北应城知县这个七品小官。于是举家从绍兴迁往湖北应城。然上任仅五年，至乾隆二十一年（1756），章镳便"以疑狱失轻免官"②。在任时，章镳"不枉民狱"③，廉洁自律，公私分明，"士民亲附如家人"④。罢官时，章镳已负债累累，穷困而无法返回原籍绍兴，只好侨居在应城，并先后主讲于天门、应城等地书院。乾隆三十三年（1768），章镳病死于应城。

二、椎鲁多病的童年

章学诚少时多病，读书也很迟钝。自云："幼多病，一岁中铢积黍计，

---

① 《刻太上感应篇书后》，《遗书》卷29，第322页。
② （清）阮元辑：《章镳》条引章学诚所撰行状，《两浙辖轩录》卷22。
③ （清）朱筠：《祭章学诚之母史孺人文》，《笥河文集》卷16。
④ （清）阮元辑：《章镳》条引章学诚所撰行状，《两浙辖轩录》卷22。

大约无两月功。资质椎鲁，日诵才百余言，辄复病作中止。"①章学诚常跟随从叔衡一到乡邻酒店喝酒，习以为常，所以，他长大后，特别喜欢喝酒。据朱筠《朱笥河集·祭章母史孺人文》记载，章学诚的母亲对学诚管教较严，"自幼诫之，自《百家姓》"。

乾隆十六年（1751），章学诚14岁，以同县王浩为师，读书于中表杜秉和（燮均）家之凌风书屋。王浩教育学生非常严厉，甚至经常鞭打学生。当时杜秉和受打最多，有次被打伤脑门，险些送命，后创伤愈合，脑门肉骨依旧隆起，不能平复。②其严酷如此。这对章学诚的威慑是可想而知的。这一年，章学诚与俞夫人结婚。同年，随父亲到湖北应城。因童心未歇，宾客皆为其父忧无后。

十五六岁时，知识渐通，好泛览。父亲以为业患不精，即屏诸书勿令读，而为他请了一位老师柯绍庚先生专门教他读经义之书。但学诚嗜好泛读，不忍割置，并不肯为应举之文，"畏其困人，法律若牛毛然"③。好为诗赋而不得其似，心无张主，却又不甘与俗学为伍。

值得注意的是，这时的章学诚虽资质仍呆滞，但识趣已不离纸笔，特别是对史学已产生了较浓厚的兴趣。他在《文史通义》外篇三《家书六》和《与族孙汝楠论学书》等文中自云"当时闻经史大义，已私心独喜，决疑质问，间有出成人拟议外者"，并曾在塾课余暇，私取《左传》、《国语》诸书，欲以纪、表、志、传改编成一部《东周书》。因"官舍无他书得见，乃密从内君乞簪珥易纸笔，假手在官胥吏，日夜钞录《春秋内外传》及衰周战国子史，辄复以意区分"。这部《东周书》，少年章学诚曾经营三年，已成百余卷，尚未及最后成书，被馆师发觉，"呵责中废，勤而无所"。不过，也诚如他自己所言，当时虽"自命史才，大言不逊。然于文字承用转辞助语，犹未尝一得当"④。

20岁以后，学业上便有了长足的进步，学习中能提出许多独到的见解，

---

① 《与族孙汝楠论学书》，《文史通义》外篇三。
② 《杜燮均家传》，《遗书》卷17，第169页。
③ 《陈伯思别传》，《遗书》卷18，第180页。
④ 《柯先生传》，《遗书》卷17，第168页。

他在《家书六》中说：

> 二十岁以前，性绝骏滞，读书日不过三二百言，犹不能久识；学为文字，虚字多不当理。廿一二岁，骎骎向长，纵览群书，于经训未见领会，而史部之书，乍接于目，便似夙所攻习然者，其中利病得失，随口能举，举而辄当。人皆谓吾得力《史通》，其实吾见《史通》已廿八岁矣。廿三四时所笔记者，今虽亡失，然论诸史于纪表志传之外更当立图，列传于《儒林》、《文苑》之外更当立史官传，此皆当日之旧论也。惟当时见书不多，故立说鲜所征引耳，其识之卓绝，则有至今不能易者。……乃知吾之廿岁后与廿岁前不类出于一人，自是吾所独异，非凡人生过廿岁，皆可一日而千里也。

此话确实并不夸张。青年时代的章学诚能提出纪传体史书中应立图及史官传，这确实称得上是卓见。关于这两点，我们还将在后面论述。这就说明，20岁以后的章学诚，在学业上已慢慢走向成熟。

这里还须说明一点，就是章学诚后来屡屡说自己对于史学，"似有天授"，其实并不尽然。他对史学的情有独钟，与其父亲的家教也是分不开的。前面说过，其父亲本来就是"嗜史学"的，并且还时时教导学诚，启发学诚独立思考，引导学诚钻研史学。在《文史通义》外篇三《家书三》中，章学诚跟儿子说，自己十五六岁删节改编《左传》、《国语》之事，最初仍用编年体裁，"祖父（即学诚之父）见之，乃谓编年之书仍用编年删节，无所取裁，曷用纪传之体分其所合？"学诚"于是力究纪传之史而辨析体例，遂若天授神诣，竟成绝业"，直接影响了今后的治学方向。"祖父当时亦诧为教吾之时，初意不及此也，而不知有开于先，固如是尔。"又如学诚少年时对邓元锡《函史》的批评意见，也是受了其父亲的启示，在同一封家信中章学诚说："祖父尝辨《史记索隐》谓'十二本纪法十二月，十表法十干'诸语，斥其支离附会。吾时年未弱冠，即觉邓氏《函史》上下篇卷，分配阴阳老少为非，特未能遽笔为说耳。"他认为邓元锡以阴阳老少来配合《函史》的上下篇，正如《史记索隐》以天干地支十二月来解释《史记》一样，是荒唐附会的。在这封家书中，章学诚还谈及自己于古人文字往往能"神解精识，乃

能窥及前人所未到处",而"于训诂考质,多所忽略",这一治学风格也是受了父亲的影响:

> 初亦见祖父评点古人诗文,授读学徒,多辟村塾传本胶执训诂,不究古人立言宗旨。犹记二十岁时,购得吴注《庾开府集》,有"春水望桃花"句,吴注引《月令章句》云:"三月桃花水下。"祖父抹去其注而评于下曰:"望桃花于春水之中,神思何其绵邈!"吾彼时便觉有会,回视吴注,意味索然矣。自后观书,遂能别出意见,不为训诂牢笼,虽时有卤莽之弊,而古人大体,乃实有所窥。尔辈于祖父评点诸书,曷细观之!

可见,章学诚后来所以能在史学上独有建树,又能在读书中识其大体,观古人立言之宗旨,而不囿于破碎支离的训诂,这些都与家学渊源有一定关系,并非全在于"天授"、禀赋。

三、四应科举,仅中副榜

乾隆二十五年(1760),23岁的章学诚第一次离家远游,去北京应顺天乡试,结果未举。故乾隆二十七年(1762),又北上应顺天乡试,还是落选。这年冬天,便入国子监读书。由于长期生活在父母身边,未见过世面,很少有阅历,对于人世间之艰辛一无所知,又年少气盛,因而入国子监以后,大出洋相。他后来在回忆这段经历时写道:

> 始余入监舍,年方二十有五,意气落落,不可一世,不知人世艰也。然试其艺于学官,辄置下等,每大比,决科集试,至三四百人,所斥落者,不过五七人而已,余每在五七人中。祭酒以下,不余人齿,同舍诸生,视余若无物。每课榜出,余往觇甲乙,皂隶必旁睨笑曰:"是公亦来问甲乙邪?"而以余意视祭酒而下,亦莽莽不知为何许人也。①

---

① 《庚辛之间亡友列传》,《遗书》卷19,第194页。

这也说明，章学诚因为在学习上不愿为"法律若牛毛"的"举业文艺"所束缚，喜欢发表个人见解，自然不合时好，因而不仅乡试得不到录取，就是在国子监里，也不可能得到好评。

乾隆二十八年（1763）夏，章学诚请假出都，省亲湖北。这时其父正主天门县讲席。次年冬末，其父应天门知县胡翼（字筠亭）之聘，主持编纂《天门县志》，年方27岁的章学诚不仅参与了编修工作，而且还特为其写了《修志十议》一文，对于编修方志提出了十点系统看法。在此之前，他还与在国子监中结识的甄松年（字青圃，新宁人）商谈过方志编修之事，写有《答甄秀才论修志》两书。修志中一些重要论点，诸如"志乃史体"、另立"文选"与志相辅而行、"立志科"等等，在这三篇文章中均已提出，这实际上为后来修志理论的建立开了先河。年仅二十六七岁的章学诚能写出这样重要的具有现实意义的文章，自然是了不起的。这种文章，自非一般"科举文艺"所能比拟。尽管如此，却得不到当局者任何重视。章学诚参与编写的《天门县志》志稿内容，也被删改很多。他后来在给族孙章汝楠的信中说："《天门县志》呈览，中为俗人所改，所存才十之六七。著作之事，必自己出，即此亦见一端。"[1] 当然，他后来对自己这两年所写的文章也作过恰如其分的评论，认为"彼时立志甚奇，而学识未充，文笔未能如意之所向"[2]。

乾隆三十年（1765），章学诚三上京师仍居国子监中，应顺天乡试。同考官沈业富（既堂）推荐他的文章给主司，但还是没有录取。沈业富很为之惋惜，遂请章学诚住到自己家中，"俾从事铅椠"。沈业富称得上学诚的第一位知己。学诚从此馆于沈家，益力于学。特别是这一年，通过沈业富的介绍，章学诚结识了翰林院编修朱筠（字笥河）。朱筠是当时京师学术界享有很高声望的学者，又奖掖后进，在他周围，团结了一大批学者。他与沈业富以及翁方纲、张曾敞四人，号称当时学术界的"四大金刚"[3]。《遗书》卷17《湖北按察使冯君家传》云："余自乾隆三十年乙酉，三落顺天解第，遂留京师，游大兴朱先生筠门。朱先生负海内重望，同朝称知契者，皆一代名贤。"

---

[1]《与族孙汝楠论学书》，《文史通义》外篇三。
[2]《跋甲乙剩稿》，《遗书》卷28，第319页。
[3]《沈既堂先生迁居图记》，《遗书》卷22，218页。

朱筠对章学诚是"一见许以千古"。学诚从此从朱先生那里学到了不少治学和为人的道理，生活上也颇得朱先生的照顾和帮助。《文史通义》外篇三《与汪龙庄简》记载道："忆初入都门，朱大兴先生一见许以千古，然言及时文，则云：'足下于此无缘，不能学，然亦不足学也。'弟云家贫亲老，不能不望科举。朱先生曰：'科举何难！科举何尝必要时文？由子之道，任子之天，科举未尝不得。即终不得，亦非不学时文之咎也。'弟信其说，故但教人为文，而不教人为揣摩之文。"但生活的磨炼使章学诚感到，要养家糊口，似乎非走科举这条路不可，这就使他不得不做违心事，尽管自己向来不愿为应举之文，还是迫于"家贫亲老，勉为浮薄时文，妄想干禄，所谓行人甚鄙，求人甚利也"[①]。

工欲善其事，必先利其器。读书人要图深造，常用之书必须自备。章学诚自然深知此意，因此，他节衣缩食，典衣质被，尽一切努力购得一部正史。他在《遗书》卷22《瀚云山房乙卯藏书目记》里说："小子旅馆京师，嗜书而力不能致。然戊子以前，未有家累，馆谷所入，自人事所需外，铢积黍累，悉以购书，性尤嗜史，而累朝正史，计部二十有三，非数十金不能致，则层累求之，凡三年而始全。"可见他治学环境之艰苦，也是同时代一些著名学者所不能比的。两年后，因生活困逼，只得住到朱筠家中，从而有机会与往来朱氏之门的学界名流讨论学问。他说："余自乾隆丁亥，旅困不能自存，依朱先生居，侘傺无聊甚。然由是得见当时名流及一时闻人之所习业。"[②] 随着岁月的流逝，生活的折磨，那种"意气落落，不可一世"的少年锐气，早已消磨得精光。他在当时写的《与家守一书》中说：

仆南北奔走，忽忽十年，浮气嚣情，消磨殆尽，惟于学问研搜，交游砥砺之处，不自知其情之一往而深，终不能已。……仆分手以来，自以落落不能与屠沽小儿作生活计，故所如不合，退卧朱笥河师撷英书屋，又一年矣。日月不居，坐成老大。去秋即拟屏摄一切，发愤为决科计，而太学志局初开，二三当事，猥以执笔见推，仆缘积困日久，聊利

[①] 《与族孙汝楠论学书》，《文史通义》外篇三。
[②] 《任幼植别传》，《遗书》卷18，第178页。

餐钱,枉道从事,非所好也。又笥河师被诏撰《顺天志》,亦属仆辈经纪其事,此非馆局之书,既不限年,又无牵制。①

这封信充分说明,苦饥谋食、碌碌依人的生活使他受到了一定的锻炼,抛掉了以前那些天真不切实际的想法,为了生活,只好去做那些自己并不爱好的工作,如修《国子监志》、学写时文等。

尽管生活屡受磨难,却从未动摇他对史学的爱好。他立下宏志,要对二十一家正史义例加以评论。他的《与族孙汝楠论学书》就是写于这个时候,信中曾说:

闲思读书札记,贵在积久贯通,近复时作时辍。自少性与史近,史部书帙浩繁,典衣质被,才购班、马而下,欧、宋以前,十六七种。目力既短,心绪忽忽多忘,丹铅往复,约四五通,始有端绪,然犹不能举其词,悉其名数。尝以二十一家义例不纯,体要多舛,故欲遍察其中得失利病,约为科律,作书数篇,讨论笔削大旨。而闻见寥寥,邈然无成书之期。况又牵以时文,迫以生徒课业,未识竟得偿志否也?……意气寂寞,追忆囊游,不觉泪下。

由此可见,在京数年,他已将二十一史"丹铅往复,约四五通"。正因为如此,才有可能发现其"义例不纯,体要多舛",并立志要"遍察其中得失利病,约为科律","讨论笔削大旨"。这也说明,他要作《文史通义》的思想,是有一个发展过程的。《文史通义》的内容比较广泛,他现在提的仅仅是要对二十一史进行评论。由于他的学术主张多与时代精神不合,故所写文章亦多不合时好,除了"归正朱先生外",很少出示他人。在这个时候,他已被人"视为怪物,诧为异类"。

在京师的几年中,章学诚见到了不少学者名流,也结交了一些朋友。其中值得一提的是,为了学习,他曾拜访了戴震。这次拜访,对他做学问有相当深的影响。他在《与族孙汝楠论学书》中曾谈及此事:

---

① 《与家守一书》,《遗书》卷29,第338页。

往仆以读书当得大意，又年少气锐，专务涉猎，四部九流，泛览不见涯涘，好立议论，高而不切，攻排训诂，驰骛空虚。盖未尝不怡然自喜，以为得之。独怪休宁戴东原振臂而呼曰："今之学者，毋论学问文章，先坐不曾识字。"仆骇其说，就而问之。则曰："予弗能究先天后天，河、洛精蕴，即不敢读元亨利贞；弗能知星躔岁差，天象地表，即不敢读钦若敬授；弗能辨声音律吕，古今韵法，即不敢读关关雎鸠；弗能考三统正朔，《周官》典礼，即不敢读春王正月。"仆重愧其言！因忆向日曾语足下所谓"学者只患读书太易，作文太工，义理太贯"之说，指虽有异，理实无殊。充类至尽，我辈于四书一经，正乃未尝开卷卒业，可为惭惕，可为寒心！近从朱先生游，亦言甚恶轻隽后生，枵腹空谈义理，故凡所指授，皆欲学者先求征实，后议扩充。所谓不能信古，安能疑经，斯言实中症结。仆则以为学者祈向，贵有专属，博详反约，原非截然分界。及乎泛滥渟蓄，由其所取愈精，故其所至愈远。古人复起，未知以斯语为何如也。要之，谈何容易！十年闭关，出门合辙，卓然自立以不愧古人，正须不羡轻隽之浮名，不揣世俗之毁誉，循循勉勉，即数十年，中人以下所不屑为者而为之，乃有一旦庶几之日。斯则可为知者道，未易一一为时辈言耳。

可见，正是由于受到了戴震、朱筠等学者的影响，章学诚逐渐改变了原先那种"专务涉猎"、"好立议论"、"攻排训诂，驰骛空虚"的治学风格，开始重视起义理、考据两者的有机结合。虽然，为了挽救时代颓废的学风，章学诚后来所写文章仍大多为理论方面，论史的重点也仍偏于史意，但他对"征实"工作却不曾忽略，更不轻视。后来他在做学问上，一直强调义理、考据不可偏废，都是做学问中必不可少的组成部分。也许正是由于有了"征实"的基本功，才使他所建立的理论体系不致流于空虚浮夸。有些学者只注意到章学诚对考据学的批评，即下结论说他看不起考据，是个空头理论家，这种看法是片面的。

乾隆三十三年（1768），章学诚四应顺天乡试。他的老师朱筠和朱棻元（字春浦）皆充任同考官。当时他的文章已经通过，但最后策对时却被降为副榜。原来，在此之前，章学诚在国子监读书时，朱棻元对他很赏识，推荐他参与《国子监志》的编修工作。在编修此志义例上，他与国子监长官意见不一，发生过争论。而在此次考试中，尽管文章已获好评，但偏偏主持策对的正是与他争论过的那位国子监长官，而所提的问题又刚好是关于《国子监志》编修的义例。这时，章学诚若能"随机应变"，按主考官的观点作回答，录取已在必然之中。可是，章学诚不仅没有投其所好，反而在考场上与之展开辩论，"执所见以对，不稍迁就"，如此大胆地触犯主考官的尊严，被斥落为副榜，自然也就可想而知了。朱棻元在邻座见他策言《国子监志》编修得失，惊叹不已，责怪六馆师儒安得遽失此等人才。可是也无法挽回定局。事后有人问章学诚为何"明知故犯"？为什么要固守己见，而不稍作变通投主考官口味呢？想不到学诚的回答是："仆之生平，不能作违心之论！""仆于科举，无必得之技，亦无揣摩以求必得之心。"并说："生平惟此不欺二字，差可信于师友间也。"① 这再次说明，章学诚的屡试不中，并非真出于学识不具，而是他的学识不符合考官之所好，又不善于屈从时俗，一味地去附和考官之所好，这正反映出他人品的可贵。

离开国子监后，章学诚只好搬到族兄章允功（垣业）家居住。允功家也比较贫穷，生一子数女，因儿子早死，所以学诚将自己第三个儿子华绶过继给允功。② 允功妻荀夫人因病去世后，章学诚为之写《从嫂荀孺人行实》，这是一篇内容翔实、人物形象栩栩如生的优秀人物传记，被胡适称为"传记中佳品"③。

这年冬天，章学诚的父亲卒于应城，这对学诚来说，是个比落选更大的打击。因为贫困，学诚闻讣后，竟无法及时赶回应城奔丧，只好暂寄从兄允功家。平日生活之窘困于此亦可想见。直到第二年才回应城居丧。这年以前，未有家累，馆谷所入，大多用于购书。个人生活尚且如此状况，此后要挑起全家生活重担，既无一官半职，又无大量固定田产，全家生活，只得靠他一人以文墨相谋。这个难以想象的压力，对他今后的学术成就，无疑将产生重大的影响。事实上，从此以后，章学诚就一直受到饥寒贫困的困扰。

---

① 《与史氏诸表侄论策对书》，《文史通义》外篇三。
② 《从嫂荀孺人行实》，《遗书》卷20，第202—203页。
③ 胡适著，姚名达订补：《章实斋先生年谱》"乾隆三十三年（1768）"条，商务印书馆1933年版，第21页。

第二节 "不合时好"，不敢入仕的中年时代

迈入中年时代的章学诚，在生活上依然是穷困潦倒，甚至考取进士也未能给他的生活和事业带来任何的改善条件。但是，在学业上，章学诚已逐渐趋向稳定和成熟，《文史通义》、《校雠通义》等著作的开始编撰，以及几部志书的编修等，都是这一时期他在学业上所取得的显著成就，从而为其晚年获得史志书籍的累累硕果打下了扎实的基础。

一、进退国子监志局

乾隆三十四年（1769），章学诚居父丧，携母举家扶柩搭湖北粮船北上。路上，遇船漏水，书箱为漏水所浸，父亲随身遗留的数千卷书籍，损失 1/3。六月，全家到达北京，赁居柳树井南冯均弼居宅，遂以安顿家眷。这时他曾给朱筠写信，请求老师予以援助。《遗书》补遗有《上朱先生》一书，内云："匝月之后，便添十七八口，米珠薪桂，岁月甚长，而昨日均弼先生房金又见告矣，腐儒索米长安，计非官书三四门不能自活，吾师许之有日矣，而到手者乃无一处，此直生死之关，夫子大人，当有以援之。"当时之境遇于此可见。为生活计，这年他曾为座师秦芝轩校编《续通典》之中的《乐典》部分。这完全是"征实"的工作，难度很大。章学诚在《上朱先生》书中也曾谈及此事，并希望得到老师的指点："现为秦芝轩师校编《乐典》，其'歌舞杂曲'、'铙歌清乐'诸条，吴本原稿直钞杜氏《通典》，而宋元以来，全无所为续者，此亦可谓难矣乎哉也焉而已。第此等歌曲乐府，史志不详，兼之源流派别，学诚亦不甚解，就杜氏原本所分，亦多与前史不合，不识宋元至明，究以翻阅何书为主，有何书可以参订？务望夫子大人俯赐检示一二种。"年仅32岁的章学诚，由于学历不足，要从事如此专门学问的研究考订，确实相当困难。因为既是《续通典》，就不能照抄《通典》，而史志又多不详，这就必须从宋元明其他有关著作来进行研究和考订。正因为他做了这个工作，所以后来在论学中，章学诚一直认为考证是不可忽视的。他在《文史通义》外篇三《答沈枫墀论学》书中就曾指出："考索之家，亦不易易，大而《礼》

辨郊社,细若《雅》注虫鱼,是亦专门之业,不可忽也。阮氏《车考》,足下以谓仅究一车之用,是又不然。治经而不究于名物度数,则义理腾空而经术因以卤莽,所系非浅鲜也。"

除校编《乐典》外,这两年仍以国子生参与《国子监志》的编修工作。前面说过,他在国子监读书时,朱棻元非常赏识他,推荐他参修《国子监志》,但一开始就因与长官意见不一而发生过争论。在这两年的编纂中间,他越来越觉得自己的意见多与诸学官不合,因而很不得意,以致最后不得不辞去此职。他在《文史通义》外篇三《候国子司业朱春浦先生书》中曾申述了自己所以离开志局,完全是出于不得已。信中说:

> 向者学志之役,小子以薄业从事编摩,初志谋食而已。先生独取其撰述,谓非一切碌碌所可辨者。因白之同官,咨之铨部,俾一官偿劳,使得尽其夙抱。既而当事虚公惜才,如定圃、瑶圃、确三先生,一时罢去,卒事不成。先生犹复惓惓小子,欲使卒业则例一书,为后日叙劳地。学诚用是喟然谢去,非无所见而然也。昔李翱尝慨唐三百年人文之盛,几至三代、两汉,而史才曾无一人堪与范蔚宗、陈承祚抗行者,以为叹息。……每慨刘子玄以不世出之才,历景云、开元之间,三朝为史,当时深知,如徐坚、吴兢辈,不为无人,而监修萧至忠、宗楚客等,皆痴肥臃肿,坐啸画诺,弹压于前,与之锥凿方圆,牴牾不入,良可伤也。子玄一官落拓,十年不迁,退撰《史通》,窃比元撰,盖深知行尸走肉,难与程才,而钓弋耕渔,士亦有素故耳。欧、宋之徒,不察古人始末,以为子玄工诃古人,而拙于用己。嗟乎!使子玄得操尺寸,则其论六家、二体,及程课铨配之法,纵不敢望马、班堂奥,其所撰辑,岂遽出陈寿、孙盛诸人下,而吴缜得以窃其绪论,《纠谬》致于二十有四也哉!向令宗、萧又使子弟族属,托监领之势,攘臂其间,颠倒黑白,子玄抑而行之,必将愤发狂疾,岂特退而不校已耶?假而事非东观之隆,官非太史之重,以升斗之故,与睢盱一辈,进退其间,宜子玄所尤不屑矣。后之人或以致诮,何哉?夫人之相知,得心为上。学诚家有老母,朝夕薪水之资不能自给,十口浮寓,无所栖泊。贬抑文字,稍从时尚,则有之矣。至先生所以有取于是,而小子亦自惜其得之不偶

然者，夫岂纷纭者所得损益？

应当说这是一篇很有价值的文章，从中可以看出章学诚是一位很有志气的年轻学者。他能够成为一位杰出的史学评论家绝非出于偶然。在国子监中，由于不能行其志，宁可砸了饭碗，也不甘心屈从于当时的权贵。他列举刘子玄的遭遇，揭露唐代史馆的黑幕，其实在于说明，国子监里的人事关系，像萧至忠、宗楚客一类的行尸走肉也是大有人在。他们操持实权，托监领之名，颠倒黑白，排挤打击具有真才实学之士。尽管学诚自己已"贬抑文字，稍从时尚"，仍不能取得他们的通融。既然如此，监志的编修也就无法按自己的见解去做，讥刺嘲讽迎面而来，心情本不愉快，加之"朝夕薪水之资"又不足以养家糊口，于是一气之下，便离开了国子监。

乾隆三十六年（1771），邵晋涵、周永年皆成进士，他们后来都成为章学诚的好友。特别是邵氏，竟成为他一生中唯一的一位挚友。这年秋天，他们的老师朱筠奉命提督安徽学政，十月十八日，章学诚和邵晋涵等人跟随朱筠一道离京，驱车前往安徽太平使院。从此以后，两人同学文章于朱筠，相互论史，契合隐微。刘知幾在史馆不得志，退撰《史通》；章学诚离开国子监后，遂按自己计划撰著《文史通义》。上引给朱春浦的信写于离开国子监的次年，即乾隆三十七年（1772），信中曾讲了此事："是以出都以来，颇事著述。斟酌艺林，作为《文史通义》。书虽未成，大指已见辛楣先生候牍所录内篇三首，并以附呈。先生试察其言，必将有以得其所自。"由此可见，《文史通义》的著作，正是开始于离开国子监的次年。这年，章学诚正值35岁。辛楣先生，即钱大昕。同年，章学诚给钱大昕的信中也有谈及，他在信中说，他要"取古今载籍，自六艺以降讫于近代作者之林，为之商榷利病，讨论得失，拟为《文史通义》一书，分内外杂篇，成一家言。虽草创未及什一，然文多不能悉致，谨录三首呈览，阁下试平心察之，当复以为何如也？"[①]又在晚年给钱大昕的另一封信中说："学诚从事于文史校雠，盖将有所发明。然辨论之间，颇乖时人好恶，故不欲多为人知。所上敝帚，乞勿为外人道也。……世俗风尚，必有所偏。达人显贵之所主持，聪明才隽之所

[①] 《上晓徵学士书》，《文史通义》外篇三。

奔赴，其中流弊必不在小。载笔之士不思救挽，无为贵著述矣。苟欲有所救挽，则必逆于时趋。时趋可畏，甚于刑曹之法令也。"①这里人们可以清楚地看到，当时世俗风尚已产生流弊，他指出由于"达人显贵之所主持，聪明才隽之所奔赴，其中流弊必不在小"。可是对于这种情况，载笔之士又多不思救挽，这就更加危险。而要挽救，就必然要冒风险，逆时趋。在当时的情况下，"时趋可畏，甚于刑曹之法令"。当然那些只为自己前途打算的人，只会趋炎附势，绝不敢逆于时趋。而章学诚著《文史通义》，正是逆时而上，与当时社会风尚自然形成针锋相对之势，无怪乎他说"辨论之间，颇乖时人好恶"。

出都后的第二年初，即乾隆三十八年（1773）二月，经朱筠介绍，应和州知州刘长城之聘编修《和州志》。这是章学诚生平第一次独自用自己提出的方志理论进行实践，纪、表、图、书、传一应俱全。书成后，还编辑《和州文征》八卷，计奏议二卷，征述三卷，论著一卷，诗赋二卷。可惜的是，次年书稿刚成，朱筠便失官左迁《四库全书》处行走，新上任的安徽学政秦潮，不满于如此编纂，与章学诚意见多不一致。这一来，往复驳诘，志事遂中废。志稿自然不能刊刻，章学诚只好将志稿删存为20篇，名曰"志隅"，今存于《章氏遗书》外编。《和州志隅》20篇，不仅是研究章学诚方志理论的重要著作，亦是探讨他的史学思想不可多得的资料。正如他自己在《志隅自叙》中所说："《通义》示人，而人犹信疑参之。盖空言不及征诸实事也。《志隅》二十篇，略示推行之一端。能反其隅，《通义》非迂言可也。"②这就是说，他把《志隅》当作体现《文史通义》精神的著作，其重要性可想而知。不过这是他早期的想法。到了晚年，他的另一部志书《亳州志》修成后，他就认为《亳州志》"义例之精，则又《文史通义》中之最上乘也"③。

---

① 《上辛楣宫詹书》，《文史通义》外篇三。按：此信写于嘉庆三年（1798），胡适在《章实斋先生年谱》初版中也是放在该年下，而在增订本时，却认为应在乾隆三十七年（1772），今人多从其说。其实胡适是将此信与上引《上晓徵学士书》混淆了。详见《文史通义新编新注》本篇之注释。

② 《和州志志隅自叙》，《文史通义》外篇四。

③ 《又与永清论文》，《文史通义》外篇三。

二、中进士而不敢入仕

　　章学诚长期没有可以养家糊口的较为固定的职业，这使他无法安心于他的文史校雠之业。他跟随朱筠在使院校文，终不是长远之计。因此，在太平使院时就已到处拜托友人为之谋职。他在《文史通义》外篇三《与严冬友侍读》书中说："别来悒悒，几两年矣。江湖浪迹，与京、洛风尘，意境不殊，每于物变时移，多一低徊惝恍尔。……皖江，足下旧游地也，风土人情，故自不恶。第武陵一穴，久为捷足争趋。邵与桐、庄似撰诸君相守终年，竟无所遇，文章憎命，良可慨也。锁院校文，生计转促，以此悒悒，思为归计。正恐归转无家，足下能为我谋一官书旧生业否？"后来由于朱筠失官左迁，他的生活就更无着落，他在《庚辛之间亡友列传》中自云："乙未丙申之间，余方蹙蹙无骋，而侍君（侍朝）为余筹划甚至，君（胡士震）亦时为设谋。"① 又说："乾隆四十年乙未，余自江浙倦游，复反京师，亲老家益贫，挟册谋生，未有长计。丙申，援例授国子典籍。……自乙未入都，交游稍广，余僻处穷巷，门不能迎长者车，四方怀才负异之士，多见于故学士大兴朱先生筠家。"② 当时穷困之状可以想见。乾隆三十九年（1774）秋，曾至杭州应浙江乡试，又不中。后几经周折，才于乾隆四十二年（1777）春由周震荣介绍，主讲定州之定武书院。不久，周震荣又请其主修《永清县志》。这年秋天，又入京应顺天乡试，主考官为会稽老乡梁国治，梁称赞学诚的文章，榜发，学诚终于中试。次年（1778）又参加戊戌会试，主考官"金坛相公"（于敏中）特奏其名，章学诚终于考中进士，获第二甲赐进士出身，这时他已经41岁了。

　　章学诚自乾隆二十五年第一次应科举考试，到乾隆四十三年考中进士，其间共七应科场，"累遭摈弃"，现在终于如愿，这本来应是一件值得庆贺的大喜事。但是，或许是时间最能消磨一个人的意志，改变一个人的思想，经过了这近20年的风雨奔波和生活磨炼，这时的章学诚已非青年时代那般意气落落，年少气锐了，而是显得非常稳重，遇事往往要思考再三。他考虑

---

① 《庚辛之间亡友列传》，《遗书》卷19，第190页。
② 同上书，第189页。

自己"登第在四十外，则命使然"①，特别是自己的一贯为人和主张与当时的社会是那样的格格不入，所以，他已无心做官，毅然决定放弃这个谋求几十年而得到的机会，依旧靠笔墨为生。他在《遗书》卷17《柯先生传》中说："晚登甲第，痛先君子不及见也。自以迂疏，不敢入仕。"又在《文史通义》外篇三《与史氏诸表侄论策对书》中详细谈了对科举策对的看法，认为当时的科举考试并不能发挥考生的真正水平，学有专长的"精学之士"以及那些"学蕴于中而自然流露于策对者"反而不被录取，而那些说假话，投其所好，"作违心之论"的人倒容易被录取。所以，章学诚已看透了科举取士。"仆于科举，无必得之技，亦无揣摩以求必得之心。如谓不信，但取历应举闱策论，以及进士登第廷对扬言朝考拟奏前后文字反覆究之，曾有一言不与平日口谈以及笔存著述相为呼吸发明者欤？"

章学诚并没有因为中进士而求得一官半职，于是仍返回永清，续修《永清县志》。由于周震荣对章学诚的生活和工作都非常照顾和关心，让章学诚周游县境，实地考察调查，所以，县志编修进展十分顺利，只用了三年时间即大功告成。乾隆四十四年（1779），《永清县志》修成后，七月，章学诚访周震荣于顺义。震荣置酒高会，并出示《永清县志》给众客人览阅。于是，在场的张维祺（字云湄、吉甫）、周荣（字晴坡）等争相聘请章学诚前去修志，章学诚因已应馆座师梁国治家之约，故均未答应其他人的聘请。尽管如此，他的方志理论却已在朋友中间广泛流传开来。据记载，当时张维祺主大名，周荣主获鹿。两人后来分别编成《大名县志》和《获鹿县志》，其中《大名县志》经章学诚"订定"并代作序，《获鹿县志》在编纂中也得到章学诚详细的指导。②

差不多在《永清县志》修成的同年，章学诚又著有《校雠通义》四卷，这是他一生中最为得意的著作之一。

然而，命运对于章学诚来说，真是不够公平。正当他在十分艰苦的条件下不断创作，文章著作日益增多的时候，却遇到了一场浩劫，一场学术生涯

---

① 《与汪龙庄简》，《文史通义》外篇三。
② 《庚辛之间亡友传》附周震荣《书庚辛之间亡友传后》，《遗书》卷19，第196页。周震荣文中将乾隆四十四年己亥年误为乾隆四十六年辛丑年。

中的不幸灾难!

乾隆四十六年(1781),也就是章学诚刚辞去梁国治家的第二年,春三月,学诚因图事辄蹶,去游河南,又不得志而归,不幸中途遇盗。如果被盗贼抢去的仅仅是些行李铺盖,甚至所有的银钱,那么,这个打击对于章学诚来说,是完全能够承受得住的。那可憎的盗贼万万不该将学诚几十年如一日、孜孜不倦而撰成的著作文章,全都抢劫一空,这个打击,对于章学诚来说,真算得上是"灭门之灾"了。他后来追记道:

> 余自辛丑游古大梁,所遇匪人,尽失箧携文墨,四十四岁以前撰著,荡然无存。后从故旧家存录别本借钞,十得其四五耳。……但己亥著《校雠通义》四卷,自未赴大梁时,知好家前钞存三卷者,已有数本,及余失去原稿,其第四卷竟不可得。索还诸家所存之前卷,则互有异同,难以悬断,余亦自忘真稿果何如矣。遂仍讹袭舛,一并钞之。戊申,在归德书院,别自校正一番,又以意为更定,则与诸家所存又大异矣。然则今存文字,诸家所钞,宁保与此稿本必尽一耶?①

可见这次遇盗,文稿损失实在太大。自此以后,每有所撰,学诚必留副本,以备遗忘丢失,而朋友中喜爱他文章的人,也多请他们抄存一份,作为副本,其中以周震荣及学诚的最得意门人史致光抄藏学诚文章副本最多。

失窃后,章学诚生活上的狼狈也是可想而知,先是"狼狈衣短葛,走投同年生张维祺于肥乡县廨。维祺方远出,尊甫介村先生,款接甚殷"②,患难流浪之中,总算暂时安顿下来。后张维祺聘其主肥乡清漳书院讲席,但生活仍十分困难,曾多方致书师友求救。其中给座师梁国治的一封求援信写得最为悲戚,完全可以反映出他此时此刻的生活处境和内心状况。书中云:

> 学诚前此仓皇出都,不得已之苦衷,已悉前启。兹则驰驱半载,终无所遇,一家十五六口,浮寓都门,嗷嗷待哺,秋尽无衣,数年遭困以

---

① 《跋酉冬戌春志余草》,《遗书》卷29,第325页。
② 《张介村先生家传》,《遗书》卷17,第163页。

来，未有若此之甚者。目今留滞肥乡，至于都门内外，一切糊口生涯，无论力不能谋，且地处僻远，消息亦无从刺访。当此水火急迫之际，不得仰望长者知己一为拯援，先生当不以为躁也。学诚自蒙拂拭，幸得大贤以为依归，妄自诩谓，稍辨菽麦，不甘自弃。又自以为迂拘，不合世用。惟是读古人书，泾渭黑白，差觉不诬。若不逼于困苦饥寒，呼吁哀号，失其故态，则毛生颖故投囊，张仪舌犹在口，尚思用其专长，殚经究史，宽以岁月，庶几勒成一家，其于古今学术，未必稍无裨补。若使尘封笔砚，仆仆风霜，求一饱之无时，混四民而有愧，则不过数十寒暑，便无此身，以所得之甚难而汩没之甚易，当亦长者之所恻然悯惜者也。……俾小子得以一席，栖身十年，卒业门墙之下，未必遽无表见也。夫干谒贵人，热中躁进，小子窃所深耻。惟是水火求拯，饥寒呼救，伊古豪杰，有时不免。是以敢作再三之渎，以冀终有所成，庶几不辜三沐之雅意耳。情隘辞蹙，不知所裁，惟冀鉴其迹而原其心，小子幸矣。①

读罢这封催人泪下的书信，真为学诚感到可怜！就连后来为其作年谱的胡适也深表同情地感慨道："然而，那位梁相公似乎并不'恻然悯惜'他，真可怜极了！"② 所以，河南遇盗以后的几年中，章学诚一直生活在"水深火热"之中，在极端困苦中挣扎。生活和职业都极不稳定，几乎年年都要东奔西走谋职业。曾先后主讲过清漳书院、敬胜书院、莲池书院等地。特别是乾隆四十七年（1782）去永平敬胜书院时，因生活所逼，不得不自京师移家赴之。自此以后，每遇工作变更，家口也跟着迁徙。乾隆四十九年（1784），当他就保定莲池书院之聘时，家口又从永平携赴保定。总之，自从他父亲去世后，自己挑起全家生活的重担，20年来，基本上是靠替人修志和主讲书院来维持度日，生活一直动荡不安。然而，尽管生活条件恶劣，他还是始终不渝地坚持文史校雠的研究著述工作。他对文史校雠事业的一往情深，使他产生了战胜困难的信心和力量。即使处在"坎坷潦倒"、"几无生人之趣"

---

① 《上梁相公书》，《文史通义》外篇三。
② 胡适著，姚名达订补：《章实斋先生年谱》"乾隆四十六年（1781）"条，商务印书馆1933年版，第49页。

的"水火急迫"和百无聊赖之际，章学诚还是念念不忘"用其专长，殚经究史"，希望能"勒成一家"，为古今学术作出贡献。这种精神和毅力确是十分可贵的。他在《文史通义》外篇三《与史余村论学书》中这样说：

> 学问之事，正如医家良剂，不特志古之道不宜中辍，亦正以其心力营于世法，不胜其疲，不可不有所藉，以为斯须活泼地也。如云今困于世，姑且止之，俟他日偿其夙愿，则夙愿将有不可得偿者矣。仆困于世久矣，坎坷潦倒之中，几无生人之趣。然退而求其所好，则觉饥之可以为食，寒之可以为衣，其甚者直眇而可以能视，跛而可以能履，已乎！已乎！旦暮得此，所由以生，不啻鱼之于水，虎豹之于幽也。

可见，一个人如果能够全身心地投入到自己所爱好的事业之中去，那么，不管外部环境多么险恶，生活多么艰苦，仍可做到乐在其中，甚至达到"饥之可以为食，寒之可以为衣"的境界。相反，一个人处在逆境时，如果没有精神寄托，必定是一蹶不振，一无所成。正是有了这种精神支柱，在颠沛流离之中，章学诚仍写出了许多著名篇章。诚如他自己对邵晋涵所说，自己虽"江湖疲于奔走"，却"能撰著于车尘马足之间"。[①]

第三节　为人幕僚，"坎坷潦倒"的晚年

乾隆五十二年（1787），对于章学诚来说，又是一个重要转折之年。这年他50岁了，已步入老年时期。从学业上来说，亦进入了更加成熟的阶段。如果能有较好的条件和较充分的时间从事著作活动，把一生中治学的经验和成果总结出来，这是他当时最大的愿望和要求。可是，在当时的社会，这样的要求无法实现，不幸的事情却接连不断地向他袭来，以致不得不投靠官僚，为人幕僚，以解决生活困难，并集中时间和精力，完成自己的撰著计划。

[①]《与邵二云论学》，《文史通义》外篇三。

一、投靠毕沅，为人幕僚

乾隆五十二年，章学诚失去莲池书院的讲席，侨寓保定，寄居旅店。在走投无路的情况下，听说戊戌进士开选，出于无奈，赶往北京吏部投牒，不料又遇"剽劫"，生计索然，因此困于京师近一年，转食友家。冬间，已谋得知县，却忽然再次决计舍去，可见当时的内心是多么矛盾。若只为生活计，一个知县养家活口自不成问题。可是，一旦做了官，文史校雠之业将如何处置？况且他的学问又全然不合于时好。因此，最后还是放弃了县官的职务，以继续自己所爱好的文史之业。他在后来所作的诗及自注中有云："丁未（乾隆五十二年）又困京洛尘，选部有官不敢徇。（自注：中道脱馆，进退无门，或云戊戌进士开选，试往投牒，心惴惴恐其得也，冬间，已垂得矣，决意舍去。）晏岁仓皇走梁宋，才拙岂可辞贱贫。"[①] 在给朋友吴胥石（1730—1801，名兰庭）的信中，也谈到此事。信中说："犹忆丁未淹留都下，谒铨注选，因言足下瓠落无所可用，仆得为县，当迎君官舍，殆如温伯雪子目击道存可尔。及仆辞选出都，私计寂寞嗜好，更谁与君为臭味耶？"[②] 信中说，报名投牒时，曾答应吴胥石，如果入选为县官，一定请胥石到县官舍。又明确说自己"辞选出都"。这样，他只好又回保定。后在周震荣的介绍和启发下，前往河南拜见当时的河南巡抚毕沅，欲借其力编纂一部宏大的著作《史籍考》。他当时给毕沅写了一封信，略事自我介绍，希望得到支持。其书云：

鄙人闻之，物无定品，以少见珍；遇无常期，以知见贵。……阁下人文炉冶，当代宗师，鄙人倾佩下风之日久矣。尝以私语侪辈，生平尺寸之长，妄诩所得，亦非偶然，不得有力者稍振拔之，卒困于此。……鄙人职业文墨，碌碌依人，所为辄蹶，巧于遇者，争非笑之，鄙人不知

[①] 《丁巳岁暮书怀投赠宾谷转运因以志别》，《遗书》卷28，第317页。
[②] 《答吴胥石书》，《文史通义》外篇三。"温伯雪子目击道存"，语出《庄子·田子方篇》，说得是温伯雪是一位思想家，孔子很想见他，见面后，孔子却不说话。子路问为何不说话，孔子回答说，像这样的人，眼睛一看就知道大道存之于身，也不容再用语言了。

所悔，以谓世不我知无害也。然坐是益困穷甚，家贫累重，侨寓保阳，疾病饥寒，颠连失措，濒沟壑者亦几希矣！岂无他人，恐非真知，易地犹是耳。用是裹粮跋涉，不远千里，窃愿听命于下执事，阁下引而进之，察其所长而试策之。虽不敢拟空青火浣、陈仓石鼓之奇，抑闻王公大人，饱尝刍豢，偶进薇蕨，转以为美，庶几其一当也。阁下之客，多与鄙人往还，闻有道鄙人者，阁下未尝不知之也。而鄙人犹复云云者，盖窃有所感也。昔李文饶恶白乐天，缄置其诗，不以寓目，以谓见诗则爱，恐易初心，是爱其文不必爱其人也；郑畋之女，喜诵罗隐之诗，及见隐貌不扬，因不复道，是弃其貌因弃其才也。鄙人既无白氏之诗，而有罗隐之貌，坐困于世，抑有由矣。然尺短寸长，不敢妄自菲薄，而必欲合轨于大匠之门，以其所操，亦有似为于举世不为之日，而及其见知，虽三年之无所短长，不为病也，况向者未尝一日居门下哉！谨赍旧刻《和州志例》二十篇，《永清县志》二十五篇，用尘斧正。其生平撰著，有《校雠通义》、《文史通义》，尚未卒业，然颇有文理，可备采择。稍暇当觅钞胥，缮写上呈，不揣冒昧，干渎清严，学诚惶悚载拜！①

这封信非常明显地反映了章学诚当时急切地希望能尽快得到毕沅的支持，以便早日完成多年的夙愿。字里行间，虽然也有几句廉价的歌颂吹捧，但总的来说还是相当朴实的，既无不切实际的自我吹嘘，也无哗众取宠之意，甚至连一点虚荣心也没有。他承认自己"无白氏之诗，而有罗隐之貌"，此话一点不假。他确实长得其貌不扬，五官不端正，又长一脸麻子，人取绰号"章麻子"。当时有人还专门为他的容貌写过一首诗。那是嘉庆二年（1797，丁巳年），章学诚经陈东浦介绍到扬州投靠盐运使曾燠（字庶蕃，号宾谷），曾燠有聘请章学诚主事修方志之意，后因故志事作罢，学诚只好返回，学诚的《丁巳岁暮书怀投赠宾谷转运因以志别》长篇诗即写于此时。而曾燠也写了一首《赠章实斋国博》诗，非常形象地描绘出章学诚那奇丑无比的容貌，但却称赞他学识过人，才华出众，以此说明不能以貌取人。这是很有意思的一首诗，不妨抄录如下：

① 《上毕抚台书》，《文史通义》外篇三。

> 章公得天秉，嬴绌迥殊众。
> 岂乏美好人，此中或空洞。
> 君貌颇不扬，往往遭俗弄。
> 王氏鼻独齄，许丞听何重？
> 话仿仲车画，书如洛下讽。
> 又尝患头风，无檄堪愈痛。
> 况乃面有瘢，谁将玉瑰砻？
> 五官半虚设，中宰独妙用。
> 试以手为口，讲学求折衷。
> 有如遇然明，一语辄奇中。
> 古来记载家，庋置可充栋。
> 歧路互出入，乱丝鲜穿综。
> 散然体例纷，聚以是非讼。
> 孰持明月光，一为扫积雾？
> 赖君雅博辨，书出世争诵。
> 笔有雷霆声，匄訇止市哄。
> 《续鉴》追温公，选文驳萧统。
> 乃知貌取人，山鸡误为凤。
> 武城非子羽，谁与子游共？
> 感君惠然来，公暇当过从。①

"君貌颇不扬，往往遭俗弄。"由于相貌长得不好，也确实使章学诚遭到不少精神上的打击。当然这些都是后话。回到乾隆五十二年（1787）章学诚的这次河南之行，毕沅待之颇厚。因此，事情都很顺利，第二年二月章学诚便前往归德，主讲归德府之文正书院。并经毕沅同意，在开封开局编纂《史籍考》，由章学诚主持其事。当时洪亮吉、凌廷堪、武亿等人均参与其事。《遗书》卷22《与洪稚存博士书》，写途中及书院情况甚详，反映出他当时

---

① 见杨钟羲：《雪桥诗话》三集卷8，1915年嘉业堂刻本，浙江大学图书馆藏；《章实斋先生年谱》"嘉庆二年（1797）"条亦有转引，商务印书馆1933年版，第128页。

的心情与以前全然不同。信中说这个书院"馆舍宽广，足以侨置家累，窗几明净，足以编摩文史"。又说"到此，乃如盆鱼移置池塘，纵不得江湖浩荡，亦且免曳尾触四围矣"。此书末尾一段更为重要，谈及编辑《史籍考》的一些具体方法、经过等，书云：

> 官场报访及宴会征逐，稍已即闲。三月朔日为始，排日编辑《史考》，检阅《明史》及《四库子部目录》，中间颇有感会，增长新解。惜不得足下及虚谷、仲子诸人，相与纵横其议论也。然蕴积久之，会当有所发泄。不知足下及仲子此时检阅何书？《史部提要》已钞毕否？《四库集部目录》，便中检出，俟此间子部阅毕送上，即可随手取集部发交来力也。《四库》之外，《玉海》最为紧要。除艺文史部毋庸选择外，其余天文、地理、礼、乐、兵、刑各门，皆有应采辑处，不特艺文一门已也。此二项讫工，廿三史亦且渐有条理，都门必当有所钞寄。彼时保定将家既（迁）来，可以稍作部署。端午节后，署中聚首，正好班分部别，竖起大间架也。至检阅诸书，采取材料，凡界疑似之间，宁可备而不用，不可遇而不采。想二公有同心也。兹乘羽便，先此布闻，其余一切，须开学后，接见诸生，与此间人士，多有往返，性情相喻，乃可因地制宜。此时固无课业纷扰，然亦颇少文墨接谈，得失参半，亦势之无如何耳。

可以看出，章学诚在写这封信时充满希望、信心和活力，他此时此刻的心情似乎比从前任何时候都要愉快。在章学诚的心目中，文史校雠之业高于一切。当时他的好友邵晋涵、周书昌，学生史余村都在京师做官，他都不以为然，担心如此下去会荒废了学业。《文史通义》外篇三的《与邵二云论学》、《与史余村论学书》以及《家书二》等文，便集中反映了他的这种态度。在给邵二云的信中，他曾说："岁月不居，节序川逝，足下京师困于应酬，仆亦江湖疲于奔走，然仆能撰著于车尘马足之间，足下岂不可伏箧于经折传单之际！此言并示余村，策以及时勉学，无使白首无成，负其灵秀之钟，而与世俗之人归趣不相远也。"在给学生史余村的信中说得更加恳切，真是语重心长。信中说："闻足下入官以来，身为境累，不复能力于学。而恬淡之性，拘入于世法，不得所性之安，此非细故！……十年远客孤寒，一旦身登上第，服官以后，事与寒素殊科，外有应酬，家增日用，精神疲于酬酢，心力困于借筹，足下淡定天怀，如胶泥入水，日夕搅之，何日得以澄彻？"他用自身经历进行教诫，自己不慕荣利，虽"坎坷潦倒之中，几无生人之趣"，然一旦想到学问之事，便又如鱼得水。对于自己的子孙，章学诚同样教导他们尽力于学问之事，不必追求官场中之名利。他在《家书二》中说："今吾不为世人所知，余村、虎脂又牵官守，恐未能遂卒其业，尔辈于斯，独无意乎？"这种精神，在旧社会自然是少见的。他把那些一意在官场追名逐利的人，称为"世俗之趣"。他认为人的精力是有限的，若是要做官，势必将把"精力分于声色与一切世俗酬应"。因此，要想做官，就无法治学，要治学就不必做官。即使有才有识之士，一旦进入官场，必然影响其学术成就。在章学诚的心目中，邵晋涵就是一个典型。他承认邵氏"博综十倍于仆，用力之勤亦十倍于仆"，在四库馆中最负时誉，仅亚于戴震，可是邵晋涵史学方面的著作除《四库全书史部提要》外，几乎一无所有，竟不如举世所弃置弗论的章学诚。其主要原因就在于邵晋涵碌碌于京师，整日忙于应付官样文章，劳顿于各方应酬，把一生宝贵的精力和聪明才智，尽花费于这些无用之地。学既不传，书亦未著（邵氏生前曾立志改编《宋史》而未成），章学诚一再替他惋惜。

《史籍考》在开封编纂之初，章学诚曾写了一篇《论修史籍考要略》，提出《史籍考》的编纂义例和要求。可是，编纂工作开展未及半年，秋天荆州发大水，毕沅升任湖广总督。靠山一走，章学诚归德府文正书院之讲席遂失，《史籍考》的编纂不得不随之中断。冬末，只得移家亳州，投靠知州裴振。次年春，辗转于太平、安庆之间，穷愁无计，后又谋职于安徽学使署中。学使徐立纲正在辑宗谱，乃请章学诚经纪其事。编辑之余，章学诚便自作文字，《文史通义》中的《原道》、《原学》、《博约》、《经解》、《史释》、《史注》、《说林》等许多篇重要文章，大多成于这一时期。据《遗书》卷29《姑孰夏课乙编小引》自云："起四月十一，讫五月初八，得《通义》内外二十三篇，约二万余言。生平为文，未有捷于此者。是时正为徐太史经纪家谱，颇有传志文字，亦并不相妨也。桐城张中翰小令，左选贡良宇，皆一时名隽，朝夕比屋而处，皆有文章之役，暇则聚谈，谈亦不必皆文字，而引机触兴,则时有所会。"是年六月,自太平返亳州,道经扬州,再赴湖北,十月又回到亳州。秋冬,为知州裴振所请,编修《亳州志》。约于翌年二月志书告成,为时不到半年。对于这部志书,章学诚甚感得意,认为拟之于史,可与陈寿、范蔚宗抗衡,而义例之精,则又是《文史通义》中之最上乘的。可惜的是,由于知州裴振是年离任,书未及刊板,竟至散佚。

《史籍考》编纂的中断,对章学诚来说是件十分不安的事情。因此还在编写《亳州志》的时候,他便急急忙忙于乾隆五十四年十二月二十九日给毕沅写了一封信,名义上是祝寿,实际上是希望毕沅继续支持他完成《史籍考》,同时也谈了自己当时的处境。信中说,过去承蒙照顾,得主讲文正书院,并编《史籍考》,可是,"事未及殷,而阁下移节汉江,学诚欲襆被相从,则妻子无缘寄食,欲仍恋一毡,则东道无人为主。盖自学诚离左右之后,一时地主,面目遽更,造谒难通。疣之赘,尚可言也;毛无附,将焉置此? 阁下抚豫数年,学诚未尝一来,及其来也,阁下便去。进退离合,夫岂人谋? 不得已还住亳州,辗转于当涂怀宁之间,一钵萧然,沿街乞食,士生天地,无大人先生提挈而主张之,其穷阨也,有如斯矣。……倘得驰一介之使,费崇朝之享,使学诚得治行具,安家累,仍充宾从之数,获成《史籍》之考……学诚临书不胜欣望依溯之至"①。这封求救信,一方面反映了章学诚当时的困难处境,另一方面也揭露了人情冷暖、世态炎凉的社会状况。同一个人,今天可任书院讲席,明天则要沿街托钵乞食。这封信看来还是起了作用的,毕沅给了回复,因此,乾隆五十五年(1790)章学诚便又在武昌开馆继续编修《史籍考》。当时章学诚给邵晋涵和其他一些人写的信中都谈到了这件事。《与邵二云论学》云:"二月初旬,亳州一书奉寄,屈指又匝月矣。仆于二月之杪,方得离亳,今三月望,始抵武昌,襄阳馆未成,制府(指毕沅)即令武昌择一公馆,在省编摩,于仆计亦较便也。移家一事,已详余村书中,可便省之。"②

章学诚到了武昌,一住就是五年。在这五年中,除了专心编纂《史籍考》外,还替毕沅主修《湖北通志》,并参与了毕沅主编的《续通鉴》工作。

---

① 《上毕制府书》,《遗书》补遗,第 611 页。
② 《与邵二云论学》,《文史通义》外篇三。

《续通鉴》一书修成后，章学诚曾代毕沅写信寄给钱大昕。这是一封很重要的书信，信中将《续通鉴》的编写义例论述得十分明白。尤为重要的是，信中还反映了章氏许多重要的史学观点和主张。如《续通鉴》在商定书名时初标为《宋元事鉴》，章学诚当时即主张同时另辑一部《宋元文鉴》，以"与《事鉴》并立，以为后世一成之例"。又如对文史评论，他提出一定要有新意，不能"老生常谈，或有意骋奇"。他还对纪传、编年二体的改进方法提出一些具体意见。①

在武昌的几年中，章学诚将很大一部分精力用在编纂《湖北通志》上面。他除主修这部通志外，尚修过湖广的几种府县志，如《常德府志》、《荆州府志》等，不过《湖北通志》是他刻意编修的一部方志。此志编于章学诚"方志分立三书"理论提出之后，它全面体现了章氏方志学的理论体系，是他方志理论成熟阶段的代表作。《湖北通志》成书于乾隆五十九年（1794）初。是年三月，乾隆帝巡幸天津，毕沅入觐，行前将章学诚托于湖北巡抚惠龄。而惠龄不喜章氏之文，于是谗毁者遂乘机而来。时有进士陈熷（嘉兴人）曾求章学诚推荐他为校刊之事，章学诚出乎同情之心和同乡之情，婉转荐于当道。想不到陈熷受委后，忘恩负义，乃大驳《湖北通志》之不当，把整部志书说得一无是处，认为必须重修。当事者竟赞赏其议，批云"所论具见本源"。章学诚非常气愤，因为想不到这个无耻文人竟会恩将仇报。这里需要指出的是，有的学者在评论章学诚方志理论的时候，把陈熷说成是《湖北通志》的编纂人员，曾参与志书编纂工作，这完全是一种没有根据的误解。毕沅回省后，得知此事，便要章学诚答复陈熷的"驳议"。章学诚怀着愤怒的心情，写出《湖北通志辨例》一卷，对陈熷的指责，逐条加以驳斥，现附《遗书》卷27《湖北通志检存稿四》之后。随后，章学诚又撰《修湖北通志驳陈熷议》一文，在"从前之辨例"的基础上，进一步对陈熷的"驳议"作了"逐条辨证"，指出陈熷"不安本分"，"立说之决然难通"，许多意见是"似是而实非"，"说得好看，实按全非"，是"不问根由之漫言"，"真笑剧矣"。②章学诚后来回忆此事时说："余撰《湖北通志》，初恃督府一人

---

① 《为毕制军与钱辛楣宫詹论续鉴书》，《文史通义》外篇三。
② 《修湖北通志驳陈熷议》，《遗书》补遗，第618—620页。

之知，竟用别裁独断，后为小人谗毁，乘督府入觐之隙，诸当道凭先入之言，委人磨勘，而向依督府为生计者，只窥数十金之利，一时腾跃而起，无不关蒙弓而反射，名士习气然也。如斯学识，岂直置议？然所指摘，督府需余登复，今存《驳议》一卷，见者皆胡卢绝倒也。"①这说明，毕沅在的时候，因同意章学诚一人"别裁独断"，按照自己的方志理论予以实践，并没有人提出异议。可见后来反对的人完全是出于个人之好恶，而不是真的想对志书的编纂作出贡献。这年八月，毕沅因湖北"教案"奏报不详实，受到降补山东巡抚的处分，并罚交湖广总督养廉五年，再罚山东巡抚养廉三年。这么一来，毕沅自然无心再顾及这些编书之事。毕沅既走，章学诚也只得离开湖北。当时《湖北通志》问题仍悬而未决，武昌知府胡齐仑曾请于当道，将此事交与陈诗校定，章学诚对此尚属满意，自幸此书落于陈诗之手。临别时，陈诗曾对他说："吾自有书，不与君同面目。然君书自成一家，必非世人所能议得失也。吾但正其讹失，不能稍改君面目也。"②因此，章学诚对陈诗相当尊重，他在《丙辰札记》中说："蕲州陈工部诗者，楚之宿学，曾以十年之功，自撰《湖北旧闻》，博洽贯通，为时推许。陈闻众谤群哄，而独识余之书之非苟作。……盖陈君通人，是以其言如此。"从中可见有识之士还是深知《湖北通志》之价值。陈诗费十年之功，方编成一部《湖北旧闻》，深知编志之中甘苦，因而也就懂得章氏所编《湖北通志》"自成一家，必非世人所能议得失也"。可是，因人事之变迁，《湖北通志》最后仍未得以刊行，章氏多年心血，还是免不了付诸东流。后来他将自己保存的志稿汇订成为《湖北通志检存稿》24卷，《湖北通志未成稿》1卷。我们今天只好根据留存下来的残卷来窥见其当日之全貌。对于《湖北通志》，章学诚自己也并未把它看成是尽善尽美。他当时给陈诗的信中就曾列举了其中的不足之处："《通志》之役，则负愧多矣。当官采访者，多于此道茫如，甚且阴以为利。……府县官吏，疲懒不支。其有指名征取之件，宪司羽檄叠催，十不报六，而又逼以时限，不能尽其从容。""夫著述之事，创始为难，踵成为易。仆阙然不自足者，传分记人记事，可谓辟前史之蹊矣；而事有未备，人有未全。盖采

---

① 《方志辨体》，《文史通义》外篇四。
② 《丙辰札记》，《遗书》外编卷3，第393页。

访有阙,十居七八,亦缘结撰文字,非他人所可分任,而居鲜暇豫,不得悉心探讨,以极事文之能事,亦居十之二三也。""《文征》之集,实多未备,则缘诗文诸集,送局无多,藏书之家,又于未及成书,而纷纷催还原集,是以不得尽心于选事也。然仆于文体粗有解会,故选文不甚卤莽。……至于诗赋韵言,乃是仆之所短,故悉委他人而己无所与。不幸所委非人,徇情通贿,无所不至。恶劣诗赋不堪注目者,仆随时删抹,而奸诡之徒,又贿抄胥私增,诚为出人意外。然仆毕竟疏于复勘,当引咎耳。……此中剧有苦心,恨委任失人,不尽如仆意也。"[1]可见《湖北通志》出现这些问题,原因有主观客观两方面。材料供应不足,自属客观,而委任失人,疏于复勘,自然都属主观。这也说明,编书选用助手之好坏强弱,关系特大。司马光三大助手选得其人,以成举世闻名之不朽著作《资治通鉴》。章学诚"委任失人",不能按其意图办事,使他深感遗憾。

由于在武昌几年中,既要参与《续通鉴》的工作,又编修了几部方志,精力分散,致使《史籍考》一书仅成十之八九,竟不得卒业。尽管乾隆六十年(1795)毕沅由山东巡抚回至湖广总督原任,但其时湖南正爆发苗民起义,次年湖北又有白莲教起义,毕沅奉命筹办粮饷军火,调兵镇压农民起义,已无暇顾及编书之事。嘉庆元年(1796)夏,朱筠之弟朱珪(字石君)实授为两广总督,六月内调,七月授川陕总督,未到任,旋补安徽巡抚。章学诚的《史籍考》虽已完成十之八九,但留下一篑之功,自己力量仍难以完成。这使他转向朱珪求援。九月十二日有《上朱中堂世叔》一书,内云:"楚中教匪,尚尔稽诛。弇山制府武备不遑文事。小子《史考》之局,既坐困于一手之难成,若顾而之他,亦深惜此九仞之中辍。迁延观望,日复一日。今则借贷俱竭,典质皆空,万难再支。只得沿途托钵,往来于青、徐、梁、宋之间,惘惘待傥来之馆谷,可谓惫矣。但春风拂面,朋友虽多,知己何人关心最切?"书中请求朱珪推荐自己到河南大梁书院或直隶莲池书院讲学,并说"以流离奔走之身,忽得藉资馆谷,则课诵之余,得以心力补苴《史考》,以待弇山制府军旅稍暇,可以蔚成大观,亦不朽之盛事,前人

---

[1]《与陈观民工部论史学》,《文史通义》外篇一。

所未有也。而阁下护持之功,当不在拿山制府下矣"。①此信所寄希望,最后均成泡影。故第二年正月章学诚又上书朱珪,请代谋浙江巡抚谢启昆、学使阮元,想借助他们之力来编《史籍考》。信中说:"昨桐城胡太学虔有书来,伊不日赴浙,且云阮学使将与谢方伯合伙辑《两浙金石考》,又将西湖设局,借看《四库》秘副,补朱竹垞《经义考》中未辑之小学一门。又胡君未来时,杭城原有修《盐法志》之议,运使张君,尚称好尚文事,因劝小子谋浙江文墨生涯。盖小子自终《史考》之役,胡君自补《经考》诸书,同看《四库》秘副,便取材料,彼此互收通力合作之益。又胡君于襞绩编纂之功,比小子为缜密,而小子于论撰裁断,亦较胡君稍长。不特取材互省功力,即成书亦互资长技也。但胡君膺聘而去,自不患无安顿,而小子未与诸公交涉,必须阁下专书托阮学使为之地步。阮虽素知小子,而未知目下艰难,又未悉伊等所办之事,于《史考》有互资之益,须阁下详论已上情形,则彼必与谢藩伯、张运台通长计较矣。既明小子于彼诸书有益,又明《史考》得藉杭州告成,则秋帆先生必不忘人功力,将来必列伊等衔名,如秦尚书《五礼通考》列方制军、卢运使、宋臬台亦其例也。……若嘱阮公以此意歆动诸公,度必可动。但学使不时出巡,必须及早致书,俾得与司道诸公相商。而小子此间他无可图,藉看一两棚考卷,以作盘费。……惟阁下即图之。如阮公之外,更有可嘱之书,则更有济也。学诚不胜翘企之至!"②可见章学诚完成《史籍考》的急切心情。朱珪是否按他的希望作书给阮元,已不得而知。但谢启昆确是听了胡虔等的意见,有意出来做东完成《史籍考》。于是章学诚于是年(1797)冬或次年春回到杭州,继续编纂《史籍考》。谢氏幕中原修《小学考》的胡虔、陈鳣、钱大昭三人以及袁钧、张彦曾等人,协助其事。章学诚亲为谢启昆拟了一篇《史考释例》,作为编纂的总纲和义例。

由于这时章学诚已年老体弱,除了总揽大成、发凡起例外,《史籍考》的许多具体工作均由其他几位担当。这一点章学诚似于给吴兰庭的信中谈起过,所以吴的复信有云:"承示近刻数首,其论史之职,有刘知幾所未及者。《史籍考》经所裁定,足为不刊之典,然恐亦未能悉如所拟。盖意见参差,

---

① 《上朱中堂世叔》,《文史通义》外篇三。
② 《又上朱大司马书》第2篇,《文史通义》外篇三。

不无迁就，天下事大抵如斯矣。"[1] 到了嘉庆四年（1799）底基本草成，共500余卷。这年，谢启昆给孙渊如的一封复信中说："毕宫保《史籍考》之稿，将次零散，仆为重加整理，更益以文渊（澜）阁《四库全书》，取材颇富，视旧稿不啻四倍之，腊底粗成五百余卷，修饰讨论，犹有待焉。竹垞《经义考》有逸经一门，今《史考》无逸史者，以史多不胜载故也。"[2] 后经过删定，编为12部，55目，325卷。但直到章学诚逝世，全书尚未正式刻行。道光二十五年（1845），泾县潘锡恩嫌原稿尚有采择不精和遗漏之处，遂请许瀚、包慎言、吕基贤等作《史籍考校例》四条，进行删繁、并复、补漏、正误等增订工作，写成清本300卷。然不幸于咸丰六年（1856），与毕、谢的原稿以及潘氏的三万卷藏书一起，因失火而化为灰烬。章学诚晚年苦心经营的这部庞大著作终未能流传下来。

这里附带提及一起关于"章学诚盗卖毕公《史考》"的谣传。由于谢启昆从章学诚手中得到《史籍考》稿本后，屡称原稿"将次零散"、"断乱无绪"，以表现自己的功劳，而章学诚则由于身体状况，在拟好编纂大纲后，没有更多地参加具体工作，这样，在社会上便产生了章学诚背信弃义，将毕沅《史籍考》卖给谢启昆的传说，以致社会上许多人都对章学诚的人品有了看法。如后来章学诚为了撰写《邵与桐别传》，向邵家求阅邵与桐遗书时，邵与桐次子极力掩饰，不予提供，并在背后直骂学诚"负生死之谊，资卖毕公《史考》"。还怀疑学诚又准备前来骗取邵与桐的遗稿，转卖给谢启昆。章学诚在《文史通义》外篇三《又与朱少白》中，为自己加以辩白，并对学术界存在的那种剽窃他人学术成果的卑鄙行径予以批评。此信实有引录之意：

> 学问本属光明坦途，近乃酿成一种枳棘险巇，诡谲霭昧，殆于不可解释者，转觉时髦，株守二寸书册，揣摩墨卷律诗，自命干禄养亲，可为嘉秀子弟，否则力田服贾，目不识丁，粗知事亲敬长，尚不失为愿民良贾，贤于讲学术而误入此辈之流毒也。即如足下屡促仆为邵先生传，

---

[1] （清）吴兰庭：《答章实斋书》，《章实斋先生年谱》"嘉庆三年（1798）"条引《族谱稿存》，商务印书馆1933年版，第138页。

[2] （清）谢启昆：《复孙渊如观察》，《树经堂文集》卷4，嘉庆七年（1802）刻本。

仆亦自谓邵君之传，实有一二非仆著笔必不得其实者，盖平日实有印证，非漫言也。然能言其意而无征于实，则文空而说亦不为人所据信，故从其家问遗书。昔韩昌黎将铭志樊氏，先从樊氏求书，古人无不如此，非仆创也。邵氏次君，自命读父书者，遇仆求请，辄作无数惊疑猜惧之象，支离掩饰，殆难理喻。仆初犹未觉，后乃至于专书不报，姚江赴杭，至郡又过门不入，仆甚疑骇。久乃得其退后之言，直云仆负生死之谊，盗卖毕公《史考》，又将卖其先人笔墨，献媚于谢方伯，是以不取于仆。嗟乎！斯岂人口中语哉！孺子何知，遂至于此！闻其结交近日一种名流，所谓好名争胜门户忮忌之辈，阴教导之。世风至此，我辈更何言哉！《史考》之出于毕公，自十数年前，南北艺林，争相传说。谢公有力，能招宾客，纂辑考订，何事不可由己出之，而必掩耳盗铃，暗袭众目皆知之毕氏书为己所创，人情愚不至此。况浙局未定之前，仆持《史考》残绪，遍叮请于显贵有力之门，君家官保，亦曾委折相商，且援桐城方制军、德州卢转运共勷秦大司寇《五礼通考》为例。当时知其事者，并无疑仆有如盗卖献媚所云"伐国不问仁人"，此言何为至哉！且学问之途，本自光明坦荡，人自从而鬼蜮荆棘，由于好名争胜，而于学本无所得故也。邵君《雅疏》未出，即有窃其新解，冒为己说，先刊以眩于人，邵君知之，转改己之原稿以避剿嫌。又其平日应酬文稿，为人连笥攫去。辛楣詹事，尝有绪言未竟，而黠者已演其意而先著为篇。儿子常问古书疑义于陈立三，立三时为剖辨，有乡学究馆于往来之冲，每过必索答问，窃为己说，以眩学徒。君家宋镌秘笈，李童山借本重刊，亦胜事也，其转借之人冒为己所箧藏，博人叙跋，誉其嗜奇好古，亦足下所知也。此辈行径，大者不过穿窬，细者直是胠箧。彼郭象之袭庄注，齐邱之冒纪书，已具田常盗齐之力，犹未能掩千古耳目。况此区区鬼蜮不直一笑者哉！然我党子弟，用此相猜，则世道人心，实不胜其忧患。

二、生命不息，著述不止

年逾花甲的章学诚，身体日益衰落，已"步入垂老之年"。而情同手足的挚友邵晋涵的逝世，对他的精神打击也很大。不久自己也贫病交加，"两耳重听"，双目失明。即使在这种生命垂危的情况下，章学诚还是念念不忘著述之事，直到生命的最后一刻。

嘉庆元年（1796）六月十五日，邵晋涵在北京去世，章学诚闻之"哀悼数日"，悲痛万分。章学诚一生中与邵晋涵的友谊最深，情同手足，而在学问上又是志同道合，相互勉励和提携。对于章学诚著《文史通义》，邵晋涵甚为推重。两人又都有志于改编《宋史》。章学诚后来在回忆中曾说："乾隆癸卯（1783）之春，余卧病京旅，君（邵晋涵）载予其家，延医治之，余沉困中，辄喜与君论学，每至夜分，君恐余惫，余气益壮也，因与君论修《宋史》，谓俟君书成后，余更以意为之，略如后汉、晋史之各自为家，听决择于后人。君因询予方略，余谓当取名数事实，先作比类长编，卷帙盈千可也。至撰集为书，不过五十万言，视始之百倍其书者，大义当更显也。"① 可见他们讨论之深细，甚至具体步骤、全书安排要求都已谈及。此后，章学诚对邵晋涵改编《宋史》之举一直十分关心，晚年一再写信催促。而对邵氏曾花十年之功写成的《尔雅正义》则很不以为然，并写信作了直率的批评。《文史通义》外篇三《与邵二云论学》第一篇云：

> 足下《尔雅正义》，功赅而力勤，识清而裁密，仆谓是亦足不朽矣。抑性命休戚之故，亦有可喻者乎？《尔雅》字义，犹云近正，近正之义，犹世俗云官常说话，使人易解。足下既疏《尔雅》，则于古今言语能通达矣；以足下之学，岂特解释人言，竟无自得于言者乎？君家念鲁先生有言："文章有关世道，不可不作；文采未极，亦不妨作。"仆非能文者也，服膺先生遗言，不敢无所撰著，足下亦许以为且可矣。足下于文，漫不留意，立言宗旨，未见有所发明，此非足下有疏于学，恐于闻道之日犹有待也。足下博综十倍于仆，用力之勤亦十倍于仆，而闻见之择执，博综之要领，尚未见其一言蔽而万绪该也。足下于斯，岂得无意乎？《宋史》之愿，大车尘冥，仆亦有志而内顾枵然，将资于足下而为之耳。足下如能自成一史，仆则当如二谢、司马诸家之《后汉》，

---

① 《邵与桐别传》，《遗书》卷18，第177页。

王隐、虞预诸家之《晋书》，亦备一家之学。如其未能，则愿与足下共功；其中立言宗旨，不俟而合，亦较欧、宋《新唐》必有差胜者矣。岁月不居，节序川逝，足下京师困于应酬，仆亦江湖疲于奔走；然仆能撰著于车尘马足之间，足下岂不可伏篋于经摺传单之际！此言并示余村，策以及时勉学，无使白首无成，负其灵秀之钟，而与世俗之人归趣不相远也。

此信写于乾隆五十五年（1790），邵晋涵48岁、章学诚53岁。章学诚说，都是五十岁左右的人了，应该知道自己的治学趣向，并学有所成了。可见章学诚是多么希望邵晋涵能把自己的全部精力用于《宋史》的研究上面，以成一家之学，而不应把自己有限的精力用于"解释人言"上面，不要为当时学术界的考据之风所囿。两年后，章学诚再次去信谈论此事，《文史通义》外篇三《与邵二云论修宋史书》云："足下今生五十年矣，中间得过日多，约略前后自记生平所欲为者，度其精神血气尚可为者有几？盖前此少壮，或身可有为，未可遽思空言以垂后世；后此精力衰颓，又恐人事有不可知。是以约计吾徒著述之事，多在五十、六十之年，且阅涉至是不为不多，中间亦宜有所卓也。足下《宋史》之愿，大车尘冥，恐为之未必遽成；就使成书，亦必足下自出一家之指，仆亦无从过而问矣。"果然不出章学诚所料，仅隔四年，年仅54岁的邵晋涵便与世长辞了，一生所要经营的《宋史》，遂全部成了泡影。对于他的去世，章学诚非常悲痛，他当时在给友人的信中一再表达其悲痛的心情："昨闻邵二云学士逝世，哀悼累日，非尽为友谊也。浙东史学，自宋元数百年来，历有渊源，自斯人不禄，而浙东文献尽矣。……鄙宿劝其授高第学子，彼云未得其人；劝其著书，又云未暇。而今长已矣，哀哉！前在楚中，与鄙有同修《宋史》之约，又有私辑府志之订，今皆成虚愿矣。"[①]他在后来作《邵与桐别传》时沉痛地说，邵的去世，"不特君之不幸，亦斯文之厄也已"。可见他们之间的深情厚谊，不仅是建立在生活上的相互关心，而且是建立在做学问上的相互支持之上的。邵晋涵对章学诚研究学问和从事著述也是十分关心和支持。如章学诚将《文史通义》的《原道》篇写

[①] 《与胡雏君论校胡樨威集二简》，《文史通义》外篇三。

出后，传稿京师，反应非常强烈，平日素爱章氏文者，看了此文"皆不满意"，邵晋涵却十分称颂，他说："是篇初出，传稿京师，同人素爱章氏文者，皆不满意，谓蹈宋人语录习气，不免陈腐取憎，与其平日为文不类，至有移书相规诫者。余谛审之，谓朱少伯曰：此乃明其《通义》所著一切创言别论，皆出自然，无矫强耳。语虽浑成，意多精湛，未可议也。"[①] 可见他对章学诚著作的精神心领神会。《史籍考》的编纂，可以说是章学诚晚年主要精力寄托之处，他南北奔走，四处求人，都是为了这部鸿著。邵晋涵虽远在京师，依然从精神上予以关心鼓励，材料上给予支持，为章学诚查寄许多外地难以看到的史料。由于搜集的逸史材料甚多，两人还商议如何加以编辑之事。《文史通义》外篇三《与邵二云书》第二篇说："逢之寄来《逸史》，甚得所用。至云撼逸之多，有百余纸不止者，难以附入《史考》，但须载其考证，此说亦有理。然弟意以为搜罗《逸史》，为功亦自不小，其书既成，当与余仲林《经解钩沉》可以对峙，理宜别为一书，另刻以附《史考》之后。《史考》以敌朱氏《经考》，《逸史》以敌余氏《钩沉》，亦一时天生瑜、亮，洵称艺林之盛事也。"信中还为编辑《逸史》，"酌定凡例"，提出了具体的步骤和方法。频繁的学术交往和著作生涯，把这两位学者紧密联系在一起，他们之间的友谊自非一般朋友关系所能比拟。因此，邵晋涵的去世，对章学诚来说，如失左右手，内心痛苦完全可以理解。他在《邵与桐别传》中说，邵氏"于予爱若弟兄，前后二十余年，南北离合，历历可溯，得志未尝不相慰悦。至风尘潦倒，疾病患难，亦强半以君为依附焉。今君下世五年，而余又衰病若此，追念春明旧游，意气互相激发，何其盛也，而今安在哉！悲夫！"不过，章学诚认为，他的悲痛，不光在于他们之间的私人友谊，更重要的还在于深深惋惜邵晋涵的学问未能传授下来，生平计划的著作亦未能完成，因而慨叹"自斯人不禄，而浙东文献尽矣！"

邵晋涵去世后，章学诚为了完成自己刻意经营的《史籍考》，虽已年过花甲，仍不得不过着寄人篱下的生活，就在去世前四年，还在杭州藉谢启昆之力补修《史籍考》。同时加紧撰述《文史通义》中的许多重要篇章。嘉庆四年（1799），谢启昆调任广西巡抚，章学诚回到会稽原籍，卜居城内塔山

---

① （清）邵晋涵：《原道篇跋》，《遗书》卷2《原道下》附，第12页。

下，开始了他生命历程中的最后岁月。这一年，乾隆帝崩，执掌国政 20 余年的全国第一大腐败分子和珅下台。章学诚这时虽已 62 岁，"华发盈颠，两耳重听"，但还是奋笔疾书，连续写成《上执政论时务书》、《上韩城相公书》、《再上韩城相公书》、《三上韩城相公书》、《上尹楚珍阁学书》、《与曹定轩侍御论贡举书》等六篇政论文章，猛烈抨击了当时的腐败政治，并分析形势，提出了"以吏治为急"的政治改革主张。同时申明自己"惟以文墨度穷，岂别有希冀？可为世用，自可谅无干进之嫌"[①]，表现了一位学者关心时事政治和国家前途的社会责任感和坦荡胸怀。次年，章学诚虽因贫病交加，眼睛失明，但著述仍未终断，如《文史通义》中非常重要的文章《浙东学术》即成于是年，《邵与桐别传》亦于是时口授其子写成。他在传中说："今目废不能书，疾病日侵，恐不久居斯世。苟终无一言，不特负死友于九原，亦且无以报锡庚（即朱少伯）之责。口授大略，俾儿子贻选书之。"萧山汪辉祖（与章学诚相交 32 年的好友）在《病榻梦痕余录》中也说，是年春，学诚"病瞀，犹事论著，倩写官录草"。嘉庆六年（1801）夏，章学诚又为汪辉祖作《汪焕曾豫室志铭》，"中有数字未安，邮简往反，商榷再三。稿甫定而疾作，遂成绝笔"。[②] 这年十一月，章学诚与世长辞。临终前数月，他将所著文稿委托友人萧山王宗炎（谷塍）校定。

据《遗书》、《章氏家谱》、《章氏家乘》以及胡适著、姚名达订补的《章实斋先生年谱》等有关资料记载，章学诚生前有一妻二妾和六个儿子、若干个女儿，妻姓俞，生子贻选、华绂；妾蔡氏，生子华绶；妾曾氏，生子华练、华纪；第五子殇（未知哪位妻妾所生）。家属最多时达 20 余人。但由于长期过着贫穷流浪生活，子孙多有因病死亡者。《遗书》卷 28 收录有章学诚在嘉庆二年（1797）所写的诗文《丁巳岁暮书怀投赠宾谷转运因以志别》，在"四年转辗五迁家，疾病殇亡又相属"等诗句后，有一段详尽的自注文字，清楚记载了自己的流浪生活及家属的情况。学诚死后与俞氏、曾氏合葬于山阴芳坞（今绍兴漓渚芳坞村），蔡氏分葬泾口（今绍兴陶堰泾口村）。五

---

① 《上韩城相公书》，《遗书》卷 29，第 329 页。

② （清）汪辉祖：《病榻梦痕余录》"嘉庆六年"条。参见鲍永军：《章学诚佚文三则》，《文献》2003 年第 2 期。

个儿子的情况如下：

长子贻选，字杼思，举人。自学诚死后，以授馆为生。然自道光四年（1824）以后，连年脱馆，求食于河南等地，生活贫穷。

华绂，字授史，又字绪迁。学诚曾令他从汪辉祖学习。道光七年（1827）前后，在河南巡抚幕府。道光六年（1826），他向长兄贻选索寄学诚著作全稿以及王宗炎所定目录，先录得副本16册，未完，四弟华练从邓州来信说当地的易良俶愿刊刻学诚著作，绂遂将原稿寄往邓州。绂本人只存留未录完的副本。道光十年至十一年间，他将副本请刘子敬、姚春木代为核勘，校定《文史通义》内篇五卷、外篇三卷，《校雠通义》三卷，先行付刊，于道光十二年出版行世，华绂亲自作跋。

华绶，出继给学诚的从兄垣业做儿子。具体生平不详。

华练，字祖泉，号仍湖。流寓河南邓州，索得学诚著作原稿后，并未刊刻，竟视以为田畴货物以为利。

华纪，字竹书，号竹史。有子启昆，字同卿，咸丰初，客梁宋间，曾印《文史通义》数十篇送友人。咸丰末，书板被毁。启昆有子季真，字小同，曾在贵州做幕僚，光绪三年（1877）重刻《文史通义》于贵州，次年刊行，即黔本。

从章学诚的一生中，我们可以看到，一位如此杰出的文史学家，生活竟是那样的"颠倒狼狈"[①]。这是那个时代的社会对人才的极大摧残。难怪章学诚本人在晚年曾无可奈何地悲叹说："三十年来，苦饥谋食，辄藉笔墨营生，往往为人撰述传志谱牒，辄叹寒女代人作嫁衣裳，而己身不获一试时服。"[②] 此话说得是何等的悲惨！他一生当中，许多笔墨文章是为人作嫁，这样说一点也不夸张。难能可贵的是，生活在这样艰苦的环境之中，仍能坚持文史校雠之业，最后为我们留下了《文史通义》、《校雠通义》等重要著作，为祖国历史文化遗产作出了卓越的贡献。

[①] 《与邵与桐书》，《文史通义》外篇三。
[②] 《与宗族论撰节憨公家传书》，《遗书》卷29，第337页。

第四节　集古大成，成一家之言的史志著作

章学诚一生以著述为主，其主要著作有《文史通义》、《校雠通义》、《史籍考》等，并编修过《和州志》、《亳州志》、《永清县志》、《湖北通志》等多部志书。他的著作许多已散失，现存《文史通义》、《校雠通义》以及一些文稿，后人汇编成《章氏遗书》。在这些著作中，章学诚对古代学术进行了全面的分析总结，并提出了自己一系列的学术理论和观点，真正做到集古大成、成一家之言。今天，我们要全面评价章学诚的学术贡献，就必须对他生平所有著作，包括一些已失传或未成著作，作一比较全面的分析考述。

一、文史理论的代表作《文史通义》

1.《文史通义》的编著经过

《文史通义》是章学诚学术著作的代表作。他在 30 岁以前，已有著述此书的愿望。乾隆三十一年（1766），他就曾表示："尝以二十一家义例不纯，体要多舛，故欲遍察其中得失利病，约为科律，作书数篇，讨论笔削大旨，而闻见寥寥，邈然无成书之期，况又牵以时文，迫以生徒课业，未识竟得偿志否也。"[1] 所谓"二十一家义例"，其实即指二十一史，因为在那个时期，《旧唐书》尚未列入"正史"，《旧五代史》也尚未辑出，《明史》又未成书，故只有 21 部正史。章学诚真正有意识地撰写此书，实始于乾隆三十七年（1772）。他在给朱春浦的一封信中写道："出都以来，颇事著述。斟酌艺林，作为《文史通义》，书虽未成，大指已见辛楣先生候牍所录内篇三首，并以附呈。先生试察其言，必将有以得其所自。"[2] 他是前一年十月十八日跟随朱筠离开京师的，十一月二十八日到达太平使院，十二月二十六日同游采石矶。当然作文时间自然不多，而给朱春浦的这封信则是写于乾隆三十七年的秋冬间。根据上述情况，可以断定《文史通义》的撰写始于他离开京师的

---

[1]《与族孙汝楠论学书》，《文史通义》外篇三。
[2]《候国子司业朱春浦先生书》，《文史通义》外篇三。

后一年，即他35岁那年。他写好以后，曾抄寄三篇给钱大昕。这从他在同一年给钱大昕的信中也得到印证，信中明确指出，他要"取古今载籍，自六艺以降迄于近代作者之林，为之商榷利病，讨论得失，拟为《文史通义》一书，分内外杂篇，成一家言。虽草创未及什一，然文多不能悉致，谨录三首呈览，阁下试平心察之，当复以为何如也？"[1]直到嘉庆三年（1798），他在写给钱大昕的信中还说："学诚从事于文史校雠，盖将有所发明。然辩论之间，颇乖时人好恶，故不欲多为人知。所上敝帚，乞勿为外人道也。"[2]因为生活不安定，无法集中精力，只有利用课诵之余进行编写。严格地说，全书直到他逝世尚未写完。像《浙东学术》一篇，则成于逝世前一年，《礼教》篇则是其绝笔之作。而很重要的《圆通》、《春秋》等篇，是早有计划，却终未撰成。由此可见，该书撰述几乎历30年之久。

2.《文史通义》的著作目的

《文史通义》的著作目的，据章学诚本人所说，归纳起来，不外有如下几点：

第一，阐明史学的意义，进一步发扬史学的"义"——"史意"。这是他撰述《文史通义》最重要的目的，也是他进行史学研究和史学评论的根本出发点。他在《文史通义》外篇三《家书二》中说："吾于史学，盖有天授，自信发凡起例，多为后世开山，而人乃拟吾于刘知幾。不知刘言史法，吾言史意；刘议馆局纂修，吾议一家著述；截然两途，不相入也。"又在内篇四《申郑》中说："史家著述之道，岂可不求义意所归乎？"一部史书编纂得好坏，不仅要看它的体例和方法，更重要的则是看它能否总结历史经验教训，探索历史发展规律，并认识史学本身的利病得失，也就是融注作者的历史理论和观点。然而，长期以来，史学界却很少有人重视阐发史意，所以，章学诚在《文史通义》外篇四《和州志·志隅自叙》中明确表示："郑樵有史识而未有史学，曾巩具史学而不具史法，刘知幾得史法而不得史意。此予《文史通义》所为作也。"

---

[1]《上晓徵学士书》，《文史通义》外篇三。
[2]《上辛楣宫詹书》，《文史通义》外篇三。

第二，为著作之林校雠得失。章学诚在《文史通义》外篇三《与陈鉴亭论学》中说明自己著作宗旨时，曾直接提出："《文史通义》，专为著作之林校雠得失。"又在外篇三《与严冬友侍读》书中说："日月倏忽，得过日多，检点前后，识力颇进，而记诵益衰。思敛精神为校雠之学，上探班、刘，溯源官礼，下该《雕龙》、《史通》，甄别名实，品藻流别，为《文史通义》一书，草创未多，颇用自赏。"关于这点，章学诚在许多地方多次强调。如在外篇一《与孙渊如观察论学十规》中他再三说明："鄙人所业，文史校雠，文史之争义例，校雠之辨源流，与执事所谓考核疏证之文，途辙虽异，作用颇同，皆不能不驳正古人，譬如官御史者不能无弹劾，官刑曹者不能不执法，天性于此见优，亦我辈之不幸耳。古人差谬，我辈既已明知，岂容为讳！但期于明道，非争胜气也。……鄙人于文史自马、班而下，校雠自中垒父子而下，凡所攻刺，古人未有能解免者，虽云不得不然，然人心不平，后世必将阳弃而阴用其言，则亦听之无可如何而已。……今请于辨证文字，但明其理而不必过责其人，且于称谓之间，稍存严敬，是亦足以平人之心，且我辈立言，道固当如是耳。"这里，他一方面说明了他的著述宗旨，另一方面还说明了自己的做法，"期于明道，非争胜气也"，因此，对于前人著作一般"但辨其理，未尝指斥其人"。

第三，"盖将有所发明"。章学诚不是为校雠而校雠，而是在驳正前非以后，还要树立自己的见解，成一家之言。他在给钱大昕的《上辛楣宫詹书》和《上晓徵学士书》两封信中，就明确表示自己"从事于文史校雠，盖将有所发明"，"成一家言"。他在史学上贵著述成家，不取方圆求备，学术研究上贵创造发明，反对依傍门户。《文史通义》外篇三《家书二》指出"史学义例，校雠心法，则皆前人从未言及"，因而他自己立志于"文史之争义例，校雠之辨源流"。他在《文史通义》中确实为文史理论提出了不少可贵的见解，发前人所未发。在外篇三《又答朱少白书》中曾直言不讳地说："平日持论关文史者，不言则已，言出于口，便如天造地设之不可摇动。"又在外篇三《与汪龙庄书》中说："拙撰《文史通义》，中间议论开辟，实有不得已而发挥，为千古史学辟其蓁芜。"还说："吾于史学，盖有天授，自信发凡起例，多为后世开山。"这些豪言壮语，都表明他在著作上不愿死守陈规，而要闯出一条新路。后来的事实证明，章学诚的这一宏伟目标是完全实现的。

他在史学、文学、方志学、校雠学等领域都建立起自己的观点体系，对于推动这些学科的发展，起到了重大作用。这种学术研究的独创精神，值得加以提倡。

第四，评论当时的学风流弊、世教民俗。在《上辛楣宫詹书》中，章学诚即指出："世俗风尚必有所偏，达人显贵之所主持，聪明才隽之所奔赴，其中流弊必不在小。载笔之士，不思救挽，无为贵著述矣。苟欲有所救挽，则必逆于时趋。时趋可畏，甚于刑曹之法令也。"他深感社会学风之不正，并表示正直的学者应该挺身而出，加以抨击和救挽，否则，著作再多也无价值。这种思想，一直未曾改变。他在 62 岁那年《上尹楚珍阁学书》中的几句话，可以说是这一思想的全面概述。书中云："学诚……读书著文，耻为无实空言，所述《通义》，虽以文史标题，而于世教民彝，人心风俗，未尝不三致意，往往推演古今，窃附诗人义焉。"① 对于当时的文风学风之不正，《文史通义》中确实均有专篇进行评论。如他所以要写《砭俗》篇，自云是"因世俗拘文体为优劣，而不察文之优劣，并不在体貌推求，故撰《砭俗》之篇，欲人略文而求实也"②。《原道》篇之发表，是"为三家之分畛域设也"③。在宋学、汉学之争激烈进行的时候，他发表了《言公》、《说林》诸篇，并说这些"十余年前旧稿，今急取订正付刊，非市文也，盖以颓风日甚，学者相与离跂攘臂于桎梏之间，纷争门户，势将不可已也"，他希望通过自己文章的发表，"或于风俗人心不无小补"。还说："鄙著《通义》之书，诸知己者许其可与论文，不知中多有为之言，不尽为文史计者，关于身世有所怅触，发愤而笔于书。"④

第五，与当时人在学术上展开论战。《文史通义》外篇三《与胡雏君》说："又区区之长，颇优于史，未尝不受师友之益，而历聘志局，频遭目不识丁之流横加弹射，亦必补录其言，反复辨正，此则虽为《文史通义》有所藉以发明，而屡遭坎坷，不能忘情。"《文史通义》中的许多篇章如《答客问》、

---

① 《上尹楚珍阁学书》，《遗书》卷 29，第 330 页。
② 《答朱少白书》，《文史通义》外篇三。
③ 《与陈鉴亭论学》，《文史通义》外篇三。
④ 《又与朱少白》，《文史通义》外篇三。

《记与戴东原论修志》等文,都是为了与当时人进行学术上的论战。

　　从以上所述可以看出,《文史通义》一书评论的内容是相当广泛的,而中心目的都是围绕着文史校雠。有些学者不了解这一点,对章学诚横加指责,说他到处骂人,是个"绍兴师爷"。这实际上是一种误解。章学诚所从事的职业是文史校雠,既然如此,他对著作之林得失优劣加以校雠评论,实乃职责所在。既搞文史评论,而不对文体史裁等方面出现的问题加以评论,不去"甄名别实",那才是失职。他认为"古人差谬,我辈既已明知,岂容为讳!但期于明道,非争胜气也"。况且他的做法又是"但辨其理,未尝指斥其人"。不仅如此,他还希望别人"辨证文字"时,亦能做到"但明其理,而不必过责其人"。直到晚年,他还说"所著《文史通义》,弹劾古人,执法甚严"①,而绝不是到处随便骂人。他在生前,也已深知此种文字,"颇乖时人之好恶",会遭到后人的指责。他在《与孙渊如观察论学十规》中举刘知幾为例说:"其卓识不磨,史家阴用其法;其论锋可畏,故人多阳毁其书。"文中也承认自己早年所作之文,过于偏激,锋芒毕露的也有不少,"鄙著亦染此病(指偏激),特未如尊著之甚耳,今已知悔,多所删改"。他在晚年的许多回忆中,常常自我悔恨,并教导晚辈引以为戒。而对自己所作论文更是非常注意,"深畏以此等文字结成仇雠"②,故对于所作"涉世文字,尝自检点,不敢轻訾于人,犹恐不自省察,为人隐恨"③。但对于学术原则,仍然时刻坚持。《文史通义》外篇二《唐书纠谬书后》云:

　　　　校雠攻辨之书,如病之有药石,如官之有纠弹,皆为人所患苦者也。然欲起痼疾而儆官邪,则良医直史,不惮人之患苦而必有以期于当也;疾愈而医者酬,奸摘而弹者赏。惟校雠攻辨之书,洞析幽渺,摧陷廓清,非有绝人之姿,百倍攻苦之力,不能以庶几也;其有功古人而光于后学,不特拯一人之疾,劾一官之邪而已也,而人多不甚悦之;则以气之凌厉,义之精严,不肯稍有假借,虽为前人救偏,往往中后人之隐

---

① 《论文示贻选》,《文史通义》外篇三。
② 《又答朱少白书》,《文史通义》外篇三。
③ 《论文示贻选》,《文史通义》外篇三。

病，故悦之者鲜也。纵使心服其言，亦必口訾其过；甚或阴剿其说，而阳斥其非。甚矣，人心之偏，而从善服义之公难望之于晚近也。

这一批评，确实切中时弊，同时，也值得今人引以为戒。

3.《文史通义》的内容和版本

《文史通义》一书究竟应当包括多少篇卷，至今尚无定论。我们知道，由于该书无严格的义例，全书在作者生前既未最后定稿，又未排定书目，因而为后人留下了难题。当时为了就正于师友，纠正学风，虽有选刊之本，但既非全部，流传也不广。正如他在《与汪龙庄书》中所说的那样，"恐惊世骇俗，为不知己者诟厉，姑择其近情而可听者，稍刊一二，以为就正同志之质，亦尚不欲遍示于人也"[①]。据中华人民共和国成立前燕大所藏武昌柯氏《章氏遗书》钞本，在《文史通义》的《易教》上中下、《书教》上中下、《诗教》上下等文章下皆注有"已刻"两字，可证当时确有部分刊刻。今《章氏遗书》卷28有《跋丙辰山中草》一文，写于章氏59岁那年，其中有一段话值得研究，他说："所草多属论文，是其长技，故下笔不能自休。而闲居思往，悼其平日以文墨游，而为不知己者多所牴牾，而谬托于同道也。故其论锋所指，有时而激，激则恐失是非之平，他日录归《文史通义》，当去芒角，而存其英华，庶俾后之览者，犹见其初心尔。"这几句话，表达了两层意思：其一，他所写的文章并不都是《文史通义》内容，凡是要编到《文史通义》里的还要经过选择，这就是他所说的"他日录归《文史通义》"；其二，凡是选进《文史通义》的文章，还要作必要的修改，即"当去芒角，而存其英华"。这就是说，他想在去世之前，对自己的著作全面加以整理，最后把一生中早有计划的《文史通义》也审选修饰定稿。写《跋丙辰山中草》一文时，距离去世仅仅五个年头，而在这有限的几年中，他为了《史籍考》一书还在四处奔走，多方求援，根本无暇顾及此事。到了去世的前一年，他已双目失明，这时虽然"犹事论著"，但不得不"倩写官录草"，有的则是"口授大略，俾儿子贻选书之"。由此看来，他整理著作的打

[①]《与汪龙庄书》，《文史通义》外篇三。

算显然未能实现。所以临终前数月，只得将所著文稿委托友人萧山王宗炎校定。王宗炎收到文稿后，为了早日给章学诚回信，便在匆忙中提了一个编排意见，请示学诚。他在信中说："奉到大著，未及编定体例，昨蒙垂问，欲使献其所知，始取《原道》一篇读之，于'三人居室而道形'一语，尚有未能融彻者。……《质性》篇题欲改《文性》，亦似未安，不如竟题《性情》乃得。……至于编次之例，拟分内、外二篇，内篇又别为子目者四，曰《文史通义》，凡论文之作附焉；曰《方志略例》，凡论志之作附焉；曰《校雠通义》，曰《史籍考叙录》。其余铭志叙记之文，择其有关系者录为外篇，而以《湖北通志》传稿附之，此区区论录之大概也。"王宗炎在信中表示，他所提目录尚属初步意见，欲待"遍览一二过方能定其去取"，然后再"编出清目，俟稍有就绪，当先奉请尊裁"。而事实上，后来因人事变迁，岁月蹉跎，这最初的意见，竟成为最后的定论。章学诚没有等得及发表审核意见就离开了人世，王宗炎也就再没有机会编出正式"清目"，"先奉请"学诚"尊裁"。这封信还告诉人们，《文史通义》中的《礼教》篇撰成很晚，直到王宗炎将其全部文稿作了初步分类编次时，还在信中问"《礼教》篇已著成否"？所以，我们说此篇可视为章氏的绝笔之作。至于像《春秋》、《圆通》诸篇则均未最后撰成。王宗炎在信中也说："《春秋》为先生学术所从出，必能探天人性命之原，以追阐董江都、刘中垒之绪言，尤思早成而快睹之也。"[①]

　　对于王宗炎的编排分类，章学诚本人意见如何已不得而知。但章氏次子华绂对此显然并不同意，所以他于道光十二年（1832）在开封另行编定了"大梁本"《文史通义》，并在序文中说：嘉庆辛酉年（即章学诚去世之年），他父亲"以全稿付萧山王谷塍先生，乞为校定"。"谷塍先生旋游道山。道光丙戌，长兄杼思自南中寄出原草并谷塍先生订定目录一卷，查阅所遗尚多，亦有与先人原编篇次互异者，自应更正，以复旧观。先录成副本十六册。……今勘定《文史通义》内篇五卷，外篇三卷，《校雠通义》三卷，先为付梓。尚有杂篇及《湖北通志》检存稿并文集等若干卷，当俟校定，再为续刊。"这里值得注意的是，他说王宗炎所编订目录"亦有与先人原编篇次互异者，自应更正，以复旧观"，说明章学诚生前对自己著作虽未能全部加

---

① （清）王宗炎：《复章实斋书》，《晚闻居士集》卷5，见《文史通义新编新注》附录。

以整理审定，但如何编排分类还是有所考虑。所以华绂所作编排，与王氏所订目录有所不同。

华绂编定的"大梁本"是《文史通义》正式刊行的第一个本子，嗣后谭廷献刻于杭州、伍崇曜刻于广州，以及光绪四年（1878）章氏曾孙季真刻于贵州所用的都出于这个"大梁本"。光绪年间，桐城萧穆在《记章氏遗书》一文中记述了章氏著作的散聚经过，并对旧钞本和"大梁本"《文史通义》作了比较，认为："华绂所云王公订定目录一卷，查阅所遗尚多，尚有实据。"[①]但萧穆对"大梁本"却未作任何评议。光绪年间，在江标所刻的《灵鹣阁丛书》中收有《文史通义补编》一卷，然所补并不完备。1920年，浙江图书馆得会稽徐氏钞本《章氏遗书》，铅印行世，亦尚未能包括章氏全部著作。1922年，吴兴嘉业堂主人刘承幹依据王宗炎所定之目录，搜罗增补，刊行了《章氏遗书》50卷。内容大体分三个部分：第一部分是《文史通义》内篇六卷、外篇三卷，《校雠通义》内篇三卷、外篇一卷，《方志略例》二卷，《文集》八卷，《湖北通志检存稿》四卷，外集二卷，《湖北通志未成稿》一卷，凡30卷，目录大体照王氏编次；第二部分为外编18卷，即《信摭》、《乙卯札记》、《丙辰札记》、《知非日札》、《阅书随札》各一卷，《永清县志》十卷，《和州志》三卷；最后是补遗及附录各一卷。后来又增补了《历代纪年经纬考》、《历代纪元韵览》两种各一卷。从此，章氏著作遂得比较完整地刊行于世，于是《文史通义》也就有了另一种版本——《章氏遗书》本。1985年，文物出版社据吴兴嘉业堂刘承幹刻本并从钞本中选录若干篇断句影印，书名改为《章学诚遗书》，这是至今搜集章氏著作最全的一个本子。《遗书》本《文史通义》与"大梁本"的不同之处：一是内篇的排列次序及分卷，"大梁本"为五卷，《遗书》本为六卷；二是在所收篇目上，《遗书》本多出《礼教》、《书朱陆篇后》、《所见》、《士习》、《书坊刻诗话后》、《同居》、《感赋》、《杂说》八篇，而少《妇学篇书后》；三是两种本子的外篇，虽都分为三卷，内容则完全不同，"大梁本"所收是论述方志之文，《遗书》本则为"驳议序跋书说"。两者孰是孰非，前人亦有争论。

中华人民共和国成立以后所出版的《文史通义》整理本主要有两个：一

---

① （清）萧穆：《记章氏遗书》，《敬孚类稿》卷9，清光绪三十三年刻本。

个是1956年由设在北京的古籍出版社印行的,一个是1985年中华书局出版的《文史通义校注》。前者基本依据《遗书》本,后者则依"大梁本"。这两个本子的编印整理者虽然都力图体现《文史通义》的原貌,可惜由于对此书的情况了解不够,所以都不能令人满意。

综上所述,目前所流行的《文史通义》版本,主要就是"大梁本"和《遗书》本两种。两种版本内容的不相一致,不仅为今人研究阅读和引用《文史通义》带来极大不便,而且也难以反映章氏《文史通义》的原貌。从某种程度上来说,两种版本所定内容都不完全代表章学诚本人的想法,现在要尽可能恢复《文史通义》的原貌,自然应以章学诚本人的意愿为准。

首先,在王宗炎的编目中,将有关方志的论文,全部排除在《文史通义》之外,而另编《方志略例》两卷,这一做法,我们认为是不符合章学诚本意的。章学诚在《又与永清论文》中云:"近日撰《亳州志》,颇有新得……此志拟之于史,当与陈、范抗行,义例之精,则又《文史通义》中之最上乘也。"并认为史家若能"得其一二精义,亦当尊为不祧之宗"。他在《论文上弇山尚书》中又说:"欧、苏族谱,殊非完善,而世多奉为法式;康氏《武功》之志,体实芜杂,而世乃称其高简,其名均可为幸著矣。鄙选(撰)《文史通义》,均有专篇讨论(按:所谓专篇,前者指《家谱杂议》,后者指《书武功志后》)。"由此可见,章学诚本人是明确将方志论文作为《文史通义》的内容之一的。不仅如此,章学诚在自己的文章中还明确指出了放入外篇中的方志论文篇目,他在《释通》篇云:"又地理之学,自有专门,州郡志书,当隶外史。"自注曰"详外篇《亳州志议》"。显然,王宗炎将方志论文从《文史通义》中排除出去是违背章学诚意愿的。我们再从这些方志论文本身来看,名为讨论方志,而大量篇幅都是论述历史编纂学上许多重要问题,不仅对史体演变作了比较全面的论述,而且对史家、史著、史学思想、史学流派等也都从不同角度进行了评论,有许多评论确实做到了"发前人所未发",内容如此丰富、如此集中的史学评论专篇以前还不多见。因为章学诚认为,方志本属史体,两者不分畛域。我们在讨论这个问题时,必须注意这样一点,即章学诚一生的遭遇,使他根本无条件坐下来专门论史,他一生当中,大部分是在替人家修志中度过的。他丰富的史学理论,无法试之于史,于是就在修志中加以实践,再从实践中总结提高。他自己曾说过:

"丈夫生不为史臣，亦当从名公巨卿执笔充书记，而因得论列当世，以文章见用于时，如纂修志乘，亦其中之一事也。"[1] 这些事实足以说明，在章学诚的心目中，史与志的关系是何等的密切，他许多重要的史学理论都是在修志的实践中总结出来的。既然如此，把方志论文放在《文史通义》中，显然是名正言顺的。

至于王宗炎所编之外篇——序跋书评驳议之类，当然也属《文史通义》内容。我们还是以章学诚本人的意愿为根据，他在《与邵二云论文书》中即曾明确说过："《郎通议墓志书后》，则《通义》之外篇也。族籍名字，书法之难，本文论之详矣。"又在《上朱大司马书》中说，自己从"编书体例"角度所写的《吴澄野太史历代诗选商语》一文，"亦《通义》之支翼"。可见此类文章，作者自己也是明确将它们定为《文史通义》外篇的。但正如华绂所说，王宗炎对这类文章选录"所遗尚多"。《吴澄野太史历代诗选商语》以及前所引《家谱杂议》、《书武功志后》等文，王氏所编《文史通义》便均未收入。

由上可见，我们认为，为了使《文史通义》能按照作者撰述此书的本意所具之面目出现，不仅上述两种版本的外篇皆需收入，而且《章氏遗书》中现存有关论述文史的篇章亦应加以选录，因为王宗炎的编目收录并不全面，许多很明显属于《文史通义》内容的也未加收录。不过，从现有材料来看，《文史通义》中有不少重要内容无疑是已经散失了，如作者自己在有些文章中曾提到过的《诸子》、《家史》、《三变》、《士习》等篇竟不可复得。

我们正是基于上述考虑和原则，对《文史通义》进行了重新整理编定，题为《文史通义新编》，由上海古籍出版社1993年8月出版。新编本不仅包括了原来通行的两种版本内容，而且选录了《章氏遗书》中有关篇目和部分逸佚的重要篇目。全书共收303篇，其中原两种版本内所收之文合计218篇，新增补之文为85篇，增加篇幅近1/3。为了帮助读者了解该书的流传情况，除了将章华绂在刊刻"大梁本"时所作的序收入外，还将伍崇曜、季真、王秉恩三人为该书所写的跋和王宗炎《复章实斋书》作为附录收入。章学诚的《文史通义》这部历史名著，至此总算能以比较完整的面貌问世。需要说明的一点是，《文史通义》的内容十分庞杂，这是由于作者研究范围太广所

---

[1] 《答甄秀才论修志第一书》，《文史通义》外篇四。

致。他于"古今著述渊源,文章流别"都殚心研讨,"自六艺以降迄于近代作者之林,为之商榷利病,讨论得失",显然这就不限于文史了。而且由于作者一生中生活极不安定,其文章大多写于"车尘马足之间",许多篇章还是"藉人事应酬以为发挥之地也",因而各篇之间缺乏紧密的联系。也许当年他已意识到研讨内容之庞杂,所以在给钱大昕的信中曾提出自己要撰著的《文史通义》,拟"分内外杂篇,成一家言"。这就给我们提出了一个新问题,即《文史通义》究竟是分几篇?目前流行的版本均为内外两篇,而信中分明是说"分内外杂篇"。如果按作者原意分为三篇,那自然就得打乱流行版本的次序。为了保持新编本与通行本之间的连贯,也为了照顾长期以来已形成之习惯,便于读者使用,新编本没有将流行的两种版本打乱重新编次,也不再另行分设"杂篇",而是在两种版本基础上加以增补。具体而言,内篇以《遗书》本为主,增以"大梁本"多出之篇;外篇则将原来两种外篇合并收入,编为六卷,前三卷为"驳议序跋书说",后三卷为方志论文。每卷排列顺序亦基本依旧,仅稍作调整,而增补的各篇,则按其内容性质分别编入各有关篇卷中。

二、校雠学理论的集大成之作《校雠通义》

《校雠通义》一书起初称《校雠略》,分上、中、下三篇,章学诚初意欲编入《文史通义》外篇。这从《文史通义·诗教》上下篇的自注中可知。自注一云:"详见外篇《校雠略·著录先明大道论》。"二云:"六艺为《官礼》之遗,其说亦详外篇《校雠略》中《著录先明大道论》。"三云:"说详外篇《校雠略》中《汉志诗赋论》。"四云:"说详外篇《校雠略》中《汉志兵书论》。"可是,后来在写作修改过程中,思路有了进一步发展,发觉内容多,又能自成一体,乃在此基础上加以扩充,而成为一部自成一体的独立著作。故在后来所作的《文史通义·繁称》篇自注中云:"已详《校雠通义》。"他在50岁那年写的《上毕抚台书》中明确说过:"生平撰著,有《校雠通义》、《文史通义》,尚未卒业,然颇有文理,可备采择。"[①]可见,他本人这时已明

---

① 《上毕抚台书》,《文史通义》外篇三。

确将《校雠通义》当作独立的一部著作，与《文史通义》并列。以前有的学者不知道这一情况，提出《校雠通义》也应属于《文史通义》的一部分，这种看法是不正确的。流传下来的《校雠通义》共有三卷，不是分上、中、下三篇，更没有《著录先明大道论》这个篇名。但这一内容已经分散在《校雠通义》卷一的《原道》篇中。如《原道》篇说："后世文字，必溯源于六艺，六艺非孔氏之书，乃《周官》之旧典也。"这几句话与上面所引注文不仅思想内容一致，而且字句亦很相近。至于所谓的《汉志诗赋论》和《汉志兵书论》两篇，则也已编入卷三，仍题为《汉志诗赋》和《汉志兵书》。因此，我们有理由认为，他原写之《校雠略》三篇，是欲放在《文史通义》外篇，后在此基础上扩充成《校雠通义》一书。所以，就全书内容而言，比较单一，专言"校雠"之学，不像《文史通义》内容那么庞杂。

《校雠通义》成书于乾隆四十四年（1779）。全书原为四卷，两年后去河南途中，遇盗被窃。前三卷幸有朋友抄存，但第四卷已不可复得。乾隆五十三年（1788），章学诚将从朋友处抄回来的各卷副本亲自校正改定，这就是现今通行的三卷本。卷一为《原道》、《宗刘》、《互著》、《别裁》、《辨嫌名》、《补郑》、《校雠条理》、《著录残逸》、《藏书》九篇，从文献典籍的起源、发展和演变的角度，系统阐述校雠学的理论和方法。卷二为《补校汉艺文志》、《郑樵误校汉志》、《焦竑误校汉志》三篇，卷三为《汉志六艺》、《汉志诸子》、《汉志诗赋》、《汉志兵书》、《汉志数术》、《汉志方技》六篇，两卷都是就《汉书·艺文志》内容，具体阐述校雠学上的图书分类、著录等问题。《校雠通义》的第四卷内容已失传，但据卷二《焦竑误校汉志》中有"明焦竑撰《国史经籍志》，其书之得失，别具论次于后"一语，似原稿原文之未删者，有的学者由此推知所谓"别具论次于后"，当指第四卷，说明第四卷内容当为专论《汉志》以后的诸家校雠目录学著作，其中包括《国史经籍志》在内。[①]可是，《章氏遗书》在收录《校雠通义》时，竟在三卷之后，随意增加外篇一卷，勉强凑成四卷，而所收之文，尽是些序跋书简之类，不仅在内容上与《校雠通义》毫无内在联系，而且在形式上也多互不相关。其

---

① 参见王重民：《校雠通义通解》，上海古籍出版社1987年版，第193页。本书所引《校雠通义》均据此版本，不一一注明。

实,关于此书,章学诚生前早有定论,他在《跋酉冬戌春志余草》一文中说得十分清楚,"其第四卷竟不可得"[1],也从未提过分内篇外篇。所以,《章氏遗书》本所定之外篇一卷是没有任何根据的。中华人民共和国成立后,王重民先生曾对此书进行整理研究,编成《校雠通义通解》一书,于1987年9月交上海古籍出版社出版,甚便读者阅读使用。

章学诚著作《校雠通义》的目的,据他自言,是为了"宗刘,补郑,正俗",也就是宗法刘向、刘歆父子的《七略》,补充郑樵的《通志·校雠略》,匡正世俗的不良学风和有关校雠学上的错误观点。而实际上这是一部集封建社会校雠学之大成的著作。书中许多重要见解往往与《文史通义》互相发明。在该书中,章学诚不仅开宗明义阐述了校雠学的目的和任务,而且探讨了校雠学的起源、发展和演变的历史,总结了古代校雠学的基本理论和方法,并提出了自己许多新见解。即使在今天,它也是图书馆学、校雠目录学和文献学工作者必读的重要参考书。

三、史部目录学巨著《史籍考》

如果说,《文史通义》、《校雠通义》是关于文史、校雠学的理论专著,那么,《史籍考》可以说是章学诚文史、校雠学理论在史著实践中的极好运用。同时,它也是章学诚晚年大半精力和心血的结晶。

前面说过,《史籍考》自乾隆五十二年(1787)提出纂修,中经几番周折,直到道光二十五年(1845)才完成清本,准备刊行。期间由章学诚总揽主持修成十之八九,甚或基本定稿,而参与编修人员前后达十余位。诚如王重民先生在《校雠通义通解》附录二《章学诚大事年表》中所说:"章学诚在武昌五年,是为《史籍考》发凡起例和打基础的时期。经过杭州两年的增补,才使基础扩大,但还有待于整理和提炼。……后潘锡恩又聘人校理增订,方才达到了较高的水平。所以决定写成清本,准备刊行。我国目录学史上这一部巨著,在整整六十年内,经过章学诚、毕沅、洪亮吉、凌廷堪、武亿、谢启昆、钱大昭、陈鳣、胡虔、袁钧、张彦曾、潘锡恩、许瀚、刘毓

---

[1]《跋酉冬戌春志余草》,《遗书》卷29,第325页。

崧、包慎言、吕基贤十六位目录学家和学者的三次努力，才完成了这样一部三百卷的大目录，的确是我国目录工作上一大成就。"

《史籍考》一书，花费了章学诚晚年大半精力，虽已基本成书，却未能流传下来，这实在是中华文化典籍的一大损失。幸好章学诚当时所亲拟的《论修史籍考要略》、《史考释例》、《史考摘录》，特别是《史籍考总目》，还完整地保存在《章氏遗书》中，从中我们仍可窥见《史籍考》一书的编撰体例和规模。

《史籍考》草创之初，章学诚即写了一篇《论修史籍考要略》[①]，提出了编纂目的、意义和义例要求。文章说：

> 校雠著录，自古为难。二十一家之书，志典籍者仅有汉、隋、唐、宋四家，余则阙如。《明史》止录有明一代著述，不录前代留遗。非故为阙略也，盖无专门著录名家，勒为成书，以作凭藉也。史志篇幅有限，故止记部目，且亦不免错讹。私家记载，间有考订，仅就耳目所见，不能悉览无遗。朱竹垞氏《经义》一考，为功甚巨，既辨经籍存亡，且采群书叙录，间为案断，以折其衷。后人溯经艺者，所攸赖矣。第类例间有未尽，则创始之难；而所收止于经部，则史籍浩繁，一人之力不能兼尽，势固不能无待于后人也。今拟修《史籍考》，一仿朱氏成法，少加变通，蔚为巨部，以存经纬相宜之意。

接着分列十五点加以阐明，一曰古逸宜存，二曰家法宜辨，三曰剪裁宜法，四曰逸篇宜采，五曰嫌名宜辨，六曰经部宜通，七曰子部宜择，八曰集部宜裁，九曰方志宜选，十曰谱牒宜略，十一曰考异宜精，十二曰板刻宜详，十三曰制书宜尊，十四曰禁例宜明，十五曰采撮宜详。这十五点犹如修书纲领，反映了章学诚当时编纂《史籍考》的指导思想和原则。书基本完成时，章学诚又写成《史考释例》一文，该文乃是成书的义例，中间所论，不少与草创之时已有不同。因此将它与《论修史籍考要略》对照研究，不仅可看出《史籍考》基本成书时的规模体例，更可反映出章学诚史学思想的发展

---

① 《论修史籍考要略》，《文史通义》外篇一。

变化。《史考释例》首论"著录",非常推崇朱彝尊的《经义考》。次论"考订",以刘向为考订群书之鼻祖。再论史部,认为"史学衰,于是史书有专部,而所部之书,转有不尽出于史学者矣。盖学术歧而人事亦异于古,固江河之势也。史离经而子集又自为部次,于是史于群籍划分三隅之一焉,此其言乎统合为著录也。若专门考订为一家书,则史部所通,不可拘于三隅之一也。史不拘三隅之一,固为类例之所通。然由其类例深思相通之故,亦可隐识古人未立史部之初意焉"①。虽然"史于群籍划分三隅之一",但三家多于史相通,因此,史部之分类较之经部更加困难。然而分类之精确与否,又将直接影响到"辨章学术,考镜源流"这一宗旨。这是章学诚最为重视的一个问题,他在《校雠通义》中曾反复作过论述,指出"刘向父子部次条别,将以辨章学术,考镜源流,非深明于道术精微,群言得失之故者,不足与此"②。《史籍考》的著录体例,仿朱氏《经义考》,"首著书名,名下注其人名,次行列其著录卷数,三行判其存、佚及阙与未见"。但朱氏之书在著录卷数时,"间有不注所出,今则必标出处,视朱为稍密矣"。这种方法,在当时来说,是称得上较为优良的。

《章氏遗书·补遗》中附有《史籍考总目》,现不妨抄录于下,以见《史籍考》之总规模:

一、制书:二卷。

二、纪传部:正史十四卷,国史五卷,史稿二卷。

三、编年部:通史七卷,断代四卷,记注五卷,图表三卷。

四、史学部:考订一卷,义例一卷,评论一卷,蒙求一卷。

五、稗史部:杂史十九卷,霸国三卷。

六、星历部:天文二卷,历律六卷,五行二卷,时令二卷。

七、谱牒部:专家二十六卷,总类二卷,年谱三卷,别谱三卷。

八、地理部:总载五卷,分载十七卷,方志十六卷,水道三卷,外裔四卷。

---

① 《史考释例》,《文史通义》外篇一。
② 《原道》,《校雠通义》卷1。

九、故事部：训典四卷，章奏二十一卷，典要三卷，吏书二卷，户书七卷，礼书二十三卷，兵书三卷，刑书七卷，工书四卷，官曹三卷。

十、目录部：总目三卷，经史一卷，诗文（原注：即文史）五卷，图书五卷，金石五卷，丛书三卷，释道一卷。

十一、传记部：记事五卷，杂事十二卷，类考十三卷，法鉴三卷，言行三卷，人物五卷，别传六卷，内行三卷，名姓二卷，谱录六卷。

十二、小说部：琐语二卷，异闻四卷。

全书共三百二十五卷。（按：当作三百二十三卷）

从这个规模宏伟的总目中，人们可以看出作者当年发凡起例，是颇费苦心的。其书可谓体大思精，其人堪称卓识宏达！从这个总目中，可以看出，《史籍考》的范围，包罗很广，甚至史稿、小说、蒙求等门，也收入书中，这是史部目录学上的"创始之事"，也反映了章学诚"六经皆史"、"盈天地间凡涉著作之林皆是史学"的观点。这就扩大了史学的范围。此其一。其二，从这个目录中还可看出，章学诚在《史籍考》中还创造了暗分子目的方法。毕沅原拟将《史籍考》分为一百一十二个子目，章氏认为缕析过甚，不免失之烦琐，亦有违于分类之宗旨。因此重新加以并省，分为十二纲，五十七目。暗分子目，以类相从。如稗史部杂史门，原分外纪、别裁、史纂、史钞、政治、本末、国别七门，今学诚将其合为一门，把原分的名目标注于部目之下。霸国门只暗分割据与霸国二门，而以方记归入杂史门。又如地理部，毕氏原分为荒远、总载、沿革、形势、水道、都邑、方隅、方言、宫苑、古迹、书院、道场、陵墓、寺观、山川、名胜、图经、行程、杂记、边徼、外裔、风物等二十二门，"不免繁碎，今暗分子目，统于五条之下，一曰总载，二曰分载，三曰方志，四曰水道，五曰外裔。其暗分子目，以类相从，观者可自得也"。又故事部原分十六门，今并合为十门。传记部原分十七门，今并为十门。《史考释例》对这些均有详尽阐释。这里还要附带说明的是，总目中将"方志"仍列入地理部，看起来似乎与章学诚自己的主张相矛盾，因为他一直认为方志乃属史体，"如古国史，本非地理专门"。其实，他强调"志乃史体"，是要大家编修方志时应从"信史"这一要求出发，不要再专谈地理沿革和名胜古迹，而把它当作"地理专门"。可是以前所有方志著作,大都为地理著作,也多列入地理类,如今分类自然要反映这一历史实际和现实情况,所以,只能将方志著作仍然放在地理部。这体现了章学诚向来主张的历史著作必须如实反映社会现实的观点。

四、别具理论体系的地方志书

章学诚一生参与编修或主修过《天门县志》、《顺天府志》、《和州志》、《永清县志》、《亳州志》、《湖北通志》等多部志书,将自己的方志理论与修志实践有机结合,每部志书都别具理论体系,在中国古代方志学发展史上占有重要的地位。因这些志书在本书第六章"方志学理论的奠基人"中还将具体论及,故在此仅作简单概述。

1.《天门县志》

乾隆二十九年(1764)冬,章学诚之父章镳应天门(今湖北天门)知县胡翼(筠亭)之聘主持编纂。章学诚不仅参与编修工作,而且还特地写了《修志十议呈天门胡明府》一文,讨论编纂事宜,并作有《天门县志艺文考序》、《天门县志五行考序》、《天门县志学校考序》三篇序文,反映了章学诚早期的方志学理论和观点。此志于乾隆三十年(1765,乙酉年)刊行,今尚存。史称《天门县志》乙酉本。

2.《顺天府志》

乾隆三十二年(1767),章学诚的老师朱筠等奉诏撰修。朱筠嘱学诚等人"经纪其事",参与编写。惜此志最后编纂结局如何,已不得而知,也可能未修成。

3.《和州志》

乾隆三十八年(1773),章学诚应和州(今安徽和县)知州刘长城之聘主修。原为42篇,因未刊刻,章学诚将志稿删存为20篇,名曰《志隅》。《章氏遗书》收录《和州志》3卷,并注明"非全书,有缺失"。另《历阳典录·补编》引录章学诚《和州志》33篇，多为《章氏遗书》所未收。[①] 此志分纪、表、图、书、传，并附有文征。每篇之前，都有序例、总论或序录等。此志为章学诚主纂的第一部方志，体现了章氏方志学的一些创见，如设图、阙访列传、前志列传、文征等。同时，该志文笔典雅简洁，多为后人赞誉。

4.《永清县志》

乾隆四十二年（1777）五月，章学诚应永清（今河北永清）知县周震荣之聘，主持编纂。四十四年（1779）七月修成。凡25篇，分纪、表、图、书、传五体，另有《文征》五卷附于志后。每篇之前，均冠有"序例"，体现章氏方志学理论。此志修成后，章氏方志学理论广泛流传，在社会上产生一定影响。

5.《亳州志》

乾隆五十四年（1789）秋冬，章学诚应亳州（今属安徽）知州裴振邀请编纂。约成于次年二月。因裴振离任，志稿未及刊板，竟至散佚。今仅存《亳州志人物表例议》上、中、下三篇，《亳州志掌故例议》上、中、下三篇。章学诚本人对此志十分自信，可知其质量水准当不会低。其中"掌故"一门为此志首创。

6.《湖北通志》

乾隆五十七年（1792），章学诚应湖广总督毕沅之聘纂修。至五十九年（1794）全书脱稿。因毕沅离任，章氏又与留任湖北巡抚惠龄等意见不合，致使志稿未能刊行。后章氏将自己保存的志稿汇订成《湖北通志检存稿》24卷、《湖北通志未成稿》1卷，今保存在《章氏遗书》中。据这些残存稿可知，此志包括《湖北通志》74篇、《湖北掌故》66篇、《湖北文征》8集、《湖北丛谈》4卷等四个部分。此志全面体现章学诚方志分立三书的理论，是章学诚方志学理论成熟阶段的代表作。光绪八年（1882），张之洞重修《湖北通志》时，曾悬赏征求章氏志稿，未得。

[①] 参见周生春、胡倩：《〈章学诚遗书〉佚文补录》，《浙江社会科学》2005年第1期。

7.《常德府志》

章学诚在主修《湖北通志》期间，替毕沅修撰。常德，今属湖南。此志凡一年而修成，共分 24 篇：纪二篇、考十篇、表四篇、略一篇、传七篇，另有《文征》七卷、《丛谈》一卷。今不传。

8.《荆州府志》

章学诚在主修《湖北通志》期间，替荆州（今属湖北）知府崔龙见撰。分纪、表、考、传、文征、丛谈几部分，卷数不详。今不传。

五、其他史志著作

除上述史志著作外，章学诚还写过或参加编写过下列文史杂记等书：

1.《国子监志》

乾隆三十三年（1768），章学诚以国子监生参与该志的编辑工作。在科举策对时，章学诚曾畅言该志编撰得失。编纂期间，因与诸学官意见不合，殊不得意，遂于乾隆三十六年（1771）辞职而去。此志后来是否完成，已不得而知。乾隆四十三年（1778），梁国治等又奉教纂辑而成书，收入《四库全书》中。

2.《明史列传人名韵编》

乾隆三十八年（1773）章学诚在和州编《和州志》时，因病诸史列传人名错杂，难于稽检，准备取全史人名，通编为韵，遇重复互见者，遍注其下，作为读史、考史的要领和索引。后因工作繁巨，仅先编成《明史列传人名韵编》一卷。可惜未能流传下来。

3.《文学》

乾隆四十七年（1782），章学诚在主讲永平敬胜书院期间，为使学生能很好地学习古代文学名篇，遂选取古人撰述中华有其文，实不离学，又能于典籍有所发挥，道器有所疏证的佳篇，共约百篇，编成《文学》一书，每篇均作有叙例，以劝诱蒙俗。此书今不传，而仅在《文史通义》外篇二中存《文学叙例》一篇。

4.《续资治通鉴》

章学诚在武昌期间参与编撰，主编为毕沅。书修成后，章学诚还曾代毕沅写信给钱大昕，详细叙述了此书的编纂义例及史学观点。章学诚的好友邵晋涵也参与编撰此书，且贡献颇大。全书共220卷，于乾隆末年成书。

5.《历代纪年经纬考》

乾隆五十七年（1792）闰四月撰成。嘉庆十二年（1807）唐仲冕刻此书时，曾误题学诚之姓为"张"。书名一题《纪年经纬考》。章学诚在该书自序中说："前辈年号纪元之书，著于录者，凡数十家，存者尚十余家。大约主年代者，详于甲子干支；尚考订者，广及偏方僭窃。详则过于烦碎，简则检省多遗。未有折中，可为读史约法者。"遂根据桐城胡上舍虔、元和马判府绍基两家之书，"稍加校订，合为一编。表以经之，韵以纬之，反复互求，而举无遗漏，于以考检史文，旁推传记，极于金石题识，竹素遗编，可以参质异同，决定疑似。是亦习编摩者所不可缺也"。前有《编韵凡例》六条，规定历代帝王之名字及即位年月支干，崩年若干岁，在位若干年，改元若干次，俱载于某帝第一次改元之下。年号相同者，按正统、列国、窃据等依次排列。全书不以历代之前后编次，而一概依韵编次，颇便检阅。今存《章氏遗书》外编卷19中。

6.《历代纪元韵览》

嘉庆初年编成。共五卷。前有《纪元年表》不分卷，分正统、列国、窃据、篡逆、外国、钱文六栏简单介绍历代纪元演变及钱币上的年号文字。接着分上平声、下平声、上声、去声、入声五卷，将历代纪元依韵编次，每年号下注明正统、列国、窃据、篡逆、外国以及钱文。与《纪年经纬考》的不同之处是，《纪年经纬考》以甲支纪年为经，以韵为纬，而此书则一律以年号为目，按韵排列。也有的学者认为，此书乃为《纪年经纬考》所作的索引。今存《章氏遗书》外编卷20中。

7.《信摭》

文史札记之书。不分卷。系章学诚平时读书时随笔札记汇编而成。多摘引历代学者有关文史校雠等方面的论句，加以评论，并发表自己的见解，其中涉及一些历代及当代的史事考证、史书辨伪等内容。今存《章氏遗书》外编卷 1 中。

8.《乙卯札记》

文史札记之书。不分卷。乙卯，即乾隆六十年（1795）。然其内容，并非全在此一年所记，而多有四五年前所札记者，大概于此年汇集一起而题名。风雨楼本《章氏遗书》在此书后有"此册实斋先生五十八岁以前所记，复灿志"一语。内容多为对历代文史著作及史事的考证和评论。今存《章氏遗书》外编卷 2 中。

9.《丙辰札记》

文史札记之书。不分卷。丙辰，即嘉庆元年（1796）。然其内容，亦非全在此一年所记，其中有许多丁巳年（嘉庆二年）所记内容。今存《章氏遗书》外编卷 3 中。

10.《知非日札》

文史札记之书。不分卷。今存《章氏遗书》外编卷 4 中。

今人冯惠民先生曾将上述三种札记之书从《章氏遗书》中辑出，加以点校，汇聚一册，题为《乙卯札记 丙辰札记 知非日札》，由中华书局于 1986 年 12 月出版。

11.《阅书随札》

文史札记之书。不分卷。为章学诚在阅读唐宋至清各朝有关学者的文集时，随感札记而成。内容多为历代文集中所涉及的历史人物生平事迹的考证，颇有参考价值。今存《章氏遗书》外编卷 5 中。

第三章
倡言改革的社会政治思想

章学诚虽未做过大官,却因一生坎坷,周流南北各地,又充当过一些达官要员的幕僚,因此,不仅对当时的各种社会现象和民间疾苦有较为真切的感受和观察,而且还深知朝政内幕和官场黑暗。正如他自己所说:"以贫贱之故,周流南北,于民生吏治,闻见颇真。"[①] 现实生活的经历,对其政治思想和学术观点具有相当大的影响。他虽然考取了进士,却"自以为迂拘,不合世用",始终未能进入仕途。但他依旧是那样的密切地关注着现实社会和时事政治。他十分重视研究当代,强调学术要为现实政治服务。他的社会政治思想,一个显著特点就是具有鲜明的时代性。他那倡言变革和进化的社会发展史观,那力主"澄清吏治"和反腐倡廉的政治改革方案,以及那"时会使然"、"学于众人,斯为圣人"的人才论,发自那个"万马齐喑究可哀"的时代,无疑是一种"惊世骇俗"的宏论,甚至可视作后来龚自珍、魏源等一大批地主阶级改革派思想家要求政治改革的先声,因而被梁启超誉为"乾嘉后思想解放之源泉"[②]。

第一节 "三王不相袭,五帝不相沿"的社会变革思想

主张社会变革、社会进化,是章学诚社会政治思想的核心,也是他提出政治改革方案的理论基础,同时又贯穿于他的整个学术思想之中。

章学诚继承和发展了古代思想家"变易求通"和重"势"的社会发展史

[①] 《上韩城相公书》,《遗书》卷29,第329页。
[②] 梁启超:《清代学术概论》十九,见朱维铮校注:《梁启超论清学史二种》,第57页。

观，认为世界上任何事物都处在不断的变化发展过程之中。在《文史通义》外篇二《三史同姓名录序》中，他说："穷则必变，变必求通，而后可垂久，凡事莫不然也。"特别是人类社会的各种政治制度也处在从形成到发展的不断演变过程之中。《文史通义》内篇二的《原道》上、中、下三篇，便集中阐述了这个问题。《原道上》云：

> 道之大原出于天，天固谆谆然命之乎？曰：天地之前，则吾不得而知也。天地生人，斯有道矣，而未形也；三人居室，而道形矣，犹未著也；人有什伍而至百千，一室所不能容，部别班分，而道著矣。仁义忠孝之名，刑政礼乐之制，皆其不得已而后起者也。

他反复论证，这种不断变化发展的社会政治制度，是不以人的意志为转移的，而完全是由客观形势所造成的，是社会发展的必然趋势，因而具有某种必然性。他说："道者，非圣人智力之所能为，皆其事势自然，渐形渐著，不得已而出之，故曰'天'也。"并进而指出，人们顺应时势的变化不断变革和完善各种制度，这也是"理势之自然"。所谓"人之初生，至于什伍千百，以及作君、作师、分州、画野，盖必有所需而后从而给之，有所郁而后从而宣之，有所弊而后从而救之。……譬如滥觞积而渐为江河，培塿积而至于山岳，亦其理势之自然，而非尧、舜之圣过乎羲、轩，文、武之神胜于禹、汤。后圣法前圣，非法前圣也，法其道之渐形而渐著者也。三皇无为而自化，五帝开物而成务，三王立制而垂法，后人见为治化不同有如是尔"。所以，每个时代都有它自己的各种制度，前后不可能没有变革。在《文史通义》内篇一《易教中》里，他还看到了上古与中古治道所发生的变化："历自黄帝以来，代为更变……历始黄帝而递变于后世，上古详天道而中古以下详人事。"正是从这个意义上讲，"不特三王不相袭，三皇五帝亦不相沿矣"[1]。"三王不袭礼，五帝不沿乐"[2]，"古今时异，先王成法不可复也"[3]。这就

---

[1] 《易教上》，《文史通义》内篇一。
[2] 《史释》，《文史通义》内篇五。
[3] 《湖北通志检存稿二·复社名士传》，《遗书》卷25，第264页。

是章学诚的社会变革和发展史观。

在《文史通义》外篇一《述学驳文》和内篇六《天喻》里，章学诚进一步批判了那种"执古以概今"、"泥古而不化"的错误观点，指出："古今时异，周孔复生，亦必不尽强今以服古也。"社会是进化的，后人超越前人，在前人的基础上创新前进，这是必然的规律，"前人所略而后人详之，前人所无而后人创之，前人所习而后人更之……要于适当其宜而可矣"。古代好的东西，应该学习和继承，那是因为，无论政治制度还是学术文化都是在前人的基础上发展起来的。他在《文史通义》外篇三《与朱沧湄中翰论学书》中曾说："历观古今学术，循环衰盛，互为其端。"这里的"循环衰盛"应当作衰落繁荣来理解。他是从朝代兴亡的角度来论述这一问题的，不能把它理解为循环论。他在《文史通义》外篇三《报谢文学》里举例说："窃意《集字》虽训蒙学，然小学为经学渊源，古今文字承用后先，亦宜稍知次第。自结绳画象以来，由质趋文，反复更变，其不可知者则亦已矣。"这句话显然可为上述论点作注脚，"循环衰盛，互为其端"，其结果是"由质趋文，反复更变"，这是学术文化发展的必然规律。任何一种学术文化，都有其发生、发展和繁荣的过程，由质趋文，由简到繁，这是不以人的意志为转移的。因此，学习过程中能够溯本追源，将有助于理解的加深。对于典章制度也是如此，内篇五《史释》云："当代典章，官司掌故，未有不可通于《诗》、《书》六艺之所垂"，"书吏所存之掌故，实国家之制度所存，亦即尧舜以来因革损益之实迹也"。了解古代，掌握制度的源流、学术的渊源，对于研究当今的政治，发展当今的学术文化都是有益的。在外篇三《与阮学使论求遗书》里，章学诚曾风趣地说："鄙人不甚好古……至于古而有用，则几于身命徇之矣。"

但是，学古的最终目的，还是为了通今，为了更好地变革现实。《文史通义》内篇四《说林》云："所谓好古者，非谓古之必胜乎今也，正以今不殊古，而于因革异同求其折衷也。"内篇三《砭俗》又说："变化无方，后人所辟，可以过于前人矣。"在外篇四《和州志艺文书序例》中更明确指出："夫变法所以便民。"所以，内篇六《同居》说，对于古代的态度，应该是"师其意而不袭其迹"，防止"泥古而被其毒也"。外篇一《家谱杂议》又说："事有不师于古，而因乎理势之自然。"从而明确表明了自己对古今的基本看法。

章学诚进一步强调，学术文化的发展变化一刻也离不开社会政治，是社会政治的反映。在《文史通义》内篇二《朱陆》里，他反复论证"古之学术简而易"，"后之学术曲而难"，"后人必胜前人，势使然也"。又在内篇一《书教下》举例说明之：

> 历法久则必差，推步后而愈密，前人所以论司天也，而史学亦复类此。《尚书》变而为《春秋》，则因事命篇，不为常例者，得从比事属辞为稍密矣。《左》、《国》变而为纪传，则年经事纬不能旁通者，得从类别区分为益密矣。……《易》曰："穷则变，变则通，通则久。"纪传实为三代以后之良法，而演习既久，先王之大经大法，转为末世拘守之纪传所蒙，曷可不思所以变通之道欤！

就文学来说，情况也是如此。章学诚说："文有一时体式，今古各不相袭。""世代升降，而文辞言语随之。盖有不知其然而然，圣人不能易也。三代不摩唐虞之文，两汉不摩三代之语。经史具在，不可诬也。"[①] 总之，各种学术文化都是各个时代客观现实的反映，并"随世变为转移"，"非人力所能为也"。[②] 这一观点，在当时来说，是一种颇为杰出的见解，含义至为深刻。

学术文化既然是"随世变为转移"，是社会政治的反映，那么，反映时代精神，服务于社会政治，也就自然成为学术文化工作者义不容辞的任务。原来，章学诚所以一而再再而三地解释学术文化与社会发展的关系，其用意无非是为了说明，学术文化只有与现实社会紧密结合，反映社会，服务于社会，才会有价值。在《史释》一文中，他这样说：

> 学者但诵先圣遗言而不达时王之制度，是以文为鞶帨缔绣之玩，而学为斗奇射覆之资，不复计其实用也。……君子苟有志于学，则必求当代典章以切于人伦日用，必求官司掌故而通于经术精微，则学为实事而文非空言，所谓有体必有用也。不知当代而言好古，不通掌故而言经术，则鞶帨之文，射覆之学，虽极精能，其无当于实用也审矣。……学

[①]《信摭》，《遗书》外编卷1，第369、366页。
[②]《与邵二云论文》，《文史通义》外篇三。

者昧于知时，动矜博古，譬如考西陵之蚕桑，讲神农之树艺，以谓可御饥寒而不须衣食也。

这段论述，实属重要，它是章学诚经世致用思想的集中反映。在《文史通义》内篇四《说林》中，他又说："学问所以经世，文章期于明道，非为人士树名地也。汉廷治河必使治《尚书》者，《尚书》岂为治河设哉？学术固期于经世也。文史之儒，以为《尚书》所载，经纬天地，今只用以治河，则是道大而我小之也，此则后世之士务求赅遍而不切实用之通病也。得一言而致用，愈于通万言而无用者矣。……学问经世，文章垂训，如医师之药石偏枯，亦视世之寡有者而已矣。"这就清楚地表明，章学诚是反对为学术而学术，反对脱离现实社会政治而空言所谓纯学术的。故而在《文史通义》内篇二《博约中》里，他指斥当时笼罩整个学术界的那股埋头故纸堆不问时事政治的考据学风，"误以纂绩补苴谓足尽天地之能事也，幸而生后世也，如生秦火未毁以前，典籍具存，无事补辑，彼将无所用其学矣"。并一再强调，文史学术一旦脱离了现实社会政治，则"已失为文之质"[1]，"文史亦不成其为文史矣"[2]。总之，"文求适用……皆于时地相需，出于经济"[3]。一句话，"所贵君子之学术，为能持世而救偏"[4]。

一切以服务于现实社会为中心，这就是章学诚经世致用思想的核心所在。这既是对清初顾炎武、黄宗羲等大师"儒者经纬天地"思想的继承和发扬，又是对当时学风之弊的针砭，更为后来龚自珍、魏源等思想家直接从书斋走向现实社会奠定了思想基础。

第二节 "以吏治为急"的政治改革方案

前面说过，章学诚提出社会变革和发展的思想是作为其政治改革主张的

---

[1] 《俗嫌》，《文史通义》内篇三。
[2] 《姑孰夏课甲编小引》，《遗书》卷29，第325页。
[3] 《湖北通志检存稿四·文征乙集袁录经济策画论》，《遗书》卷27，第299页。
[4] 《原学下》，《文史通义》内篇二。

理论基础的。他所处的时代，正如前一章所云，清朝已开始走向衰落，当时的社会现状是：土地高度集中，统治阶级奢侈腐化，大小官吏贪污成风，国家府库日益空虚，阶级矛盾和民族矛盾尖锐复杂，各族人民的反抗斗争风起云涌。为了挽救封建统治的危机，章学诚强烈要求实行政治改革。特别是当嘉庆四年（1799）乾隆帝崩，执掌国政20余年的全国第一大腐败分子和珅倒台时，章学诚虽已"华发盈颠，两耳重听"，步入"垂老之年"，但还是奋笔疾书，连续写成《上执政论时务书》、《上韩城相公书》、《再上韩城相公书》、《三上韩城相公书》、《上尹楚珍阁学书》、《上曹定轩侍御论贡举书》等6篇政论文章，猛烈抨击了当时的腐败政治，并"按时切势"，提出了"以吏治为急"①的政治改革主张。

章学诚首先对吏治腐败的社会现象加以无情的揭露，《上执政论时务书》直截了当地指出：

> 自乾隆四十五年以来，迄于嘉庆三年而往，和珅用事几三十年，上下相蒙，惟事婪赃渎货，始如蚕食，渐至鲸吞。初以千百计者，俄而非万不交注矣，俄而万且以数计矣，俄以数十万计，或百万计矣。一时不能猝办，率由藩库代支，州县徐括民财归款。贪墨大吏，胸臆习为宽侈，视万金呈纳，不过同于壶箪馈问；属吏迎合，非倍往日之搜罗剔刮，不能博其一欢。官场如此，日甚一日。

《再上韩城相公书》又说："公事之借端横敛，印官上任，书役馈送，辄数万金；督抚过境，州县迎送，必数千金。此皆日朘月削，闾阎不可旦夕安者。"《三上韩城相公书》用"骄"、"刻"、"贪"三个字来概括这些官吏的本质和嘴脸。章学诚指出，吏治之腐败，已是"明目张胆，率土成风"②，而"民不聊生"③。

对吏治腐败所造成的危害，章学诚也有足够清醒的认识。《上执政论时

---

① 《上执政论时务书》，《遗书》卷29，第328页。
② 同上书，第327页。
③ 《上尹楚珍阁学书》，《遗书》卷29，第330页。

务书》分析当时社会有三个主要问题：一是民众动乱，二是国库亏空，三是吏治腐败。但"事虽分三，寻原本一，亏空之与教匪，皆缘吏治不修而起"。所以，吏治腐败乃是头等突出的问题，危害极大。官吏的贪赃枉法，侵吞国家财产，造成国库日益亏空，为了弥补亏空，又"上下相与讲求弥补，谓之设法"。而所谓的"设法"，章学诚一针见血地指出，不过是各级官吏"巧取于民之别名耳！"因为"既讲设法，上下不能不讲通融。州县有千金之通融，则胥役得乘而牟万金之利；督抚有万金之通融，州县得乘而牟十万之利。……设法之权，操于督抚，然则督抚将设法而补今缺数，民间将受百倍之累，其与明责民偿，相去轻重为何如哉！……设法之弊，至于斯极，民生固万不堪此；即为国计，亦何堪有此哉！"政治腐败与国库亏空和民众动乱，形成一个恶性循环的怪圈：越是腐败，越造成亏空；越是亏空，越要设法弥补；在设法弥补时，官吏又借机大肆搜刮贪污；这一切最后又都转嫁到广大民众身上，百姓"万不堪此"，只好起来反抗。章学诚说，这就是所谓的"官逼民反"。故而他对这些贪官污吏恨之入骨，"今之寇患，皆其所酿；今之亏空，皆其所开。其罪浮于川陕教匪，骈诛未足蔽辜"，真是"蠹国殃民"！《上韩城相公书》指出，"吏治之极弊"已到了"不可不急挽"的地步。在《遗书》卷25《湖北通志检存稿二》的《复社名士传》和《明季寇难传》等文中，章学诚还提醒和告诫统治当局，如果不及时采取措施，整饬吏治，后果将不堪设想，"必待习气尽而人心厌而气运转，而天下事已不可为矣！岂不痛哉！"为什么明末"流贼一呼，从者数十万"？"亦贪虐之吏，有以驱使然也。"

章学诚着重提出了自己"澄清吏治"和反腐倡廉的具体意见。在《文史通义》内篇二《古文十弊》中，他说："我宪皇帝澄清吏治，裁革陋规，整饬官方，惩治贪墨，实为千载一时。彼时居官，大法小廉，殆成风俗，贪冒之徒，莫不望风革面，时势然也。"所以，如今也要向先祖学习，继续整饬吏治。概括他的6篇上书，其中提出以下几点具体意见：

第一，整治腐败，"不得不严"。

章学诚认为，治理国家，一般来说，"宜尚宽大"，但对于整治腐败，"追籍贪污官吏，搜查隐匿"，抄没他们的"家产"等，又"不得不严"。因为腐败分子所贪污的财富都是"国币民膏"，严厉打击这些腐败分子，就可减轻民众负担,故而实际仍然是一种"体恤民隐"的宽政。对于国家财政来说,"贪吏上盗下敛,并合所聚",必定大大超出国库所亏之数,故而狠抄并罚没他们的赃款和家产,就可以用来抵补国库亏空,缓和国家财政困难。[①]章学诚的这一建议确实是大胆可行的。同时,他还指出,"整饬吏治",要把所有导致腐败的"一切极弊",如"漕规之斗斛倍蓰,丁粮之银钱倍折,采买之短价抑勒,公事之借端横敛"等等,统统"荡涤振刷"[②],以从根本上杜绝腐败之源。

第二,当权者应"率先恭俭廉隅"。

章学诚进一步指出,反腐与倡廉是统一的,两者应同时并举,所谓"欲清吏治,必励廉隅"[③]。而首先是那些君主大臣"议国是者"必须"率先恭俭","奉公守法,毋为奸蠹",并且要以身作则,做出榜样,"正己率属,严绝赃私",而"不苛暴于民"。[④]所谓"无欲则刚",当权者自己没有贪欲之心,才可以整治下属,要求下属廉洁。如果行省督抚以上大官自己贪欲无穷,则州县官吏必为了"取悦督抚之心,蠹国殃民,以饱督抚之欲",而他们自己便可以有恃无恐、肆无忌惮了。这个关系,用章学诚的话来说,就是"上行下效,相习成风","州县先以术饵(贿赂)督抚,而随挟督抚;奸吏蠹役,亦先以术饵州县,而随挟州县","助虐肥家"。上官因为收受下官的贿赂而被下官所牵制,"天下之势,方且倒持,而欲吏治之清,奸民之靖,使教匪不得施其蛊惑,其道何由?"[⑤]

第三,完善"举报"制度。

《上尹楚珍阁学书》指出,朝廷要"大开言路",虚心纳谏,特别是对于举报"官邪民隐"的奏文,一定要从速处理,并且要随时检查下面是否如实执行。学诚提出的具体方法是,由朝廷授权原举报人员"随时纠劾,量加甄叙",一旦发现问题,继续举报;或者由朝廷委派专员下去"勘验","以收实效"。总之,朝廷对于这些上书举报的奏文,要做到"求之必有其道,择之必

[①]《上韩城相公书》,《遗书》卷29,第329页。
[②]《再上韩城相公书》,《遗书》卷29,第329页。
[③]《上执政论时务书》,《遗书》卷29,第328页。
[④]《再上韩城相公书》,《遗书》卷29,第329页。
[⑤]《三上韩城相公书》,《遗书》卷29,第330页。

有其方，按之必有其实"，使整治腐败，不徒具"一纸空文"，"有名无实"。

第四，"理财必以治政为先"。

章学诚在论整治吏治腐败时，还提出了一个颇有见地的观点，即"理财必以治政为先"。拿现在的话来说，就是搞经济建设，治理国家财政，必须首先抓好政治。他在《再上韩城相公书》中说："国家大计，未问财赋之盈亏，先问政治之得失。孟子曰：无政事，则财用不足。然则理财亦以治政为先，非但弭寇先须清吏治也。"只有"吏治肃清"了，人们才会安居乐业，进行生产，国家的赋税也才会有保障；如果"吏治不清"，就会直接危及经济建设，国家府库也就日益空虚。《上执政论时务书》打比喻说，"理财之道，同于治水"，腐败的政治，正如经济建设和国家财政的"暗流"和"决口"。不整治腐败，严饬政治，就无异于"日凿既竭之泽"，最终使经济建设和国家财政，与布满"暗流"和"决口"的河道一样，"枯竭且干"。

章学诚能抓住吏治腐败这一当时最为突出的社会问题，指出上述反腐倡廉、严饬吏治的具体意见，应该说是切于时弊的，也是十分有益的。这比起那举世迷痴迷醉、歌舞升平的官僚，那沉湎考据、"烂然如日中天"的俗儒，不知要冷静、高明多少！

但是，章学诚的这些政治改革主张，是自上而下的改良主义的。他敢于对腐败的政治进行猛烈的抨击并提出改革措施，却不敢也不可能涉及整个封建制度本身。相反，对清朝封建统治还是竭尽吹捧之能事。在《丙辰札记》中，他极力为清统治者争正统地位：

> 自唐虞三代以还，得天下之正者，未有如我大清。魏晋唐宋之禅让，固无论矣，即汉与元，皆是征诛而得天下。然汉自灭秦，而元自灭宋，虽未尝不正，而鼎革相接，则新朝史官之视胜国，犹不能无仇敌之嫌。惟我朝以讨贼入关，继绝兴废，褒忠录义，天与人归，而于故明，但有存恤之德，毫无鼎革之嫌。①

在《乙卯札记》中，他甚至对明朝遗民的一些反清思想言论予以批评：

---

① 《丙辰札记》，《遗书》外编卷3，第390页。

亡国之音，哀而不怨，家亡国破，必有所以失之之由，先事必思所以救之，事后则哀之矣。不哀己之所失，而但怨兴朝之得，是犹痛亲之死，而怨人之有父母也。故遗民故老，没齿无言。或有所著诗文，必忠厚悱恻。其有谩骂讥谤为能事者，必非真遗民也。①

在这里，章学诚只允许遗民"哀而不怨"，"忠厚悱恻"，"没齿无言"，不许他们对清朝统治有所怨恨，有所讥骂，这显然是在宣传一种顺民思想。

第三节 "时会使然"的人才论

章学诚非常重视人才，他的人才思想又与其社会进化观点密切相关。
首先，他认为时势造英雄，人才是由社会造就的。
《文史通义》内篇二《原道上》云：

至于什伍千百，部别班分，亦必各长其什伍而积至于千百，则人众而赖于干济，必推才之杰者理其繁，势纷而须于率俾，必推德之懋者司其化，是亦不得不然之势也。……当日圣人创制，只觉事势出于不得不然，一似暑之必须为葛，寒之必须为裘，而非有所容心，以谓吾必如是而后可以异于前人，吾必如是而后可以齐名前圣也。

伟大人物的作用就是顺应了时代的需要，而不是创造了时代。即使像尧舜禹汤文武周公那样赫赫有名的帝王，孔子这样举世无双的"圣人"，也都是由"时会"造就的。如周公所以能集古代典制之大成，正是因为当时"适当积古留传道法大备之时，是以经纶制作，集千古之大成，则亦时会使然，非周公之圣智能使之然也"。在章学诚看来，是"时会"造就了周公这位英雄人物，而不是周公创造了当时的"时会"。

非但如此，章学诚还指出，英雄人物必然受到某种必然性的"时会"或

---

① 《乙卯札记》，《遗书》外编卷2，第378页。

者"势"的制约。《文史通义》内篇四《说林》云:"风会所趋,庸人亦能勉赴;风会所去,豪杰有所不能振也。汉廷重经术,卒史亦能通六书,吏民上书讹误辄举劾;后世文学之士,不习六书之义者多矣。岂后世文学之士,聪明智力不如汉廷卒史之良哉?风会使然也。"又在外篇三《答沈枫墀论学》中说:"人生难得全才",就拿学问来说,"学业不得不随一时盛衰而为风气。当其盛也,盖世豪杰竭才而不能测其有余;及其衰也,中下之资抵掌而可以议其不足"。可是,英雄史观的鼓吹者总是认为,圣人就像无所不知、无所不晓的"万能博士"。章学诚对此大不以为然,内篇四《说林》云:"人之有能有不能者,无论凡庶圣贤有所不免者也。以其所能而易其不能,则所求者可以无弗得也。"不管任何人,知识学问都不可能是天生的,而是后天所求得,圣人也不可能生而知之,更不可能无所不知。外篇三《与周永清论文》说:"人各有能有不能,虽尧舜之知,不遍物也。"一般的人,只要刻苦努力,不务虚名,同样可以成就不朽的功业。外篇三《与周次列举人论刻先集》指出:"天地之大,人之所知所能,必不如其所不知不能。"任何人都不例外。这种学无止境的看法是非常正确的。因此,做学问应尽量发挥自己的长处,避开短处,这样才能取得成就。

总之,人才成功的首要因素就是,顺应时代潮流,发挥自己的长处。这一论点,是对英雄史观的无情批判,同时也是对唯心主义先验论的有力抨击。正是基于这种观点,章学诚大胆宣告:"势有所尽,理有所止,虽圣人有所不能强也"[①];"天下无全功,圣人无全用"[②]。

第二,在时势造英雄的基础上,章学诚进一步看到了"众人"的力量和集体的智慧,提出了"学于众人,斯为圣人"的著名论断。这是他人才思想中最可贵的地方。

《文史通义》内篇三《砭异》云:"天下有公是,成于众人之不知其然而然也。圣人莫能异也。"在《原道上》等文章中,章学诚反复论证,"圣贤"所为之事,"凡庶"未必就不能为;而"凡庶"所建之功业,"圣贤"则未必都能做到。所以,圣贤也不得不向众人学习。章学诚认为:"道有自然,圣

[①] 《博杂》,《文史通义》内篇六。
[②] 《说林》,《文史通义》内篇四。

人有不得不然。……圣人有所见，故不得不然；众人无所见，则不知其然而然。孰为近道？曰不知其然而然，即道也。……圣人求道，道无所见，即众人之不知其然而然，圣人所藉以见道者也。"这就是说，圣人所掌握的知识，不过是从群众中来，通过群众日常生活的创造加以总结和提炼。离开了群众的生活实践，将一无所得。正因为如此，章学诚进而提出了"自古圣人皆学于众人之不知其然而然"，"学于众人，斯为圣人"①这样颠扑不破的真理。在《文史通义》内篇二《古文十弊》中，他还总结了古往今来的历史，提出"名将起于卒伍，义侠或奋闾阎，言辞不必经生，记述贵于宛肖"的看法。

在上述思想指导下，章学诚提倡发挥集体的智慧和力量。在《文史通义》外篇二《跋邗上题襟集》中，他以做学问写著作为例说：

> 文章自在天地，藉人发挥之耳。人才分则不足，合则有余；著述私则力微，公则功巨。刘安合八公之徒，撰辑《鸿烈》内外诸篇，实周、秦以后之伟制，此非一人聪明手足所能为也。……人才难萃而易分，良时难觏而易逝，慨然因地乘时，集众长而著为不朽之业，且为学者无穷之衣被焉。则何《鸿烈》之足拟，而又何斤斤校量于主客工拙间哉！

生活在封建时代的章学诚，能看到人才来源于群众、群众力量大于一切，这确实是难能可贵的。

第三，章学诚把"育人才"视为治理国家的一个重要方面，主张改革人才选拔制度，并将其作为政治改革的主要内容之一。

学诚感叹造成当时吏治腐败的一个重要原因是官吏的选拔制度存在许多弊端。表现之一是官吏的提拔和考核唯"以资俸拘"，而不看其真才实学；表现之二是考场"有名无实"，"彼此通融之弊"。②鉴于这些问题，他提出提拔和考核官吏不能只讲资格，而应该时时"励之以廉隅"，"课之以治功"③，以实际政绩为依据，提拔那些"必深明治要，洞悉民隐，又皆公正无私，输忠自靖"的"可用之才"。对官吏的考核内容，应"一以经济时务策议，决

---

① 《原道上》，《文史通义》内篇二。
② 《与曹定轩侍御论贡举书》，《遗书》卷29，第331页。
③ 《三上韩城相公书》，《遗书》卷29，第330页。

其去取。非若向来考选故事，仅取具文"。这样就可造成"朝绅竞讲于经世之学"[①]的良好风气。章学诚曾在《上尹楚珍阁学书》等上书中反复向朝廷进言："今当大开言路之时，则科道一途，尚嫌其隘，宜令部院京堂、督抚学政，保举明习治体、经济世务之儒，略仿直言科目，宽收而严别之，即不能拔十得五，亦必多可用之才，……稍新其精锐之气也。"在《与曹定轩侍御论贡举书》中，章学诚又专门就如何防止考场作弊现象，提出自己的看法。他认为，当时的科举考试"有名无实"，"科场防弊之人，多系本身作弊之人。故于真正弊源，毫无补救"。改革的方法应该是，各主考官之间不能"彼此通融"，而应"各不徇面"，"彼此传递互阅，以示公衡"，以防止"人多则路广，易于钻营"等"主司情弊"。至于考试科目的安排，章学诚明确反对"八股文"，并戏之为"烂八股"，指出这种八股取士方法造成考生"策对不知朝代先后，人物不知古今存没，见于磨勘签议，动成笑柄"。他提出"莫若逐场分取"，即主张经义诗赋分科取士，试卷内容要"文实并重"。"如头场试以经书文义；二场则治经义者，试以经解，长诗赋者，试以韵言；三场发策，则三礼、三传、三史、算学、律令、会典之类，分科对策，可以优励实学。"这种分科取士方法，比起千篇一律的"八股文"，确实要合理得多，也更容易选拔出各种不同的人才，发挥出人才的各种特长。

综上可见，在人才问题上，章学诚也是具有闪光思想的。他提出了时势造英雄、圣人来源于众人这样具有永久价值的论断；他认识到育人才对于治理国家和整饬吏治的重要性，并提出了一些人才选拔和考核的具体办法；他甚至斥责八股取士为"烂八股"。后来的改革派思想家龚自珍等也曾对封建人才选拔制度作出过批判，指出其用人"一限以资格"，造成"贤智者终不得越，而愚不肖者亦得以驯而到"，这是当今"士大夫所以尽奄然而无有生气"[②]的原因，并直斥八股取士制度为陈词滥调，造成天下士人"疲精神耗日力于无用之学"[③]，进而发出"我劝天公重抖擞，不拘一格降人才"[④]的呐喊。这些与章学诚的人才思想应该是相通的。[⑤]

---

① 《上尹楚珍阁学书》，《遗书》卷29，第331页。
② 《明良论三》，《龚自珍全集》第一辑，第33—34页。
③ 《对策》，《龚自珍全集》第一辑，第116页。
④ 《己亥杂诗》，《龚自珍全集》第十辑，第521页。
⑤ 参见叶建华：《试论章学诚的社会政治思想》，《史学月刊》1994年第5期。

第四章
朴素唯物论的哲学思想

章学诚是一位杰出的文史理论家,又是一位具有朴素唯物论思想的哲学思想家。他远继先秦诸子朴素自然的天道观,近承明末清初进步思想家,尤其是浙东学派前辈黄宗羲等人的唯物论思想,对哲学史上存在和意识的关系问题、认识论问题以及人生观、伦理观等一系列重大问题,都提出了自己的看法,并以这些哲学思想为指导,开展自己的学术研究,构建起自己系统完整的史学理论、文学理论等。

第一节 "道不离器"的天道观

天道自然的观点,在先秦时代的老子、荀子思想中就已提出,但他们并没有把天和道作很好的区分,有时甚至还把道和自然的天混为一谈。后来的唯物论思想家逐步克服了这个缺点,明确提出了天是万物之一统的客观自然,而道是万物运动的客观规律。并且将天与道的关系,进一步深化具体为器与道、气与理的关系。但是,在天与道、器与道或气与理的关系问题上,却依然存在着两种截然相反的论点。唯物论思想家认为先有器后有道,先有气后有理,道不离器,理不离气;而唯心主义者则千方百计论证先有道和理,再由道和理产生器和气。在这个关于世界本原的世界观根本问题上,章学诚旗帜鲜明地提出了"道不离器"、"道因器显"的命题,并且在具体的解释上显示出自己的一些独特见解。

章学诚首先对天与道做了唯物主义的区分和说明,并进而指出世界的物质性。他在《文史通义》内篇六《天喻》中说:"夫天,浑然而无名者也。"又在内篇三《匡谬》中说:"盈天地间惟万物。"世界上任何事物,包括经书

中所谓的"神"、"圣"、"妙"的东西,都离不开具体的事物,都具有物质性。内篇三《辨似》说:

> 《易》曰:"阴阳不测之为神。"又曰:"神也者,妙万物而为言者也。"孟子曰:"大而化之之谓圣,圣而不可知之之谓神。"此神化神妙之说所由来也。夫阴阳不测,不离乎阴阳也;妙万物而为言,不离乎万物也;圣不可知,不离乎充实光辉也。然而曰圣、曰神、曰妙者,使人不滞于迹,即所知见以想见所不知见也。

可见,在章学诚看来,天不外乎是一个"充实光辉"的物质世界。这一观点与陈亮的"盈宇宙者无非物"[①]、王夫之的"尽天下之间无不是气"[②]是一脉相承的。

那么,何为"道"呢?《文史通义》内篇二《原道上》云:"道者,万事万物之所以然,而非万事万物之当然也。""《易》曰:'一阴一阳之谓道。'是未有人而道已具也。"所谓"所以然",指的是事物之理(即道);所谓"当然",指的是事物的质(即器)。"道"就存在于事物的阴阳变化之中,并且具有先于人而存在的客观必然性,"人自率道而行,道非人之所能据而有也"[③]。

在辨明了天与道的区别后,章学诚着重阐述了它们之间的相互关系。在《原道》上、中、下三篇文章中,他反复论证"道不离器,犹影不离形"、"道因器而显,不因人而名"、"道寓于器"等观点,明确指出客观存在的事物是第一性的,事物的规律是派生的,没有器就没有关于那个器的道。"天下岂有离器言道,离形存影者哉!""形而上者谓之道,形而下者谓之器",形上之"道"存在于形下之"器"中,离"器"之"道"是不存在的。又说:"理附于气",理是依赖于气而存在的,有是气即有是理。这与王夫之所说"天下惟器而已矣,道者器之道,器者不可谓之道之器也"[④]的论点也是十

---

① (宋)陈亮:《六经发题·书》,《陈亮集》卷10,中华书局1987年版,第103页。
② (明)王夫之:《孟子·告子上》,《读四书大全说》卷10,见《船山全书》第6册,岳麓书社1991年版。
③ 《原道中》,《文史通义》内篇二。
④ (明)王夫之:《系辞上传第十二章》,《周易外传》卷5,见《船山全书》第1册,岳麓书社1991年版。

分相似的,从而表明章学诚是具有"存在决定意识"这一唯物论思想的。

尤为可贵的是,章学诚对"道"之形成和显现的探索,能独辟蹊径,从具体的百姓日常生活行为过程中,从历史演进的角度,由具体引出一般,提出了著名的"道起三人居室"的命题。《原道上》云:

> 天地生人,斯有道矣,而未形也;三人居室,而道形矣,犹未著也;人有什伍而至百千,一室所不能容,部别班分,而道著矣。……人之生也,自有其道,人不自知,故未有形。三人居室,则必朝暮启闭其门户,饔飧取给于樵汲,既非一身,则必有分任者矣。或各司其事,或番易其班,所谓不得不然之势也,而均平秩序之义出矣。又恐交委而互争焉,则必推年之长者持其平,亦不得不然之势也,而长幼尊卑之别形矣。

《文史通义》外篇二《定武书院教诸生识字训约》又说:"夫道者,仁者见之谓之仁,知者见之谓之知,百姓日用而不知,无定体者皆是也。"这里的"道",是实实在在的,存在于人们日常活动之中的,并不是个人臆测想象的产物。这就纠正了以往人们仅从阐释经义的角度对"道"的又玄又虚的解释。

章学诚进而批评宋学离开具体的事物而空言所谓"道"。《文史通义》内篇一《易教下》一针见血地指出:"盖其所谓心性理道,名目有殊,推其义指,初不异于圣人之言。其异于圣人者,惟舍事物而别见所谓道尔。"内篇二《原道中》又说,如果"舍天下事物人伦日用"而言"道",则尽管"守六籍以言道,则固不可与言夫道矣"。外篇三《家书五》也说,宋儒之学,企图在"学问文章、经济事功之外,别见有所谓道",这简直无异于"枵腹空谈性天"。

据说,章学诚的《原道》上、中、下三篇文章写成后,许多人只看题目便讥其"陈腐","谓宋人习气,不见鲜新"。唯有邵晋涵、族子章廷枫少数几个人表示赞赏。对此,章学诚在外篇三《与陈鉴亭论学》的信中作了详尽的说明。他说:"道无不该,治方术者各以所见为至。古人著《原道》者三家:淮南托于空蒙,刘勰专言文指,韩昌黎氏特为佛老塞源,皆足以发明立言之本。鄙著宗旨,则与三家又殊。《文史通义》专为著作之林校雠得失,著作本乎学问，而近人所谓学问，则以《尔雅》名物，六书训故，谓足尽经世之大业，虽以周、程义理，韩、欧文辞，不难一映置之。其稍通方者，则分考订、义理、文辞为三家，而谓各有其所长。不知此皆道中之一事耳，著述纷纷，出奴入主，正坐此也。鄙著《原道》之作，盖为三家之分畛域设也，篇名为前人叠见之余，其所发明，实从古未凿之窦，诸君似见题袭前人，遂觉文如常习耳。"接着指出，要谈学问，首先必须清楚"道"之起源及其与"器"的关系，"知道器合一，方可言学；道器合一之故，必求端于周、孔之分，此实古今学术之要旨，而前人于此，言议或有未尽也。故篇中所举，如言道出于天，其说似廓，则切证之于三人居室。……六经未尝离器言道，道德之衰，道始因人而异其名，皆妄自诩谓开凿鸿蒙，前人从未言至此也"。可见，章学诚所以要探明道器关系，无非也是为了替学术正名，探求学术之要旨，为宋学、汉学"分畛域"。

第二节 "效法成象"的认识论

章学诚的认识论基本上也是唯物的，他认为人的感官与客观事物相接触所产生的感觉应当是一致的。"声色臭味，天下之耳目口鼻皆相似也。心之所同然者，理也，义也。然天下歧趋，皆由争理义，而是非之心亦从而易焉。岂心之同然不如耳目口鼻哉？声色臭味有据而理义无形，有据则庸愚皆知率循，无形则贤智不免于自用也。"[①] 因为声色臭味是天下之所固有的客观存在，所以人们才能对它有相同的感觉。这说明感觉的源泉是客观存在。没有客观世界的事物，不可能有感性认识，也就更谈不上理性思维了。他在《文史通义》内篇二《文理》中说："富贵公子，虽醉梦中不能作寒酸求乞语；疾痛患难之人，虽置之丝竹华宴之场，不能易其呻吟而作欢笑。此声之所以肖其心。"这就生动地说明不经过感性见闻，就不能使思维起作用。要获得规律性的认识，就必须要有客观的根据，单凭主观臆测是不行的。章学诚还认识到，许多事物的本质或规律，不是通过一两次接触就能把握，必须通过

---

① 《砭异》，《文史通义》内篇三。

多次反复才能得到。诚如他在《文史通义》内篇三《辨似》中所云：

> 理之初见，毋论智愚与贤不肖，不甚远也；再思之，则恍惚而不可恃矣；三思之，则眩惑而若夺之矣。非再三之力转不如初也。初见立乎其外，故神全；再三则入乎其中，而身已从其旋折也。必尽其旋折，而后复得初见之至境焉。故学问不可以惮烦也。

在认识论上，唯物论与唯心论之间对名与实的关系长期进行论战。名，指事物的概念；实，指客观存在的事物。唯心主义者认为，名是第一性的，实是第二性的，代表人物首推董仲舒。他在《春秋繁露·深察名号》中说："名者，大理之首章也，录其首章之意，以察其中之事，则是非可知，逆顺自著，其几通于天地矣。"意思是说，事物只是名的体现，所以只要掌握了名，事物的是非就可以判断了。在这个问题上，章学诚的观点十分鲜明，他论定一切事物都是"先具其实，而后著之名也"[①]。"名者，实之宾，徇名而忘实，并其所求之名而失之矣"[②]；"名者实之宾，实至而名归，自然之理也"[③]。这一系列的论述足以说明，他从唯物主义认识论的名实关系论出发，强调实是首要，名乃其次。名只不过是万事万物的体现符号。只有先具事物，然后才能有名。这就说明章学诚已把握了唯物主义认识论中最基本的方面。他的这个理论，进一步发展了先秦墨子、荀子"取实予名"的思想，不仅是对以名证实的唯心主义认识论的痛击，而且是对当时社会上流行的好名轻实风气的批判。与此相关联，关于"内容"与"形式"的关系，在认识论上也是唯心论与唯物论长期斗争的焦点之一。对此，章学诚用与其对应的"质"、"文"关系加以论证。在他看来，应当先有"质"而后有"文"，并且"文生于质"，因而离"质"也就无从言"文"。他说："名者实之宾，犹文者质之著也。无质不可以言文。"[④] 所以，他评论文章，总是"贵其有质"，要求写作文章必须要有内容，反对无病呻吟，主张"视其质之如何而施吾文"。"文因

---

① 《易教中》，《文史通义》内篇一。
② 《黠陋》，《文史通义》内篇三。
③ 《针名》，《文史通义》内篇三。
④ 《家书七》，《文史通义》外篇三。

乎事，事万变而文亦万变，事不变而文亦不变，虽周孔制作，岂有异哉！"①又在外篇四《州县请立志科议》中说："离质言文，史事所难言也。"所以章学诚在《文史通义》内篇二《古文十弊》中大声疾呼："与其文而失实，何如质以传真也。"

其实，章学诚"名者实之宾"的认识论思想，正是来源于他对道器关系的认识。他认为事物（器）是第一性的，认识（道）是第二性的。但通过"器"可以认识"道"，"学于形下之器，而自达于形上之道也"②。人，虽然"亦一物也"，但人和一般的动物又有明显的区别，"人之异于物者，仁义道德之粹，明物察伦之具，参天赞地之能，非物所得而全耳"③。

那么，人究竟如何通过"器"去认识和把握"道"呢？章学诚在《文史通义》内篇一《易教下》说："万事万物，当其自静而动，形迹未彰而象见矣。故道不可见，人求道而恍若有见者，皆其象也。"原来，事物的本质（所谓"道"）是通过事物（所谓"器"）在运动过程中呈现出来的"象"而得以显现和被人们所认识的。故而内篇二《原道上》又说，通过"象"就可以求道了，"求道必于一阴一阳之迹也"。也就是透过事物的现象，可以认识事物的本质及其运动规律。

章学诚进一步指出："象"有"天地自然之象"和"人心营构之象"两种。天地自然之象是客观的，人心营构之象是主观的。后者是前者的反映。"心虚用灵，人累于天地之间，不能不受阴阳之消息。心之营构，则情之变易为之也。情之变易，感于人世之接构而乘于阴阳倚伏为之也。是则人心营构之象，亦出天地自然之象也。"所以，一般情况下，"人心营构之象"绝非凭空臆造。但是，由于客观世界是复杂多变的，特别是人的主观能动作用也是相当大的，有时甚至会有夸张、欺诈和虚假的因素，这样就有可能造成"人心营构之象"不能客观反映"天地自然之象"，这就出现一个对"人心营构之象"的主观认识进行检验的问题。章学诚举例说：

《庄》、《列》之寓言也，则触、蛮可以立国，蕉、鹿可以听讼；《离

---

① 《砭俗》，《文史通义》内篇三。
② 《原学上》，《文史通义》内篇二。
③ 《假年》，《文史通义》内篇六。

骚》之抒愤也，则帝阙可上九天，鬼情可察九地。他若纵横驰说之士，飞箝捭阖之流，徙蛇引虎之营谋，桃梗土偶之问答，愈出愈奇，不可思议。然而指迷从道，固有其功；饰奸售欺，亦受其毒。故人心营构之象，有吉有凶，宜察天地自然之象而衷之以理，此《易》教之所以范天下也。①

这里，章学诚提出检验"人心营构之象"的标准就是"察天地自然之象而衷之以理"，也就是他在《原学上》中提出的"效法于成象"。他说："成象之谓乾，效法之谓坤。学也者，效法之谓也；道也者，成象之谓也。……平日体其象，事至物交，一如其准以赴之，所谓效法也。"又说："效法者，必见于行事。《诗》、《书》诵读，所以求效法之资，而非可即为效法也。"可见，章学诚始终强调的是认识对象的客观性和主观认识对客观事物的依赖性，强调人的"行事"实践对检验认识的重要性，来自书本上的认识终究还要通过"效法成象"加以检验。这种认识，的确是唯物主义的。

第三节 "不负我生"的人生观

章学诚对于人生的看法，同样表现了朴素唯物论思想家的观点。他一生备尝人世间的冷暖和艰辛，穷困潦倒，坎坷曲折，但却能不屈不挠，同险恶的命运抗争，默默无闻地辛勤耕耘，生命不息，著述不止，这与他所持有的正确的人生观是分不开的。他强调人生在世要不断地自我奋斗，发展和完善"自我"；他主张为人处世要正直、坦诚。这些思想，对于我们今天教育人们树立正确的人生观，都有一定的借鉴意义。

一、不断完善和发展"自我"的人生价值观

章学诚认为，人生在世，无论贫富贵贱，都免不了一死，这是自然规

---

① 《易教下》，《文史通义》内篇一。

律。他根本不相信所谓神仙长生不老之说，指出这都是无稽之谈。他甚至公开宣称："千岁之神仙，不闻有能胜于百岁之通儒。"①无情而苦难的生活磨炼，使他深深懂得，"荏苒年华，倏如驰羽，身世变化，曾无常期"，但无论如何，最后的归宿都是一样。他在《文史通义》外篇三《候国子司业朱春浦先生书》中说："每念人生，不过阅历数十寒暑，其中无论菀枯迟疾，终必同归于尽。而所以耿耿不可磨灭者，精神而已。"所以，他告诫人们，不要存有长生不老的不切实际的想法。应当很好地利用自己短暂的数十年生命，去完成自己所要做的事业。应当爱惜这宝贵的时间，以尽量发挥自己的聪明才智。一得之能、一技之长，都得靠不懈的努力才能取得，绝不能把成功事业的希望寄托在延长寿命之上。人生在世，所以能做出事业上的成就，全在于人的精神因素。一个人若是终日沉湎于纸醉金迷的生活，就根本谈不上事业有成。可见，章学诚是以唯物论的观点来看待人的寿命的。因而他在这个问题上，也从未有过悲观伤感的情绪。

尤为可贵的是，章学诚还能从自然变化的观点来看待人生自我。他认为，世界上任何事物无不在随时发生变化，而作为人的"我"，也无一例外地要发生变化。只有时时去其"私于形气、争于是非之所谓我"，而向"赤子"、"修身"之"真我"发展、奋斗，不断完善和发展"自我"，才有可能取得事业的成功，也才称得上是"不负我生"。他在《文史通义》外篇二《刘氏书楼题存我额记》里说：

> 我有来往，我不长存者也。我不长存，而思所以存之，以为及我之存，可以用我耳目聪明，心识志虑，而于具我之质，赋我之理，有以稍得当焉，虽谓不负我生可也。夫人之生也万变，所谓我者亦万变，毋论各有其生，各不相俟，即一生所历，亦自不同。夫子十五志学，以至七十从心，迥乎远矣。蘧伯玉行年五十，而知四十九年之非。则今日之我，固非昔我，而后此之我，又安能必其如今我乎！食色嗜欲，人人莫不有我，徇于食色嗜欲之人，其所谓我，常存而不变者也。苟思生不漫然之我，则随其思之所至，即为我之所在，岂惟与年为异，抑亦日迁月

---

① 《假年》，《文史通义》内篇六。

化而不自知也。然则欲存我者，必时时去其故我，而后所存乃真我也。夫心境身境，其中皆有我也，心有主宰，则身之所处，升沉得失，不能淆焉。

这是何等豪迈的语言！他明确告诉人们，整日寻求声色享乐放荡的人，是永远不会进步的，这种人也就失去了人生的价值。只有不断改造自己，"时时去其故我，而后所存乃真我"，"我"才会不断进步，人生也才会有价值。只要有了这种不断奋斗、不断前进的精神，那么，无论人生道路上有多少"升沉得失"，也不能摧垮自己。又有谁能想到，这些豪言壮语，竟出自一位饱经沧桑、坎坷潦倒的学者的心声。这，实际上正是他一生不屈不挠、顽强拼搏的真实写照和精神支柱。

二、正直、不欺的为人处世之道

章学诚认为，为人处世最忌讳的是虚伪、欺饰，尔虞我诈。他在《文史通义》外篇三《与史氏诸表侄论策对书》中说："私心妄许，以为即此不欺君父之素志，亦可以见学人之心术，而世之言举业者，且以欺言为河汉矣。"所以，他主张做人最重要的是要做到真诚，表里如一，不能口是心非，阳奉阴违。他十分反感当时的科举考试策对，绝大多数考生为了讨好主考官，不惜歪曲自己的内心活动和思想观点，去迎合主考官的口味，作违心之论。他明确表示："仆之生平，不能作违心之论。""生平惟此'不欺'二字，差可信于师友间也。"他每次参加科举考试所回答的，也都是自己内心的真实表白，"从无欺饰"。他说："仆于科举，无必得之技，亦无揣摩以求必得之心。如谓不信，但取历应举闱策论，以及进士登第廷对扬言朝考拟奏前后文字反复究之，曾有一言不与平日口谈以及笔存著述相为呼吸发明者欤？"做人最起码的就是要做到"能不失其我耳，非尽求合于人也"。他还告诫子弟"必深悉此意，终身之利益也"。他本人对待科举策对、对待戴震以及学界师友的态度，都是如此。从不轻易放弃自己的观点，无原则地"屈从时尚"，去迎合社会上那种不良学风。

章学诚还认为，结交朋友，最重要的是要"知心"。"人之相知，得心为上。"①也就是要以心对心,以诚待诚,赤诚相处,言行一致,相互帮助。又说:"物无定品,以少见珍;遇无常期,以知见贵。"②章学诚与好友邵晋涵的关系,最能体现他的这种交友性格。

然而,章学诚这种正直、不欺的为人处世哲学,在当时的社会,竟不被别人所理解接受,有的人甚至将他"视为怪物,诧为异类"③。他在国子监志局的遭遇,参加科举策对屡遭摈弃,所著文章在当时社会上的反应,以及他那坎坷一生的命运,都说明了这个问题。面对这些不公平的待遇和来自社会的冷嘲热讽,章学诚依然能坦然处之,从未动摇和改变他对事业的孜孜追求,没有后悔,没有遗憾,也没有伤感。《文史通义》外篇三《家书二》中的一段话最能反映章学诚的这种心情。信中说:

> 吾于史学,盖有天授,自信发凡起例,多为后世开山。……至论学问文章,与一时通人全不相合。盖时人以补苴襞绩见长,考订名物为务,小学音画为名;吾于数者皆非所长,而甚知爱重,咨于善者而取法之,不强其所不能,必欲自为著述以趋时尚,此吾善自度也。时人不知其意而强为者,以谓舍此无以自立,故无论真伪是非,途径皆出于一。吾之所为,则举世所不为者也。如古文辞,近虽为之者鲜,前人尚有为者,至于史学义例,校雠心法,则皆前人从未言及,亦未有可以标著之名。爱我如刘端临,见翁学士询吾学业究何门路,刘则答以不知,盖端临深知此中甘苦,难为他人言也。故吾最为一时通人所弃置而弗道,而吾于心未尝有憾,且未尝不知诸通人所得,亦自不易,不敢以时趋之中不无伪托,而并其真有得者亦忽之也。但反而自顾,知己落落,不过数人,又不与吾同道。每念古人开辟之境,虽不知殁身之后,历若干世而道始大行,而当其及身,亦必有子弟门人为之左右前后而道始不孤。今吾不为世人所知,余村、虎脂又牵官守,恐未能遂卒其业,尔辈于斯,独无意乎?

---

① 《候国子司业朱春浦先生书》,《文史通义》外篇三。
② 《上毕抚台书》,《文史通义》外篇三。
③ 《与族孙汝楠论学书》,《文史通义》外篇三。

又在《上毕抚台书》中说："鄙人不知所悔，以谓世不我知无害也。"章学诚认为，虽然时趋可畏，"甚于刑曹之法令也"，但如果要有所成就，特别是要在学业上自成一家之学，就必须有"必逆于时趋"的精神，不为世俗风气所囿。[①] 他还时常勉励朋友学生，要"及时勉学，无使白首无成，负其灵秀之钟，而与世俗之人归趣不远"[②]。章学诚的为人处世态度和治学精神，在当时的社会确属难能可贵。

第四节 "天德天位"的伦理观

章学诚毕竟是封建时代的思想家，尽管他有许多超越同时代人的进步观点，也有许多至今尚值得借鉴的思想，但是，当他涉及封建社会的伦理道德规范时，又无不将它看成是人们共同具有的本性，因而遵守封建统治秩序，维护封建等级礼义制度，也成为每个人的本分。这就给章学诚的唯物论思想抹上了一层灰色。

在《文史通义》内篇二《原学上》里，他这样说：

  盖天之生人，莫不赋之以仁义礼智之性，天德也；莫不纳之于君臣、父子、夫妇、兄弟、朋友之伦，天位也。以天德而修天位，虽事物未交隐微之地，已有适当其可，而无过与不及之准焉，所谓成象也。平日体其象，事至物交，一如其准以赴之，所谓效法也。此圣人之希天也，此圣人之下学上达也。

原来，当章学诚把"道"理解为事物、自然界的规律和必然性时，他的思想才是唯物主义的。而一旦他把自然界的"道"引入人类社会，用来解释社会伦理道德规范和封建统治秩序时，就充分暴露出他那唯心主义的局限性。他把封建的忠孝仁义伦理道德说成是来源于自然的天，并将它作为衡量人们

[①] 《上辛楣宫詹书》，《文史通义》外篇三。
[②] 《与邵二云论学》第一篇，《文史通义》外篇三。

行为的标准。人们如果违背了这些仁义忠孝伦理道德，也就失去了做人的资格。在他看来，"人失其道，则失所以为人，犹无其身则无所以为生也"①。

正是受到上述伦理观念的支配，章学诚把原本十分可贵的学术必须经世致用的思想的最后归宿落脚在为现行封建统治秩序服务上。在《文史通义》外篇四《答甄秀才论修志第一书》中，他曾毫不掩饰地对史志之书应宣扬和记载的内容作过如下的表白：

> 史志之书，有裨风教者，原因传述忠孝节义，凛凛烈烈，有声有色，使百世而下，怯者勇生，贪者廉立。《史记》好侠，多写刺客畸流，犹足令人轻生增气。况天地间大节大义，纲常赖以扶持，世教赖以撑柱者乎！每见文人修志，凡景物流连，可骋文笔，典故考订，可夸博雅之处，无不津津累牍。一至孝子忠臣，义夫节妇，则寥寥数笔，甚而空存姓氏，行述一字不详，使观者若阅县令署役卯簿，又何取焉！窃谓邑志搜罗不过数十年，采访不过百十里，闻见自有真据，宜加意采辑，广为传述，使观者有所兴起，宿草秋原之下，必有拜彤管而泣秋雨者矣。尤当取穷乡僻壤，畸行奇节，子孙困于无力，或有格于成例，不得邀旌奖者，踪迹既实，务为立传，以备采风者观览，庶乎善善欲长之意。

又在外篇三《上辛楣宫詹书》里说："夫著书大戒有二：是非谬于圣人，忌讳或干君父，此天理所不容也。"无怪乎章学诚尽管一生坎坷，受到社会的极不公平待遇，甚至被社会所冷落，但却自始至终没有对封建统治秩序和封建伦理道德提出任何的怀疑、不满。他总是自甘自认，不敢越雷池半步，甚至还反而动不动以"名教罪人"、"天理所诛"等理学家常用的语句给人扣帽子，一腔封建卫道士的调子。他不允许任何学者对时王君父有任何的不满激愤之词。《文史通义》内篇五《史德》一文中关于司马迁《史记》是否为"谤书"的辩驳，很能说明这个问题。他说：

> 所云（史迁）"发愤著书"，不过叙述穷愁而假以为辞耳。后人泥

---
① 《师说》，《文史通义》内篇六。

于发愤之说，遂谓百三十篇皆为怨诽所激发，王充亦斥其言为谤书。于是后世论文，以史迁为讥谤之能事，以微文为史职之大权，或从羡慕而仿效为之，是直以乱臣贼子之居心而妄附《春秋》之笔削，不亦悖乎！……吾则以谓史迁未敢谤主，读者之心自不平耳。夫以一身坎坷，怨诽及于君父，且欲以是邀千古之名，此乃愚不安分，名教中之罪人，天理所诛，又何著述之可传乎？

而内篇五的《妇学》、《妇学篇书后》、《题随园诗话》以及《书坊刻诗话后》诸文，则更是集中暴露了章学诚的封建礼教卫道士思想。当时的袁枚以性灵诗名震一时，而且招收许多女弟子创作诗歌，又在所著《随园诗话》中加以宣扬。章学诚在以上几篇文章中对袁枚展开猛烈的攻击，直斥其伤风败俗、"丧其天良"、"非圣无法"、"名教所诛"。

《书坊刻诗话后》云："近有倾邪小人，专以纤佻浮薄诗词倡道末俗，造言饰事，陷误少年，蛊惑闺壶，自知罪不容诛，而曲引古说，文其奸邪。……斯人丧其天良，而惟恐人之不丧天良，不知具何肺腑而忍出此也！……自来小人倡为邪说，不过附会古人疑似以自便其私，未闻光天化日之下，敢于进退六经，非圣无法，而恣为倾邪淫宕之说，至于如是之极者也！"

《妇学》篇云："文章虽曰公器，而男女实千古大防，凛然名义纲常，何可诬耶！……以纤佻轻薄为风雅，以造饰标榜为声名，炫耀后生，猖披士女，人心风俗，流弊不可胜言矣！"

《妇学篇书后》又说："《妇学》之篇，所以救颓风，维世教，饬伦纪，别人禽，盖有所不得已而为之，非好辨也。……彼不学之徒，无端标为风趣之目，尽抹邪正贞淫、是非得失，而使人但求风趣。甚至言采兰赠芍之诗有何关系，而夫子录之，以证风趣之说。无知士女，顿忘廉检，从风波靡。是以六经为导欲宣淫之具，则非圣无法矣。"

《题随园诗话》更可以说是一篇声讨袁枚的诗文，甚至达到恶语中伤、人身攻击的地步。如云："诬枉风骚误后生，猖狂相率赋闲情。春风花树多蜂蝶，都是随园蛊变成。"

综观章学诚平生所著文章，在学术上与别人展开激烈争论的很多，但批评的语气从来没有达到如此地步！这也可见，在维护封建伦理道德方面，章学诚真可谓是尽心尽力，寸步不让。所以，在章学诚的社会政治思想和学术理论中，我们是找不到任何违背"天理名教"言论的。他虽然对当时的腐败吏治十分不满，并加以揭露批判，提出若干改革意见，却丝毫不反对传统的礼教。相反，还吹捧当朝"礼教精严，嫌疑慎别，三代以还，未有如是之肃者也"[①]。总之，对章学诚的伦理观，我们必须实事求是地加以分析批判。

[①] 《妇学》，《文史通义》内篇五。

第五章
杰出的史学理论家

在史学上有所建树,一直是章学诚矢志不渝、孜孜以求的奋斗目标。从青少年时期开始,他就对史学情有独钟,直到晚年从未放弃过对史学的研究。章学诚本人对史学也十分自负,自言"吾于史学,盖有天授,自信发凡起例,多为后世开山"[①]。又说:"拙撰《文史通义》,中间议论开辟,实有不得已而发挥,为千古史学辟其蓁芜。"[②] 这种自信和自负,绝非随意的自吹自夸。今天,我们把他在《文史通义》中所阐发的史学理论,放到整个中国古代史学的长河中去分析衡量,便益信其"为千古史学辟其蓁芜"、"多为后世开山"之言不虚。他对历史学的宗旨和任务在于"明道"和"经世致用"的阐述,对"六经皆史"说的高唱,对"史义"论和"史德"论的首创,都可以说是抓住了古代史学的灵魂,从根本上给整个传统史学赋予了崭新的内容和意义。他在历史编纂学理论方面,对史体、史料、史籍分类等都颇有见解和别具理论框架。因此,章学诚是中国封建社会史学理论的集大成者。

第一节 史学经世论

章学诚的史学理论,首先表现为对史学这门学科的宗旨以及目的任务这个首要问题作出了明确而又深刻的回答和阐述。在《文史通义》内篇二《浙东学术》一文中,他说:

[①]《家书二》,《文史通义》外篇三。
[②]《与汪龙庄书》,《文史通义》外篇三。

史学所以经世，固非空言著述也。且如六经同出于孔子，先儒以为其功莫大于《春秋》，正以切合当时人事耳。后之言著述者，舍今而求古，舍人事而言性天，则吾不得而知之矣。学者不知斯义，不足言史学也。

又在其后自注曰："整辑排比，谓之史纂；参互搜讨，谓之史考，皆非史学。"这里，章学诚明确提出了"史学所以经世"的观点，并认为如果做不到经世致用，就称不上是"史学"，也无资格来谈论史学。

经世致用，本是古代学术思想中的优良传统，史学中的经世致用传统也是由来已久。可以说，从中国史学的开山祖孔子那里，就可以总结出经世致用的学术主张来。[①]秦汉以后，这种思想经司马迁、班固、刘勰、刘知幾、司马光、郑樵、马端临等史学家的进一步发挥，日趋明确，到了明末清初终于形成一股强有力的史学思潮。[②]章学诚史学经世理论的提出，显然是总结发展了先辈们的优良传统，尤其是浙东史学前辈的史学思想。他在《文史通义》内篇二《浙东学术》里说："夫子曰：'我欲托之空言，不如见诸行事之深切著明也。'此《春秋》之所以经世也。……知史学之本于《春秋》，知《春秋》之将以经世，则知性命无可空言，而讲学者必有事事。""故司马迁本董氏天人性命之说而为经世之书。"特别是"浙东之学，言性命者必究于史，此其所以卓也"。

章学诚"史学所以经世"的理论，不仅是对古代史学传统的总结和发扬，更重要的是，它反映了时代的要求。前面说过，强调学术研究要为现实社会政治服务，与现实社会紧密结合，是章学诚社会政治思想和学术理论的一个显著特点，也是他的一贯主张。这在当时的时代是非常突出的一种学术宗旨。他所生活的乾嘉时代，考据之风笼罩着整个学术界，大家埋头故纸堆，闭口不言现实，传统学术中的"经世致用"思想已丢失殆尽。针对这种现状，章学诚大声疾呼学术研究必须"经世致用"。他在《文史通义》外篇三《与史余村》中说："文章经世之业，立言亦期有补于世，否则古人著述

[①] 参见叶建华：《孔子的史学批评》，《齐鲁学刊》1989年第5期。
[②] 参见叶建华：《传统史学的功能观：从殷鉴到经世》，《探索》1989年第4期。

已厌其多,岂容更益简编,撑床叠架为哉。"这一思想贯穿于《文史通义》的始终。在内篇四《说林》中,他反复举例论证,学术文章如果无补于世教风俗,就毫无存在价值。尽管他在学业上注重创造发明,但更强调经世致用。在他看来,如果只"有所发明而于世无用",那只不过是"雕龙谈天之文"。① 他在外篇三《答邵二云书》中还说:"吾辈辨论学术,当有关于世道,私心争气,何以取后世之平。"

由于章学诚始终把史学作为治学的重点之一,所以对史学经世致用思想的阐发尤为深刻和全面。他在《文史通义》外篇五《永清县志前志列传序例》中说:"史家之书,非徒纪事,亦以明道也。如使《儒林》、《文苑》不能发明道要,但叙学人才士一二行事,已失古人命篇之义矣。"《遗书》卷16《为曾转运撰曾襄愍公祠堂碑》又说,史学通过记载历史发展的兴衰演变、历史人物的功过得失,不仅可以给人以借鉴和启迪,还能"激切于人心,而有裨风教"。像这样一门有血有肉的学问,如果空谈理论,或专门考索,就无法起到垂教经世的作用。

那么,如何才能使史学有效地发挥经世致用的作用呢?章学诚认为,首先,必须坚持详近略远的原则,注重研究现代历史和当代史。并指出这也是历来倡导经世致用的史家所共同坚持的优良传统。他在《文史通义》外篇四《记与戴东原论修志》中说:"史部之书,详近略远,诸家类然。……《太史公书》详于汉制,其述虞夏商周,显与六艺背者,亦颇有之。然六艺具在,人可凭而正史迁之失,则迁书虽误,犹无伤也。秦楚之际,下逮天汉,百余年间,人将一惟迁书是凭;迁于此而不详,后世何由考其事耶?"又在《遗书》卷17《刘氏三世家传》中说:"历观前史记载,每详近而略于远事,刘知幾所谓班书倍增于马,势使然也。"所以,"史家详近略远,自古以然"②。这个传统应当保持并加以发扬。

其次,要使史学更好地经世致用,为现实服务,还应根据各个历史时期的不同社会特点,随时改变研究的重点,使历史研究符合时代的需要,反映时代的特色。他表扬浙东史学家能根据所遇时代的不同而使自己的学术经于

---

① 《答沈枫墀论学》,《文史通义》外篇三。
② 《为毕制军与钱辛楣宫詹论续鉴书》,《文史通义》外篇三。

世用。《浙东学术》云:"浙东之学,虽源流不异而所遇不同。故其见于世者,阳明得之为事功,蕺山得之为节义,梨洲得之为隐逸,万氏兄弟得之为经术史裁,授受虽出于一,而面目迥殊,以其各有事事故也。"就乾嘉时代所特有的社会情况来说,由于学术界已经形成一种不良风气,作为一个学者,如果心地纯良正直,不务虚名,就应当挺身而出,加以抨击,以施挽救。"所贵君子之学术,为能持世而救偏。"[①]这是每位历史学家都应持有的态度。

再次,要使史学经世致用,起到"持世而救偏"的功用,还要求每位史学工作者具备一定的识别能力。《说林》篇云:"学问文章,聪明才辨,不足以持世;所以持世者,存乎识也。所贵乎识者,非特能持风尚之偏而已也,知其所偏之中亦有不得而废者焉。"这就是说,如果没有一定的识别能力,就无法看出社会风气是否有偏,哪些是偏,哪些不偏,自然也就不可能"持世而救偏"了。在《文史通义》外篇一《淮南子洪保辨》中,章学诚还认为,"天下事凡风气所趋,虽善必有其弊。君子经世之学,但当相弊而救其偏"。可见,首先得有"相弊"的能力,看出问题之所在。这"相弊"的能力,就"存乎识",需要每位学者平时加强自身识别能力的培养。

章学诚说,史学要经世致用,还要求史学工作者敢于"辟风气",领风气之先,而千万不可"趋风气",为世风所囿。《文史通义》内篇六《天喻》云:"学业者,所以辟风气也。风气未开,学业有以开之;风气既弊,学业有以挽之。人心风俗不能历久而无弊,犹羲和、保章之法不能历久而不差也。因其弊而施补救,犹历家之因其差而议更改也。历法之差,非过则不及;风气之弊,非偏重则偏轻也。重轻过不及之偏,非因其极而反之,不能得中正之宜也。好名之士,方且趋风气而为学业,是以火救火而水救水也。"又在外篇三《答沈枫墀论学》里说,学问经世,要"视世之寡有者而已",要具有陶朱公经商那种精神,"人弃我取,人取我与","学业将以经世,当视世所忽者而施挽救焉,亦轻重相权之义也……今之学者,虽趋风气,竞尚考订,多非心得;然知求实而不蹈于虚,犹愈于掉虚文而不复知实学也"。

在考据之风盛极一时的乾嘉时代,历史学家大多不敢研究现代、当代

[①] 《原学下》,《文史通义》内篇二。

史，而专力从事古代历史文献的整理考订、名物训诂。章学诚能不为此风所囿，别开生面，反对专门搞烦琐考证，提倡史学要经世致用，企图改变那种脱离现实的不良学风。但由于这种思想与世风不合，竟被视为异端邪说。这也从反面说明他的这种思想在当时还是产生了一定的影响。

第二节 六经皆史论

章学诚在《文史通义》的卷首，开宗明义第一句，就提出"六经皆史"这个论断，而在书中其他许多篇章中又一再反复论述"六经皆史"、"六经皆器"、"六经皆先王之政典"等观点。"六经皆史"，实为章学诚学术思想体系中的一个重要命题，也是把握章学诚学术思想和史学理论的一个关键。

然而，对于章学诚的这一学术思想，学术界长期以来众说纷纭，歧见迭呈，莫衷一是。诸如"六经皆史"说是不是章学诚首创，六经皆史的"史"是指"史料"还是"史义"，"六经皆史"说的提出有何社会意义，甚至还涉及章学诚批评戴震是否"六经皆史"思想的糟粕等等，这些问题，都有待于我们进一步研究，以作出正确的评价和认识。

一、对章学诚"六经皆史"说的争论

学术界一种意见认为，"六经皆史"说是章学诚的"一种创见"，并对此予以充分的肯定；另一种意见则认为，章学诚"六经皆史"说是抄袭前人之语，并无功绩和意义可言，并且认为"六经皆史"说本身也不是什么"了不起的高论"。

前一看法以侯外庐先生的《中国早期启蒙思想史》为代表，反映了我国史学界许多同志对章氏"六经皆史"说的评价。后一看法当推喻博文同志发表的《两则史料辨证》[①]一文为代表，反映了学术界一些同志的新观点。为了说明问题，避免断章取义之嫌，先将双方有关论述引述如下。侯外庐先生在

---

① 喻博文：《两则史料辨证》，《学术月刊》1981 年第 5 期。

书中说：

> 章学诚在史学上的重要见解，是在于他的古代文化史论。清初学者，如傅山，已经有五经乃王制的命题。学诚则更进了一步，演为"六经皆史也"、"六经皆先王之政典也"和"六经皆器也"诸命题。这些是在当时被认为最放肆的学说，也是被后人所最注意的学旨。……他的"六经皆史"论，不但是清初反理学的发展，而且更有其进步的意义。他大胆地把中国封建社会所崇拜的六经教条，从神圣的宝座拉下来，依据历史观点，作为古代的典章制度的源流演进来处理，并把它们规定为"时会使然"的趋向。他反对人们崇拜那样"离事而言理"的经，更反对离开历史观点而"通"经。

而喻博文同志则在文中说：

> 其实，"六经皆史"的首倡者不是清代的章学诚，最明确表示这一论点的人起码可以追溯到明代心学哲学家王守仁。据《传习录》上载："爱（徐爱）曰：先儒论六经以《春秋》为史，史专记事，恐与五经事体终或稍异？先生（王守仁）曰：以事言谓之史，以道言谓之经，事即道，道即事，《春秋》亦经，五经亦史，《易》是包羲氏之史，《书》是尧、舜以下史，《礼》《乐》是三代史，其事同，其道同，安有所谓异？"（《王文成公全书》卷一）王守仁这段议论是十分明确地宣示了"六经皆史"的论点（王认为某书属某代史的说法就不见得正确，这是囿于当时的历史见解所致），比章学诚的话讲得还要清楚明白一些，时间要早二百多年。更重要的是，王守仁说明了事与道、史与经的关系，指出两者是二而一、一而二，从不同的角度观察、说明，就有不同的称谓，或曰经，或曰史，这几部书不是说称为"经"就抬高到天上去了，称为"史"就打入十八层地狱中了，两种称谓对这几部书是一致的。在王守仁的心目中就是这样。可见"六经皆史"并不像有的同志所说的那么了不起的高论。"六经皆史"的"发明权"不属于章学诚，也早有学者言之矣，钱锺书先生的《谈艺录》《附说二十二》对此考证甚详（见开明书店版，第315

页），不妨参阅，定会有启发的。既然"六经皆史"的论点首倡者不是章学诚，那末，上述对章氏因首倡此著名论点所给予的一切评语就架空了，或者说，其立足动摇了。退一步说，就是学人评论这一论点所给予的高度赞扬可以成立的话，也不应当再赐给章学诚了。

非常明显，上述两种评论观点是完全对立的。对于这一问题，我们认为有下列几点需要说明：

第一，关于"六经皆史"的首创或最早提出者，我们也认为不是章学诚。我们先后在《论章学诚的〈文史通义〉》①和《也谈章学诚"六经皆史"》②两文中已有所谈及。特别是后一文中叙述甚详，指出：

> "六经皆史"说命题至迟明代中叶已经出现，王阳明《传习录》上，载与其弟子徐爱对话已提出此意……王世贞在《四部稿》卷一四四亦云："天地间，无非史而已，三王之世，若泯若灭，五帝之世，若存若亡，噫，史其可已耶，六经，史之言理者也。"而大思想家李贽，在《焚书》卷五《经史相为表里篇》说得就更加明显了，他说："《春秋》一时之史也，《诗经》《书经》，二帝三王以来之史也，而《易经》则又示人以经之所自出，史之所以来，为道屡迁，变易匪常，不可以一定执也，故谓六经皆史也。"据上所引，可见"六经皆史"的命题，既不是章学诚的"创见"，也不是到了章学诚才"大胆提出"的。不过章学诚针对时弊，又重新提出这一命题，并真正赋予"六经皆史"以充实的内容和系统理论。就是这样，当时已引起人们议论纷纭，有的指责其为邪说，有的则盛赞其具有创见。

这里，既肯定"六经皆史"不是章学诚所首倡，又指出章学诚在当时重新提出这一命题并赋予充实内容和系统理论的重要意义。对喻博文同志那种观点，说章学诚在"六经皆史"说问题上毫无值得肯定之处，我们是不能同

---

① 《杭州大学学报》1979年第1、2期合刊。
② 《史学月刊》1981年第2期。

意的。特别是对他说王阳明那段议论,"比章学诚的话讲得还要清楚明白一些",就更难表示首肯了。事实上章学诚关于"六经皆史"的论述内容很多,喻博文同志究竟列举了多少来同王阳明的议论作对比呢?若只从三两句话就轻下这样的结论,自然不能令人信服。何况,王阳明的议论,除这几句外,并无其他可言。

第二,喻博文同志说:"这几部书不是说称为'经'就抬高到天上去了,称为'史'就打入十八层地狱中了,两种称谓对这几部书是一致的。在王守仁的心目中就是这样。"这种说法,实际上否定了六经在长期的封建社会中的特殊地位。众所周知,在中国长期封建社会里,经与史的地位是全然不同的。六经一直作为儒家的"经典"受到尊崇。之所以造成这种局面,根子自然还是在历代封建统治者的吹捧与扶持。从汉武帝"独尊儒术"以来,六经就成为封建国家的统治思想,"凡诸生不在六艺之科、孔子之术者,皆绝其道"[1]。在当时的太学里,还特地设置"五经博士",专门讲授儒家经典《诗》、《书》、《礼》、《易》和《春秋》。五经博士成为重要的"利禄之路",故当时社会上就有"遗子黄金满籯,不如一经"[2]的说法。东汉建初四年,汉章帝在白虎观曾召开了一次儒家代表人物讲论五经同异的辩论会,皇帝亲临裁决,制成定论。唐太宗曾对大臣们说:"朕所好者,唯尧、舜、周、孔之道,以为如鸟有翼,如鱼有水,失之则死,不可暂无耳。"[3]他还经常到国子学去听讲经学。学生能通儒家一经以上的都可做官。还令孔颖达等为五经作注,称《五经正义》,出现了"儒学之盛,古者未之有"[4]的局面。上述情况表明,历代统治者都十分重视利用这几部儒家经典,来作为巩固他们封建统治的工具。它们在封建社会的特殊地位,有哪一部史书可与之相比呢?我们不应当无视这个历史事实。正因为如此,谁敢触犯它,就会被指控为"非圣无法"。司马迁的《史记》因为没有用儒家经典作指导思想,尽管书中并未批评过六经,但是班固还是批评《史记》"论大道则先黄老而后六经,序游

---

[1] 《董仲舒传》,《汉书》卷56。
[2] 《韦贤传》,《汉书》卷73。
[3] 《资治通鉴》卷192"贞观二年六月"条,古籍出版社1956年版。
[4] 《儒学传》,《旧唐书》卷189,中华书局标点本。

侠则退处士而进奸雄,述货殖则崇势利而羞贱贫"①。刘知幾的《史通》因为写了《疑古》、《惑经》两篇,冒犯圣人"经典",因而背上了"谤书"的罪名。王安石于《春秋》"不列于学官,不用于贡举",遂被指责为欲"诋圣经而废之"②。无论哪部史书也都没有取得过这样崇高、神圣的地位。总之,在长期的封建社会里,经与史一直是有严格区别的,从未相提并论过,这个事实是不能否定的。因此,"六经皆史"说思想的出现,是具有一定的现实意义的,绝不像喻博文同志所说那样"两种称谓对这几部书是一致的"。称谓不同,也就反映了性质与地位不同,怎么能说是一致的呢?对于"六经皆史"思想的产生,应与当时的历史条件联系起来进行讨论,因为各种思潮、学说的出现,都不是偶然的,而是当时社会上阶级斗争和政治斗争在思想领域的反映。"六经皆史"说这一思想的产生也不例外。宋元以来,中国封建社会已经进入后期阶段,特别是明代中叶以后,社会发生了很大变化。由于商品经济的发展,出现了资本主义因素的萌芽,它反映在手工业、商业和农业生产等各个领域。由于手工业的不断发展以及商品流通的增加和都市的日益繁荣,农业人口流入城市,使得从事工商业的人口日益增多,于是出现了以手工工人、小商品生产者、工场主和中小商人为主体的市民阶层。这一新阶层的出现,使封建社会后期的阶级斗争出现了许多前所未有的特点。由于社会各方面的变化,思想意识也随之发生变化,于是作为儒家经典的六经在人们心目中也开始动摇,许多人对它产生了怀疑,认为它并不是那么神圣,与其他史书相比,也没有什么特殊之处。"六经皆史"说的出现,正生动地说明了这一事实。大思想家李贽曾毫无顾忌地指出六经、《论语》、《孟子》没有什么神奇可言,这些书"非其史官过为褒崇之词,则其臣子极为赞美之语;又不然,则其迂阔门徒、懵懂弟子记忆师说,有头无尾,得后遗前,随其所见,笔之于书。后学不察,便谓出自圣人之口也,决定目之为经矣。孰知其大半非圣人之言乎!纵出自圣人,要亦有为而发,不过因病发药,随时处方,以救此一等懵懂弟子迂阔门徒云耳!药医假病,方难定执,是岂可遽以为万世之至论乎!然则六经、《语》、《孟》乃道学之口实,假人之渊薮

---

① 《司马迁传》,《汉书》卷62。
② (宋)周麟之:《跋先君讲春秋序后》,《海陵集》卷22,四库全书本。

也"①。他的这段议论，可以说是当时反经叛道最典型的代表。由此可见，正因为"经"被封建统治者吹捧成神圣不可动摇的"万世之至论"，所以李贽才会如此加以驳斥。如果经与史真像喻博文同志所说的"是二而一，一而二"，"两种称谓对这几部书是一致的"，并无什么实质的区别，那也就无须辩论了。

第三，王阳明提出"六经皆史"的本意如何，我们暂不作探讨，但必须注意的是，它的客观影响不可忽视。李贽是王学左派，他从左的一面接去了这一口号并加以发挥，这自然是王阳明所料想不到的。众所周知，程朱与陆王是唯心主义的两个不同派别，他们虽然都是为封建统治服务，但他们之间却一直存在着矛盾和斗争。王阳明十分反对程朱那套束缚人的教条，他曾说过"圣人之学不是这等捆缚苦楚的，不是装做道学的模样"②。既然"不是这等捆缚苦楚"，不是这个"模样"，那么应是什么样子呢？这就势必引导人们去独立思考。王阳明提出"六经皆史"的说法，自然与这一思想有密切关系。这种思想与当时一般士人要求思想解放，发挥个人见解，反对朱熹经注的束缚是一致的。这对于启发人们大胆思考，动摇长期以来程朱理学的教条统治，有一定的积极作用。他的弟子罗洪先作过一篇《答复古问》，说复古是"复古之六经而已"③，即恢复六经本来的思想面目，明确表示朱熹所注的经不可信。既然要复古之六经，人们就必然要去研究六经之源流，这也就是对程朱理学的一种反动。因此，这种经学思想上的变化，形式是要复古，实际上是为了达到思想解放的目的。后来王学左派中的王艮、李贽等人，正是利用了这种积极的思想因素，把反对程朱理学的斗争推到了一个新的阶段。因此，我们对于"六经皆史"说的研究，绝不能脱离历史条件而孤立地作名词解释，应当从它产生的历史背景来说明其产生的意义和作用。

第四，关于经与史性质有别的争论，其实早已开始。如北宋苏洵就曾提出经与史自古有别，其理由是"经文简约，以道法胜；史文详尽，以事辞胜"。对于苏氏这个观点，章学诚在《遗书》外编卷3《丙辰札记》中还曾作

---

① （明）李贽：《童心说》，《焚书》卷3，中华书局1975年版。
② （明）王阳明：《传习录下》，《王阳明全集》上册，上海古籍出版社1992年版。
③ （明）罗洪先：《答复古问》，《念庵文集》卷8，四库全书本。

过批判，指出：

> 六艺皆古史之遗，后人不尽得其渊源，故觉经异于史耳。其云"经文简约，以道法胜；史文详尽，以事辞胜"，尤为冒昧。古今时异，故文字繁简不同，六经不以事辞为主，圣人岂以空言欺世者耶？后史不能尽圣人之道法，自是作者学力未至，岂有截分道法与事辞为二事哉！孟子言《春秋》之作，则云"其事齐桓晋文，其文则史，孔子曰：其义则某窃取之"。然则事辞犹骸体也，道法犹精神也，苟不以骸体为生人之质，则精神于何附乎？此亦止就《春秋》而言，为苏氏之所论及者耳。六经皆史，则非苏氏所可喻矣。

他用唯物论观点作比喻进行批判，所以论点十分令人信服。这一争论自宋以来，一直持续到明清。"六经皆史"说的陆续出现，遂使争论更加深入，争论的实质也日趋明朗。"六经皆史"说在明清时期实际上已形成了一股社会思潮，参与争论者有思想家、史学家，还有文学家。[①] 从这一历史事实也可看出，作为统治思想来说，一旦确立以后，就不会轻易退出历史舞台，总是要千方百计从各方面加以强化。这种正统与反正统两种思想的斗争，可以说贯穿整个中国封建社会的始终。"六经皆史"说思想的出现，说明了这两种思想的斗争达到了高峰。因此，我们认为对"六经皆史"说产生的意义绝不应忽视，更不能否定。

第五，在讨论章学诚"六经皆史"的理论时，为了说明章学诚对此并无贡献，近来先后有人在文章中提及钱锺书先生的《谈艺录》，如牟润孙先生说："我读了钱锺书的《谈艺录》才知道六经皆史之说除袁枚持论与章氏相类似之外，认为经即是史的，早于章实斋者，有七人之多。"[②] 没有读过《谈艺录》的人当然不知道内中情况，为了便于讨论问题，这里有必要将《谈艺录》中有关"六经皆史"的考证部分摘引如下：

[①] 参见仓修良等：《明清时期六经皆史说的社会意义》，《历史研究》1983 年第 6 期。
[②] 牟润孙：《励耘书屋问学回忆——陈援庵先生诞生百年纪念感言》，《北京师范大学学报》1980 年第 5 期。

"六经皆史"之说,刘道原《通鉴外纪序》实未了了。王伯厚《困学纪闻》卷八始引《文中子·王道》篇、陆鲁望《复友生论文书》载其说,未下断语;卷十二亦引刘道原此数语。王阳明《传习录》卷一、王元美《艺苑卮言》卷一"天地无非史而已,六经、史之言理者也"、胡元瑞《少室山房笔丛》卷二"夏商以前,经即史也。周秦之际,子即集也。……"、顾亭林《日知录》卷三"孟子曰:其文则史。不独《春秋》也,六经皆然"皆先言之。而阳明之说最为明切。……阳明极称《文中子》,《传习录》卷上推为"贤儒拟经之作,圣人复起,不可复易"。按《中说·王道》篇云:"圣人述史三焉。其述《书》也,帝王之制备,故索焉而皆获。其述《诗》也,兴衰之由显,故究焉而皆得。其述《春秋》也,邪正之迹明,故考焉而皆当。"阳明"五经亦史"之说,殆有所承。而与程、朱之论,则如炭投冰。……阳明之意若谓:经史所载虽异,而作用归于训戒,故是一是二。说殊浅陋。且存迹示法云云,只说得事即道,史可作经看;未说明经亦是史,道亦即事,示法者亦只存迹也。尝试言之,道乃百世常新之经,事为一时已陈之迹。《庄子·天运》篇记老子曰:"夫六经,先王之陈迹也,岂其所以迹哉";《天道》篇记桓公读圣人之书,轮扁谓书乃古人糟粕,道之精微不可得传。《三国志·荀彧传》注引何劭为《荀粲传》,记粲谓:"孔子言性与天道,不可得闻,六籍虽存,固圣人之糠秕"云云。是则以六经为存迹之书,乃道家之常言。六经皆史之旨,实肇端于此。①

钱锺书先生的这番考证,对"六经皆史"说产生溯源的研究作出了很大的贡献,但其中有些论据和提法,仍有值得商榷之处。

关于隋王通的《中说·王道篇》之说,王伯厚(应麟)《困学纪闻》卷 8 所引原文为:"昔圣人述三史焉,其述《书》也,帝王之制备矣,故索焉而皆获;其述《诗》也,兴衰之由显,故究焉而皆得;其述《春秋》也,邪正之迹明,故考焉而皆当。此三者,同出于史而不可杂也,故圣人分焉。"应该指出,王通的三经"同出于史"的观点,对章学诚是有一定影响的。在

---

① 钱锺书:《谈艺录》(补订本),中华书局 1988 年重印本,第 263—265 页。

《文史通义》的第一篇《易教上》，章氏便曾提到过《中说》，在外篇四《方志立三书议》中，又明确提及王通此语。有的学者据此即认为王通乃"六经皆史"论的最早提出者。① 其实，这是不确切的。王通只讲了六经中的《书》、《诗》、《春秋》三者同出于史，这与"六经皆史"说是有差别的。周予同即指出："王通不能说是'六经皆史'的最早者。王通只提到三经，而章学诚则主张'六经皆史'。章氏对王通的'述史有三'不包括'掌故典要'的《礼》，曾直接提出异议。"② 章氏对王通的异议亦见于《方志立三书议》一文中。

至于唐陆鲁望（龟蒙）《复友生论文书》之语，《困学纪闻》卷8所引原文为："六籍之中，有经有史。《礼》（宋姚铉《唐文粹》载此书无'礼'字）、《诗》、《易》为经，《书》、《春秋》实史耳。……记言记事，错参前后，曰经曰史，未可定其体也。"这里，实仅指《书》、《春秋》为史，而与"六经皆史"说的内涵有本质区别。

刘恕《通鉴外纪后序》则是从目录学的发展来说明经书与史书的分合。其云："案历代国史，其流出于《春秋》。刘歆叙《七略》，王俭撰《七志》，《史记》以下皆附《春秋》。荀勖分四部，《史记》、《旧事》入丙部；阮孝绪《七录》，《纪传录》纪史传，由是经与史分。夫今之所以知古，后之所以知今，因善恶以明褒贬，察政治以见兴衰，《春秋》之法也，使孔子赞《易》而不作《春秋》，则后世以史书为记事琐杂之语，《春秋》列于六艺，愚者莫敢异说而终不能晓也。"在四部分类法出现以前，目录学家一直将史部著作附于《春秋》类之后，自从荀勖四部分类法提出后，才脱离附庸地位。很明显，刘恕所说"由是经与史分"，是指经部著作与史部著作分别著录之意，与"六经皆史"所提的经史之别根本不同。而刘恕在序文中还是认为《春秋》是圣人所作的"经"，序文开头就说："孔子作《春秋》，笔削美刺，子游子夏，门人之高弟，不能措一辞。鲁太史左丘明以仲尼之言高远难继，而为之作《传》，后之君子不敢绍续焉。惟陆长源《唐春秋》、伊洙《五代春秋》，非圣人而作'经'，犹春秋吴、楚之君，僭号称王，诛绝之罪也。"所以，刘恕的这个论点与"六经皆史"说关系不大，没有必要把它拉来凑数。

---

① 钟肇鹏：《论"经"和"史"》，《学术月刊》1962年第1期。
② 周予同：《周予同经学史论著选集》，上海人民出版社1983年版，第717页。

事实上，钱锺书先生本人也承认刘恕的说法"实未了了"。

胡应麟在《少室山房笔丛》中所论述的则与刘恕有所不同。该书卷2《经籍汇通二》云："夏、商以前，经即史也，《尚书》、《春秋》是已。至汉而人不任经矣，于是乎作史继之。魏、晋其业浸微，而其书浸盛，史遂析而别于经。"这个说法仍然比较含糊，虽然承认"夏、商以前，经即史也"，但后来两者分家，"至汉而人不任经矣，于是乎作史继之"，这实际上还是肯定经史有别，经贵史微，否则像司马迁这样才华出众的人怎么不能"任经"呢？因此，他的论述，仅仅看到现象，未能究其实质。不过，他在该书卷22《华阳博议上》又说："总之，史出于《春秋》、《礼》、《乐》，史则经也；子出于《大易》、《论语》，子亦经也；集出于《尚书》、《毛诗》，集又经也。百家之学，无弗本于经也，一以贯之，古今仲尼而已。"史出于《春秋》，前人早已经讲了，而子出于《大易》、《论语》，集出于《尚书》、《毛诗》，百家之学，无不本于"经"，这个论断自然有其独特见解。但它与章学诚的"六经皆史"、"盈天地间凡涉著作之林皆是史学"这个百家之学源于"史"的论点，则是有着明显区别的。

王阳明提出"六经皆史"说，实出于对程朱理学斗争的需要。钱锺书先生书中也讲了，阳明五经亦史之说，"与程朱之论则如炭投冰"，水火不相容也。然而，由于观点上倾向于程朱，因而说王阳明"说殊浅陋"。我们认为，钱先生的这个结论也是欠妥的。程朱之学与阳明之学虽然均属唯心论，其学说亦都是出于维护封建统治，但就这一争论而言，王阳明的论述无疑更近于事实，并且在客观上产生了积极影响。《传习录上》说："天下之大乱，由虚文胜而实行衰也。使道明于天下，则六经不必述。删述六经，孔子不得已也。"这说明，由于"虚文胜而实行衰"，大道不明，天下大乱，孔子不得已而删述六经，目的自然很明显。故王阳明又说："孔子以天下好文之风日盛，知其说之将无纪极，于是取文王、周公之说而赞之，以为惟此为得其宗，于是纷纷之说尽废，而天下之言《易》者始一，《书》、《诗》、《礼》、《乐》、《春秋》皆然。……《书》、《诗》、《礼》、《乐》中，孔子何尝加一语。今之《礼记》诸说，皆后儒附会而成，已非孔子之旧。至于《春秋》，虽称孔子作之，其实皆鲁史旧文，所谓笔者笔其旧，所谓削者削其繁，是有减无增。孔子述六经，惧繁文之乱天下，惟简之而不得，使天下务去其文以求其实，非以文教之也。《春秋》以后，繁文益盛，天下益乱。……自秦汉以降，文又日盛，若欲尽去之断不能去，只宜取法孔子录其近是者而表章之，则其诸怪悖之说亦宜渐渐自废。"所谓繁文日盛，主要是指后儒对六经以私意传注附会，遂使六经失去了本来面目。宋代朱熹自称继承圣人之道统，因此对圣人的著作他不仅作了《四书集注》，而且对《诗经》、《周易》等儒家经典亦都作了注解，系统地解释了所谓圣人之道。后来明成祖命令编修的《五经大全》和《四书大全》，就是采用了朱熹之注，沿袭了程朱之说。这种注释当时被规定为科举考试的标准读物，影响极大。所以王阳明提出反对繁文，主张恢复六经本来面目。他说："圣人只是要删去繁文，后儒却只要添上。"由此可见，其言皆有所指，句句针对程朱。他非常反对朱熹等人对圣人著作任意注释，认为圣人之道，本没有那么多框框条条，越是烦琐，圣人之道也就越加隐晦难明。他的"六经皆史"说正是在这种指导思想下提出的。他还说："五经亦只是史。史以明善恶，示训戒。善可为训者，时存其迹以示法；恶可为戒者，存其戒而削其事以杜奸。"他要求其弟子们对于经典"不必泥着文句"。在《传习录下》，他还认为："圣人教人，不是个束缚他通做一般，只如狂者便从狂处成就他，狷者便从狷处成就他。人之才气如何同得？"因此，学习圣人著作，必须从领会精神入手。这些主张，客观上对当时广大知识分子要求思想解放，反对程朱理学的束缚起了推动作用。

值得注意的是，钱先生的结论说："是则以六经为存迹之书，乃道家之常言，六经皆史之旨，实肇端于此。"这一观点，近年来被某些学者大肆引发，认为钱先生此论是揭示了"六经皆史"说的真正意蕴，并说钱先生对"六经皆史"说的考证，是直接与其"精粹的史学理论"的前提"历史也是一门艺术"这一命题密切相联的，而这一命题乃是迄今为止所有"作为科学家的史学家"们也比之不及的。[①]

钱锺书先生的"历史也是一门艺术"的史学理论，是否"精粹"得连"作为科学家的史学家"们也望尘莫及，我们不准备在这里展开论述。我们只是觉得钱先生将"六经皆史"说的发明权归于道家，这一结论未免有些牵强并将问题简单化了。道家认为，道之精微不可说，故不可传；而可说可传

---

① 李洪岩：《钱锺书先生论"六经皆史说"》，《钱锺书研究》第三辑，文化艺术出版社1992年版。

者，就不再是道了。所以批评载道之六经为圣人之"糟粕"、"糠秕"、"陈迹"。这明明是道家用来贬低儒家著作的语言，从说话人的语气看，实在难以将这些字眼直接理解为"史"的同义词。更何况，明清时期的"六经皆史"说，特别是章学诚的"六经皆史"说本身是一个内涵丰富、时代针对性极强的理论命题，怎么能离开这个特定的历史条件而单纯地从名词演变作考察呢？单纯从名词产生来考察，那么，后世的许多东西都可以直接追溯至文字产生之时，因为那时可能已有这个字了。这样的考察，对分析研究各个历史时期的丰富复杂的思想是无益的。如果作这样的考察，那么，不用说章学诚之前确实已有七八人说到过经与史的关系，即使像《钱锺书先生论"六经皆史说"》一文作者那样，抄录章氏之前的经、史关系论者达20余家，除了作者自己说的"买菜求多"外，又能说明什么问题呢？他想以此来"映衬钱说的特异性"，恐怕也只是一种愿望而已。

总之，我们认为，考察章学诚的"六经皆史"说这一理论，绝不能离开明清时期特定的历史条件，也绝不能离开章氏"六经皆史"说所具有的丰富内涵，而简单地、机械地去玩一些"文字游戏"，围绕文字打"笔墨官司"。

二、章学诚"六经皆史"说的论据

"六经皆史"说虽然不是章学诚首倡，但必须看到，前人均未对这一命题作过具体论述，大多只是在行文中带到三言两语。而章学诚则是针对时弊，重新提出这一命题，加以详尽阐明，系统论述，并成为他经世致用史学思想的核心。他言"六经皆史"，提出下列论据：

第一，"古人不著书，古人未尝离事而言理，六经皆先王之政典"[1]。《校雠通义》卷一《原道》篇对此加以解释，其云："后世文字，必溯源于六艺；六艺非孔氏之书，乃周官之旧典也。《易》掌太卜，《书》藏外史，《礼》在宗伯，《乐》隶司乐，《诗》领于太师，《春秋》存乎国史。夫子自谓'述而不作'，明乎官司失守，而师弟子之传业，于是判焉。秦人禁偶语《诗》、《书》，而云欲学法令者，以吏为师。其弃《诗》、《书》非也。其曰以吏为

---

[1] 《易教上》，《文史通义》内篇一。

师,则犹官守学业合一之谓也。由秦人以吏为师之言,想见三代盛时,《礼》以宗伯为师,《乐》以司乐为师,《诗》以太师为师,《书》以外史为师,《三易》、《春秋》,亦若是则已矣!又安有私门之著述哉!"古人官师合一,无私门著述,则所流传之六经也不过是记载当时政典史事之书而已。故《文史通义》内篇五《史释》篇又说:"学者崇奉六经,以谓圣人立言以垂教,不知三代盛时,各守专官之掌故,而非圣人有意作为文章。"内篇一《经解上》则明确指出:"古之所谓经,乃三代盛时典章法度见于政教行事之实,而非圣人有意作为文字以传后世。"内篇一《经解中》又说:"夫子之述六经,皆取先王典章,未尝离事而著理。"内篇四《言公上》也说:"六艺皆周公之旧典,夫子无所事作。"

第二,"史之部次后于经,而史之原起,实先于经",所以,古代"无经史之别,六艺皆掌之史官,不特《尚书》与《春秋》也"[①]。"三代以前,《诗》、《书》六艺,未尝不以教人,非如后世尊奉六经,别为儒学一门而专称为载道之书者。"[②]

第三,"三代学术,知有史而不知有经,切人事也"[③]。既然六经是先王"旧典",孔子不过根据这些"典章"、"政典"加以整理,那么当时也就不会像后世那样奉为神圣不可侵犯的经典。至于尊奉为经,章学诚在《文史通义》内篇一《经解上》里作了详尽的论证,指出:"六经之名起于孔门弟子","儒家者流乃尊六艺而奉以为经"。他还指出,经之本意,并非尊称,"当时诸子著书,往往自分经传,如撰辑《管子》者之分别经言,墨子亦有《经篇》,韩非则有《储说》经传,盖亦因时立义,自以其说相经纬尔,非有所拟而僭其名也。经固尊称,其义亦取综要,非如后世之严也。圣如夫子而不必为经,诸子有经以贯其传,其义各有攸当也。后世著录之家,因文字之繁多,不尽关于纲纪,于是取先圣之微言与群经之羽翼皆称为经,如《论语》、《孟子》、《孝经》与夫大小《戴记》之别于《礼》,《左氏》、《公》、《谷》之别于《春秋》,皆题为经,乃有九经、十经、十三、十四诸经以为专

---

① 《论修史籍考要略》,《文史通义》外篇一。
② 《原道中》,《文史通义》内篇二。
③ 《浙东学术》,《文史通义》内篇二。

部，盖尊经而并及经之支裔也。而儒者著书，始严经名，不敢触犯，则尊圣教而慎避嫌名，盖犹三代以后非人主不得称我为朕也。然则今之所谓经，其强半皆古人之所谓传也；古之所谓经，乃三代盛时，典章法度见于政教行事之实，而非圣人有意作为文字以传后世也"。

以上章学诚既论证了古代无私人著作，无经史之别，人们知道的只有史而不见有经，六经只不过是孔子对先王"旧典"加以整理而已，同时又指出了六经之名起于孔门弟子，这当然是后来之事，"尊六艺而奉以为经是出于儒家者流"，而经之尊称亦出于儒者之吹捧。这就把六经的老底与称"经"的来历一一揭了出来。这在历史上恐怕还找不出第二个学者。

三、章学诚"六经皆史"说的意义

章学诚"六经皆史"说的意义，首先表现在政治上，它将这几部儒家著作拉到与史并列的地位，恢复了它们作为史书的本来面貌，从而抹去了千百年来笼罩在它们上面的神圣光环，并依据历史观点，将其作为古代典章制度的源流演变来研究，使其成为研究古代社会历史的重要对象。这就扩大了历史研究、史料搜集的范围。因为六经既然都是先王的"政教典章"，无疑都是研究当时社会政治制度的重要史籍。

不过，对于章学诚"六经皆史"的"史"，含义如何，学术界亦有争议。有些学者认为，"章学诚所指的'史'，主要是指具有'史意'，能够'经世'的史"，"同我们理解为'史料'的'史'，自有区别"。因而下结论说："章学诚提出'六经皆史'，不以为'六经皆史料'。"[①] 这样的结论是值得商榷的。我们认为，章氏"六经皆史"说是针对着空谈性命的宋学和专务考索的汉学两种不良学风提出的。因此，"六经皆史"的"史"，既具有"历史资料"的"史"的含义，用以矫正宋学空谈义理的弊病；又具有"经世致用"的"史"的内容，以此反对乾嘉考据学派闭口不谈义理的不正之风。

"六经皆史"的"史"，其所以具有史料之"史"的含义，首先在于它是

---

① 周予同、汤志钧：《章学诚"六经皆史"说初探》，《中华文史论丛》第一辑。

先王的"政典",孔子"表章六艺以存周公之旧典","不敢舍器而言道"[1]。古代"未尝有著述之事",更不曾有"专称为载道之书",有的只是"官师守其典章,史臣录其职载"[2]。孔子加以删订而成六经,所以,六经是政教典章、历史事实的记录,而不是空洞的教条,是器而非道。这种"史"当然是具有"历史资料"的"史"。

其次,我们再从著书体例来看,章学诚再三说明,"夫子述而不作","夫子未尝著述",六经不过是他删订而已。故六经是选辑,是掌故,是记注,而不是著述。他在《文史通义》内篇一《书教中》里说:"名臣章奏,隶于《尚书》,以拟训、诰,人所易知。撰辑章奏之人,宜知训、诰之记言,必叙其事以备所言之本末,故《尚书》无一空言,有言必措诸事也。后之辑章奏者,但取议论晓畅,情辞慨切,以为章奏之佳也。不备其事之始末,虽有佳章,将何所用?"这就是说,《尚书》只不过是像后来"名臣章奏"的选辑,并非属于某一人之著述。不仅如此,在《诗教上》的自注里,他更明确提出:"外史掌三皇五帝之书及四方之志,与孔子所述六艺旧典,皆非著述一类,其说已见于前。"这话确实说得够清楚了。不是著述是什么呢?是掌故,是史料。故他又说:"六经皆周官掌故,《易》藏太卜,《书》、《春秋》掌于外史,《诗》在太师,《礼》归宗伯,《乐》属司成,孔子删订,存先王之旧典,所谓述而不作。"[3]《文史通义》外篇四《和州志艺文书序例》亦云:"三代之盛,法具于书,书守之官。天下之术业,皆出于官师之掌故,道艺于此焉齐,德行于此焉通,天下所以以同文为治。而《周官》六篇,皆古人所以即官守而存师法者也。不为官师职业所存,是为非法,虽孔子言礼,必访柱下之藏是也。三代而后,文字不隶于职司,于是官府章程,师儒习业,分而为二,以致人自为书,家自为说,盖泛滥而出于百司掌故之外者,遂纷然矣。"并自注曰:"六经皆属掌故,如《易》藏太卜,《诗》在太师之类。"选辑、汇编之为史料,固无须辩论,而掌故性质实属记注而不是撰述。他的方志分立三书,其中掌故、文征就是专为保存重要资料而设。记注、掌故之

---

[1] 《原道中》,《文史通义》内篇二。
[2] 《诗教上》,《文史通义》内篇一。
[3] 《和州志》二《六艺类》,《遗书》外编卷17,第558页。

用，全在于"备稽检而供采择"，为撰述提供资料。

再者，"六经皆史"的"史"作史料之"史"理解，也可以从章学诚的言论中得到证实。他在《文史通义》外篇三《报孙渊如书》中说："愚之所见，以为盈天地间，凡涉著作之林，皆是史学。六经特圣人取此六种之史以垂训者耳。子集诸家，其源皆出于史。"这里的"史"无疑不能排除"史料"之"史"的内容。也就是说，盈天地之间，一切著作，都是史料，都是历史家编著史书时搜集研究的对象。既然如此，六经也不例外。关于这点，我们还可以从他所修之《史籍考》内容得到印证。在《报孙渊如书》中说："承询《史籍考》事，取多用宏，包经而兼采子集，不特如所问地理之类已也。"而真正史部，仅占群籍1/4。显而易见，他把经部与子集有关著作也引入其中当作史籍。像这种"史籍"，我们有什么理由能说它不包含有"史料"之"史"而专具"史意"之"史"呢？

最后，还要说明的是，我们认为，史料本身也是包含有史义的，绝不会有脱离史料的抽象史义。反之，也没有不具史义的史料，否则将不成其为史料。史义不能离开史料而独立存在，正如精神不能脱离物质一样。章学诚批评苏洵时已经指出："事辞犹骸体也，道法犹精神也，苟不以骸体为生人之质，则精神于何附乎？"由此可见，在研究章学诚"六经皆史"说时，若完全摒弃史料之史而奢谈史义，恐不妥当。

当然，"六经皆史"的"史"，又具有"经世"之"史"的重要内容，这也是十分明确的。章学诚认为，孔子之所以删订六经，目的在于"存道"、"明道"、"以训后世"，让后人从先王政典当中得知治国平天下的道理。《文史通义》内篇二《原道中》云："先圣先王之道不可见，六经即其器之可见者也。后人不见先王，当据可守之器而思不可见之道，故表章先王政教与夫官司典守所示人。"又在内篇一《易教上》里说："若夫六经，皆先王得位行道，经纬宇宙之迹，而非托于空言。"所以，章学诚提出，在研究六经时，应从六经的具体事实记载中去领会其精神实质，为当前社会政治服务，切不可死守经句，拘泥于古义，专搞名物训诂，而脱离当今之事。要求人们要特别注意研究现实，"贵时王之制度"。内篇一《经解中》论证了"国家制度本为经制。李悝《法经》，后世律令之权舆；唐人以律设科，明祖颁示《大诰》，师儒讲习以为功令，是即《易》取经纶之意，国家训典，臣民尊奉为经，义不背于古也"。如果只知"诵先圣遗言，而不达时王之制度"，所作之学问文章，则未必足备国家之用，这就失去了学习先王典章的意义。何况"事变之出于后者，六经不能言，固贵约六经之旨而随时撰述以究大道"[①]。

综上所述，我们说章学诚"六经皆史"的"史"，既具有具体的历史事实、历史资料的"史"，又具有抽象的、经世致用的"史"。正因为如此，我们才说它为历史研究、史料搜集开辟了广阔的天地。

"六经皆史"说的另一重要意义，在于它一方面反对宋学的空谈，另一方面又反对汉学的流弊。明末清初，在阶级矛盾和民族矛盾交织的复杂情况下，民间学术空气相当活跃，许多著名学者出于亡国之痛，对宋明理学渐生反感，治学多提倡"经世致用"，以矫其空疏玄谈之偏。大思想家顾炎武特重"当世之务"，黄宗羲则教导"受业者必先穷经，经术所以经世，方不为迂儒之学，故兼令读史"，并说："读书不多，无以证理之变化；多而不求于心，则为俗学。"[②] 他们于经学史学兼收并重，其目的在于经世。后来清统治者为了加强控制，摧残反清复明思想，对经世致用的学术思想采取扼杀政策，极力提倡封建正统理学，配之以大规模类书、丛书的编纂，借以消蚀人们的故国之思，扭转学风，转移研究现实的视线。与此同时，又大兴文字狱，对著名的思想家横加迫害。谈到经世，开口便触忌讳，遂使人人都有戒心，许多学者不敢正视现实，而"竞为考订"，考据之学遂形成专门的学派——汉学，并得到当局的大力提倡。到了乾嘉之际，这种汉学已是壁垒森严，足以与高居庙堂的宋学相抗衡了。长期以来，理学内部程朱陆王之论战，到这时一变而为汉、宋之争了。当然，不管哪一方，它们都是作为统治者利用的工具而得以存在。只不过汉学更加适合统治者此时此刻的需要，所以一跃而居于"显学"地位。

对于汉学、宋学之间各执一端、毫无意义的纷争，章学诚在《文史通义》外篇三《与族孙汝楠论学书》中曾作过这样的批评：

[①]《原道下》，《文史通义》内篇二。
[②]（清）全祖望：《梨洲先生神道碑文》，《鲒埼亭集》卷11，见黄云眉选注：《鲒埼亭集选注》，齐鲁书社1982年版。

学问之途，有流有别，尚考证者薄词章，索义理者略征实，随其性之所近，而各标独得，则服、郑训诂，韩、欧文章，程、朱语录，固已角犄鼎峙，而不能相下。必欲各分门户，交相讥议，则义理入于虚无，考证徒为糟粕，文章只为玩物，汉唐以来，楚失齐得，至今嚣嚣，有未易临决者。惟自通人论之则不然，考证即以实此义理，而文章乃所以达之之具。事非有异，何为纷然？

在汉学、宋学之争非常激烈的时候，他发表了《言公》、《说林》等篇文章，并说：这些"十余年前旧稿，今急取订正付刊，非市文也，盖以颓风日甚，学者相与离跂攘臂于桎梏之间，纷争门户，势将不可已也。得吾说而通之，或有以开其枳棘，靖其噬毒，而由坦易以进窥天地之纯、古人之大体也，或于风俗人心不无小补欤！"[①] 章学诚认为，在做学问上，一定的师承关系是必要的，但切不可有门户之见。一旦有了门户之见，势必产生无穷无尽的纷争，给学术发展带来不利的影响。他在《文史通义》内篇二《浙东学术》中说："学者不可无宗旨，而必不可有门户。"至于门户之见，则产生于"好名"和"争胜"。为了抬高自己学派的地位，就不能不对别的学派和观点进行攻击和诋毁。在章学诚看来，这样的人并无真正的学问，只不过借此虚张声势以吓人。他曾深有感触地说："学问之途，本自光明坦荡，人自从而鬼蜮荆棘，由于好名争胜，而于学本无所得故也。""盖好名之习，渐为门户，而争胜之心，流为忮险。"[②] 争名而不去真正研究学问，无异于"学问不求有得，而矜所托以为高"[③]。这样就会不问是非得失，盲目从学。

章学诚对宋学末流的抨击毫不留情，《浙东学术》指出，宋学之所以"见讥于大雅"，就在于它"空言义理以为功"。《文史通义》外篇三《家书五》又指出，"宋儒之学……第其流弊，则于学问、文章、经济、事功之外，别见有所谓'道'耳。以'道'名学，而外轻经济事功，内轻学问文章，则守陋自是，枵腹空谈性天，无怪通儒耻言宋学矣"。对宋学那种舍器求道的

---

① 《又与朱少白》，《文史通义》外篇三。
② 同上。
③ 《说林》，《文史通义》内篇四。

学风,深表痛绝。他又批判了宋儒轻视考据,忽视文辞的所谓"玩物丧志"、"工文则害道"的荒谬观点,认为这种观点是阻碍学术发展的大敌。但是,章学诚也指出,对宋学的作用不应全盘否定,他说:"君子学以持世,不宜以风气为重轻;宋学流弊,诚如前人所讥,今日之患,又坐宋学太不谈也。"他认为,"讲求文辞,亦不宜略去宋学;但不可坠入理障,蹈前人之流弊耳。五子遗书、诸家语录,其中精言名理,可以补经传之缺,而意义亦譬如周、秦诸子者,往往有之,以其辞太无文,是以学者厌之,以此见文之不可以已也。但当摘其警策,不妨千百之中存其十一,不特有益身心,即行文之助,亦不少也"。这些论述,表明章学诚对宋学的基本看法是主张吸取宋学的合理部分,而坚决反对其末流之弊——脱离实际而空言"道"。

对于汉学,章学诚同样采取了既批判又肯定的态度,不过批判程度远远胜于宋学。这是因为,一则当时宋学已经一蹶不振,不占统治地位;二则驱使人们竞相考据的汉学已经成为阻碍学术发展的症结所在。他在许多文章中,都以锋利的笔触,对当时的考据之风进行揭露和抨击,批判汉学家脱离现实、盲目考订的作风。他说,"古人之考索,将以有所为也",然而,"今则无所为而竞言考索"。[①]这么一来,便出现了"但知聚铜,不解铸釜;其下焉者,则沙砾粪土,亦曰聚之而已"[②]的奇怪现象。考据学已误入歧途,钻进一条死胡同里。所以,章学诚曾一再大声疾呼,要求学者们迅速扭转这种倾向,正确对待考据的作用,指出它只是学者求知所用的一种"功力",本身并不是学问。如果为考据而考据,那么,这种汉学考据必将对现实社会毫无益处。需要指出的是,章学诚对汉学考据并没有作全盘否定,相反,认为考据在治学中还是不可缺少的。《文史通义》外篇三《答沈枫墀论学》云:"考索之家,亦不易易,大而《礼》辨郊社,细若《雅》注虫鱼,是亦专门之业,不可忽也。阮氏《车考》,足下以谓仅究一车之用,是又不然。治经而不究于名物度数,则义理腾空而经术因以卤莽,所系非浅鲜也。"又在外篇三《与朱少白论文》中说:"义理必须探索,名数必须考订,文辞必须娴习,皆学也,皆求道之资,而非可执一端谓尽道也。君子学以致其道,亦从事于三者,皆无所

---

① 《博杂》,《文史通义》内篇六。
② 《与邵二云书》,《文史通义》外篇三。

忽而已矣。"这表明，章学诚不仅没有简单地否定一切考据，相反要求人们在做学问时重视考据，绝不能因其产生流弊而弃置不用。无怪乎，他一贯认为，作为一个学者，要经世致用，就不仅要能看出风尚之偏，而且要能看出"其所偏之中亦有不得而废者"①。他甚至认为："知求实而不蹈于虚，犹愈于掉虚文而不复知实学。"②这种对待学术流派的态度，是很可贵的。

综上所述，我们认为章学诚"六经皆史"说是针对空谈性命的宋学和务求考索的汉学两种不良学风提出的，主要锋芒是指向汉学流弊。在封建专制统治顽固的乾嘉时代，一般学者大多守口如瓶，终日埋头于故纸堆中做训诂名物工作，不敢接触现实社会问题，整个学术界处在万马齐暗的状态。章学诚标新立异，不为当时学风所囿，反而高唱"六经皆史"，六经皆是古代学术经世致用之作，是切合时事、反映时事、服务于时事的历史著作。学习六经，就是要学习它那"切合人事"的"经世"精神实质。由此可见，在章学诚的史学理论体系中，"经世致用"与"六经皆史"是两个互为表里、相辅相成的命题。"六经皆史"说是从古代学术的源头说起，论证史学经世致用的必然性和必要性，从而有力地批判了以脱离现实社会为共同特征的汉学、宋学两种学术倾向，从理论上大大深化发展了古代学术经世致用的优良传统。章学诚"六经皆史"说的最大意义就在于此。这一理论为后来的思想家龚自珍等人进一步发挥，从而成为近代经世致用学术思潮的理论根据。龚自珍在所著《古史钩沉论》中说："周之世官大者史。史之外无有语言焉，史之外无有文字焉，史之外无人伦品目焉。史存而周存，史亡而周亡。"而六经，不过是"周史之宗子也。《易》也者，卜筮之史也；《书》也者，记言之史也；《春秋》也者，记动之史也；《风》也者，史所采于民，而编之竹帛，付之司乐者也；《雅》、《颂》也者，史所采于士大夫；《礼》也者，一代之律令，史职藏之故府，而时以诏王者也；小学也者，外史达之四方，瞽史谕之宾客之所为也"。非但如此，龚自珍还进一步阐发章学诚"子集诸家，其源皆出于史"的观点，指出："诸子也者，周史之小宗也。故夫道家者流，言称辛甲、老聃；墨家者流，言称尹佚。辛甲、尹佚官皆史，聃实为柱下史。若道家、若

---

① 《说林》，《文史通义》内篇四。
② 《答沈枫墀论学》，《文史通义》外篇三。

农家、若杂家、若阴阳家、若兵、若术数、若方技，其言皆称神农、黄帝；神农、黄帝之书，又周史作职藏，所谓三皇五帝之书者是也。故曰：诸子也者，周史之支孽小宗也。"龚自珍所以极力论证六经、诸子皆属史学，无非也是为了反对乾嘉以来学者把史学研究局限在单纯考据这样一个狭隘的范围内，鼓励当代史学家走向社会，研究社会的各个方面。也唯有如此，才能充分发挥史学的社会功能。他曾尖锐地批评"近有一类人，以名物训诂为尽圣人之道，经师收之，人师摈之"①，并且一针见血地指出，这是一种与现实"绝无关系"的"琐碎"之学②。在当时沙俄不断向中国西北扩张，外国势力不断侵入我国海防边疆的形势下，龚自珍大喊史学要"经世"，并及时地把史学研究的重心转移到西北边疆史、蒙元史以及海防史的研究上来，通过研究，提出了加强海防、安定边疆、抵御外来侵略势力的一系列具体方案措施，从而把史学与"当世之务"真正结合起来，在历史与现实之间架起一座桥梁。这一举动，宣告了自乾嘉以来长期占据史学领域的沉闷气氛的结束，标志着中国古代史学逐渐从脱离现实的故纸堆中走向经世致用、走向现实世界。鸦片战争后，近代史学的研究重心转向注重当代、注重边疆、注重世界，一大批直接记述鸦片战争史的爱国主义史学著作问世，给近代中国人民的反侵略斗争提供了宝贵的经验。章学诚当时为挽救史学而高唱"经世致用"，大谈"六经皆史"，这一良苦用心，到这时才得到真正实现。③

四、批评戴震不能说是章氏"六经皆史"说的糟粕

章学诚在做学问上强调"经世致用"，对处于官学地位的考据学进行了系统、全面的分析和批判。在批判中，势必要涉及当时的社会名流和权威人物，所以他的这种批判精神，在当时社会不仅没有得到支持和欢迎，相反遭到了很不公平的待遇，明枪暗箭，一齐射来。特别是由于他点名批评了汉学大师戴震，因而长期遭到指责，说他批评戴震完全是出于"门户之见"，目

---

① 《与江子屏笺》，《龚自珍全集》第五辑，第 347 页。
② 《语录》"论嘉定钱宫詹大昕"条，《龚自珍全集》第八辑，第 429 页。
③ 参见叶建华：《龚自珍的史学理论述评》，《浙江社会科学》1990 年第 6 期；《近代文化的序幕——龚自珍学术思想述评》，《浙江学刊》1992 年第 4 期。

的在于"维持宋学"。直到现代，学术界还有许多同志持这种看法，有的还笼统地说章学诚批评戴震是其"六经皆史"说的糟粕。如周予同、汤志钧先生在前引《章学诚"六经皆史"说初探》一文中便说："戴氏用训诂学的形式以探求儒家'本义'，以建立自己的哲学，以痛斥当时代表统治地位的'宋学'，而章学诚却以为是其所病，这就和他的'校雠得失'不完全符合了。"于是他们断定这是章氏"六经皆史"说的糟粕。柴德赓先生则仅据章氏《书朱陆篇后》一篇文章就轻下结论，说："从章的立场说，六经不可议，朱熹也不能议，何况当时皇帝重程朱之学，又怎么可以轻议呢？一件事情，两种看法，戴章的优劣显然可见。"[①] 我们认为，这些评论是难以令人信服的。由于它关系到对章学诚学术思想和治学态度的评价，故有必要提出加以商榷。这些议论，只看到表面现象，未究其实质，只看到章学诚批评了戴震，不知道章学诚为什么要批评戴震，更不知道章学诚还赞扬了戴震，甚至是褒大于贬。下面我们从三个方面加以分析。

第一，章学诚为什么批评戴震。

章学诚和戴震第一次见面是在乾隆三十一年（1766），这时戴氏已成为享誉京师的学界名流了。这次会见是因郑成斋之言，章学诚前往戴氏馆舍拜访，"询其所学"，也就是特地上门求教。后来为了学术上的问题还当面进行过辩论。会见、交往和辩论，自然是他们之间得以相互了解的好机会。戴震对章学诚的为人及其学术宗旨是否了解，今天已不得而知，因为他流传下来的文章中，似乎都不曾涉及此事。而依章学诚自己所讲，真正了解自己学术宗旨的只有他的老师朱筠、好友邵晋涵两人而已。至于章学诚对于戴震，则自称是"真知戴氏"第一人。

戴震是乾隆时代第一流学者，是考据之风盛行时出现的一位不可多得的唯物主义思想家。然而当时大家都把他当作汉学大师来推崇，很少有人知道他是思想家。诚如后来梁启超所说："当时学者虽万口翕然诵东原，顾能知其学者实鲜。"[②] 章学诚很想为戴申辩，他在《文史通义》外篇三《与史余村》

[①] 柴德赓：《试论章学诚的学术思想》，《光明日报》1963年5月8日。
[②] 梁启超：《戴东原先生传》，《饮冰室文集》之四十，见《饮冰室合集》文集第14册，上海中华书局版。

信中曾说：

> 近三四十年，学者风气，浅者勤学而暗于识，深者成家而不通方，皆深痼之病，不可救药者也。有如戴东原氏，非古今无其偶者，而乾隆年间未尝有其学识，是以三四十年中人，皆视以为光怪陆离，而莫能名其为何等学；誉者既非其真，毁者亦失其实，强作解事而中断之者，亦未有以定其是也。

又在内篇二《书朱陆篇后》中指出："戴君下世，今十余年，同时有横肆骂詈者，固不足为戴君累；而尊奉太过，至有称谓孟子后之一人，则亦不免为戴所愚。身后恩怨俱平，理宜公论出矣；而至今无人能定戴氏品者，则知德者鲜也。"在这是非失主、公论未定之际，章学诚毅然肩负起评定戴氏学术地位的任务，这种举动难道能用"私心争气"来理解吗？所以，章学诚一再表明自己评论戴震，"无私心胜气"，"非好辩也"[1]。他在《文史通义》外篇三《答邵二云书》中说："夫爱美玉者，攻其瑕而瑜乃粹矣。仆之攻戴，欲人别瑕而择其瑜，甚有苦心，非好为掎摭也。"

章学诚所以急于为戴震申辩，一则要辨明戴氏学术造诣之真迹，证明其学术贡献不在于训诂名物，而在"于天人理气，发前人所未发"。章学诚认为，在当时"不知诵戴遗书而得其解者，尚未有人，听戴口说而益其疾者，方兴未已，故不得不辨也"[2]。再则章学诚早年学习上受戴震影响很大，看到戴氏学术不被人们真正领会，乃认为自己有责任加以申辩，以明是非。这在乾隆三十一年两人会见后章学诚写的《与族孙汝楠论学书》中表述甚明。这时章学诚才29岁，尽管这是第一次见面，戴震对自己学术宗旨的介绍，也仅"粗言崖略"，但章学诚已深感外界对戴氏学术的评价"不足以尽戴君"。即使如"当时中朝荐绅负重望者，大兴朱氏（筠河），嘉定钱氏（大昕），实为一时巨擘。其推重戴氏，亦但云训诂名物、六书九数，用功深细而已，及见《原善》诸篇，则群惜其有用精神耗于无用之地"。这种情况使章学诚

---

[1]《与史余村》，《文史通义》外篇三。
[2]《答邵二云书》，《文史通义》外篇三。

感到惶恐不安。为此，他曾"力争朱先生前，以谓此说似买椟而还珠。而人微言轻，不足以动诸公之听"，没有得到任何人的支持。尽管他很想为戴震申辩，并且写了专篇文章，毕竟还是担心社会舆论的压力太大而不敢示人。他说："惟仆知戴最深，故勘戴隐情亦最微中，其学问心术，实有瑕瑜不容掩者。已别具专篇讨论，箧藏其稿，不敢示人，恐惊曹好曹恶之耳目也。"[①] 又在《与史余村》信中说："别有专篇，辩论深细，此时未可举以示人，恐惊一时之耳目也。"写好文章，不敢公开拿出示人，当时的遭遇和心情可想而知。

章学诚为什么要批评戴震，他自己讲得很清楚，是为了"攻其瑕"而使"瑜乃粹"。他的批判，主要有下列几个方面：

（1）批评戴震夸大考据学的作用。我们知道，考据是进行学术研究（主要是文史方面）中的一个环节，是做学问过程中所采用的一种手段。对于它的作用，应当给予恰如其分的评价。章学诚对此有过精确的评论，指出它是做学问过程中不可缺少的"功力"，本身不是学问。可是戴震在当时不恰当地夸大了它的作用，以权威自居，危言耸听地训斥道："今人读书，尚未识字，辄目故训之学不足为。其究也，文字之鲜能通，妄谓通其语言；语言之鲜能通，妄谓通其心志。"[②] 在戴震看来，所谓识字就"当贯群经，本六书，然后为定"[③]。他还振振有词地说："诵《尧典》数行，至'乃命羲和'，不知恒星七政所以运行，则掩卷不能卒业；诵《周南》、《召南》，自'关雎'而往，不知古音，徒强以协韵，则龃龉失读；诵古《礼经》，先'士冠礼'，不知古者宫室、衣服等制，则迷于其方，莫辨其用；不知古今地名沿革，则《禹贡》、《职方》失其处所。"[④] 一句话，如果对六书、训诂不作研究，古代典章制度不搞清楚，就没有读五经的资格。根据这种主张，提出了"由字以通其词，由词以通其道"[⑤] 的治学方法，似乎只有这一渠道，才是求得学问的唯一正道。

---

① 《答邵二云书》，《文史通义》外篇三。
② （清）戴震：《尔雅注疏笺补序》，《戴震文集》卷3，中华书局1980年版。
③ 《与是仲明论学书》，《戴震文集》卷9。
④ 同上。
⑤ 同上。

章学诚对戴震的这些主张，逐条加以驳斥。他首先指出，六书、七音自可成为专门学业，由少数专门人员去研究，一般人粗通大意即可。如果说"六书不明，五经不可得而诵"，那么"六书数千年来，诸儒尚无定论，数千年人不得诵五经乎？"况且即使那些"专门名家"，"竭毕生之力"，尚且"莫由得其统贯"，他们之间"犹此纠彼议，不能画一，后进之士，将何所适从乎？"[①]至于古代典章制度，同样属于"专门绝业"，更不能"以此概人"。"必如其所举，始许诵经，则是数端皆出专门绝业，古今寥寥不数人耳，犹复此纠彼讼，未能一定，将遂古今无诵五经之人，岂不诬乎？"[②]寥寥数语，把戴震大言欺世、垄断学术的学阀作风批得淋漓尽致。《文史通义》外篇三《又与正甫论文》还列举历史事实，辛辣地讽刺道："孟子言井田封建，但云大略；孟献子之友五人，忘者过半；诸侯之礼，则云未学；爵禄之详，则云不可得闻。使孟子生后世，戴氏必谓未能诵五经矣！马、班之史，韩、柳之文，其与于道，犹马、郑之训诂，贾、孔之疏义也。戴氏则谓彼皆艺而非道，此犹资舟楫以入都，而谓陆程非京路也。"我们认为，这些批评无论在当时还是现在来看，都是正确的。

（2）批评戴震"心术未醇"。《文史通义》内篇二《书朱陆篇后》开头就说："戴君学问，深见古人大体，不愧一代巨儒，而心术未醇，颇为今日学者之患，故余作《朱陆》篇正之。""心术未醇"指的是戴震"忘本"。因为戴震自以为是朱子500年后第一人，并企图取而代之。他曾说自己，"自戴氏出，而朱子侥幸为世所宗已五百年，其运亦当渐替"。而且对于自己的观点"偶有出于朱子所不及者，因而丑贬朱子，至斥以悖谬，诋以妄作"。章学诚认为，这就是戴氏"心术不正"、"心术未醇"之处。在《文史通义》外篇三《又与朱少白书》中，章学诚指出：

> 戴君之误，误在诋宋儒之躬行实践，而置己身于功过之外，至于校正宋儒之讹误可也，并一切抹杀，横肆诋诃，至今休、歙之间，少年英俊，不骂程、朱，不得谓之通人，则真罪过。戴氏实为作俑。其实初听

[①] 《说文字原课本书后》，《文史通义》外篇二。
[②] 《又与正甫论文》，《文史通义》外篇三。

其说，似乎高明，而细核之，则直为忘本耳。夫空谈性理，孤陋寡闻，一无所知，乃是宋学末流之大弊。然通经服古，由博反约，即是朱子之教。……至国初而顾亭林、黄梨洲、阎百诗皆俎豆相承，甚于汉之经师谱系。戴氏亦从此数公入手，而痛斥朱学，此饮水而忘其源也。

章学诚批评戴氏心术不正，饮水忘源，这应当说批得并不完全对，因为戴震的唯物主义思想突出贡献之一正是表现在抨击程朱理学上，揭露理学"以理杀人"，比"以法杀人"更残酷。章学诚在《朱陆》等文章中，确实有些地方存在替朱熹辩解之词，反映了他的封建卫道士思想色彩。

（3）批评戴震在修志上的观点。章学诚与戴震在地方志的编修问题上，分歧很大。他们曾针锋相对地当面进行过论战。乾隆三十八年（1773）夏，章学诚在宁波道署见到了戴震，是时戴氏年已50，正主讲于浙东金华书院，而章学诚年仅36岁。当时戴震新修成《汾州府志》和《汾阳县志》两部，当他看到章学诚《和州志例》时，很不以为然，说："修志但当详地理沿革，不当侈言文献。"于是，两人当面争论起来。事后，章学诚写了一篇《记与戴东原论修志》，记述了当时两人争论的要点。戴震把方志看作地理书类，因此主张"志以考地理，但悉心于地理沿革，则志事已竟。侈言文献，岂所谓急务哉？"对此，章学诚予以反驳，指出："方志如古国史，本非地理专门。如云'但重沿革，而文献非其所急'，则但作沿革考一篇足矣，何为集众启馆，敛费以数千金，卑辞厚币，邀君远赴，旷日持久，成书且累函哉？"况且，"考沿革者，取资载籍；载籍具在，人人得而考之"。但是，"一方文献，及时不与搜罗，编次不得其法，去取或失其宜，则他日将有放失难稽，湮没无闻者矣"。他们争论的焦点，看起来不过是方志的性质和内容，但其实质仍反映了他们各自的治学方法和学术宗旨。按照戴震的主张，其结果就很容易把当时考据学家那种专务考索地理沿革、埋头古书、轻视当代文献、不问现实政治的不良学风带到修志领域。其内容自然是"厚古薄今"，不能反映当代社会情况。章学诚本着"经世致用"的观点，认为一方之志，要"切于一方之实用"，既要对社会起教育作用，又能为国史编修提供材料。因此，它的取材必须来自当时的一方文献。"考古固宜详慎，不得已而势不两全，无宁重文献而轻沿革耳。"① 可见，就此争论而言，两者相较，章学诚的主张显然要比戴震高出一筹。

第二，章学诚批评戴震并非出于"维持宋学"。

因为戴震是"汉学大师"，他攻击宋学，而章学诚则抨击汉学很激烈，又批评戴震，所以长期以来，人们几乎众口一词认为章学诚批评戴震是出于"维持宋学"，抱"门户之见"。我们认为，这种结论不是从事实中得出，而是根据现象用推理的方法引申出来的，不能令人信服。戴震攻击宋学是事实，章学诚指责汉学又批评戴震也是事实，但由此而得出章学诚批评戴震是"维持宋学"、抱"门户之见"的结论是不妥的。

只要我们稍作研究就可发现，指责章学诚"维持宋学"的说法由来已久。当他在世时，此说已相当流行。有人批评他的某些文章如《原道》篇等，实"蹈宋人《语录》习气"。为什么会产生这种看法呢？那是因为章学诚在这些文章中从理论上论述了"道"与"器"的关系。在当时，只能从事考据，而不能谈理论，谁谈理论就会被指责为"蹈宋人《语录》习气"，这本来是不正常的现象。遗憾的是，时至今日，有的同志不是去批判这种不正常现象，反而随声附和，指责章学诚是在"维持宋学"。事实上，章学诚在《原道》篇的下篇，着重对宋儒的一些主要论调作了批判，指出：夫子所言"无非性与天道，而不明著此性与天道者，恐人舍器而求道也。夏礼能言，殷礼能言，皆曰'无征不信'，则夫子所言，必取征于事物，而非徒托空言以为明道也。曾子真积力久，则曰'一以贯之'，子贡多学而识，则曰'一以贯之'，非真积力久与多学而识，则固无所据为一之贯也。训诂名物，将以求古圣之迹也，而侈记诵者如货殖之市矣；撰述文辞，欲以阐古圣之心也，而溺光采者如玩好之弄矣。……记诵之学，文辞之才，不能不以斯道为宗主，而市且弄者之纷纷忘所自也。宋儒起而争之，以谓是皆溺于器而不知道也。夫溺于器而不知道者，亦即器而示之以道斯可矣。而其弊也，则欲使人舍器而言道。夫子教人'博学于文'，而宋儒则曰'玩物丧志'；曾子教人'辞远鄙倍'，而宋儒则曰'工文则害道'。夫宋儒之言，岂非末流良药石哉！然药石所以攻脏腑之疾耳，宋儒之意，似见疾在脏腑，遂欲并脏腑

---

① 《记与戴东原论修志》，《文史通义》外篇四。

而去之。将求性天，乃薄记诵而厌辞章，何以异乎？……义理不可空言也，博学以实之，文章以达之，三者合于一，庶几哉，周孔之道虽远，不啻累译而通矣"。细读这段议论，怎么能分析出章学诚"维持宋学"、"蹈宋人《语录》习气"呢？可见当时人也不过是出于望文生义。后来胡适、姚名达在所著《章实斋先生年谱》中亦因此认为"先生是维持'宋学'的人"。这里必须指出的是，胡适非常欣赏考据学家的所谓"治学精神"，把它吹捧成什么"近代的科学方法"，而章学诚抨击汉学比较激烈，胡适有此议论，不足为奇。章学诚批评了汉学家逃避现实，盛气凌人，不可一世的傲世作风，指出："尊汉学，尚许郑，今之风尚如此，此乃学古，非即古学也。"[①] 这些批评，全是针对当时的社会风气提出的，不应遭到非议。他对戴震的批评也是事出有因，即戴震不应把考据夸大到不适当的地步。正是基于这种社会学风，章学诚才提出要学者们不应忽视宋学的作用。他认为宋学讹误，本当校正，"空谈性理，孤陋寡闻，一无所知"，是宋学末流之大弊。但不能因末流之弊就采取"一切抹杀，横加诋诃"的态度。他在《文史通义》外篇三《家书五》中说："君子学以持世，不宜以风气为轻重；宋学流弊，诚如前人所讥，今日之患，又坐宋学太不讲也。往在京师，与邵先生言及此事，邵深谓然。……邵言即以维持宋学为志。吾谓维持宋学，最忌凿空立说，诚以班、马之业而明程、朱之道，君家念鲁志也，宜善成之！……尔辈此时讲求文辞，亦不宜略去宋学；但不可堕入理障，蹈前人之流弊耳。"非常明显，提出"以维持宋学为志"者是邵晋涵，而不是章学诚。章学诚并没有说要维持宋学，只是认为对于宋学的一些长处，做学问的人要继承下来。所以，当他听到邵晋涵的说法以后，当即指出"维持宋学，最忌凿空立说"。他教导自己的子弟学习中"不宜略去宋学，但不可堕入理障，蹈前人之流弊"。他抨击宋学末流，认为宋学所以"见讥于大雅"，是因为"空谈义理以为功"[②]，"舍器而求道，舍今而求古，舍人伦日用而求学问精微"[③]。可见章学诚也反对宋学，而所要维持的只是宋学中的有用部分。

---

① 《说林》，《文史通义》内篇四。
② 《浙东学术》，《文史通义》内篇二。
③ 《史释》，《文史通义》内篇五。

至于说章学诚"抱门户之见",更属无稽之谈。他在当时的境遇,是"一时通人亦多不屑顾盼","人微言轻","一时通人所弃置而弗道"。讲话都无人听,还谈得上树立什么"门户"!他大声疾呼反对"门户之见",认为学者不可无宗主,而必不可有门户;有了门户之见,就会影响自己的学业上进。反对门户之见,是清初浙东史学的特色之一,章学诚身为浙东史学成员之一,也具有这一优良传统。关于这一点,还将在本书后面的章节中论及。

第三,章学诚对戴震褒大于贬。

现存章学诚著作中论及戴震的文字很多,我们加以通盘分析,深深感到他对戴震的评论是褒扬大于批评。由于学术见解上的分歧,章学诚对戴震的批评确实不少,但同他对戴震学术造诣的赞扬推崇程度相比,不可同日而语。章学诚肯定戴震是一位考据学家,深通训诂名物,不愧为一代巨儒。特别是他的考据"将以明道",与那些"无所为而竟言考索"者大不相同。既有征实,又有发挥,"其所考订与所发挥,文笔清坚,足以达其所见"[①],"实有见于古人大体",故而认为"近日言学问者,戴东原氏实为之最!"[②]这是多么高的评价。我们知道,戴震是考据之风盛行时出现的一位杰出思想家,但当时能从这方面认识和肯定他的人并不多。"众所推尊"的,仅在其"训诂解经"方面。许多人还指责"戴东原言考证岂不佳,而欲言义理,以夺洛、闽之席,可谓愚妄不自量之甚矣"[③]。而章学诚却在《文史通义》外篇三《答邵二云书》中明确指出,自己生平所见,"而求能深识古人大体,进窥天地之纯,惟戴氏可与几比","戴氏笔之于书,惟辟宋儒践履之言谬尔,其他说理之文,则多精深谨严,发前人所未发,何可诬也!"不仅如此,他还在外篇三《与史余村》中说:"有如戴东原氏,非古今无其偶者,而乾隆年间,未尝有其学识。"非常明显,章学诚当时已经看出戴震的学术贡献并不单纯在考据,也不单纯是一位"汉学大师",他"非徒矜考据而求博雅",所著《论性》、《原善》诸篇,皆"精微醇邃",实为发前人所未发。而当时许多学者称戴震的这些文章是"空言义理,可以无作"[④],并"惜其有用精神耗于无

[①] 《答沈枫墀论学》,《文史通义》外篇三。
[②] 《又与正甫论文》,《文史通义》外篇三。
[③] (清)姚鼐:《与陈硕士》,《惜抱轩尺牍》卷6,清同治刻本,浙江大学图书馆藏。
[④] 《书朱陆篇后》,《文史通义》内篇二。

用之地"①。众所周知,像《论性》、《原善》等文章都是反映戴震学术思想的极重要资料,当时的人们指责它无用,章学诚则多方向人推荐,极力赞扬。

章学诚还认为,戴震做学问,既学于古,又不曲泥于古,也没有蔑古,而是具有独创精神。在章学诚的眼里,当时学者中足以成家的并不多,而戴震"成家实出于诸人之上"。他在《文史通义》外篇二《郑学斋记书后》中有这样一段评论:

> 戴君说经不尽主郑氏说,而其《与任幼植书》,则戒以轻畔康成,人皆疑之,不知其皆是也。大约学者于古,未能深究其所以然,必当墨守师说,及其学之既成,会通于群经与诸儒治经之言,而有以灼见前人之说之不可以据,于是始得古人大体而进窥天地之纯。故学于郑而不敢尽由于郑,乃谨严之至,好古之至,非蔑古也。乃世之学者,喜言墨守,墨守固专家之习业,然以墨守为至诣,则害于道矣。

在这篇文章中,章学诚批判了墨守陈言、因袭旧说的治学态度,为戴震进行辩解,指出"学于郑而不尽由于郑",正是戴震的高明之处。章学诚在学术上向来贵发明创造,反对因循守旧。文中即说,做学问,与其"安坐而得十之七八,不如自求心得者之什一二"。至于必要的师承关系固不可缺少,但只能作为学问上"自求心得"的过渡而已。这种要求无疑是高标准的,在章学诚看来,戴震确实做到了这一点。

总之,我们认为,章学诚对戴震的学术成就,肯定大于否定,褒扬大于贬斥。尽管有些地方批评相当激烈,甚至并不恰当,但总的精神还是为了"攻瑕而瑜亦粹",根本不存在"恶语中伤"的诽谤。他对戴氏的批评,除上面已列举者外,在《答沈枫墀论学》中还认为戴震"不解史学","记传文字,非其所长,纂修志乘,固亦非其所解"。这些批评,是基本符合戴震的实际情况的,无可非议。不应当因为章学诚批评了戴震,就不加分析地给他扣上"维持宋学"、"抱门户之见"、"六经皆史说之糟粕"等罪名,因为这不符合历史事实。

---

① 《答邵二云书》,《文史通义》外篇三。

第三节 史义论

阐发"史义",是章学诚史学理论的一个重要组成部分,也是其史学思想的中心之所在,它最终把中国古代的史学理论推向最高峰。而在乾嘉时期被提出,则又赋予了十分重要的现实意义。

前面说过,章学诚大谈史学必须经世致用,并高唱"六经皆史",以此来说明史学经世之重要。然而,在章学诚看来,史学的经世致用并不只是一句口号而已,而是关系到整个史学理论的关键。所以,在正面强调史学经世致用之重要性的同时,他又把它上升到史学理论和观点的高度,认为史学要经世致用,就必须推明史学义蕴,具备一定的历史理论和观点,史义,既是史学"明道"的途径,也是史学"经世"的关键所在。所以,对"史义"的阐述,构成了章学诚史学理论中最富哲理性的内容。

"史义"说,并非章学诚所发明,它是相对于"史事"、"史文"而言的。史事,即历史事实;史文,即历史文笔;而史义(又作"史意"),则是指历史理论和观点。孔子作《春秋》,便以独得"史义"而自负。后来的史家如司马迁等在史书创作实践中,也都非常重视史义,但是,史学家却极少从理论上加以总结发挥。北魏史家李彪和高祐在奏请纂修国史的表中,提出"史意"概念,用以指史家撰史的用意和思想,认为"立书之旨,随时有异",《左传》属词比事,"可谓存史意,而非全史体",但并未展开论述。[①] 即便是史学理论名家刘知幾,在其代表作《史通》中,对这个问题也是阐述不多,而重点仍在史学方法论的论述。元代学者揭傒斯曾指出:"欲求作史之法,须求作史之意。古人作史,虽小善必录,小恶必记。不然,何以示惩劝?"[②] 这里的"作史之意",仍然局限于善恶必载的史学方法和态度,且未能进一步展开论述。总之,"史义"之提出,虽在孔子之时,但却从未有人真正对它加以理论总结。特别是唐宋以后,史义几被淹没,从而造成史家创造力的窒息,史学产生危机。不讲史义,是史学的一大灾难。章学诚在《文史通

---

① 《高祐传》,《魏书》卷 57,中华书局标点本。

② 《揭傒斯传》,《元史》卷 181,中华书局标点本。

义》外篇四《和州志志隅自叙》中说：

> 获麟而后，迁、固极著作之能，向、歆尽条别之理，史家所谓规矩方圆之至也。魏、晋、六朝，时得时失，至唐而史学绝矣。其后如刘知幾、曾巩、郑樵，皆良史才，生史学废绝之后，能推古人大体，非六朝、唐、宋诸儒所能测识，余子则有似于史而非史，有似于学而非学尔。然郑樵有史识而未有史学，曾巩具史学而不具史法，刘知幾得史法而不得史意，此予《文史通义》所为作也。

明确表明自己撰作《文史通义》的目的之一就是为了阐发史学的"义"——"史意"这个历来被史学家所忽视的重要课题。他自信阐发"史义"，乃是一件发凡起例、为后世开山的重要工作。所以，他在《文史通义》外篇三《家书二》中又说："吾于史学，盖有天授，自信发凡起例，多为后世开山，而人乃拟吾于刘知幾。不知刘言史法，吾言史意；刘议馆局纂修，吾议一家著述。截然两途，不相入也。"事实也确实如此，刘知幾生活的时代，正是中国封建社会从前期进入后期之际。在封建社会前期，随着经济文化的发展，史学取得了巨大成就，编年纪传二体，历代都在交互采用，并出现了大量著作，但也存在不少问题。如何评价前一阶段的史学成就，批判其错误，总结其经验，以便更好地指导今后史书的编纂，成为这一历史转变时期亟待解决的任务。刘知幾的《史通》正是适应这一时代的要求而产生的。《史通》是一部论述历史编纂学的史学方法论专著，从史体的长短得失，到史书的编写内容，从史料的搜集、审核和选用，到文章的叙述方法、形式和技巧，都备论无遗。章学诚也是以史学理论著名，他的《文史通义》可与《史通》媲美，清代许多学者曾称他为"国朝之刘子元"。不过，两人虽然同以史学理论著称，但评论重点不尽相同，"名曰同条共贯，实则分道扬镳"[1]。正如章学诚自己所说："刘言史法，吾言史意；刘议馆局纂修，吾议一家著述。"他对刘知幾的历史编纂学有继承和发展，而刘氏论述不多的史意，更成了他发展的重点。这实际上也是时代的一种客观要求，是史学发展到乾

---

[1] （清）萧穆：《跋文史通义》，《敬孚类稿》卷5，光绪三十二年刻本。

嘉时期而迫切需要解决的理论课题。乾嘉时期，已是封建社会末期，作为封建社会上层建筑组成部分的史学，已发展到登峰造极阶段，各种史体均已成熟，史学方法论在刘知幾时已打下了坚实的基础，唯独史意有待于阐明。因此，如何从理论上阐明历史的重要性，阐明历史理论和观点在历史著作中所起的灵魂和支配作用，就成为这一时期史学理论园地里一个重要课题。可是，当时第一流的史家钱大昕、王鸣盛、赵翼等人所从事的工作，不过是对古史的校证、考核，既不谈发凡起例的创新，也极少讲历史的理论和观点。他们的《廿二史考异》、《十七史商榷》、《廿二史劄记》等书，虽在古史的整理考订上贡献很大，但在时代迫切需要解决的历史理论和观点方面，却无所发明。在这种情况下，如何阐明史学研究的理论和观点，强调历史的意义和作用，就更显得重要。因此，研究史意，便成为章学诚治史的重点。《文史通义》中许多篇章都从不同角度来反复论述史意，要求史家"作史贵知其意"，并将史意问题看作是关系到"史氏之宗旨"的重点问题。

《文史通义》外篇四《和州志前志列传序例上》云：

> 记曰："疏通知远，《书》教也；比事属辞，《春秋》教也。"言述作殊方，而风教有异也。孟子曰："颂其诗，读其书，不知其人可乎？"言坟籍具存，而作者之旨，不可不辨也。古者史官，各有成法，辞文旨远，存乎其人，孟子所谓其文则史，孔子以谓义则窃取。明乎史官法度不可易，而义意为圣人所独裁。然则良史善书，亦必有道矣。

外篇四《和州志文征序例》云：

> 史氏之书，义例甚广。……至于元人《文类》，则习久而渐觉其非，故其撰辑文辞，每存史意，序例亦既明言之矣。

外篇五《永清县志列传序例》云：

> 史文有褒贬，《春秋》以来，未有易焉者也。……志家选史传以入艺文，题曰某史某人列传矣。按传文而非其史意也，求其所删所节之

故，而又无所证也。是则欲讳所短，而不知适以暴之矣。

内篇四《申郑》云：

孔子作《春秋》，盖曰其事则齐桓、晋文，其文则史，其义则孔子自谓有取乎尔。夫事即后世考据家之所尚也，文即后世词章家之所重也，然夫子所取，不在彼而在此，则史家著述之道，岂可不求义意所归乎？

内篇四《言公上》云：

载笔之士，有志《春秋》之业，固将惟义之求，其事与文，所以藉为存义之资也。……作史贵知其意，非同于掌故，仅求事、文之末也。……此则史氏之宗旨也。苟足取其义而明其志，而事次文篇，未尝分居立言之功也。

内篇五《史德》云：

史所贵者，义也；而所具者，事也；所凭者，文也。

外篇四《方志立三书议》云：

国史、方志，皆《春秋》之流别也。譬之人身，事者其骨，文者其肤，义者其精神也。断之以义，而书始成家，书必成家，而后有典有法，可诵可识，乃能传世而行远。

外篇六《为张吉甫司马撰大名县志序》又云：

志者，志也。其事、其文之外，必有义焉，史家著作之微旨也。

在章学诚看来，"史义"始终是最重要的，是本，而事和文不过是作为存义的材料和工具。强调史义的头等重要性，并不是不要事和文，只有将三者有机地结合起来，才称得上完整意义上的史学。具体到史学著作之中，就是处理好义理、考据和辞章三者之间的关系。《文史通义》内篇二《原道下》说："训诂章句，疏解义理，考求名物，皆不足以言道也。取三者而兼用之，则以萃聚之力补遥溯之功，或可庶几耳。……述事而理以昭焉，言理而事以范焉，则主适不偏，而文乃衷于道矣。"但三者的轻重主次之别，又不可不分清，章学诚将"史义"比作人之"精神"，是十分生动和形象的。

然而，我们必须进一步深刻领会的是，章学诚所强调的"史义"，又非一般人所能掌握的浅显的"义"，而是具有很高的标准和深刻的内涵，那就是要掌握那些能反映历史运动发展趋势的历史理论和观点，能"推明大道"、"持世救偏"的历史理论和观点。这就把"史义"论与史学"经世"论有机联系起来，使其成为不可分割的两个方面和层次。《文史通义》内篇四《答客问上》有云：

> 史之大原本乎《春秋》，《春秋》之义昭乎笔削。笔削之义，不仅事具始末、文成规矩已也。以夫子义则窃取之旨观之，固将纲纪天人，推明大道，所以通古今之变而成一家之言者。

内篇五《史德》又云：

> 史之义出于天，而史之文不能不藉人力以成之。

这就高度揭示了"史义"的内涵和实质，即能"纲纪天人，推明大道"，阐明历史发展客观过程（"天"）的历史理论和观点。而不能做到这一点，是称不上具"史义"的，"无当于古人之要道，所谓似之而非也。学者将求大义于古人，而不于此致辨焉，则始于乱三而六者，究且因三伪而亡三德矣"[①]。所以，章学诚反对拿似是而非的东西来充当"史义"，认为那样不仅害了"义"，也因而害了整个史学。"史家之书，非徒纪事，亦以明道也。如使

[①] 《质性》，《文史通义》内篇三。

《儒林》、《文苑》，不能发明道要，但叙学人才士一二行事，已失古人命篇之义矣。"①

正是在强调史学必须掌握能"纲纪天人，推明大道"的理论和观点的同时，章学诚大胆提倡"成一家之言"的"独断之学"。认为只有具备了上述"史义"的著作，才真正称得上是"成一家之言"的"独断"著作，否则便至多只是史料汇编之类的资料书。《文史通义》内篇四的《答客问》上、中、下三篇便集中阐述了这个问题。

第四节 史德论

历史研究，是对客观历史的一种认识活动，认识的真实性如何，不能不受到研究者自身的认识水平和能力的制约。所以，史家自身的修养对于历史研究来说也是至关重要的。章学诚对史家修养的理论贡献，突出地表现于，他在总结前人思想成果的基础上，提出了"史德"论，大大完善和深化了古代史家修养的理论，从而为中国古代史学理论建立起又一块丰碑。

在中国史学史上，对史家自身修养的培育一直比较重视。早在先秦时期，史学正在逐渐形成的时候，就对史家自身修养提出了要求。孔子即率先强调史家应"书法不隐"，也就是要直笔，并将它作为"良史"的标准。其后史家也一直以据事直书为史家必须坚持的原则，而反对曲笔隐讳、毁誉任情等不良作风。司马迁《史记》被称为"不虚美，不隐恶，善恶必书"的"实录"之作，而魏收的《魏书》则被视作"曲笔"、"秽史"的典型。刘勰在《文心雕龙·史传》中对史家提出"素心"的要求，认为史家在分析评价历史时，应做到"析理居正"，从而使史家修养论略具理论色彩。②《隋书·经籍志》作者对史家所应具备的修养也有过概括和总结。其云：

夫史官者，必求博闻强识，疏通知远之士，使居其位，百官众职，

---

① 《永清县志前志列传序例》，《文史通义》外篇五。
② 参见叶建华：《论〈文心雕龙〉在古代史评史上的地位》，《杭州大学学报》1987 年第 2 期。

咸所贰焉。是故前言往行，无不识也；天文地理，无不察也；人事之纪，无不达也。内掌八柄，以诏王治；外执六典，以逆官政。书美以彰善，记恶以垂戒，范围神化，昭明令德，穷圣人之至赜，详一代之亹亹。①

就连统治者如唐高宗也曾对史官所应具备的德行和学识提出了明确的要求："修撰国史，义在典实。自非操履贞白，业量该通，谠正有闻，方堪此任。"②

刘知幾则明确提出史家"三长"论，他在回答礼部尚书郑惟忠的提问时说：

史才须有三长，世无其人，故史才少也。三长，谓才也，学也，识也。夫有学而无才，亦犹有良田百顷，黄金满籝，而使愚者营生，终不能致于货殖者矣。如有才而无学，亦犹思兼匠石，巧若公输，而家无楩柟斧斤，终不果成其宫室者矣。犹须好是正直，善恶必书，使骄主贼臣所以知惧。此则为虎傅翼，善无可加，所向无敌者矣。脱苟非其才，不可叨居史任，自夐古已来，能应斯目者罕见其人。③

此后的史学批评，便以才、学、识三者来衡量一位史家的修养。但刘知幾的史家"三长"论，仅仅是提出了一个基本概念，用比喻的方式说明了"三长"在史家撰述过程中的作用及相互关系，并未对"三长"的具体内容加以理论上的阐述。在其史学理论代表作《史通》中，也没有明确说明。所以，后来的史评家又逐渐加以补充和发挥。如北宋曾巩对"良史"提出了"明"、"道"、"智"、"文"四条标准，他说：

尝试论之，古之所谓良史者，其明必足以周万事之理，其道必足以适天下之用，其智必足以通难知之意，其文必足以发难显之情，然后其

---

① 《经籍志二》，《隋书》卷33，中华书局标点本。
② 《简择史官诏》，《唐大诏令集》卷81，四库全书本。
③ 《刘子玄传》，《旧唐书》卷102。

任可得而称也。①

这四条标准，与刘知幾的才、学、识三长相比较，突出了"适天下之用"②的要求。到元代揭傒斯，则涉及了史家的"心术"问题。《元史》本传载：

> 诏修《辽》、《金》、《宋》三史，傒斯与为总裁官。丞相问："修史以何为本？"曰："用人为本。有学问文章而不知史事者，不可与；有学问文章，知史事，而心术不正者，不可与。用人之道，又当以心术为本也。"

这里，揭傒斯提出"心术"问题，最值得我们注意。在他看来，学问、史事与心术三者之中，"心术"正与不正最为重要，故其结论是，修史以用人为本，用人之道，又当以心术为本。

明代胡应麟，又在刘知幾的"三长"之外，补充了"二善"。他说：

> 才、学、识三长，足尽史乎？未也。有公心焉，直笔焉，五者兼之，仲尼是也。董狐、南史，制作无征，维公与直，庶几尽矣。秦汉而下，三长不乏，二善靡闻。③

其实，胡应麟的"二善"是互为表里的一码事，"公心"是"直笔"的主观前提，"直笔"是"公心"的客观必然。两者似不必分而为二。但胡应麟却认为两者内容也未必完全相符，所以，他紧接着解释自己为何将两者分之为二的理由：

> 直则公，公则直，胡以别也？而或有不尽符焉。张汤、杜周之酷，附见他传，公矣，而笔不能无曲也；裴松、沈璞之文，相讦一时，直

---

① （宋）曾巩：《南齐书目录序》，《曾巩集》卷11，中华书局1984年版。
② 参见叶建华：《曾巩史学思想简论》，《中州学刊》1990年第2期。
③ （明）胡应麟：《史书占毕一》，《少室山房笔丛》卷13，中华书局1958年版。

矣，而心不能无私也。夫直有未尽，则心虽公犹私也；公有未尽，则笔虽直犹曲也。其圣人乎？彼子西不害其为公，礼哀公无损其为直。……陈、范有史才而无史学，沈、魏赢史学而乏史才，左、马、班氏，足称具美，其识虽互有是非，然创始之难百倍因也，故非后人之所及也。

章学诚对这些理论和观点加以总结和概括，对史家修养提出了更为完整、深刻的理论，特别是在总结刘知幾才、学、识三长理论的基础上，明确提出了"史德"论，并在《文史通义》中，专立《史德》一篇，加以阐发。他说：

才、学、识，三者得一不易，而兼三尤难，千古多文人而少良史，职是故也。昔者刘氏子玄，盖以是说谓足尽其理矣。虽然，史所贵者义也，而所具者事也，所凭者文也。孟子曰："其事则齐桓、晋文，其文则史，义则夫子自谓窃取之矣。"非识无以断其义，非才无以善其文，非学无以练其事，三者固各有所近也，其中固有似之而非者也。记诵以为学也，辞采以为才也，击断以为识也，非良史之才、学、识也。虽刘氏之所谓才、学、识，犹未足以尽其理也。夫刘氏以谓有学无识，如愚估操金，不解贸化，推此说以证刘氏之指，不过欲于记诵之间，知所决择以成文理耳。……此犹文士之识，非史识也。能具史识者，必知史德。德者何？谓著书者之心术也。夫秽史者所以自秽，谤书者所以自谤，素行为人所羞，文辞何足取重！魏收之矫诬，沈约之阴恶，读其书者先不信其人，其患未至于甚也。所患夫心术者，谓其有君子之心而所养未底于粹也。……文史之儒，竞言才学识而不知辨心术，以议史德，乌乎可哉？

这里，章学诚对才、学、识、德四者都作了论述，特别是讲清了它们之间的区别与联系。作为一个优秀史学家，"史才"、"史学"不可缺少，文章不生动流畅，就达不到良好的教育效果；历史要通过具体史事来体现，没有丰富的史实，就无从编写。所以，章学诚在文中又说："史所载者事也，事必藉文而传，故良史莫不工文。"但是，"史识"比之才与学来，显得更为重要，单有好的文笔和丰富的历史知识，若无观察历史的识别能力，对历史事件就无法作出正确的判断。然而，在章学诚看来，刘知幾的才、学、识三长"犹未足以尽其理也"，因为还有更重要的一点，那就是"史德"，即"著书者之心术"，也就是史家作史，能否忠实于客观史实，做到"善恶褒贬，务求公正"的一种品德。故而《史德》篇又说："史之义出于天，而史之文不能不藉人力以成之……故曰心术不可不慎也。"可见，章学诚的"史德"论，是在刘知幾才、学、识三长之外，再增添一个要求，也就是对揭傒斯、胡应麟所言"心术"、"公心"和"直笔"论的概括总结和理论发挥。

对于章学诚在"三长"之外再增添"史德"的主张，近来学术界有些同志颇不以为然。他们认为章学诚的"史德"论实际上已经包含在刘知幾的"史识"之中了，所以，章氏的"史德"论既非新鲜，亦无多大贡献。如邓瑞同志在文章中这样说："史才，可以解作泛指搜集、鉴别和组织史料的能力，也就是叙述事实，记载语言及写作文章的能力，以及运用体例，编写史书内容的能力。史学，是指一个人掌握丰富的史料、历史知识等。史识，是指史家要具备秉笔直书，忠于史实的品德和应有的独立见解。他（指刘知幾）表示最难得的是史识，次为史才，再者为史学。清代学者章学诚曾谈到'史德'，实已寓于刘氏的'史识'之中。"①我们认为，这样解释才、学、识并不妥当，尤其是说"史德"实已寓于刘氏的"史识"之中，更值得商榷。这里有必要辨明如下：

我们认为，刘、章二人所谓的"才"，就是指写文章的表达能力。有了丰富的史料，如何进行分析、组织、整理、加工，使之成为一篇人人爱读的好文章，也就是做到刘知幾所说的"刊勒一家，弥纶一代，使其始末圆备，表里无咎"②，那是需要一定才能的。故章学诚也说："非才无以善其文"，"辞采以为才也"。所谓"学"，是指具有渊博的历史知识，掌握丰富的历史资料，也就是刘知幾所说的"博闻旧事，多识其物"③。故章学诚也说："非学无以练其事"，"记诵以为学也"。所谓识，则是指对历史发展、历史事件和历史人物的是非曲直的一种观察、鉴别和判断能力。用刘知幾本人的话来

---

① 邓瑞：《试论刘知幾对史学的贡献》，《学术月刊》1980年第10期。
② （唐）刘知幾：《核才》，《史通》卷9，上海古籍出版社1978年版《史通通释》本，第250页。
③ 《杂述》，《史通》卷10，第277页。

说，就是"假有学穷千载，书总五车，见良直而不觉其善，逢牴牾而不知其失，葛洪所谓'藏书之箱箧'，'五经之主人'。而夫子有云：'虽多亦安用为？'其斯之谓也"①。这就是说，纵有极为丰富的知识，如果没有判别史料真伪牴牾的能力，也是枉然，只不过是个书呆子。故而章学诚也说："非识无以断其义"，"击断以为识也"。可见，邓瑞同志对才、学、识的解释，有失刘知幾原意，而"史识"更不会包含"史德"在内。也正因为此，胡应麟指出，衡量一个史家的好坏，才、学、识三长标准还是不够的，"三长"之外，还要加上"二善"。所以到了清代，章学诚就概括前人所论，明确提出"史德"的标准，以补充和完善刘知幾的"三长"理论。这就说明，刘知幾的"史识"之中是没有把"史德"的内容包括进去的，所以后人才会提出补充意见。

有些学者所以会对"史识"产生误解，主要原因在于对刘知幾同郑惟忠的那段对话理解有误。因为在刘氏的那段话中，除了对史学、史才作了比喻外，接着说："犹须好是正直，善恶必书，使骄主贼臣所以知惧。此则为虎傅翼，善无可加，所向无敌矣。"把这几句话所说的内容当作刘知幾对"史识"的解释，其实是误解。刘知幾从未明确地说明这是史识的内容，实际上它是对上述所说的内容作进一步的补充。从语法结构来看，"犹须"云云，显然是补充上面未尽之意，而不是用来解释上面的内容。

另外，从字面或字义上看，"史识"也无法解释出具有"史德"的内容来。我们还是用刘知幾的言论来说明。他在《史通·鉴识》篇说："夫人识有通塞，神有晦明，毁誉以之不同，爱憎由之各异，盖三王之受谤也，值鲁连而获申，五霸之擅名也，逢孔宣而见诋。斯则物有恒准，而鉴无定识，欲求铨核得中，其惟千载一遇乎？况史传为文渊浩广博，学者苟不能探赜索隐，致远钩深，乌足以辨其利害，明其善恶？"非常明显，刘知幾所说的"识"，显然还是指鉴别、判断而言。他说事物本身有一定的准则，由于每个人的"识有通塞"，因而才产生"鉴无定识"，对于同样事物的看法各有不同，这当然也就很难做到"辨其利害，明其善恶"。这种不辨利害，不明善恶，并不是出于作者主观上故意如此，与"心术"正与不正尚未直接联

---

① 《杂说下·杂识》，《史通》卷18，第526页。

系起来考虑，而主要是指由于识别能力所限，因而对历史事件、历史人物不能作出正确的评价。这就是刘知幾从正面对"史识"所作的解释。为了说明问题，我们不妨再引一段他从反面对"史识"的论述。《史通·杂说下》云："观刘向对成帝称武、宣行事，世传失实，事具《风俗通》，其言可谓明鉴者矣。乃自造《洪范五行》及《新序》、《说苑》、《列女》、《神仙》诸传，而皆广陈虚事，多构伪辞，非其识不周而才不足，盖以世人多可欺故也。呜呼！后生可畏，何代无人，而辄轻忽若斯者哉！夫传闻失真，书事失实，盖事有不获已，人所不能免也。至于故为异说，以惑后来，则过之尤甚者矣。"为什么会"故为异说，以惑后来"？刘知幾明明说是"非其识不周而才不足，盖以世人多可欺故也"。可见，在刘知幾看来，如果一个史家"故为异说，以惑后来"，那就不仅仅是史识、史才、史学的问题了，所以，他在强调才、学、识的同时，又强调"犹须好是正直，善恶必书"。在《史通》中，他还专立《直书》、《曲笔》两篇，对这个问题加以阐述，而这些内容才真正可以看作章学诚"史德"论的主要内容之一，它与"史识"的内容是有明显不同的。刘知幾与胡应麟等人一样，强调据事直书，反对曲笔隐讳，但却没有明确提出"史德"这个概念，从史家修养的理论高度加以概括，这个工作，是由章学诚完成的。

总之，诚如施丁先生所说，刘知幾的"史识"，"主要是个识断问题，即观点问题；而章学诚的'史德'，是对史家的修史思想而言的，侧重于思想修养问题，还包含有立场问题。识断与修养，观点与立场，既有联系，又有区别。对于修史者来说，识断不应忽视，而思想修养尤为重要。作为史学理论来说，仅言史家之才学识当然不够，理应提出史德问题来作探讨。毫无疑问，章氏提出'史德'论，具有重要的理论意义"[①]。

章学诚的"史德"论，并不是对自孔子、刘知幾、揭傒斯、胡应麟等人以来强调史家必须据事直书、书法不隐、端正心术等观点的简单重复，而是赋予了更深层次的内涵和解释，这就是他进一步阐明了史家主观与历史客观之间的相互关系。他认为，所谓"著书者之心术"的"史德"，其内容不只是据事直书、书法不隐而已，更重要的还在于分清史家主观与历史客观，正

[①] 施丁：《章学诚的"史德"论》，《中国史研究》1986年第2期。

确处理好两者之间的关系，要尽可能地如实反映客观史实，尊重历史真相，而不掺杂主观偏见。《史德》篇说："盖欲为良史者，当慎辨于天人之际，尽其天而不益以人也。尽其天而不益以人，虽未能至，苟允知之，亦足以称著书者之心术矣。"写历史要"辨天人之际"，这是司马迁最早提出来的，但司马迁的"欲究天人之际"，是希望通过分析历史事实，探究人类生活与天道、自然的内在联系；而章学诚提出的"慎辨于天人之际"，重点是探讨史家主观与历史客观之间的内在联系，两者的侧重点是不同的。特别是章学诚更进一步提出史家应当尽量做到"尽其天而不益以人"，这个要求就更高了。"慎辨于天人之际"，是指史家应当慎辨自己主观与史实客观之间的关系，分清哪些是自己的主观意图，哪些是客观史实。而"尽其天而不益以人"，则是要求史家在分清主观与客观关系之后，要尽量尊重客观史实，如实反映客观史实，不要随心所欲地把自己的主观意图掺杂到客观史实中去。只要抱着这个态度去努力，即使还有不足之处，也可以称得上有"著书者之心术"了。

当然，章学诚也深知事情并不那么简单，因为人是有感情的，史实是复杂的，"史之义出于天，而史之文不得不藉人力以成之"。而"天与人参，其端甚微，非是区区之明所可恃也。……盖事不能无得失是非，一有得失是非，则出入予夺相奋摩矣，奋摩不已而气积焉。事不能无盛衰消息，一有盛衰消息，则往复凭吊生流连矣，流连不已而情深焉。凡文不足以动人，所以动人者气也；凡文不足以入人，所以入人者情也。气积而文昌，情深而文挚；气昌而情挚，天下之至文也。然而其中有天有人，不可不辨也"。这就是说，史学家在历史事实面前不能没有自己的想法和看法，特别是史实有是非得失之时，想法看法也就更多，甚至引起感情上的很大变化。在感情充沛的情况下写出来的文章往往是好文章，原因在于情感随着史事的是非得失而起变化，情感与史事几乎水乳交融，文字容易做到流畅动人。可是，这样一来，史实的客观（"天"）与感情的主观（"人"）交杂在一起，因而史文中便"有天、有人"，这当然不可不慎辨清楚。章学诚看到史家不可能没有自己的主观见解，见到史实是非得失不能不动感情，问题在于如何防止和引导，使感情不放任自流，直至违背史实的"天"。解决的办法就是要求主观尽量服从客观，史学家要克制自己的感情，使自己的感情尽量符合事理，以理性来制约自己的感情。他说："气合于理，天也；气能违理以自用，人也。

情本于性，天也；情能汩性以自恣，人也。"又说："夫文非气不立，而气贵于平。人之气，燕居莫不平也，因事生感，而气失则宕，气失则激，气失则骄，毗于阳矣。文非情不得，而情贵于正。人之情，虚置无不正也，因事生感，而情失则流，情失则溺，情失则偏，毗于阴矣。阴阳伏沴之患，乘于血气而入于心知，其中默运潜移，似公而实逞于私，似天而实蔽于人，发为文辞，至于害义而违道，其人犹不自知也。故曰心术不可不慎也。"① 这里，他提出了要"气合于理"、"情本于性"，即主观服从于客观，反对"违理以自用"、"汩性以自恣"，强调"气贵于平"、"情贵于正"。总的精神就是要以理性制约感情，使感情符合于事理，力求做到"尽其天而不益以人"。

上述情况表明，章学诚所提出的"史德"论，其内容是非常丰富的，其阐述也是相当深刻的。这种思想显然是"史识"包含不了的，它虽然来源于刘知幾等人的"据事直书"精神，但无论在内容上或精神上都大大超出了"直书"的范围，特别是"慎辨于天人之际，尽其天而不益以人"的要求，把我国古代史学领域的"据事直书"优良传统发展到一个新的阶段，确实是衡量一个史学家是否堪称"良史"的必不可少的重要条件，也是对古往今来历史经验的总结。章学诚和刘知幾一样，都看到了历史上许多史学家，具备一定的才、学、识，而唯独"心术不正"，缺少"史德"，遇到个人利害，不是屈从于权威势力，就是贪图个人名利，存有私心，伪造史实，篡改历史，以个人主观意图取代客观的历史事实。他们看到了这种事实，都想法加以防止。刘知幾在《史通》中大力提倡直书，反对曲笔。章学诚在前人经验基础上，看到单是提倡直书还不足以解决这一矛盾，便进一步提出作为一个良史"当慎辨于天人之际，尽其天而不益以人"，要史学家作出主观努力，尽量辨清客观与主观的关系，防止把主观的东西掺进客观史事中去。

应当看到，章学诚这些议论在当时是具有针对性的，因而也就具有重要的现实意义。他早已指出："好名之心，必坏心术。"因为凡是好名者，必然趋炎附势，专赶浪头。他还特地写了《针名》一文进行针砭。为什么具有好名之心者，必坏心术呢？章学诚一针见血地指出："好名之人，则务揣人情之所向，不必出于中之所谓诚然也。且好名者必趋一时之风尚也，风尚循

---

① 《史德》，《文史通义》内篇五。

环,如春兰秋菊之互相变易而不相袭也,人生其间,才质所优,不必适与之合也。好名者则必屈曲以徇之,故于心术多不可问也。"① 我们只要能了解乾嘉时代学术界的状况和许多学者的精神状态,对于章学诚的这些论述就容易理解了,他完全是言有所指,而不是空发议论。

当然,章学诚所谓的"心术"依然是具有历史局限性的。他经常以是否背于"天理"、"名教"作为"心术"正与不正的标准,并以此去评论史家。这样,他所得出的一些具体结论,自然也就不可能真正做到"尽人达天"了。他甚至还在《丙辰札记》中说:"史臣不必心术偏私,但为君父大义,则于理自不容无所避就。夫子之于《春秋》不容不为君亲讳也。"这无疑又是章学诚"史德"论的局限性所在。

第五节 史书编纂论

章学诚的史学理论首先表现在他对史学宗旨任务、作史原则态度等重大问题的探讨,他的史学经世论、六经皆史论、史义论、史德论等等都充分体现了其史学理论的深度。至于具体的史书编纂方法,虽非章氏讨论的重点,但由于它是史学理论得以在史著中体现贯彻的桥梁和纽带,所以章学诚同样予以足够的重视。他总结历代史书编纂的经验教训,衡量评价各种史书体裁、体例,提出自己史书编纂从体例到取材、从编纂步骤到史书文笔等各方面的具体意见,其中不乏真知灼见。章学诚的历史编纂学理论,可以说是对古代特别是自刘知幾以来史书编纂学理论和实践的总结批判和继承发展。

一、史体论

1. 衡评各种史体

刘知幾在《史通》里对史书编写的各种体例进行了全面系统的评论,可以说自他开始,在中国封建社会的史学领域里建立起历史编纂学。如对编

---

① 《针名》,《文史通义》内篇三。

年、纪传二体的长短得失和纪传体各种体例的编纂方法等，几乎均有专篇论述。而章学诚对史学评论的重点在于阐明"史意"，尽管如此，每当论锋所及，他仍能畅抒己见，并对刘知幾的论述作了批判的继承和发展。

对于历史著作体裁的变化，章学诚能从发展的观点来看待，肯定它的演变都具有进步性。《文史通义》内篇一《书教下》说："历法久则必差，推步后而愈密，前人所以论司天也；而史学亦复类此。《尚书》变而为《春秋》，则因事命篇，不为常例者，得从比事属辞为稍密矣。《左》、《国》变而为纪传，则年经事纬不能旁通者，得从类别区分为益密矣。""左氏编年，不能曲分类例。《史》、《汉》纪表传志，所以济类例之穷也。""司马《通鉴》，病纪传之分而合之以编年；袁枢《纪事本末》，又病《通鉴》之合而分之以事类。"这说明各种史体的变革都有相互因袭的关系，每种史体的产生，又都是适应史学发展和时代的要求，有其自身的创造性。

对于纪传体，章学诚在《文史通义》外篇一《史篇别录例议》里说："纪传之书，类例易求而大势难贯。刘知幾谓一事分书，或著事详某传，或标互见某篇，不胜繁琐，以为弊也。不知马班创例，已不能周，后史相沿，皆其显而易见者耳。倘使通核全书，悉用其例，则不至于纪传互殊，前后矛盾，如校勘诸家所纠举者矣。刘氏不知其弊正由推例未广，顾反以为繁琐，所议未为中其弊也。"他用一句话点出纪传体的优点及其不足之处，即"类例易求而大势难贯"。文中虽然讲了编年纪传"各有其利与弊，刘知幾论之详矣"，但他觉得刘知幾所论仍有不妥之处。就以纪传而言，刘氏"所议未为中其弊也"。因此他还是发表了自己的不同看法。再如对于编年体，他说："编年之史，能径而不能曲，凡人与事之有年可纪有事相触者，虽细如芥子必书；其无言可纪与无事相值者，虽巨如泰山不得载也。"编年纪传，按产生时代而言，编年先于纪传，然而纪传问世之后，何以反跃居领先地位？他说："纪传之初，盖分编年之事实而区之以类者也。类则事有适从而寻求便易，故相沿不废；而纪传一体，遂超编年而为史氏之大宗焉。"他对司马迁所创立的这种史体极为赞赏，称它"实为三代以后之良法"。可是后来学者袭用成法而不知变通，以致变成了如守科举之程式，如治胥吏之簿书，一味求全于纪表志传之成规，使这种史体不能得到进一步发展。到了南宋，史学领域又出现一种新的史体，即袁枢所创立的纪事本末体。这种史体的出现，为史学进一步发展开辟了新途径。章学诚对此极为重视，认为袁枢此举，起到了化臭腐为神奇之功。内篇一《书教下》即说："本末之为体也，因事命篇，不为常格，非深知古今大体，天下经纶，不能网罗隐括，无遗无滥。"它的优点在于"文省于纪传，事豁于编年，决断去取，体圆用神，斯真《尚书》之遗也"。

对纪传体的各种体裁，章学诚也分别作了论述。对于本纪的性质、任务，他和刘知幾在看法上有很大不同。刘知幾在《史通·本纪》篇中云："盖纪之为体，犹《春秋》之经，系日月以成岁时，书君上以显国统。……又纪者，既以编年为主，唯叙天子一人，有大事可书者，则见之于年月；其书事委曲，付之列传，此其义也。"在刘知幾看来，唯独建年号有国统的天子方能列入本纪，否则是不可以的。因此，他对司马迁为项羽立本纪表示不满，认为是自坏体例。他说："项羽僭盗而死，未得成君，求之于古，则齐无知、卫州吁之类也，安得讳其名字，呼之曰王者乎？《春秋》吴楚僭拟，书如列国。假使羽窃帝名，正可抑同群盗，况其名曰西楚，号止霸王乎？霸王者，即当时诸侯，诸侯而称本纪，求名责实，再三乖谬。"他认为司马迁这个做法是"再三乖谬"，可见他对司马迁的用意一无所知。毋庸讳言，这段议论反映出刘知幾的封建正统史观。就这一问题而言，章学诚的看法较刘知幾高明。章学诚认为："纪之与传，古人所以分别经纬，初非区辨崇卑。是以迁史中有无年之纪，刘子玄首以为讥；班书自叙，称十二纪为春秋考纪，意可知矣。自班马而后，列史相仍，皆以纪为尊称，而传乃专属臣下，则无以解于《穆天子传》与高祖、孝文诸传也。"① 又说："史有本纪，为一史之纲维。"② 按照章学诚的看法，本纪只不过是按时间顺序编排的大事纪，"为一史之纲维"，其他各体则详载事实，如同左氏之传经，以纬本纪。所以他又说："史部要义，本纪为经，而诸体为纬，有文辞者曰书曰传，无文辞者曰表曰图，虚实相资，详略互见。"③ 这就更进一步说明，本纪与其他诸体在一部史书中起着经纬互持的作用。他在《文史通义》外篇一《史学例议上》

---

① 《永清县志恩泽纪序例》，《文史通义》外篇五。
② 《淮南子洪保辨》，《文史通义》外篇一。
③ 《永清县志舆地图序例》，《文史通义》外篇五。

里，特地批评了"纪传不过分别尊卑"的看法，指出："'纪传不过分别尊卑，并不以纪编年'，乃浦起龙评《史通》语，其言本不甚确，不知某君何以取之。"

书志一项，本是纪传体史书中不可缺少的组成部分，然而魏晋南北朝时期不少史书都缺而不作，说明这种体裁难度较大。诚如郑樵在《通志·总序》中说："江淹有言：'修史之难，无出于志。'诚以志者，宪章之所系，非老于典故者，不能为也。"所以文人作史，能为纪传，却不能为表志。这是郑樵当时的看法，历史事实证明了这一看法是正确的。章学诚认为"史家书志之原，本于《官礼》"①，这一看法与刘知幾相同。"刘氏《史通》谓书志出于三礼，其说甚确。郑氏《通志》，乃云志之大源出于《尔雅》，其说非也。"②明确源流，在于确定其性质与内容。由于郑樵认为源于《尔雅》，所以他把六书、七音、昆虫草木等都列入《二十略》之中，与书志性质实不相容。为此，章学诚对书志的内容及其做法都提出了具体要求。《文史通义》内篇一《礼教》说：

> 史家书志，自当以一代人官为纲领矣。而官守所隶，巨细无遗，势难尽著，则择其要者。若天文、地理、礼乐、兵刑，略如八书、十志例，而特申官守所系以表渊源。而文则举其梗概，务使典雅可诵，而于名物器数，无须屑屑求详，听其自具于专门掌故之书，始可为得《官礼》之意，而明于古人之大体者也。后史昧渊源而详名数，典雅不如班、马之可诵，实用不如掌故之详明，秦人所谓驴非驴，马非马，是为骡也。

关于表，由于刘知幾在《史通》里对它的作用有两种不同的议论，因此引起后世学者的许多争执。他在《表历》篇说："夫以表为文，用述时事，施彼谱牒，容或可取；载诸史传，未见其宜。何则？《易》以六爻穷变化，《经》以一字成褒贬，《传》包五始，《诗》含六义，故知文尚简要，语恶烦

---

① 《礼教》，《文史通义》内篇一。
② 《乙卯札记》，《遗书》外编卷2，第375页。

芜，何必款曲重沓，方称周备。观马迁《史记》则不然矣，天子有本纪，诸侯有世家，公卿以下有列传。至于祖孙昭穆，年月职官，各在其篇，具有其说，用相考核，居然可知，而重列之以表，成其烦费，岂非谬乎？且表次在篇第，编诸卷轴，得之不为益，失之不为损，用使读者莫不先看本纪，越至世家，表在其间，缄而不视，语其无用，可胜道哉。既而班、东二史，各相祖述，迷而不悟，无异逐狂。"①而在《杂说上》篇又说："观太史公之创表也，于帝王则叙其子孙，于公侯则纪其年月，列行萦纡以相属，编字戢蠢而相排。虽燕越万里，而于径寸之内，犬牙可接；虽昭穆九代，而于方尺之中，雁行有叙。使读者阅文便睹，举目可详，此其所以为快也。"②对这两段截然相反的说法，近代史家颇有争议。我们认为，从上面引文来看，很难说明刘知幾是重视史表的。《表历》篇专门讨论纪传体史书是否需要表谱，其中的观点应代表刘知幾对史表的主要看法。郑樵否定了刘知幾这一观点，认为编著史书应当立表，他非常赞扬司马迁《史记》的十表，说"《史记》一书，功在十表，犹衣裳之有冠冕，木水之有本源"③。到了章学诚，则把这一观点又进一步加以发挥。他把图、表两项视为编写史书不可缺少的部分。在他看来，史表的适用范围很广，不仅可以表人、表年，而且可以表解事类，尤其是人表格外重要。他在《文史通义》外篇二《史姓韵编序》中说："史之大忌，文繁事晦；史家列传，自唐、宋诸史，繁晦至于不可胜矣。使欲文省事明，非复人表不可；而人表实为治经业史之要册。"因为"人表入于史篇，则人分类例，而列传不必曲折求备；列传繁文既省，则事之端委易究，而马班婉约成章之家学可牵而复也"。至于为什么要强调人表的作用，他在外篇三《又上朱大司马书》第一篇中作了详尽的说明：

  同年汪进士辉祖所辑《同姓名录》，谨奉公余读史，备稽检也。小子曾为撰叙。……叙中极论名姓之书，古有专门，因欲史家急复班固人表之例，以清列传，觉于史学稍有扩清之功，而闻者多大笑之。《湖

---

① 《表历》，《史通》卷3，第53—54页。
② 《杂说上》，《史通》卷16，第466页。
③ 《通志·总序》，《万有文库》第二集，商务印书馆1935年版。

北通志》自用其法，遂为众射之的。谨质清严，当必有所取裁也。昔亭林顾先生之论史，则怪范、陈、沈、魏诸书不立年表，以谓表废而列传遂繁，其言良允。然顾氏所指年表，乃宗室王侯将相列国诸表耳，未尝知人表之陷于众谤，宜急为昭雪，而当推为史家之法守也。充顾氏之所议，六朝诸史，诚无解矣，唐、宋、金、元诸史，俱有年表，何以列传之繁，反比范、陈、沈、魏无表之书增至数倍？则顾氏表废传繁之说，不足以为笃论，而小子争复人表之说，非好为异论矣！

可见章学诚对于史表的作用，不是泛泛而论，而是特别强调人表的作用。在他看来，要作好纪传体史书，非作人表不足以使"文省事明"。况且"年表世表，亦仅著王侯将相，势自不能兼该人物，类别区分。是以学者论世知人，与夫检寻史传，去取义例，大抵渺然难知，则人表之不可阙也，信矣"[①]。

古代史家对于图的作用，大多未予以足够的注意，因而图在纪传体史书中无一席之地。唯南宋郑樵非常重视，他说："古之学者，为学有要，置图于左，置书于右，索象于图，索理于书，故人亦易为学，学亦易为功。"[②]所以他在《二十略》中特地作有《图谱略》。章学诚认为，编写史书，图是不可缺少的重要组成部分，它是无言之史，可以起到语言文字所无法表达的作用。《文史通义》外篇五《永清县志舆地图序例》指出："史不立表，而世次年月，犹可补缀于文辞；史不立图，而形状名象，必不可旁求于文字。此耳治目治之所不同，而图之要义所以更甚于表也。古人口耳之学，有非文字所能著者，贵其心领而神会也。至于图象之学，又非口耳之所能授者，贵其目击而道存也。……虽有好学深思之士，读史而不见其图，未免冥行而摘埴矣。"当然，这里主要还是从读史的效果而言，若从史书的编纂来说，那就更为重要："列传之需表而整齐，犹书志之待图而明显也。先儒尝谓表阙而列传不得不繁，殊不知其图阙而书志不得不冗也。"他对司马迁《史记》没有立图很是不满，批评"司马氏创定百三十篇，但知本周谱而作表，不知溯夏鼎而为图，遂使古人之世次年月可以推求，而前世之形势名象无能踪迹"。

---

① 《亳州志人物表例议中》，《文史通义》外篇五。
② 《图谱略·索象篇》，《通志》卷72，《万有文库》第二集。

所以他非常惋惜地说:"呜呼!马、班以来,二千年矣,曾无创其例者,此则穷源竟委,深为百三十篇惜矣!"

刘知幾在《史通·载言》篇中曾提出正史要立书部,这种书部类似文选。他感到自《史》、《汉》以来,史传往往大量载入长篇的"制册诰命"、"群臣章表"等文章,这势必有害于行文气势,使传纪文章臃肿而冗长,结果是"唯上(尚)录言,罕逢载事"。为了克服这一弊病,遵照古法,言事分载,"于表志之外,更立一书",将"人主之制册诰命"、"群臣之章表移檄",以及著名的诗文佳章,分别选录,以类区分,各立为制册书、章表书、诗颂书等等,既可以保存大量宝贵的文献资料,又可使文章写得简明扼要。章学诚对此十分赞赏,他说:"唐刘知幾尝患史传载言繁富,欲取朝廷诏令,臣下章奏,仿表志专门之例,别为一体,类次纪传之中,其意可谓善矣。"① 又说:"刘知幾《载言》之篇,讨论所谓诏诰章表,不便杂入纪传,别自为篇之义,盖诸家杂纂,不局于纪传成规,而因事立例,时有得于法外之意,可以补马、班义例之不及者,不可忽也。"② 他认为这个倡议十分重要,可补马班纪传体义例之不足,不应忽视。所以他不仅在理论上加以肯定和发挥,而且还在修志当中付诸实践。他的方志学的核心——方志分立三书的主张,无疑就是受到刘氏的启发。三书当中的掌故、文征,就是刘知幾所讲的书部的内容。他还认为这种方法可以在纪传、编年史中普遍推广。在《文史通义》外篇五《亳州志掌故例议中》里,他说:"为史学计其长策,纪表志传,率由旧章;再推周典遗意,就其官司簿籍,删取名物器数,略有条贯,以存一时掌故,与史相辅而不相侵,虽为百世不易之规可也。"又在外篇三《为毕制军与钱辛楣宫詹论续鉴书》中说:"推孟子其事其文之义,且欲广吕伯恭氏撰辑,别为《宋元文鉴》,将与《事鉴》(即《续资治通鉴》)并立,以为后此一成之例。"可见他极想把这一主张贯穿到修史实践中去。

为史书作注,由来已久,许多好的史注,确实大有功于后学。刘知幾在《史通》中专立《补注》一篇加以总结,但文中对史注的作用未曾予以足够的重视。在他看来,"大抵撰史加注者,或因人成事,或自我作故,记录

---

① 《和州志文征序例》,《文史通义》外篇四。
② 《乙卯札记》,《遗书》外编卷2,第378页。

无限,规检不存,难以成一家之格言,千载之楷则"。所以他指骂补注者为"好事之子,思广异闻,而才短力微,不能自达,庶凭骥尾,千里绝群,遂乃掇众史之异辞,补前书之所阙"。而于自我作注者,则一律讥讽为"志存该博,而才阙伦叙,除烦则意有所吝,毕载则言有所妨,遂乃定彼榛楛,列为子注"。在他看来,史书作注,应与注经一样,"以训诂为主","如韩、戴、服、郑,钻仰六经,裴、李、应、晋,训解《三史》,开导后学,发明先义,古今传授,是曰儒宗"。断不可于本文之外,增补事绪,"坐长烦芜"。故即使如裴松之《三国志注》、刘孝标《世说新语注》也在批评之列。这一看法显然是不够全面的。章学诚对史注的看法较为全面,他在《文史通义》内篇五中,专作《史注》一篇,认为史书作注,亦自具"史学家法",不能忽视它的作用与价值。如补注一项,"迁书自裴骃为注,固书自应劭作解,其后为之注者犹若干家,则皆阐其家学者也"。这些注本,对于后人研究迁书班史,都有所补益。他特别提倡自注之法,认为史书自注之体,始于司马迁《史记》,至魏晋杂史中犹存,这是魏晋南北朝史学家法之一。但后来史家对自注比较忽视。章学诚强调恢复自注的重要性说:

> 文史之籍,日以繁滋,一编刊定,则征材所取之书,不数十年尝亡失其十之五六,宋、元修史之成规可覆按焉。使自注之例得行,则因援引所及而得存先世藏书之大概,因以校正艺文著录之得失,是亦史法之一助也。且人心日漓,风气日变,缺文之义不闻,而附会之习且愈出而愈工焉。在官修书,惟冀塞责;私门著述,苟饰浮名。或剽窃成书,或因陋就简,使其术稍黠,皆可愚一时之耳目,而著作之道益衰。诚得自注以标所去取,则闻见之广狭,功力之疏密,心术之诚伪,灼然可见于开卷之顷,而风气可以渐复于质古,是又为益之尤大者也。然则考之往代,家法既如彼;揆之后世,系重又如此。夫翰墨省于前而功效多于旧,孰有加于自注也哉!

当然,章学诚认为,自注的运用也要恰到好处,不能无限制地滥用。比如后人一些历史小说等书,"每于篇之将终,必曰:'要知后事如何,且听下回分解。'此诚搢绅先生鄙弃弗道者矣"①。

2. 创立新史体，改造旧史籍

章学诚不仅是一位史学评论家，而且是一位杰出的史体创造者。他想克服从前史体之短，尽取前代史体之长，创立一种新的体裁。他在《文史通义》内篇一《书教下》云："至于创立新裁，疏别条目，较古今之述作，定一书之规模，别具《圆通》之篇，此不具言。"又在外篇三《与邵二云论修宋史书》中谈及此事，打算"仍纪传之体而参本末之法，增图谱之例而删书志之名，发凡起例，别具《圆通》之篇"。为了表明"所著之非虚语"，还择定赵宋一代为试点，用新创立之体裁义例来改编《宋史》。可惜《圆通》篇和新编的《宋史》因章学诚终日为生活奔波而均未写成流传下来。

关于新的史体，从《书教》篇尚可窥其大略。它是由三个部分组成：（1）本纪。它相当于按年编排的大事纪要。章学诚对于本纪含义的理解不同于一般史家。在他看来，司马迁初创本纪，"意在绍法《春秋》"，另"著书表列传以为之纬"。所以他说："史部要义，本纪为经，而诸体为纬。"②他创立新纪传体，正是这种主张的具体化。（2）因事命篇的纪事本末。"略如袁枢《纪事》之有题目，虽不必尽似之，亦贵得其概而有以变通之也。"③他认为"史为记事之书，事万变而不齐，史文屈曲而适如其事，则必因事命篇，不为常例所拘，而后能起讫自如，无一言之或遗而或溢也"。所谓因事命篇，就是按照事类分别写成专题，"或考典章制作，或叙人事终始，或究一人之行，或合同类之事，或录一时之言，或著一代之文"④。（3）图、表。"人名事类，合于本末之中，难于稽检，则别编为表以经纬之；天象、地形、舆服、仪器，非可本末该之，且亦难以文字著者，别绘为图以表明之。"⑤章学诚对图表的作用特别重视，把它作为新史体三大组成部分之一，认为"图象为无言之史，

---

① 《史篇别录例议》，《文史通义》外篇一。
② 《永清县志舆地图序例》，《文史通义》外篇五。
③ 《与邵二云论修宋史书》，《文史通义》外篇三。
④ 《书教下》，《文史通义》内篇一。
⑤ 同上。

谱牒为无文之书，相辅而行，虽阙一而不可者也"①，大力提倡史书中要给图表应有的地位。当然，三个部分当中，后两者又是共同"以纬本纪"。

这种新史体的优点，据他自己所讲，在于"较之左氏翼经，可无局于年月后先之累；较之迁史之分列，可无歧出互见之烦。文省而事益加明，例简而义益加精"。他还自负地说："盖通《尚书》、《春秋》之本原，而拯马史、班书之流弊，其道莫过于此。"邵晋涵对章学诚构想的这种体裁亦非常推崇，他在读了《书教下》后说："纪传史裁，参仿袁枢，是貌同心异；以之上接《尚书》家言，是貌异心同。是篇所推，于六艺为支子，于史学为大宗，于前史为中流砥柱，于后学为蚕丛开山。"②此种评论，虽不无溢美之处，但章的新史体设想确实为后来新史学的编纂开了先河。因为这种新的纪传史体，就是企图编出纲举目张、图文并茂的史著来。

我国旧史籍浩如烟海，单就编年纪传二体，卷帙已很浩繁，长期以来，读史者往往感到漫无头绪。如何对这些旧史籍进行整理，以利人们阅读和研究，是亟待解决的一个难题。章学诚对此曾进行了探索，他说："编年纪传，同出《春秋》，二家之书，各有其利与弊，刘知幾论之详矣。古书无多，读者精神易彻，故利易见而弊不甚著；后史江河日广，揽挹不易周详，利故未能遽领，而弊则至于不可胜言。是以治书之法，不可不熟议也。"③可见他当时对这一问题是相当重视的。为了便于人们整理旧史，弥补编年、纪传的缺陷，他还设计了一种做"别录"的方法。他说："纪传之史，分而不合，当用互注之法以联其散；编年之史，浑灏无门，当用区别之法以清其类。"④他特地写了《史篇别录例议》一文，纵论编年纪传之流弊及如何改造，具体论述了"别录"的做法。文中提出"微言为著书之宗旨，类例为治书之成法"。这就是说，治书的办法在于区分类例。如"于纪传之史，必当标举事目，大书为纲，而于纪表志传与事连者，各于其类附注篇目下，定著别录一编，冠于全书之首，俾览者如振衣之得领，张网之挈纲。治纪传之要义，未有加于此也"，"今为编年而作别录，则如每帝纪年之首，著其后妃、皇子、公

---

① 《和州志舆地图序例》，《文史通义》外篇四。
② （清）邵晋涵：《书教篇跋》，《遗书》卷1《书教下》附，第5页。
③ 《史篇别录例议》，《文史通义》外篇一。
④ 《为毕制军与钱辛楣宫詹论续鉴书》，《文史通义》外篇三。

主、宗室、勋戚、将相、节镇、卿尹、台谏、侍从、郡县、守令之属，区别其名，注其见于某年为始，某年为终，是亦编年之中可寻列传之规模也。其大制作、大典礼、大刑狱、大经营，亦可因事定名，区分品目，注其终始年月，是又编年之中可寻书志之矩则也。至于两国聘盟，两国争战，亦可约举年月，系事隶名，是又于编年之中可寻表历之大端也。如有其事其人不以一帝为终始者，则于其始见也注其终详某帝，于其终也注其始详某帝可也；其有更历数朝，仿其意而推之可也。必以每帝为篇而不总括全代者，《春秋》分纪十二，传亦从而分焉"。所作提纲挈领之"别录"，一律置于原有史书目录之后，"使与本书目录相为经纬"。如果真能按此办法对旧史加以整理，无论对人们读史或研究工作，都会带来很大方便。司马光作《资治通鉴》，为了便于人们寻检，作有《目录》和《举要》。章学诚认为编年史若作"别录一篇，冠于各帝纪首，使人于编年之中隐得纪传班部，以为较涑水（即司马光）《目录》、《举要》诸编尤得要领，且欲广其例而上治涑水原书以为编年者法，其说甚新"①。可惜这一创造与新史体一样，当时都没有得到人们应有的重视。

这里必须分清一点，就是章学诚所说的"别录"，与他在校雠学中发挥刘向父子的"别录"而大力提倡的"序录"是两码事。对此，他自己在《史篇别录例议》末尾有一段自白，他说："'别录'之名，仿于刘向，乃是取《七略》之书部，撮其篇目，条其得失，录而奏上之书，以其别于本书，故曰'别录'。今用其名以治纪传编年二家之史，亦曰'别录'，非刘氏之旨也。盖诸家之史，自有篇卷目录冠于其首以标其次第；今为提纲挈领，次于本书目录之后，别为一录，使与本书目录相为经纬，斯谓之'别录'云尔。盖与刘氏之书，同名而异用者也。"

3. 纪传体史书应增立《史官传》

我国封建社会虽然史著如林，但却极少有史官专传。章学诚从"辨章学术，考镜源流"的角度出发，认为这会使"史学渊源，作述家法"中断，对史学发展是莫大的损失。《文史通义》外篇四《和州志前志列传序例中》说：

---

① 《为毕制军与钱辛楣宫詹论续鉴书》，《文史通义》外篇三。

"经师有儒林之传,辞客有文苑之篇,而史氏专家,渊源有自,分门别派,抑亦古今得失之林,而史传不立专篇,斯亦载笔之阙典也。夫作史而不论前史之是非得失,何由见其折中考定之所从?"因此,他再三倡议,今后编修史书必须设立《史官传》。

章学诚向来主张编写历史应当反映社会现实,各种学术发展和文风的变化,都应得到如实的反映,史书建立各种类传,就是为了达到这个目的。司马迁创作《史记》,班固编著《汉书》,都只有《儒林传》而无《文苑传》,这也是从当时需要出发。"迁固之书,不立文苑,非无文也。老、庄、申、韩、管、晏、孟、荀、相如、扬雄、枚乘、邹阳所为列传,皆于著述之业未尝不三致意焉。不标文苑,所以论次专家之学也。文苑而有传,盖由学无专家,是文章之衰也。"自从范晔《后汉书》创立《文苑传》以后,"文士记传,代有缀笔,而文苑入史,亦遂奉为成规"[①]。《宋史》虽然芜杂,但作者能根据时代特点创立《道学传》。章学诚对此大加赞扬,认为"儒术至宋而盛,儒学亦至宋而歧。《道学》诸传人物,实与《儒林》诸公迥然分别,自不得不如当日途辙分歧之实迹以载之"。因为"史家法度,自学《春秋》据事直书,枝指不可断,而兀足不可伸,期于适如其事而已矣"[②]。章学诚深感遗憾的是,"史学流别,讨论无闻,而史官得失,亦遂置之度量之外"[③]。他认为这种局面绝不应当继续下去,进而指出:"纪述之重史官,犹儒林之重经师,文苑之重作者也。《儒林列传》当明大道散著,师授渊源;《文苑列传》当明风会变迁,文人流别。此则所谓史家之书,非徒纪事,亦以明道也。如使《儒林》、《文苑》不能发明道要,但叙学人才士一二行事,已失古人命篇之义矣。况史学之重,远绍《春秋》,而后史不立专篇,乃令专门著述之业,湮而莫考,岂非史家弗思之甚耶?"[④]章学诚在《文史通义》外篇四《和州志前志列传序例上》对此有更为详尽的论述,他说,班固作司马迁传,范晔作班固传,都能做到家学俱存,"及《宋书》之传范蔚宗,《晋书》之传陈

---

① 《和州志前志列传序例中》,《文史通义》外篇四。
② 《丙辰札记》,《遗书》外编卷3,第390页。
③ 《和州志前志列传序例中》,《文史通义》外篇四。
④ 《永清县志前志列传序例》,《文史通义》外篇五。

寿，或杂次文人之列，或猥编同时之人，而于史学渊源，作述家法，不复致意，是亦史法失传之积渐也。至于唐修《晋》、《隋》二书，惟资众力，人才既散，共事之人，不可尽知；或附著他人传末，或互见一二文人称说所及，不复别有记载，乃使《春秋》家学，塞绝梯航，史氏师传，茫如河汉。"至于《史官传》的内容，要能阐明师儒传授、祖述渊源。他接着说："马班《儒林》之篇，能以六艺为纲，师儒传授，绳贯珠联，自成经纬，所以明师法之相承，溯渊源于不替者也。（自注曰：《儒林传》体，以经为纲，以人为纬，非若寻常列传详一人之生平者也。）后代史官之传，苟能熟究古人师法，略仿经师传例，标史为纲，因以作述流别，互相经纬。试以马班而论，其先藉之资，《世本》、《国策》之于迁史，扬雄、刘歆之于《汉书》是也。后衍其传，如杨恽之布迁史，马融之受《汉书》是也。别治疏注，如迁史之徐广、裴骃，《汉书》之服虔、应劭是也。凡若此者，并可依类为编，申明家学，以书为主，不复以一人首尾名篇，则《春秋》经世，虽谓至今存焉可也。"由此可见，章学诚要建立《史官传》，并非出于为一二史官或史学家叙始末，而是要使史学的渊源流别、作史家法得以保存。他列举写后汉历史的除范晔而外，还有刘珍、袁宏、华峤、谢承、司马彪，而作晋史者，著名的就有十八家之多，可谓盛矣。可是由于没有记载这些史家的专书，后人很难了解他们的学术思想及所著史书的体裁、得失等等。特别是唐朝开始，设馆局集众人修书，对于参修史官人员的记述就更少不了。"聚众修书，立监置纪，尤当考定篇章，覆审文字，某纪某书，编之谁氏，某表某传，撰自何人。乃使读者察其臧愚，定其是非，庶几泾渭虽淆，淄渑可辨；末流之弊，犹恃堤防。而唐宋诸家，讫无专录，遂使经生帖括，词赋雕虫，并得啁啾班马之堂，攘臂汗青之业者矣。"[①] 历史事实证明，章学诚的论述是正确的，自设馆监修制度建立以来，对于历代正史，人们只知监修人员，而真正编修者却湮没无闻。这样一来，是非莫辨，真假难分，坚持直书者不得留名，肆意曲笔者逃脱罪责，这些现象不仅很不合理，而且使一部史书的编纂过程全然无知。所以他在《文史通义》外篇四《和州志前志列传序例中》里说："前史不列专题，后学不知宗要，则虽有踪迹，要亦亡失无存。遂使古人所谓官

[①]《和州志前志列传序例上》，《文史通义》外篇四。

守其书，而家世其业者，乃转不如文采辞章，犹得与于常宝鼎《文选著作人名》之列也。"由于对以前史书著作不立专传，遂使前人经验教训无从吸取。他非常惋惜地说："欲成一家之作，而不于前人论著，条析分明，祖述渊源，折衷至当，虽欲有功前人，嘉惠来学，譬则却步求前，未有得而至焉者也。"

我们认为，章学诚建议编写史书应立《史官传》，确实很有见解。作为一个史学家，对前史得失不作评论，甚至茫然无知，什么史学法度、家学渊源，自然都无从谈起。特别是"唐后史学绝而著作无专家，后人不知《春秋》之家学，而猥以集众官修之故事，乃与马班陈范诸书并列正史焉"[1]。在这种情况下，史书立《史官传》就显得特别重要。不立《史官传》，不仅对后世史学家带来不利的影响，而且对史学本身的发展造成不可弥补的损失。我们现在对许多历史学家和历史著作产生这样或那样的争执，除了评价高低以外，好多问题都应当说是由此而造成的。

二、通史论

唐宋以来，由于社会经济的发展、典章制度的演变、学术思想的进步和史学本身的发展，人们产生了通变的思想。反映在史学上，通史观念逐渐为人们所重视。刘知幾的《史通》，是这一时期以"通"命名的第一部史书，接着产生了杜佑的《通典》。刘知幾关于"通"的观念达到何等程度，很难断言，因为他在《史通》里很少从理论上作过论述。南宋郑樵就很明确地提出了"会通"的概念。他在《通志总序》第一句就说："百川异趋，必会于海，然后九州无浸淫之患；万国殊途，必通诸夏，然后八荒无壅滞之忧。会通之义大矣哉！"又在《上宰相书》里说："水不会于海，则为滥水；途不通于夏，则为穷途。""天下之理，不可以不会；古今之道，不可以不通。会通之义大矣哉！"[2]值得注意的是，他这里提出了"古今之道，不可以不通"，这说明他认为"古今之道"是有内在联系的。既要通"古今之道"，断代史就无法完成这一任务，因此他极力主张编修通史。在《寄方礼部书》中他

---

[1] 《答客问上》，《文史通义》内篇四。
[2] （宋）郑樵：《上宰相书》，《夹漈遗稿》卷3，四库全书本。

说:"诸史家各成一代之书,而无通体,樵欲自今天子中兴上达秦汉之前,著为一书,曰'通史'。"[1]他对孔子和司马迁推崇备至,认为他们两人为会通工作做出了典范,而对班固创立断代为史则大加诋毁。

章学诚在前人所积累的宝贵经验基础上,将"通"的观念作了进一步的发展。他在《文史通义》中论述了历史发展、学术变化、制度沿革等等,无不表现了明显的历史进化论观点。文化艺术,礼法制度,古简今详,古无今有者,理属当然。他叙述了历史发展是经过了许多社会阶段,每个社会阶段,都出现了一些相应的制度,即使每个朝代,制度亦不尽相同。后者对前者都有继承和发展,"建官制典,绝非私意可以创造,历代必有沿革,厥初必有渊源"[2]。因此,典章制度和国家机构越到后来越完备。章学诚不仅企图描绘出社会发展的趋势是不断进步的,而且也想说明历史发展是一个连贯的整体。因此,只有通史才能反映出它的面貌。基于这种观点,在历史编纂学上,他主张编写通史,要求通史要做到"纲纪天人,推明大道,所以通古今之变而成一家之言"[3]。这就是说,一部通史,不仅要能揭示出人与自然的关系,更重要的是要能说明历史的发展和变化,即"通古今之变"。他对郑樵备加称颂,专作《申郑》一文,认为"郑樵生千载而后,慨然有见于古人著述之源,而知著作之旨,不徒以词采为文,考据为学也……而独取三千年来遗文故册,运以别识心裁,盖承通史家风,而自为经纬,成一家言者也"。他感到遗憾的是,"学者少见多怪,不究其发凡起例,绝识旷论,所以斟酌群言,为史学要删;而徒摘其援据之疏略,裁剪之未定者,纷纷攻击,势若不共戴天"[4]。他还批评刘知幾对通史概念不清,而将通史与集史相混杂。他说:

刘知幾六家分史,未为笃论。《史记》一家,自是通史,其家学流别,余别有专篇讨论。刘氏以事罕异闻,语多重出讥之,非也。至李氏《南》、《北史》,乃是集史,并非通史。通史各出义例,变通亘古以来,

---

[1] 《寄方礼部书》,《夹漈遗稿》卷2。
[2] 《礼教》,《文史通义》内篇一。
[3] 《答客问上》,《文史通义》内篇四。
[4] 《申郑》,《文史通义》内篇四。

合为一家纪载,后世如郑樵《通志》之类,足以当之。集史虽合数朝,并非各溯太古、自为家学者可比。欧氏《五代史记》,与薛氏《旧史》,是其同类,与通史判若天渊者也。盖通史各溯古初,必须判别家学,自为义例,方不嫌于并列,否则诚不免于复沓之嫌矣。集史原有界画,李延寿行之于前,薛欧行之于后,各为起讫,无所重复,虽一家凡例,两书可通用也,刘氏牵合为一,非其质也。①

这里章学诚再次提出,通史不仅要变通古今,而且要"自为家学","自为义例",并不是把几个朝代历史拼凑在一起就可称为通史,必须做到"通古今之变而成一家之言"。他在《文史通义》中还专门写了《释通》一篇,论述"通"的概念,历叙书名标"通"的由来,阐明编写通史的长短得失。他说:

梁武帝以迁、固而下断代为书,于是上起三皇,下讫梁代,撰为《通史》一编,欲以包罗众史。史籍标通,此滥觞也。嗣是而后,源流渐别,总古今之学术,而纪传一规乎史迁,郑樵《通志》作焉;统前史之书志,而撰述取法乎《官礼》,杜佑《通典》作焉;合纪传之互文,而编次总括乎荀、袁,司马光《资治通鉴》作焉;汇公私之述作,而铨录略仿乎孔、萧,裴潾《太和通选》作焉。此四子者,或存正史之规,或正编年之的,或以典故为纪纲,或以词章存文献,史部之通,于斯为极盛也。

此四家在他看来,都是精于义例,自为一体,各具渊源流别,非它书所能比拟。

在《释通》篇中,章学诚还概括出编修通史的优点有六便、二长。所谓六便是:一曰免重复,二曰均类例,三曰便铨配,四曰平是非,五曰去牴牾,六曰详邻事。所谓二长是:一曰具剪裁,二曰立家法。总之,通史之修,不仅可以做到"事可互见,文无重出",而且更重要的还在于历代人物、

---

① 《丙辰札记》,《遗书》外编卷3,第391页。

学术典制，皆可依照时代，"约略先后，以次相比"。这样，"制度相仍"，"时世盛衰"，均"可因而见矣"。

综上可见，章学诚的"通史"观念是相当明确的，他对古代"通史"理论和实践的总结概括也是符合历史实际的。他大力提倡编写通史，这种观念即使在现代中西文化交融的过程中，亦仍可看出其意义所在。现代著名史学家何炳松融贯中西史学，而独推崇通史，所著《通史新义》便是一部专论通史理论的著作。他在书中这样说："吾国旧日之所谓通史，《史记》一书实为嚆矢，其难满今日吾辈之意固不待言。至于章学诚通史观念之明确，固远驾西洋史家之上，然亦终以时代关系，未能以切实之方诏示后世。吾辈生当后代，耳目闻见自当有补前人，益以今日中外交通，万国庭户，则西洋史家通史义例之或能稍补章学诚辈之缺憾者，其可不稍负介绍之责乎？"当然，如果章学诚专门论述通史新体裁的编纂义例和方法的《圆通》篇能完成并流传下来的话，我们对他的通史理论的认识肯定还会更深刻全面些。

三、撰述、记注论

长期以来，我国史籍大多按史体进行分类，即从形式上的不同来区分类例，很少有从它们的内容和功用方面来加以区分。章学诚别出心裁地提出把史籍按内容和功能分为"撰述"（著作之书）和"记注"（为著作提供材料的资料汇编）的主张。

在章氏之前，刘知幾虽然也讲过"书事记言，出自当时之简；勒成删定，归于后来之笔。然则当时草创者，资乎博闻实录，若董狐、南史是也；后来经始者贵乎俊识通才，若班固、陈寿是也。必论其事业，前后不同，然相须而成，其归一揆"[①]，但并未作深入论述。后来郑樵也想辨明"史"和"书"的不同，他说："有史有书，学者不辨史、书。史者官籍也，书者书生之所作也。自司马以来，凡作史者，皆是书，不是史。"[②]其实两者有何区别，也并未讲清楚。章学诚则明确提出从史籍性质与作用之不同将其区分为"撰

---

① 《史官建置》，《史通》卷11，第325页。
② 《寄方礼部书》，《夹漈遗稿》卷2。

述"和"记注"两大类，或称作"著述"和"比类"。他在《文史通义》外篇三《报黄大俞先生》书里说：

> 古人一事必具数家之学，著述（即撰述）与比类（即记注）两家，其大要也。班氏撰《汉书》，为一家著述矣，刘歆、贾护之《汉记》，其比类也；司马撰《通鉴》，为一家著述矣，二刘、范氏之《长编》，其比类也。两家本自相因而不相妨害。拙刻《书教》篇中所谓圆神方智，亦此意也。

为了说明两者的性质与任务的不同，他在《书教下》一文中，即用"圆神"、"方智"来作比拟：

> 《易》曰："蓍之德圆而神，卦之德方以智。"间尝窃取其义以概古今之载籍，撰述欲其圆而神，记注欲其方以智也。夫智以藏往，神以知来，记注欲往事之不忘，撰述欲来者之兴起，故记注藏往似智，而撰述知来拟神也。藏往欲其赅备无遗，故体有一定而其德为方；知来欲其抉择去取，故例不拘常而其德为圆。

他认为撰述较记注难而可贵。因为撰述应当有观点、有材料、有分析、有组织，是具有一定创造性的著作活动，而记注只不过是原始资料的记录、整理、选辑、汇编而已。他这种区分的理论根据是认为学问分为"藏往之学"与"知来之学"两种，"夫名物制度，繁文缛节，考订精详，记诵博洽，此藏往之学也；好学敏求，心知其意，神明变化，开发前蕴，此知来之学也。可以藏往而不可以知来，治《礼》之尽于五端也。推其所治之《礼》，而折中后世之制度，断以今之所宜，则经济人伦，皆从此出，其为知来，功莫大也。学者不得具全，求其资之近而力能勉者斯可矣"[①]。他还指出，这两种学问又相互依存，相互促进，特别是知来之学必须以藏往之学作为基础。他说："神以知来，学者之才识是也；知以藏往，学者之记诵是也。才识类

---

① 《礼教》，《文史通义》内篇一。

火日之外景，记诵类金水之内景；故才识可以资益于人，而记诵能受于人，不能授之于人也。然记诵可以生才识，而才识不能生记诵。"① 经过上述反复举例，著述、比类性质之不同显然可见。

关于撰述和比类的作用，他曾作过明确叙述，《文史通义》内篇四《答客问中》指出："若夫比次之书，则掌故令史之孔目，簿书记注之成格，其原虽本柱下之所藏，其用止于备稽检而供采择，初无他奇也。然而独断之学，非是不为取裁；考索之功，非是不为按据。"内篇四《答客问下》还指出，比次之道，大约有三：其一，"及时撰集以待后人之论定者"，其要求是"详略去取，精于条理而已"；其二，"有志著述，先猎群书以薪樵者"，只要做到"辨同考异，慎于覈核而已"；其三，"陶冶专家，勒成鸿业者"，则要求"钩玄提要，达于大体而已"。至于撰述，则为经过整理加工的高级成品，应当反映别出心裁，具有独创精神，可以嘉惠后学。可见，由于两者性质不同，其作用也不相同，"著述譬之韩信用兵，而比类譬之萧何转饷"②，两者都很重要，缺一不可。章学诚之所以极力辨清两者区别，是因为看到学者们长期以来不解其义，只知一意模仿迁史班书，以致出现了不少"于记注撰述两无所似"的作品。"以云方智，则冗复疏舛，难为典据；以云圆神，则芜滥浩瀚，不可诵识。"③

四、取材论

刘知幾在《史通》里，已把史部以外的许多著作都列入史学研究的对象，作为史料搜集的范围。章学诚的视野则更加扩大，他在《报孙渊如书》里提出"盈天地间，凡涉著作之林，皆是史学"的主张。所以他编修《史籍考》时，将经、子、集三部许多著作都列入其中。他在《论修史籍考要略》中曾拟义例15条，明确提出"经部宜通"，"子部宜择"，"集部宜裁"，"方志宜选"，"谱牒宜略"，作为该书内容取舍之原则，这就是他所说的"包经

---

① 《杂说》，《文史通义》内篇六。
② 《报黄大俞先生》，《文史通义》外篇三。
③ 《书教下》，《文史通义》内篇一。

而兼采子集"。关于古代经典和州县志书作为历史研究的资料,我们在"六经皆史论"和"方志学理论的奠基人"两章节中分别已作论述,此外,还有下列几个方面需要略加叙述:

第一,官府案牍。官府案牍之作为史料,古代史家早已重视,司马迁著作《史记》曾采用大量汉代官府文书档案。这一点章学诚已经指出。他认为研究历史,文书档案是不可少的重要史料。在《答客问中》里他反复论述"职官故事、案牍图牒之书,不可轻议也"。他在编修方志当中,非常强调搜集当地机关的章程条例和重要文件,并专门收入掌故之内加以保存。而他在所撰《州县请立志科议》中,所列材料的搜集保存对象中,第一条便是"六科案牍"。

第二,金石图谱。利用金石图谱来研究历史,刘知幾和郑樵都相当重视。他们在《史通》和《通志》中都有论述。章学诚在他们的基础上,又进一步加以发挥,说明金石图谱在史料上的重要价值。《文史通义》内篇四《言公中》说:"三代钟鼎,秦汉石刻,款识奇古,文字雅奥……取辨其事,虽庸而不可废。"外篇五《亳州志掌故例议中》又说:"古物苟存于今,虽户版之籍,市井泉货之簿,未始不可备考证也。"外篇四《和州志舆地图序例》也说:"图象为无言之史,谱牒为无文之书。相辅而行,虽欲阙一而不可者也。"特别是图的作用,有时是文字无法表达的。

第三,私家著作。大量的私人著作,在章学诚看来,研究历史时都应充分加以利用。特别是文集,更不可忽视。他说:"文集者,一人之史也;家史、国史与一代之史,亦将取以证焉,不可不致慎也。"[①]在《文史通义》外篇一《论修史籍考要略》中又说:"汉魏六朝史学,必取专门,文人之集,不过铭、箴、颂、诔、诗、赋、书、表、文、檄诸作而已。唐人文集,间有纪事,盖史学至唐而尽失也。及宋元以来,文人之集,传记渐多,史学文才,混而为一,于是古人专门之业,不可问矣。然人之聪明智力,必有所近,耳闻目见,备急应求,则有传记志状之撰,书事记述之文,其所取用,反较古人文集征实为多,此及史裁本体,因无专门家学,失陷文集之中,亦可惜也。"既然如此,作为史料取用,自然是可以的。对于此种看法,在外篇

---

① 《韩柳二先生年谱书后》,《文史通义》外篇二。

一《史考释例》中又作了进一步阐述，认为文集当中，自唐以后，实兼有子史之内容。他说："文集昉于东京，至魏晋而渐广，至今则浩如烟海矣。然自唐以前，子史著述专家，故立言与记事之文，不入于集，辞章诗赋，所以擅集之称也。自唐以后，子不专家，而文集有论议，史不专家，而文集有传记，亦著述之一大变也。彼虽自命曰文，而君子以为是即集中之史矣。况内制外制，王言通于典谟，表状章疏，荩臣亦希训诰，是别集之通乎史矣。至于总集，尤为同苔异岑，人知汉晋乐志，分别郊庙房中，而不知乐府之集，实备诸志之全；人知金石著录，创于欧赵诸目，而不知《梁元碑集》，已为宋贤开创。是则集部之书，又与史家互出入也。"他又在外篇四《和州志文征序例》中说："征述者，记、传、序、述、志、状、碑、铭诸体也。其文与列传图书，互为详略。盖史学散，而书不专家，文人别集之中，应酬存录之作，亦往往有记传诸体，可裨史事者。"通过这些论述，文集与史事的关系已显然可见。因此，编修史书时，文集应成为重要史料。另外，章学诚十分注意年谱的作用，认为这是"知人论世之学"[1]，并多次说明家乘谱牒属于史的范围。

值得一提的是，章学诚不仅扩大了史料搜集的范围，而且还总结出一套审核史料真伪的宝贵方法。他在《文史通义》外篇二《金君行状书后》中说：

> 载笔之士，蕲合乎古人立言之旨，必从事于择与辨，而铢黍芒忽之间，不苟为炳炳烺烺，饰人耳目，盖有道矣。古人之书具在，而当日所谓择与辨者，吾不能知。其有自名家者，凡所论述，往往别见史书传记，按以重轻详略，则未有直以臆为之者，古人于斯，盖其慎也。夫志状之文，多为其子孙所请，其生平行实，或得之口授，或据其条疏，非若太常谥议，史官别传，确然有故事可稽，案牍可核也。采择之法，不过观行而信其言，即类以求其实，参之时代以论其世，核之风土而得其情，因其交际而察其游，审其细行而观其忽，闻见互参而穷虚实之致，瑕瑜不掩而尽扬抑之能。八术明而《春秋》经世之意晓然矣。生平每谓文采未优，古人法度不可不守；词章未极，三代直道不可不存。其于斯

---

[1]《韩柳二先生年谱书后》，《文史通义》外篇二。

文，则范我驰驱，未尝不为是凛凛焉。

以上八点，确实都是经验之谈，为分辨私人著作真伪提供了良好的办法。

随着社会的向前发展，人们采用史料的范围越来越广泛，有文献，有口碑，有实物，有官府案牍，亦有私家野史、民间歌谣谚语等等。生活在乾嘉时代的章学诚，能够认识并很重视广泛搜集史料的重要性，应当说是难能可贵的。

五、文人不能修史

文史结合，本是中国史学领域里一个优良的传统，古代许多大史学家，本身就是著名的文学家，他们的著作既是历史名著，又是文学杰作。《左传》因作者尚有争议，姑且不谈。其他如司马迁的《史记》、班固的《汉书》、陈寿的《三国志》、范晔的《后汉书》，无一不是如此。后来随着时代的变迁、学术的发展，文史发展也逐渐分道扬镳。这就是刘知幾在《史通·核才》篇所说："昔尼父有言：'文胜质则史。'盖史者当时之文也。然朴散淳销，时移世异，文之与史，较然异辙。"从此以后，两者走上了不同的发展道路，史家文士也就有了此疆彼界之分。史家写史，必须言出有据，不可私意杜撰；文士作文，则着意于文学技巧，润色文字，雕饰辞藻，重在"逐文字而略于事实"，许多内容情节，更可以虚构和夸张。由于不懂得这个道理，当魏晋南北朝文风大变之时，许多文人参与写史，他们往往以文代史，华而不实，严重地冲击了史学的正常发展。刘知幾在《史通·载文》篇说："夫观乎人文，以化成天下；观夫国风，以察兴亡。是知文之为用，远矣大矣。若乃宣、僖善政，其美载于周诗；怀、襄不道，其恶存乎楚赋。读者不以吉甫、奚斯为谄，屈平、宋玉为谤者，何也？盖不虚美，不隐恶故也。是则文之将史，其流一焉。……爰泊中叶，文体大变，树理者多以诡妄为本，饰辞者务以淫丽为宗。譬如女工之有绮縠，音乐之有郑、卫。盖语曰：不作无益害有益。至如史氏所书，固当以正为主。是以虞帝思理，夏后失御，《尚书》载其元首、禽荒之歌；郑庄至孝，晋献不明，《春秋》寻其大隧、狐裘之什。其理说而切，其文简而要，足以惩恶劝善，观风察俗者矣。"可是后世情况则不同了，作文皆"喻过其体，词没其义，繁华而失实，流宕而忘返，无裨劝奖，有长奸诈"。作文尚且如此，写史更可想而知了。特别是政府设馆开局修史以后，大批文人占据史职，文人修史成为风气，真正才识兼备的史家反遭排挤，史学论坛遂陷入了文不文、史非史、文史混乱、是非莫分的局面。由于刘知幾曾"三为史臣，再入东观"，有亲身感受，故他在《史通·核才》篇里愤愤地批评说："自世重文藻，词宗丽淫，于是沮诵失路（借言古笔不行。沮诵，相传与仓颉共造文字者），灵均当轴（借言以词人当史局。灵均，指屈原）。每西省虚职，东观仁才，凡所拜授，必推文士。遂使握管怀铅，多无铨综之识；连章累牍，罕逢微婉之言。而举俗共以为能，当时莫之敢侮。假令其间有术同彪（班彪）、峤（华峤），才若班（班固）、荀（荀悦），怀独见之明，负不刊之业，而皆取窘于流俗，见嗤于朋党。遂乃哺糟歠醨，俯同妄作，披褐怀玉，无由自陈。此管仲所谓'用君子而以小人参之，害霸之道'者也。"因此他主张史家之文与文士之文应该有所不同。虽然作为一位史家应该写得出一手好的文章，一部优秀的史学著作必须具有文质并茂的特色，但它与专讲技巧、立意修辞的文学作品毕竟有别，不能因为讲求文字的技巧而影响史书记事的真实。在唐初，设馆修史以后，虽有不少著名史家参与其事，但文人修史之风仍然继续盛行。"大唐修《晋书》，作者皆当代词人，远弃史、班，近宗徐、庾（指徐摛、徐陵父子和庾信，都是宫体诗的重要作家，有'徐庾体'之称）。夫以饰彼轻薄之句，而编为史籍之文，无异加粉黛于壮夫，服绮纨于高士者矣。"[①] 这个批评可以说十分形象而又辛辣。因为他对史界出现的这种局面实在太反感了，所以他在《史通·杂说下》里又说："喉舌翰墨，其辞本异。而近世作者，撰彼口语，同诸笔文。斯皆以元瑜（阮瑀字元瑜）、孔璋（陈琳字孔璋）之才，而处丘明、子长之任。文之与史，何相乱之甚乎？"总之，由于文人修史弊病很大，所以刘知幾在《史通》的许多篇章中作了反复的论述，认为此种现象必须终止，否则将严重影响史学的正常发展。

　　文人修史，后来历代皆有，所以到了清代，章学诚继刘知幾之后，再次提出文人不能修史的主张。他曾多次指出史学家与文士在写作上要求不同，

[①] 《论赞》，《史通》卷4，第82页。

因此各自努力的方向与修养也都不同。他说:"余尝论史笔与文士异趋,文士务去陈言,而史笔点窜涂改,全贵陶铸群言,不可私矜一家机巧也。虽然,司马生西汉而文近周、秦、战国,班、陈、范、沈亦拔出时流,彼未尝不籍所因以增其颜色,视文士所得为优裕矣。"①又说:"文人之文,与著述之文不可同日语也。著述必有立于文辞之先者,假文辞以达之而已。"②这就是说,文士作文,可以凭自己想象加以创作,而史家著作必有所本,绝不可以私意妄作增删。他曾批评苏洵不理解这个道理而对司马迁、班固妄加议论,实在可笑。《遗书》外编卷3《丙辰札记》云:"次篇论迁固之义例,所见甚小,其所条举,亦有得有失,不足深辨。末篇谓迁不当割裂经传,比于剪裁文绣;谓固不当袭迁论赞,此全不识史家因袭之法。《尚书》、《左》、《国》之文,古者并不出于一人一手,当日旧史原文,使苏氏得尽见之,必疑六经不当剪裁古史矣。左氏论断,凡称君子曰者,岂尽出左氏一人之笔耶?"

史学家著史必有依据,从事著作是否会比文士作文要来得容易呢?自然不是。他在《文史通义》外篇一《与陈观民工部论史学》一文中有一段详尽的论述,值得引录如下:

> 文士撰文,惟恐不自己出;史家之文,惟恐出之于己,其大本先不同矣。史体述而不造,史文而出于己,是为言之无征。无征,且不信于后也。……夫工师之为巨室度材,比于燮理阴阳;名医之制方剂炮炙,通乎鬼神造化;史家诠次群言,亦若是焉已尔。是故文献未集,则搜罗咨访,不易为功。观郑樵所谓八例求书,则非寻常之辈所可能也;观史迁之东渐南浮,则非心知其意不能迹也,此则未及著文之先事也。及其纷然杂陈,则贵决择去取。人徒见著于书者之粹然善也,而不知刊而去者,中有苦心,而不能显也。既经裁取,则贵陶熔变化。人第见诵其辞者之浑然一也,而不知化而裁者,中有调剂,而人不知也。即以刊去而论,文劣而事庸者,无足道矣。其间有介两端之可,而不能不出于一途;有嫌两美之伤,而不能不忍于割爱;佳篇而或乖于例,事足而恐徇

---

① 《跋湖北通志检存稿》,《文史通义》外篇六。
② 《答问》,《文史通义》内篇六。

于文，此皆中有苦心，而不能显也。如以化裁而论，则古语不可入今，则当疏以达之；俚言不可杂雅，则当温以润之。辞则必称其体，语则必肖其人。质野不可用文语，而猥鄙须删；急遽不可以为宛辞，而曲折仍见；文移须从公式，而案牍又不宜徇；骈丽不入史裁，而诏表亦岂可废！此皆中有调剂，而人不知也。……史文千变万化，岂止如四书命题之数，而记言记事，必欲适如其言其事而不可增损，恐左、马复生，不能无遗憾也。故六经以还，著述之才，不尽于经解、诸子、诗赋、文集，而尽于史学。凡百家之学，攻取而才见优者，入于史学而无不绌也。记事之法，有损无增，一字之增，是造伪也。往往有极意敷张，其事弗显，刊落浓辞，微文旁缀，而情状跃然，是贵得其意也。记言之法，增损无常，惟作者之所欲，然必推言者当日意中之所有，虽增千百言而不为多。苟言虽成文，而推言者当日意中所本无，虽一字之增，亦造伪也。或有原文繁富，而意未昭明，减省文句，而意转刻露者，是又以损为增，变化多端，不可笔墨罄也。

这里把文人之文与史家之文讲得一清二楚，并且表明史家之文虽必有所本，却比文人之文更为难作。因为它首先要搜罗咨访，占有丰富材料，这项工作，亦"不易为功"，"非寻常之辈所可能也"。接着还得"决择去取"，对群言加以陶铸，"而不可私矜一家机巧"。"记言记事"，又必须做到"适如其言其事"。如此要求，当然不是轻易能做到的。

基于上述观点，章学诚与刘知幾看法一样，认为文人不能修史。他列举了唐宋时代第一流文学家韩愈、苏轼、欧阳修等人为例，予以论证。韩愈虽然作过《顺宗实录》，并不足以说明他懂得史学。欧阳修著有《新唐书》与《新五代史》，"其于史学，未可言也"。而苏轼于史裁更无所解，因此所作《苏氏族谱》亦不符史法。他说："韩氏道德文章，不愧泰山北斗，特于史学，非其所长，作唐一经之言，非所任耳，其文出于孟、荀，渊源《诗》、《礼》，真六经之羽翼，学者自当楷范。但史家渊源，必自《春秋》比事属辞之教，韩子所不能也。后如欧阳永叔，亦不愧为千古宗师，第其生平见解，不能出韩氏之范围。《唐书》与《五代史》，非不竭尽心力，而终不可与语史家之精微也。"① 这一评论应当说是比较公允的，肯定他们在文学上一个"不愧泰山北斗"，一个"不愧为千古宗师"，而对于史学，均"非其所长"。然而，欧阳修却认为自己所作《新五代史》深得《春秋》之意，由于他名气很大，亦有人捧场，因此章学诚对其评论也就比较多。他在《遗书》外编卷1《信摭》中说：

> 《五代史》文笔尚有可观，如云极有义类，正是三家村学究伎俩，全不可语于著作之林者也。其云不可使俗人见，其实不可使通人见也。梅圣俞于史学固未见如何，即曾子固史学，亦只是刘向、扬雄校雠之才，而非迁固著述之才。当时仅一吴缜，可备检校而不能用，以致《唐史》疵病百出。若《五代史》只是一部吊祭哀挽文集，如何可称史才也？（自注：一部全史，序论通用呜呼二字，作为发端，非吊祭文集而何也？从古无此体。）而韩淲乃谓《五代史》与《史记》有微意，不知《五代史》之微意，正是村学究之《春秋》讲义，其文笔亦《史记》课蒙之选本也，岂可为所愚邪！……盖史家文字，原不责其尽出于己，但要学足该之，才足运之，而识足断之尔。欧公文笔，足以自雄，而史识、史学均非所长，故所争不在有人助力与否，而在大体之有合古人否耳。

在章学诚看来，欧阳修于史识、史学均非所长，因此所著史书不伦不类。故《丙辰札记》又说："《五代史记》，余所取者二三策耳，其余一切别裁独断，皆呜呼发叹之类也，而耳食者推许过甚，盖史学之失传已久，而真知者鲜也。"所以他的结论是"辞章之士，不可与论经史专门之学久矣。……八家文章，实千年来所宗范，而一涉史事，其言便如夏畦人谈木天清秘，令人绝倒，至于如是，人才之有区别，良有以也。"② 这里他说得也很清楚，文人所以不能修史，是长期分工不同所造成，而不是个人聪明才智所不及，"史家叙述之文，本于《春秋》比事属辞之教，自陈、范以上，不失师传，沈、魏以还，以史为文，古文中断，虽韩氏起八代之衰，挽文而不能

---

① 《丙辰札记》，《遗书》外编卷3，第389页。
② 《信摭》，《遗书》外编卷1，第373页。

挽史。欧阳作史,仍是文人见解。然则古文变于齐梁,而世界已一易矣,文人不可与言史事。而唐宋以还,文史不复分科,太史公言'好学深思,心知其意'者,无其人矣"[1]。章学诚关于这一方面的论述相当丰富,总的精神都是阐明文人不能参与修史工作,因为"文士为文,不如(知)事之起讫,而以私意雕琢其间,往往文虽可观,而事则全非;或事本可观,而文乃不称其事"[2],这都不符合史学家写史之宗旨。

---

[1]《信摭》,《遗书》外编卷1,第373页。
[2]《庚辛之间亡友列传》,《遗书》卷19,第191页。

第六章
方志学理论的奠基人

　　章学诚一生中,因学问不合时好,自己又不愿"舍己以从时尚",所以,政治上始终不得志,直到41岁才考取进士。中进士后,又"自以迂疏,不敢入仕",政治活动固然未能参加,就是史馆之职也不曾取得。他在史学理论上虽有不少创见,却迫于生活,无法用自己那丰富的史学理论写出一部完整的史著。想改编《宋史》,也是美志不遂,花了多年心血经营的《史籍考》又未能刊行于世。而平生精力,除了论史、讲学外,多用于方志的编修和方志理论的讨论上。他把自己在史学方面的理论,在编修方志中加以实践,正如他自己所说:"丈夫生不为史臣,亦当从名公巨卿,执笔充书记,因而得论列当世,以文章见用于时,如纂修志乘,亦其中一事也。"[1] 又说自己"少长贫困,笔墨干人,屡膺志乘之聘,阅历志事多矣"[2]。他在总结前人修志经验的基础上,加以自己实践所得,参之以丰富的史学理论,提出了一整套系统完整的方志理论,从方志的起源演变到性质作用,从方志记载范围到编修体例,乃至志书资料的搜集考证、修志人员的素质修养等等,都作了论述,从而为中国古代方志学建立起比较完整的学科理论体系。

第一节　方志的起源、性质和作用

一、方志的起源和演变

　　我国的方志起源很早,章学诚从"志为史体"的角度出发,认为春秋战

---

[1]《答甄秀才论修志第一书》,《文史通义》外篇四。
[2]《州县请立志科议》,《文史通义》外篇四。

国时期那些记载各地方诸侯国的史书，如晋之《乘》、楚之《梼杌》、鲁之《春秋》等，应是最早的方志。因此，在他看来，方志就是一个地方的历史。这一认识，在今天看来显然是并不妥当的，它混淆了史志的区别。我们从后来方志所具有的内容来看，它是记载某一地区的有关历史、地理、社会经济等多方面内容的著作。这种亦地亦史的著作特点，实际上在西汉以来出现的"地记"中已经体现。这种"地记"，一般都是既载人物，又言风土。东汉后期，由于地方经济的发展和地方豪族势力的成长，这种"地记"有了显著的发展，内容也比原来充实。特别是魏晋南北朝时期，地方经济有了进一步发展，地方门阀豪族势力的扩大，为产生这类"地记"提供了社会基础，因而这一时期这种著作得到发展，各个重要地区都出现"风土记"、"风俗记"、"先贤传"，边远地区还有"异物志"。晋代著名史家习凿齿所撰的《襄阳耆旧记》便是这样一部代表作，其书"前载襄阳人物，中载其山川、城邑，后载其牧守"[①]。不过，汉魏时期这类"地记"著作，完整流传至今的已没有，故对其体例和内容的探索较为困难。章学诚说："郡县之世，则汉人所为《汝南先贤》、《襄阳耆旧》、《关东风俗》诸传说，固已偏而不备，且流传亦非其本书矣。"[②]又在《文史通义》外篇四《和州志列传总论》里说："至于郡县之志，则自东京以往，讫于六朝而还，若《陈留耆旧传》、《会稽先贤传》之类；其不为传名者，若《襄阳耆旧记》、《豫章志后撰》之类，载笔繁委，不可胜数。"这些论述无疑是符合历史实际的。

魏晋以后，"地记"又逐渐为"图经"所取代。最早的"图经"是以图为主，用图表示这一地区的山川物产等，再配之以简要的文字说明，这就是"经"。后来，文字说明逐渐增多，最后取代图而成为主要内容。隋朝时这种图经已很普遍，虞世基、郎茂等人当时曾编成《隋诸州图经集》100卷，里面包含了当时各地的许多图经。唐代图经益趋普及和完善，如敦煌发现的《沙州都督府图经》、《西州都督府图经》两部图经残卷，可以看出当时图经的大致面貌。它们除了记载行政区划外，还叙述了该地的河流、堤堰、湖泊、驿道、古城、学校、歌谣等。五代到北宋，这种著作仍称"图经"。章

[①] （宋）马端临：《经籍考·襄阳耆旧记》，《文献通考》卷198，《万有文库》本。

[②] 《为张吉甫司马撰大名县志序》，《文史通义》外篇六。

学诚曾对"图经"作过一番考述,在《为张吉甫司马撰大名县志序》中他说:"古之图经,今不可见;间有经存图亡,如《吴郡图经》、《高丽图经》之类,约略见于群书之所称引,如水经地志之类,不能得其全也。"对于古代方志发展演变史上的这个"图经"阶段,章学诚重点在于辨明"图经"与正式方志的区别。故文中他说:

> 郡县志乘,即封建时列国史官之遗;而近代修志诸家,误仿唐、宋州郡图经而失之者也。《周官》外史掌四方之志,注谓若晋之《乘》、楚之《梼杌》、鲁之《春秋》,是一国之史,无所不载,乃可为一朝之史之所取裁。夫子作《春秋》,而必征百国宝书,是其义矣。若夫图经之用,乃是地理专门。按天官司会所掌书契版图,注:版谓户籍,图谓土地形象,田地广狭,即后世图经所由仿也。是方志之与图经,其体截然不同,而后人不辨其类,盖已久矣。

这里将成熟的方志体裁与方志发展史上的图经阶段截然分开论述,是不确切的,尤其是否认图经是方志,更为不妥。

到了南宋,图经改称为方志。如《严州图经》在南宋绍兴年间的刻本就改称《新定志》。这时出现了许多著名的方志,如《乾道临安志》、《淳祐临安志》、《咸淳临安志》等都是成于南宋时期。元明之后,地方志趋于稳定发展,特别是出现了大批一统志以及府州县志。由于全国性区域志的编纂,对各地方志的编修影响很大,元人修《元大一统志》,同时又肇创镇志。明朝纂有《大明一统志》,两省有总志,一省有通志,府、州、县都各自修志,江南许多地方还编修乡镇志。从此以后,方志的种类和形式基本上趋于定型成熟。清朝的《一统志》,经康熙、乾隆、嘉庆三次纂修,每次纂修之前都诏令全国各地修志。雍正时期,命令各省府州县志要 60 年一修。这促使地方志得到更大的发展。清代各级地方行政单位都普遍修志,省有通志,府有府志,直隶州、直隶厅则有州志、厅志,县、市、镇亦都有志。此外有山志、水志、寺庙志、古迹志等等。《为张吉甫司马撰大名县志序》论述元明以后的府州县志说:

> 统志创于元、明，其体本于唐、宋，质文损益，具有所受，不可以为非也。《元和郡县》之志，篇首各冠以图，图后系以四至八到，山川经纬之外，无旁缀焉，此图经之本质也。《太平寰宇》之记，则入人物艺文，所谓踵事而增华也。嘉熙《方舆胜览》，侈陈名胜古迹，游览辞赋，则逐流而靡矣。统志之例，补《寰宇》之剩义，删名胜之支辞，折衷前人，有所依据。

又在《文史通义》外篇四《方志辨体》中说：

> 古之方志，虽有著录，而传者无多，惟宋志尚存十余家，元、明志之可称者亦十余家，虽与流俗不可同日而语，而求之古人义例，鲜能无憾。……惟统部与府州及所属州县，各自为志，古人所无其例，实始前明。……宋制以州领县，诸县不皆有志，而州志不上职方，故书名或取古郡，或题山水，未有直称某州志者，所以避图经官书名目，余尝谓方志不得以图经为例，此亦其一证也。

总的来说，宋元以后，尤其是清代，方志编修达到高潮，各种志书纷纷出现。但章学诚认为，这一时期的志书大多存在一个严重的缺陷，那就是丢却了"史氏家法"，不符合史家法度。主要表现在两个方面：一是方志成为"地理专门"，二是染上"文人习气"，而不通于"史氏宏裁"。他在《为张吉甫司马撰大名县志序》中，对这两种弊病都作了分析批判，最后指出：

> 志者，志也。其事其文之外，必有义焉，史家著作之微旨也。……其可以言传者，则规矩法度，必明全史之通裁也。明全史之通裁当奈何？曰：知方志非地理专书，则山川都里，坊表名胜，皆当汇入地理，而不可分占篇目，失宾主之义也。知方志为国史取裁，则人物当详于史传，而不可节录大略；艺文当详载书目，而不可类选诗文也。知方志为史部要删，则胥吏案牍，文士绮言，皆无所用，而体裁当规史法也。此则其可言者也。……此则不可不明辨也。

这也可见，章学诚探求方志起源和演变的用意，乃在于说明方志起源于古代史学，故编修方志也不可须臾离开"史法"。

二、方志的性质和作用

章学诚在探明了方志的起源和演变后，进一步对方志的性质作了阐述，明确提出"志属信史"的观点。

关于方志的性质，古代学者长期把它视为地理专书，目录学著作分类上，也一直把方志归入地理类，它在史学上的地位也不被重视。尽管宋人郑兴裔在《广陵志序》中已经提出"郡之有志，犹国之有史，所以察民风，验土俗，使前有所稽，后有所鉴，甚重典也"[①]的观点，但似乎并未引起人们的注意和足够重视。到了明代，这个说法开始流行起来，许多方志的序、跋、凡例中都从不同的角度说明了这个观点，不过仍然比较零碎，并未系统地从理论上加以阐述。直到清代章学诚，才从史学理论和方志实际情况出发，提出了"志属信史"的主张，辨明了方志在史学上应有的地位和作用，同时批判了历代学者将方志视作地理专书的看法。

章学诚认为，方志乃"封建时列国史官之遗"[②]，"志乘为一县之书，即古者一国之史也。而后人忽之，则以家学不立，师法失传，文不雅驯，难垂典则故也"[③]。他在《文史通义》外篇四《方志立三书议》中说："余考之于《周官》，而知古人之于史事，未尝不至纤析也。外史掌四方之志，注谓：若晋《乘》、鲁《春秋》、楚《梼杌》之类，是一国之全史也。"因此，它既不属于地理类，又有别于隋唐以来的图经，而是"国史羽翼"，其价值亦应与国史性质相同。对这一问题，他曾反复进行论述，说明方志与国史性质相同。他在《为张吉甫司马撰大名县志序》里说："夫家有谱，州县有志，国有史，其义一也。"又在《文史通义》外篇四《州县请立志科议》中说："有天下之史，有一国之史，有一家之史，有一人之史。传状志述，一人之史也；家乘

[①] （宋）郑兴裔：《广陵志序》，《郑忠肃奏议遗集》卷下，四库全书本。
[②] 《为张吉甫司马撰大名县志序》，《文史通义》外篇六。
[③] 《永清县志前志列传序例》，《文史通义》外篇五。

谱牒,一家之史也;部府县志,一国之史也;综纪一朝,天下之史也。"可见,在章学诚看来,府州县志,也都是史,它与国史相较,"其义一也"。所不同者,不过一记全国之事,一述地方之言,只有范围广狭之殊,并无内容本质之异。既然如此,方志的内容和体裁,就都必须绳之以史法,而不能当作单纯的地理著作,仅限于地理沿革的考证。可是,长期以来,学者大多把方志看作是"地理专书"。对此,章学诚深为不满。《文史通义》外篇三《报黄大俞先生》说:

> 方志一家,宋、元仅有存者,率皆误为地理专书;明代文人见解,又多误作应酬文墨;近代渐务实学,凡修方志,往往侈为纂类家言。纂类之书,正著述之所取资,岂可有所疵议!而鄙心有不能慊者,则方志纂类诸家,多是不知著述之意,其所排次襞绩,仍是地理专门见解。……故方志而为纂类,初非所忌,正忌纂类而以地理专门自画,不知方志之为史裁,又不知纂类所以备著述之资,而自以为极天下之能事。

章学诚的这个看法,在当时的学术界,并不是人人都能接受的。大学者戴震即坚持认为方志属地理书类,主张"志以考地理,但悉心于地理沿革,则志事已竟。侈言文献,岂所谓急务哉?"[①]对此说法,章学诚曾针锋相对进行了反驳。

这里还要指出的是,章学诚既然认为方志是史,所以他把方志论文作为自己论史的重要组成部分而放入《文史通义》之中。而《文史通义》是一部纵论文史、品评古今学术的著作,它是"文"、"史"通义,综合讨论文史理论问题,他把方志文章列入其中,意味着什么,自然无须多说。事实也确是如此,他为每部方志所作的各类序例,实际上已成为研究他的史学理论的重要资料。这就从另一方面说明,他把撰史和修志看作是一回事。总之,章学诚从多方面论述,反复说明"志乃史体","方志为国史要删"。[②]

方志的性质既属史体,当然它的作用也就无异于"国史"。因此它的首

[①]《记与戴东原论修志》,《文史通义》外篇四。
[②]《复崔荆州书》,《文史通义》外篇四。

要任务就要具有"经世"之史的作用，能够为树立良好的社会风气作出贡献。他说："史志之书，有裨风教者，原因传述忠孝节义，懔懔烈烈，有声有色，使百世而下，怯者勇生，贪者廉立。……况天地间大节大义，纲常赖以扶持，世教赖以撑柱者乎？"[①] 简而言之，亦就是垂鉴、惩劝和教育。当然，章氏所谓教育，就是要利用方志来对广大人民灌输封建的忠孝节义思想，目的在于扶持封建纲常，撑柱封建世教，以建立起良好的封建统治秩序。其次，方志还负有为朝廷修国史提供资料的任务。《方志立三书议》云："方州虽小，其所承奉而施布者，吏户礼兵刑工，无所不备，是则所谓具体而微矣。国史于是取材，方将如《春秋》借资于百国宝书也。"《州县请立志科议》又说："比人而后有家，比家而后有国，比国而后有天下。惟分者极其详，然后合者能择善而无憾也。谱牒散而难稽，传志私而多谀，朝廷修史，必将于方志取其裁。而方志之中，则统部取于诸府，诸府取于州县，亦自下而上之道也。然则州县志书，下为谱牒传志持平，上为部府征信，实朝史之要删也。"这两大作用，确实也都是从史的角度提出。既然如此，它就不是可有可无的东西，也不是地理专门所能代替。

然而以前方志并没有很好地起到上述作用，章学诚认为其中原因很多。归纳起来则有如下三个方面：其一，修志诸家未能辨清方志的性质，误仿唐宋州郡图经，把方志当作地理之书。其二，方志变成了文人游戏、应酬文字或私家墓志寿文的汇集。《方志立三书议》云：

> 今之所谓方志，非方志也。其古雅者，文人游戏、小记短书、清言丛说而已耳；其鄙俚者，文移案牍、江湖游乞、随俗应酬而已耳。搢绅先生每难言之，国史不得已，而下取于家谱志状，文集记述，所谓礼失求诸野也。然而私门撰著，恐有失实，无方志以为之持证，故不胜其考核之劳，且误信之弊，正恐不免也。盖方志亡而国史之受病也久矣。方志既不为国史所凭，则虚设而不得其用，所谓觚不觚也，方志乎哉！

其三，修志者并无真才实学，而且多旨在追名逐利，舞弊曲笔，成为风

[①]《答甄秀才论修志第一书》，《文史通义》外篇四。

气。《答甄秀才论修志第一书》云:"志乃史体,原属天下公物,非一家墓志寿文,可以漫为浮誉,悦人耳目者。闻近世纂修,往往贿赂公行,请托作传,全无征实。""今之所谓修志,令长徒务空名,作者又鲜学识,上不过图注勤事考成,下不过苟资馆谷禄利。甚而邑绅因之以启奔竞,文士得之以舞曲笔;主宾各挟成见,同局或起抵牾,则其于修志事,虽不为亦可也。"这样一来,方志当然起不到"善恶惩创"的作用,也无从为编修国史提供资料。

修志的断限问题也是长期争论不休而得不到解决的悬案。当时有人提出,"方志统合古今,乃为完书"。也就是说,每部方志都必须从古修起。章学诚不同意这样的看法,他认为"修志者,非示观美,将求其实用"。所以不必每部都从古修起,而要从实际出发,"如前志无憾,则但当续其所有;前志有阙,但当补其所无"①。这一观点,是章学诚非常强调的,他主张修志者必须保留前人已成之书,而不宜加以毁灭。《答甄秀才论修志第一书》云:"修志者,当续前人之记载,不当毁前人之成书。即前志义例不明,文辞乖舛,我别为创制,更改成书,亦当听其并行,新新相续,不得擅毁。彼此得失,观者自有公论。仍取前书卷帙目录,作者姓氏,录入新志艺文考中,以备遗亡,庶得大公无我之意,且吾亦不致见毁于后人矣。"可是,当时的修志者却完全相反,"近日之习套相沿,轻隽小生,史字未曾全识,皆可奋笔妄修,窃叨饩脯者。然其书百无一存。此皆后凌前替,修新志者,袭旧志之纪载,而灭作者之姓名。充其义类,将班《书》既出,《史记》即付祖龙;欧、宋成书,《旧唐》遂可覆瓿与?"这里不仅揭露当时修志中的严重弊病,而且也揭示出历来方志所以会很快散失乃至消亡的重要原因。章学诚还指出,修志是为了切合实用,也必须注意修当代之书,记当代之事,反映当代社会之现实。从这个精神出发,他认为"方志之修,远者不过百年,近者不过三数十年"。他还举例说明:"史部之书,详近略远,诸家类然,不独在方志也。"②他在晚年修《湖北通志》时,还一再强调这个精神,说:"方志诸家,例宜详近略远,古人见于史传,不藉方志表扬。假如《楚国世家》、《屈原列传》、陆贾儒术、季布高风,载之班马之书,今日岂能损益?摘录则

---

① 《记与戴东原论修志》,《文史通义》外篇四。

② 同上。

嫌如类纂，全篇有似于传抄，书欲成家，良难位置。今于古人昭史传者，列表以著其出处，去传以见其无疑。则志例既得，简明无所窒累。苟有欲览其全，则文征于焉备矣。"①这种修志不求观美，但求实用以及详近略远的主张，正是他"经世致用"史学思想在修志问题上的具体表现。这种思想能在乾嘉时代出现，确实是难能可贵的。而他的"当续前人之记载，不当毁前人之成书"的主张，深得阮元等的支持，故阮元在《重修仪征志序》中曾反复加以说明，可见这个问题的提出，在当时是具有现实意义的。

总之，章学诚关于方志起源与性质的探讨论述，在当时的历史条件下，是具有积极意义的。当时许多人仍旧强调方志属地理专书，因而章氏所论是有针对性的，不能认为是"迂阔之谈"。他的目的在于矫枉，反对把方志看成是地理著作，同时又是为了提高方志的地位，强调方志的作用和价值。当然，根据我们现在的观点来看，无论是"地理派"也好，"历史文献派"也好，都是对方志的一种片面认识。方志，确实曾经具有过"亦地亦史"的性质，而封建时代的目录学家在分类上又多将它列在地理类，但从它的内容和作用来说，绝不从属于地理；方志的起源，确实又与史学密不可分，并是史学发展所产生的一个支流，但它又不是单纯的历史著作，从内容到形式，从编纂体例到文字叙述，都有显著不同。方志，实际上是介于史地之间的一种边缘学科。它是记载某一地区的历史、地理、社会风俗、经济文化等方面的综合性著作。开始是由地方性的地理与地方性的人物传记汇合发展而成，最初就叫"地记"。随着时代的发展，中经演变，至南宋而基本定型，但其记载内容一直在不断丰富，体例也逐步完善，形成自成一体的著作形式。方志学也发展成为一门独立的学科。因此，我们今天不能再坚持章学诚"志属史体"的老观点了，也不应当再用章学诚的地方志就是地方史的观点来指导今天新方志的编修。章学诚当时提出志就是史的观点，是有其特定的历史条件的，因此对它的片面性也是可以理解的。但在今天来说，这个观点无疑是已经过时了，若再史志不分，片面去强调，对今天修志来说，势必带来不良的影响。当然也更不能将方志视作地理书。因为事实证明，地方志并不等于地方史，也不同于历史地理。它已经自成体系，形成了一门独立的学科，具有

---

① 《湖北通志检存稿》四《文征甲集哀录正史列传论》，《遗书》卷27，第299页。

自己的特点，既不能用地方史的尺度来要求它，也不能用历史地理的标准来衡量它，否则编写出来的就不可能是地方志了。①

第二节 方志编纂理论

一、方志分立三书

章学诚在方志理论上一个杰出的贡献，就是创立了一套完整的修志义例，提出了方志分立三书的主张。《方志立三书议》，可以说是章学诚所创立的方志学的精义所在，它的提出，标志着他的方志理论的成熟、修志体例的完备和方志学的建立。章学诚的修志理论是在长期辩论和具体实践中得以不断充实、逐渐完备起来的。他早年在《答甄秀才论修志》两书和《修志十议呈天门胡明府》等文中，对编修方志已提出了不少卓越的见解，为后来建立系统的方志理论做了准备。如"志乃史体"、另立"文选与志书相辅而行"、州县应建立志科等重要创见都已提出。此后在方志的性质、内容、体例等方面，又与戴震、洪亮吉等学者反复进行了讨论。尤其是屡次修志的实践经验，更不断丰富了他的方志理论。他在《州县请立志科议》一文的开头，曾作了很好的表述："鄙人少长贫困，笔墨干人，屡应志乘之聘，阅历志事多矣。其间评骘古人，是非斟酌，盖尝详哉其言之矣；要皆披文相质，因体立裁。"所以他的修志理论是经过不断的发展才完善起来的，绝不是成于一朝一夕。而反映在他所修的方志上，则一部比一部完善。晚年所修之《湖北通志》，可视为方志理论已达成熟阶段的代表作，它是在《方志立三书议》提出后撰成的。

章学诚经过长期的研究和实践，总结出欲撰好方志，必须分立三书。《方志立三书议》说："凡欲经纪一方之文献，必立三家之学，而始可以通古人之遗意也。仿纪传正史之体而作志，仿律令典例之体而作掌故，仿《文选》、《文苑》之体而作文征。三书相辅而行，阙一不可；合而为一，尤不可也。"

---

① 有关这方面内容，可参见仓修良：《方志学通论》，齐鲁书社1990年版。

这种主张可谓前无古人。在《报黄大俞先生》书里，他批评了当时所编的许多方志只是纂类家言，是记注，而不是著述。更有甚者，如《文史通义》外篇五《亳州志掌故例议下》所指出的："今之方志，猥琐庸陋，求于史家义例，似志非志，似掌故而又非掌故，盖无以讥为也。"为什么会出现这些现象呢？《文史通义》外篇六《湖北掌故序例》分析认为，主要是因为"自唐、宋以后，正史之外，皆有典故会要，以为之辅，故典籍至后世而益详也。方志诸家，则犹合史氏文裁，与官司案牍，混而为一，文士欲掇菁华，嫌其芜累；有司欲求故实，又恐不详。陆机所谓'离之则双美，合之则两伤'也"。若要防止这些现象继续下去，就必须采用"离之则双美"的办法，于志书之外，另立掌故、文征，这样，"则义例清而体要得矣"。可见，方志分立三书，正是为了解决"不失著述之体"与保存重要资料之间的矛盾。

　　三书当中，志是主体，"仿纪传正史之体而作志"，"是《春秋》之流别"。因此，它是"词尚体要"，成一家之言的著作。《亳州志掌故例议下》说："夫志者，志也，其事其文之外，盖有义焉。所谓操约之道者此也。"《方志立三书议》又说，志者，"有典有法，可诵可识，乃能传世而行远。故曰：志者，志也，欲其经久而可记也"。由此可见，"志"乃是具有经世目的，有裨社会风教的史著，它与撰史一样，不仅在体例上有所讲求，还必须注意语言文字上的"属辞比事"。故他在《文史通义》外篇六《为毕秋帆制府撰石首县志序》中说："夫为政必先纲纪，治书必明体要。近日为州县志者，或胥吏案牍，芜秽失裁；或景物题咏，浮华无实；而求其名义所归，政教所重，则茫然不知其所指焉。夫政者，事也，志者，言也。天下盖有言之斐然，而不得于其事者矣；未闻言之尚无条贯，而其事转能秩然得叙者也。"唯其如此，他认为志书的编修工作，则非具有史才、深通史法的人是无法胜任的。上面所举，当时那些"轻隽小生，史学未曾全识，皆可奋笔妄修"，实际上即指此而言，意思是说，连史的意思是什么他们都不了解，自然就更谈不上什么史法了。他对这点是十分强调的，因为他深深感到，当时许多方志所以会出现"似志非志"，除了义例不清外，很重要的一个问题就是编修人员素质很差，不仅全无史法，而且有的连什么是方志也搞不清楚。特别是许多文人编修的志书更是浮而不实，可是由于他们在文学上名气大，编得再差，照样有人为之鼓吹，甚至奉之为楷模。针对这些事实，他在《文史通义》外篇四《与石首王明府论志例》中提出:"志为史裁,全书自有体例。志中文字俱关史法,则全书中之命辞措字,亦必有规矩准绳,不可忽也。"外篇四《修志十议呈天门胡明府》又说:"近行志乘,去取失伦,芜陋不足观采者,不特文无体要,即其标题,先已不得史法也。"最后,章学诚从对许多方志的研究评论中得出了"文人不可修志"①的结论。这与他在史书编纂上所强调的"文人不能修史"观点是一致的。因为志乃史体,编修方志,只要如实反映真实情况即可,不必夸饰文辞,妄加修饰,这是史家作史修志的共同要求。而"文士囿于习气,各矜所尚,争强于无形之平奇浓淡",因此,"法度义例,不知斟酌,不惟辞不雅训,难以行远,抑且害于事理,失其所以为言"。到头来必然造成"虚文害实事矣"②。何谓文人习气?"盖仿韩退之《画记》而叙山川物产,不知八书、十志之体不可废也。仿柳子厚《先友记》而志人物,不知七十列传之例不可忘也。然此犹文人徇名之弊,等而下者,更无论矣。"③他还在外篇四《答甄秀才论修志第一书》举例:"每见文人修志,凡景物流连,可骋文笔,典故考订,可夸博雅之处,无不津津累牍。一至孝子忠臣,义夫节妇,则寥寥数笔,甚而空存姓氏,行述一字不详,使观者若阅县令署役卯簿,又何取焉?"所以,在外篇四《和州志志隅自叙》里,他再三强调,修志人员须懂得史家法度,懂得"史家所谓规矩方圆之至"。故而文人不可修志也。

"掌故"如同会要、会典,目的在于既使志书做到简洁明要,又使重要材料得以保存,故在志书之外,将当地机关的章程条例和重要文件,按类编选,勒成专书,与"志"相辅而行,这些内容,实类似于国家的典章制度,所不同者,它是地方政府所颁布。章学诚认为,"治方志者,转从掌故而正方志;盖志义久亡,而掌故之守未坠;修其掌故,则志义转可明矣"。相反,若是"不整齐掌故,别为专书,则志亦不能自见其意矣"。④这种方志,他认为还应当普遍推广到写史当中,以收掌故与史相辅之功。他在《亳州志掌故

---

① 《书姑苏志后》,《文史通义》外篇六。
② 《与石首王明府论志例》,《文史通义》外篇四。
③ 《为张吉甫司马撰大名县志序》,《文史通义》外篇六。
④ 《亳州志掌故例议下》,《文史通义》外篇五。

例议中》里说:"为史学计其长策,纪、表、志、传,率由旧章,再推周典遗意,就其官司簿籍,删取名物器数,略有条贯,以存一时掌故,与史相辅而不相侵,虽为百世不易之规可也。"

"文征"则类似文鉴、文类,其"大旨在于证史",它是挑选那些足以反映本地生活民情,"合于证史"的诗文,以及那些即使"不合于证史",而实属"名笔佳章","人所同好"的诗文,汇编成书。[①] 这一主张,他早年在《答甄秀才论修志第二书》里已经提出,即所谓"略仿《国风》遗意,取其有关民风流俗,参互质证,可资考校,分列诗文记序诸体,勒成一邑之书,与志相辅"。后来他在《为毕制军与钱辛楣宫詹论续鉴书》中,还主张把这种方法在编年史中普遍采用,文中云:"因推孟子其事其文之义,且欲广吕伯恭氏撰辑,别为《宋元文鉴》,将与《事鉴》并立,以为此后一成之例。"这里要说明的是,有的同志把文征解释为"一方文献的专辑",恐不甚确切,两者在概念上、范围上都并不相同。章学诚在《方志立三书议》的第一句就说:"凡欲经纪一方之文献,必立三家之学。"文献是总的而言,掌故所收的内容,亦是属于地方文献之范围,而文征只不过是文献的一个部分。

综上所述,可见"掌故"、"文征"之设立,目的在于证史,保存一套可靠而丰富的资料,为后人著述博览约取创造条件,就其性质而言,是资料汇编,与具有著述之体、"词尚体要"的"志"书自有区别。

三书的性质与任务之不同显而易见,然而有人却把章氏的方志三书解释为:"'志'指地方行政制度;'掌故'指地方行政文件;'文征'指本地人和外地人描述该地生活的诗文。"[②] 这样解释势必把"志"同"掌故"、"文征"的性质和作用等同起来,从而违背了章学诚的原意。何况"志"指"地方行政制度"一语本身就不确切,哪有方志是单单记载地方行政制度的呢?我们知道,方志分立三书,"志"与"掌故"、"文征"有别,乃是章学诚论史时认为撰述(或著述)与比类(或记注)之不同在方志上的体现。由于两者性质与任务有殊,就决定了对其要求有所不同,撰述较之记注显然是难能可贵,因为它必须具有独创精神。但两者任务不同,又决定了不可偏废,"譬

---

① 《方志立三书议》,《文史通义》外篇四。
② 王重民:《中国的地方志》,《光明日报》1962年3月14日。

犹日昼而月夜，暑夏而寒冬，以之推代而成岁功，则有相需之益，以之自封而立畛域，则有两伤之弊"①。因此，他把"著述譬之韩信用兵，而比类譬之萧何转饷"②，两者缺一不可，更加显而易见了。我们只有明白了这一点，才有利于辨清方志三书所具有的性质及其任务之不同。章学诚所以花这么多力气来论述这两者的区别，目的在于说明方志应当是属于著作，而不是一般的资料汇编。可是当时他所看到的方志并非如此，大多为"纂类之书"。他在《报黄大俞先生》书中讲："凡修方志，往往侈为纂类家言。纂类之书，正著述之所取资。"又在《报广济黄大尹论修志书》里说："盖方志之弊久矣，流俗猥滥之书，固不可论，而雅意拂拭，取足成家，则往往有之。大抵有文人之书，学人之书，辞人之书，说家之书，史家之书。惟史家为得其正宗。而史家又有著作之史，与纂辑之史，途径不一。著作之史，宋人以还，绝不多见。而纂辑之史，则以博雅为事，以一字必有按据为归，错综排比，整炼而有剪裁，斯为美也。"这都说明，纂类之书已成为当时方志编纂的主要形式。他为扭转这种趋势，提高方志的学术地位，故而提出分立三书的办法，以便使方志能编修成名副其实的著作。只要看了章氏所撰之《湖北通志》，对三者不同的性质与内容就可以完全得到了解。他在《文史通义》外篇六《湖北通志凡例》中说："志者，识也，简明典雅，欲其可以诵而识也。删繁去猥，简帙不欲繁重。簿书案牍之详，自有《掌故》专书；各体诗文，自有《文征》专书。志则出古国史，决择去取，自当师法史裁，不敢徇耳目玩好也。"又在《为毕制府撰湖北通志序》中进一步指出："今于《通志》之外，取官司见行章程，分吏、户、礼、兵、刑、工，以为掌故六门，凡六十六篇，所以昭典例也。……取传记、论说、诗赋、箴铭之属，别次甲乙丙丁上下八集，以为文征，所以俟采风也。……臣愚以为'方志'义本百国春秋，'掌故'义本三百官礼，'文征'义本十五国风。……唐宋以来，正史而外，有'会要'、'会典'，以法官礼；'文鉴'、'文类'，以仿风诗。盖不期而合于古也。"非常清楚，"志"的内容绝不是什么地方行政制度。

据上所述，我们认为，章氏方志分立三书说，"志"是主体，是"词尚

---

① 《答客问中》，《文史通义》内篇四。
② 《报黄大俞先生》，《文史通义》外篇三。

体要"的著作,"掌故"、"文征"是两翼,是保存原始材料的资料汇编,两者相辅而行,构成一部完整的新型方志。

除三书之外,修志过程中,因搜集了丰富资料,"采撷所余,虽无当于正裁,颇有资于旁证","亦议政者所参听也"①。这一部分资料,"拦入则不伦,弃之则可惜",于是,别为《丛谈》,以附于后。这样处理,与编书义例无妨,"彼于书之例义,未见卓然成家,附其后,故无伤也。既立三家之学,以著三部之书,则义无可借,不如别著一编为得所矣"②。

总之,方志分立三书,确是一种创见,对于旧方志来说,无论在体例上或是内容上,无疑都起着巨大的革新作用,它的提出,为方志学的发展开辟了新的广阔天地。

二、"志"书的体裁和内容

作为方志主体的"志"应当采用何种体裁?需要写哪些内容?这是章学诚一向极为重视的问题。他一再强调,"志"乃史体,体裁当规史法,内容要写这一地区的山川、物产、风俗、人文,以及"政教所施,经要所重"。既然"志"是"仿纪传正史之体而作",那么就必须达到"邑志虽小,体例无所不备"的要求,因为它与国史相较,只是"所谓具体而微也"。③至于志书为什么要仿纪传正史之体,他在《永清县志舆地图序例》中曾有明确说明:"史部要义,本纪为经,而诸体为纬。有文辞者曰书曰传,无文辞者曰表曰图,虚实相资,详略互见,庶几可以无遗憾矣。"其实这一主张他早年在《答甄秀才论修志第一书》中就已经提出,只不过文字说法不同而已,文中说:"州郡均隶职方,自不得如封建之国别为史,然义例不可不明。如传之与志,本二体也。今之修志,既举人物典制而概称曰志,则名宦乡贤之属,不得别立传之色目。传既别分色目,则礼、乐、兵、刑之属,不得仍从志之公称矣。窃思志为全书总名,则皇恩庆典,当录为外纪;官师铨除,当

---

① 《为毕制府撰湖北通志序》,《文史通义》外篇六。
② 《方志立三书议》,《文史通义》外篇四。
③ 同上。

画为年谱；典籍法制，则为考以著之；人物名宦，则为传以列之。变易名色，既无僭史之嫌；纲举目张，又无遗漏之患。其他率以类附。至事有不伦，则例以义起，别为创制可也。"这里他为了避免"僭史之嫌"，故将有些名目加以改变，实际还是纪传之体。有的同志根据这一篇论述就确定章氏志书"分列为外纪、年谱、考、传四体"，并立标题曰"'三书'议和'四体'说"①，这看来很是醒目，其实完全是出于误解。上面已经指出，这篇文章乃是章氏早年之作，当时尚未经过实践，完全出于一种设想，加上又有避"僭史之嫌"的思想，故而更改名目，分列四体。可是，章学诚的方志理论，随着时间的流逝和他年龄的增长、阅历的丰富，避嫌思想不仅不复存在，而且再三强调要紧扣史法，并直接提出"仿正史之体而作志"。我们统观章氏所撰诸志，确是纪、传、书（考）、表、图诸体俱备，一如正史之规，而并非所谓"四体"。尤其《湖北通志》更为完备。所谓"外纪"，在他所撰诸志中并无一部以此标名；而书志之名，和州、永清诸志均是称"书"，毫无避嫌之意。尽管《湖北通志》改称"考"，却也不是出于避嫌，而是因为《湖北通志》分立三书，仅是避此三书中之志名而已，这在凡例中已有说明。至于"年谱"，所撰方志中则更无一部采用此名。因此，"四体"说不能代表章学诚的方志理论和主张，因为他的思想和理论后来都有了很大的发展。今对其诸体，略加论述。

纪：所谓纪者，是指按年编写的大事记，其要求是要把这个地区"古今理乱"之重大事件都"粗具于编年纪"中。②因此，它与一般正史里的本纪专记帝王事迹有所不同。不过，在章学诚看来，即使正史中之本纪，起初也不是专为记载帝王事迹的尊称，"纪之与传，古人所以分别经纬，初非区辨崇卑。是以迁《史》中有无年之纪，刘子玄首以为讥，班《书》自叙，称十二纪为春秋考纪，意可知也。自班、马而后，列史相仍，皆以纪为尊称，而传乃专属臣下"③，自然就失去了立"纪"之本意了。所以他在《为毕秋帆制府撰石首县志序》中说，"方志撰纪，只是以为一书之经"而已，而

---

① 黄苇：《章学诚方志理论研究》，《方志论集》，浙江人民出版社1983年版。
② 《湖北通志序传》，《文史通义》外篇六。
③ 《永清县志恩泽纪序例》，《文史通义》外篇五。

一书之首所以必冠以编年之纪，亦在于"存史法也"。因为"志者，史所取裁，史以记事，非编年弗为纲也"。这就说明，他把编年之纪看作全书之纲。在《湖北通志凡例》中，章学诚又对这一观点作了进一步发挥："史以纪事为主，纪事以编年为主，方志于纪事之体，往往缺而不备，或主五行祥异，或专沿革建置，或称兵事，或称杂记，又或编次夹杂，混入诸门之中，不为全书纲领。"至于纪的写法，《湖北通志凡例》中亦有说明："纪以编年为名，例仿《纲目》，大书分注，俾览者先知古今，了如指掌。"当然，应当指出的是，章学诚最初所编的几部方志，均未能写出比较像样的编年纪来，这也足以说明，他的方志理论是在实践中不断提高和发展的。

传："邑志列传，全用史例"，它的设置在于补充本纪未尽之事。"史之有列传也，犹《春秋》之有《左氏》也。《左氏》依经而次年月，列传分人而著标题，其体稍异，而其为用，则皆取足以备经纪之本末而已矣。"① "编年文字简严，传以申其未究，或则述事，或则书人，惟用所宜"，而不应"执于一也"。② 这就是章学诚为列传所下的定义，它可以写人，亦可以书事，要从实际出发，"惟用所宜"。他认为，传分记人记事，乃是司马迁立传之本意，如《史记·货殖列传》则不是以人物为中心。然而后世史家往往有失此意，谈到列传，则仅拘于为个人具始末，无复言记事之传矣。他为了复司马迁立列传之旧观，故于《湖北通志》中身体力行，既有事类相从，亦有数人合传。记明末农民起义之事，曾立《明季寇难传》；述明末党争者，则有《复社名士传》；而《欧魏列传》，名为欧阳东凤、魏运昌二人合传，实则言"湖北水利之要害，与《水利考》相表里"，因为他们"一为明代沔阳之人，一为国朝景陵之人，以论水利，合为一传，亦史家比事属辞之通义"③。

为了写好方志的列传，对于内容详略取舍诸问题，章学诚都提出了严格的要求。首先，内容上他认为应本着"详今而略古"、"详后而略前"的原则。尤其是以往人物，"史传昭著，无可参互详略施笔削者，则但揭姓名为人物表，其诸史本传，悉入文征以备案检"④。"方志家言，搜罗文献，将备史

---

① 《亳州志人物表例议中》，《文史通义》外篇五。
② 《湖北通志序传》，《文史通义》外篇六。
③ 《湖北通志检存稿》三《欧魏列传》，《遗书》卷26，第283页。
④ 《传记》，《文史通义》内篇五。

氏之要删",如果"史之所具,已揭日星,复于方志表扬,岂朝典借重于外乘耶?"①

其次,既然"方志为国史所取裁,则列人物而为传,宜较国史加详"。可是当时一般方志都没有做到这点,甚至仅仅"删略事实,总撮大意,约略方幅,区分门类"。这样的方志传记,既不能达到为国史所取裁目的,亦不能收到"有裨风教"的效果。至于"品皆曾(参)、史(鳅),治尽龚(遂)、黄(霸),学必汉儒,贞皆姜女,面目如一,情性难求",更是一般方志的通病,关键在于作者未下功夫搜集到具体材料,只能泛泛而谈。章学诚在《亳州志人物表例议下》明确提出:"人物列传,必取别识心裁,法《春秋》之谨严,含诗人之比兴,离合取舍,将以成其家言。虽曰一方之志,亦国史之具体而微矣。"

第三,所志人物,应当有所选择。章学诚在《文史通义》外篇四《修志十议呈天门胡明府》中说:"列传亦以名宦乡贤、忠孝节义、儒林卓行为重,文苑方技,有长可见者次之。如职官而无可纪之迹,科目而无可著之业,于法均不得立传。"无可纪之迹的职官所以不得立传,一则因"志属信史,非如宪纲册籍,一以爵秩衣冠为序者也",再则如《为毕秋帆制府撰石首县志序》所说"方志是一方之政要,非徒以风流文采,为长吏饰儒雅之名也"。这些主张,正是针对当时修志领域中"贿赂公行,请托作传"、"漫为浮誉"的情况而提出的,不仅在当时来说是相当杰出的,而且对我们今天的修志工作也有一定的借鉴价值。所以,对所列传的人物,一定要严格把关,立一名宦传,一定要说明此人"实兴何利,实除何弊,实于何事有益于国计民生,乃为合例"②。而对于那些"穷乡僻壤,畸行奇节,子孙困于无力,或有格于成例,不得邀旌奖者,踪迹既实,务为立传,以备采风者观览"③。

第四,要写好列传,必须下苦功调查取得第一手资料。《文史通义》外篇四《答甄秀才论修志第一书》说:"窃谓邑志搜罗不过数十年,采访不过百十里,闻见自有真据,宜加意采辑,广为传述,使观者有所兴起,宿草秋

---

① 《湖北通志序传》,《文史通义》外篇六。
② 《修志十议呈天门胡明府》,《文史通义》外篇四。
③ 《答甄秀才论修志第一书》,《文史通义》外篇四。

原之下，必有拜彤管而泣秋雨者矣。"意思是说，你能把应当入传的人的真实事迹，经过调查写入志书，他（她）们在九泉之下也会感谢你的。

当然，要写好列传是不容易的。正因为如此，章学诚认为，一个史家的才能可以在撰写列传中体现出来。他在《文史通义》外篇五《永清县志政略序例》中说："列传包罗巨细，品藻人物，有类从如族，有分部如井。变化不拘，《易》之象也；敷道陈谟，《书》之质也；抑扬咏叹，《诗》之旨也；繁曲委折，《礼》之伦也；比事属辞，《春秋》之本义也。具人伦之鉴，尽事物之理，怀千古之志，撷经传之腴，发为文章，不可方物。故马、班之才，不尽于本纪表志，而尽于列传也。"他还论述了同是方志中的列传，难易又各有不同，如《循吏列传》，其难度要比写一般的乡贤传大得多。他甚至提出写好"循吏之迹"，凡有七难：

> 治有赏罚，赏罚出而恩怨生，人言之不齐，其难一也；事有废兴，废兴异而难易殊，今昔之互视，其难二也；官有去留，非若乡人之子姓具在，则迹远者易湮，其难三也；循吏悃愊无华，巧宦善于缘饰，去思之碑，半是愧辞，颂祝之言，难征实迹，其难四也；擢当要路，载笔不敢直道，移治邻封，瞻顾岂遂无情？其难五也；世法本多顾忌，人情成败论才，偶遭詈误弹章，便谓其人不善，其难六也；旧志纪载无法，风尘金石易湮，纵能粗举大凡，岁月首趾莫考，其难七也。

这七条虽不能说条条是真理，却可以讲条条是实情，只要稍作回味，便会感到确实言之成理。当然，章学诚列举了七难，目的在于执笔撰写时，要"益致其慎尔"。

考："考之为体，乃仿书志而作，子长八书，孟坚十志，综核典章，包函甚广。"[①] 这就把方志组成部分之一的考（或称书、志）的来源讲了出来。既然如此，章学诚认为要撰好书考，必须懂得《史记》中的八书、《汉书》中的十志是怎么回事，并且尤应注意书法。他在早年写《修志十议呈天门胡明府》时便已提出："典故作考，人物作传，二体去取，均须断制尽善，有

---

① 《答甄秀才论修志第二书》，《文史通义》外篇四。

体有要,乃属不刊之书,可为后人取法。"然而当时所撰之方志,都有失于体要,一则如《答甄秀才论修志第二书》所指出的,是题目分得过细,"失之繁碎",以致"浩无统摄"。"如星野、疆域、沿革、山川、物产,俱地理志中事也;户口、赋役、征榷、市籴,俱食货考中事也;灾祥、歌谣、变异、水旱,俱五行志中事也;朝贺、坛庙、祀典、乡饮、宾兴,俱礼仪志中事也。凡百大小,均可类推。篇首冠以总名,下乃缕分件悉,汇列成编,非惟总萃易观,亦且谨严得体,此等款目,直在一更置耳。"再则就是他在《答甄秀才论修志第一书》中所指出的,变成选文类纂,非复志乘之体,"志艺文者,多取长吏及邑绅所为诗赋、记序、杂文,依类相附,甚而风云月露之无关惩创,生祠碑颂之全无实征,亦胥入焉"。在《文史通义》外篇五《永清县志文征序例》一文中,章学诚又说:"近人修志,艺文不载书目,滥入诗文杂体,其失固不待言。"《文史通义》外篇四《方志辨体》又指出,志田赋者,"尽取各府州县赋役全书挨次排纂",于是"财赋大势,沿革病利","茫然无可求矣"。如此等等,杂乱无章,当然难为典据。欲改变此种现象,必须以史法绳之。首先分题不宜过细,分纲列目,以收纲举目张之效。其次内容必须澄清,千万不可包罗万象,应将无关治体、无益风教者悉数删除。"但重政教典礼,民风土俗",凡是"浮夸形胜,附会景物者,在所当略"。[①]至如撰艺文者,应仿班固作《艺文》、刘歆著《七略》之意,要"详载书目",而不是"类选诗文"。他在《修志十议呈天门胡明府》中说:"今拟更定凡例,一仿班《志》、刘《略》,标分部汇,删芜撷秀,跋其端委,自勒一考,可为他日馆阁校雠取材,斯则有裨文献耳。"又在《答甄秀才论修志第一书》中说:"夫既志艺文,当仿《三通》、《七略》之意,取是邦学士著撰书籍,分其部汇,首标目录,次序颠末,删芜撷秀,掇取大旨,论其得失,比类成编,乃使后人得所考据,或可为馆阁雠校取材,斯不失为志乘体尔。"当然,要做到这点是不太容易的,因为这不仅要懂得艺文志的来龙去脉,更要懂得作此志的宗旨,而对每部著作要"跋其端委"、"论其得失",那就更不是件容易的事,所以章学诚对于修志人员的要求,不仅要学识渊博,更要识得"史"字。另外,志赋役者,既要采撷州县赋役全书,又得吸取私门论

---

① 《修志十议呈天门胡明府》,《文史通义》外篇四。

撰，加以别裁，做到文简事明，只有这样，财赋沿革利病，才可洞若观火。对于方志中《府县考》的写法，他在《湖北通志凡例》中说得就更加具体了："考乃书志之遗，府县一考，专论建置沿革，最为全书根柢，考订不厌精详，既著其说，又列其表，观者一望了然。至星土之说，存其大概，以天道远而人事迩也。"可见在编修方志中，他强调的是人事，应当把功夫花在这些方面。

图、表：刘知幾在评论史书时，对图、表的作用还不太注意。宋代郑樵，则主张编写史书，必须充分发挥图、表的作用，故对司马迁《史记》的十表非常称颂，认为"《史记》一书，功在十表，犹衣裳之有冠冕，木水之有本源"[1]。到了清代，许多著名学者都强调史表的作用，秀水朱彝尊在为万斯同《历代史表》所作的序中有"揽万里于尺寸之内，罗百世于方册之间"之句，生动形象地概括了史表的作用。章学诚在评论史志中对图、表十分重视，并把它提到撰史修志不可缺少的组成部分这一高度。他在《亳州志人物表例议》上、中、下三篇中，特别论述了方志与人表的关系。其下篇云：方志之列人表，"将以救方志之弊也，非谓必欲仿乎史也，而史裁亦于是具焉而已"。方志立人物表其善有三：

> 前代帝王后妃，今存故里，志家收于人物，于义未安；削而不载，又似阙典。是以方志遇此，聚讼纷然，而私智穿凿之流，往往节录本纪，巧更名目，辗转位置，终无确当。今于传删人物，而于表列帝王，则去取皆宜，永为成法。其善一也。史传人物本详，志家反节其略，此本类书摘比，实非史氏通裁。然既举事文，归于其义，则简册具有名姓，亦必不能一概而收，如类纂也。兹于古人见史策者，传例苟无可登，列名人物之表，庶几密而不猥，疏而不漏。其善二也。史家事迹，目详于耳，宽今严古，势有使然。至于乡党自好，家庭小善，义行但存标题，节操止开年例，史法不收，志家宜具。传无可著之实，则文不繁猥；表有特著之名，则义无屈抑。其善三也。凡此三者，皆近志之通病，而作家之所难言。故曰：方志之表人物，将以救方志之弊也。

---

[1]《通志·总序》，《万有文库》第二集。

表既然如此重要，故章学诚所撰诸志，部部有表，而《湖北通志》仅人物就立有五表。对于《食货考》中头绪纷繁的赋役一门，还作了赋役表以相统摄。经过他的苦心经营，史表的作用在方志中可以说得到了充分的发挥。

对于图的作用，从方志本身来说似乎并不存在问题，因为所有方志，大多有图，况且在发展过程中，还经过图经阶段。可是长期以来从理论上来说明它的重要性，除郑樵之外，还不多见。在章学诚看来，图的作用，有时更胜于表。①他在《永清县志水道图序例》中曾经指出："地名之沿革，可以表治，而水利之沿革，则不可以表治也。盖表所以齐名目，而不可以齐形象也。图可得形象，而形象之有沿革，则非图之所得概焉。是以随其形象之沿革，而各为之图，所以使览之者可一望而周知也。"所以，他把图像称为"无言之史"。可是当时许多方志尽管在形式上也大多有图，实际上并未起到图的应有作用，原因是"其弊有二：一则逐于景物，而山水摩画，工其绘事，则无当于史裁也；一则厕于序目凡例，而视同弁髦，不为系说命名，厘定篇次，则不可以立体也。夫表有经纬而无辞说，图有形象而无经纬，皆为书志、列传之要删，而流俗相沿，苟为悦人耳目之具矣"②。这就是说，当时方志所绘之图，完全流于形式，变成了点缀时髦的装饰品。因此他在《湖北通志凡例》中说："诸图开方计里，义取切实有用，不为华美之观。"这正是针对当时方志纯为追求形式美观而发。他还在《和州志舆地图序例》中指出，图之作用，应当取其"有关经要而规方形势所必须者，详系之说，而次之诸纪表之后"，这样才可以用备"一家之学"。

志的诸体既然一如正史之规，那么措辞命意，无疑当具撰史之笔法。他在《文史通义》外篇四《与石首王明府论志例》一文中说："志为史裁，全书自有体例。志中文字俱关史法，则全书之命辞措字，亦必有规矩准绳，不可忽也。"为了撰好方志，他晚年在修《湖北通志》时，便提出作者秉笔应当做到"持论不可不恕，立例不可不严，采访不可不慎，商榷不可不公"③的四大要求，继承了古代史家据事直书的优良传统，反对"任情无例"，"私

---

① 《永清县志舆地图序例》，《文史通义》外篇五。
② 同上。
③ 《湖北通志序传》，《文史通义》外篇六。

意褒贬"。有不少人讲章学诚主张方志有褒无贬，这完全是出于一种误解。章学诚在《答甄秀才论修志第一书》中有段论述：

> 志乃史体，原属天下公物，非一家墓志寿文，可以漫为浮誉，悦人耳目者。闻近世纂修，往往贿赂公行，请托作传，全无征实。此虽不肖浮薄文人所为，然善恶惩创，自不可废。今之志书，从无录及不善者，一则善善欲长之习见，一则惧罹后患之虚心尔。仆谓讥贬原不可为志体，据事直书，善否自见，直宽隐彰之意同，不可专事浮文，以虚誉为事也。

这里说得十分清楚，一则编修方志的目的"善恶惩创，自不可废"。再则是"据事直书，善否自见"，好事照写，坏事直录，让事实本身来说明其好坏，这就是司马迁写《史记》所创立的书法，即寓褒贬于叙事之中。章学诚的意思也正是如此，如何能说他是主张方志只褒不贬呢？后来章学诚在写《永清县志列传序例》中讲得更加明确："至于史文有褒贬，《春秋》以来，未有易焉者也。""志乃史体"，岂能例外？章学诚是一位杰出的史学评论家，他绝不会主张写史只褒不贬。这是史论上的一般常识。唐代大文学家韩愈在《答刘秀才论史书》中就曾说："愚以为凡史氏褒贬大法，《春秋》已备之矣，后之作者，但据事迹实录，则善恶自见。"[①] 这与章学诚所说的意思正同。所谓方志有褒无贬说，明代方志有些叙文中已经讲到，我们不能无根据地将此说强加于章学诚。章学诚反对的乃是任情褒贬，题外加论。至于公正的议论，持平的论赞，亦不妨附入，否则也就失去了作史修志的惩劝本意。另外，在志体既合史例，考信核实无虚的前提下，适当进行文辞的修饰，自然也是作者应当努力之事，因为"志体既取详赡，行文又贵简洁"，乃是撰好一部方志的起码要求。况且也只有做到"词尚体要"，方能成为"可诵可识"、"传世行远之具"。

章学诚在修志理论中还提出，各地修志，应当注意对本地的方言进行广泛的采集，并认为这是一项十分有意义的工作。尽管明代以来，有些方志

---

① （唐）韩愈：《答刘秀才论史书》，《昌黎外集》卷2，四部备要本。

在风俗篇中已记载了一些方言，如浙江的《乌青镇志》便是如此，但毕竟还是少数，并未引起大家足够的重视。因此他在《文史通义》外篇三《报谢文学》书中说：

> 前高阳县知县武进胡君文英，尝撰《吴下方言考》，虽于经训微觉附会，而于苏、常之间土音，实有证明。鄙意四方文士，各以官韵正定一方土谚，修方志者，必采录之，汇集一统志馆，勒为成书，亦同文之要典也。国史采以附地理志，后人即为成规。则是每代必有一扬子云，何患训故之难通乎！

这个见解十分可贵，因为我们的祖国幅员广大，各地方言又十分复杂，若是各地在修方志之时，能够注意采集，并且"以官韵正定"，那么不仅可以沟通全国各地之语言，而且在方言的研究上也可作出无可估量的贡献。单就这点而言，方志的学术地位也必定得到提高。作为方志理论家的章学诚，正因为博古通今，学识渊博，才有可能注意到此类内容。

尤其值得一提的是，章学诚在早年总结前人修志经验的基础上，曾于《修志十议呈天门胡明府》一文中别具匠心地提出一个修志纲要。其中内容和提法后来虽然有了发展、变化，但从这个纲要我们仍可看出他想象力的丰富、才能的卓越以及创造精神之可贵。他认为，修志有二便、三长、五难、八忌、四体、四要：

二便：地近则易核，时近则迹真。
三长：识足以断凡例，明足以决去取，公足以绝请托。
五难：清晰天度难，考衷古界难，调剂众议难，广征藏书难，预杜是非难。
八忌：忌条理混杂，忌详略失体，忌偏尚文辞，忌妆点名胜，忌擅翻旧案，忌浮记功绩，忌泥古不变，忌贪载传奇。
四体：皇恩庆典宜作纪，官师科甲宜作谱，典籍法制宜作考，名宦人物宜作传。
四要：要简，要严，要核，要雅。

他要求人们在修志当中,应当尽量做到"乘二便,尽三长,去五难,除八忌,而立四体,以归四要"。这个纲领,尽管有些条文是勉强凑合,但大多数确是言之有理,如"八忌"之说,可谓条条言之成理,特别是"忌泥古不变"更为可贵,反映了他变通发展的观点。他提倡创新,反对守旧,这在方志编修来说也十分重要,无论体例还是内容范围,都应当随着时代的发展变化而有所变革。他的有些主张对今天编修新志仍有重要参考价值。

综上所述,可以看出章学诚论述的方志,实际上是一部图文并茂、纲举目张、言简意明、内容综合的地方史著。旧的方志按照他的理论改造后,将由地理沿革之书变为一种具有史义、能够经世的史著。这些理论,在当时对方志性质和体例认识混乱、众说纷纭的情况下,自然具有十分重要的作用。但时至今日,当方志已经成为一门独立学问的时候,他的有些理论显然就不合时宜了,特别是方志就是地方史的说法,在今天看来就很不确切,尽管地方志在某些方面仍具有地方史的性质,属于广义的历史学范畴,但绝不能说就是地方史,否则我们今天也就没有必要再普遍地编纂地方志了。

三、各类方志记载范围和界限

宋元以来,方志编修基本上已经定型,但当时所修,以郡县二志为多。明清以来,修志之风盛行,于是省有通志,府、州、厅、县各皆有志,甚至一些重要的乡镇、山水寺庙亦多修志。由于对各类志书没有明确的要求,因而出现了许多混乱现象。有的简单地把诸州、县志内容合并便成府志,将诸府志加以合并又成通志;亦有采用相反的办法,将通志机械地一分便成所属府志。对此混乱现象,章学诚特地写了《方志辨体》一文,从理论上加以澄清,指出各类方志有各自的内容范围,也有各自的撰写方法与要求,切不可简单地任意分开,否则将不成为书。他说:

> 文墨之事,无论精粗大小,各有题目,古人所谓文质相宜,题目即质之谓也。如考试诗文,命题诗文,稍不如题,即非佳文。修书亦如是也,如修统部通志,必集所部府州而成。然统部自有统部志例,非但集诸府州志可称通志,亦非分拆统部通志之文,即可散为府州志也。诸府

之志，又有府志一定义例，既非可以上分通志而成，亦不可以下合州县属志而成。苟通志及府州县志，可以互相分合为书，则天下亦安用此重见叠出之缀旒为哉！……今之通志，与府州县志，皆可互相分合者也，既可互相分合，亦可互相有无。书苟可以互相有无，即不得为书矣。

这里不仅指出明清以来各类方志编修中所出现的奇怪现象，而且指出这类现象必须终止，因为各类方志都有自己的特定内容与义例，这一观点在方志发展史上又是一大贡献。他在《丙辰札记》的笔记中还对此作了十分形象而生动的叙述：

> 余尝论各部通志，与府州县志，各有详略义例，不知者相与骇怪。余取譬于诗文之有命题，各有赢阙至量，不容相假藉也。如皇甫士安为左氏作《三都赋序》，设吴、魏、蜀都三篇。当时又各有为之序者，义亦自可并存。若皇甫氏别无取义，但缀合三序而为一序，又或各为序者，分析皇甫之序以为三篇，其说尚可通乎？曹元首作《六代论》，其有分论虞、夏、商、周、秦、汉者，割裂曹氏之论，析而六之；或先有六家之论，曹氏合而一之，天下有是理耶？陈氏撰《三国志》，其后萧常、郝经、谢陛之伦，改造季汉、续汉诸书，意在尊正统耳。然世代相去久远，所征事实，无以出乎陈《志》及裴《注》之外也。而其发凡起例，分合详略之间，果否可以分为陈《志》，而合为萧郝谢氏诸书，则亦不待明者而决矣。李百药撰《高齐书》矣，其子延寿撰《南》、《北史》，叙述高齐，岂能徒藉父书无变例欤？①

以上事实说明，著书各有义例，绝不可随心所欲地机械地进行分合，编撰方志，其道理自然也是一样。章学诚不仅从理论上辨明各类方志自有义例，而且从具体内容入手，举例说明各类方志自有的义例。在《文史通义》外篇六《湖北通志凡例》中，他说："山川古迹陵墓，皆府县所领之地也，城池坛庙祠宇，皆其地所建也，此则例详府州县志，通志重复详之，失其体

---

① 《丙辰札记》，《遗书》外编卷3，第397页。

矣。兹举其大而略其琐细，各属专志。譬之垣墉自守，详于门内，而不知门外，通志譬之登高指挥，明于形势，而略于间架，理势然也。"又在《文史通义》外篇四《方志辨体》中举例说，如"府州赋役全书，自当于府州志详之，州县赋役全书，自当于州县志详之，通志体裁，自不当代为屑屑纂录"。相反，一个省的"财赋大势，沿革利病，非府州县志所能具者"。所以他说："贵乎通志者，为能合府州县志所不能合，则全书义例，自当详府州县志所不能详。既已详人之所不能详，势必略人之所略，譬如揖左则必背右，挥东则必顾西，情理必然之势。"总之，章学诚认为，撰写一省通志，绝不可将所属府州县志加以拼凑扩录，也不可将通志分析而成所属府州县志，因为它们各有自己的内容范围和义例要求。能按此要求去编纂各类方志，就可以做到各有侧重，各有特点，详略适宜，避免混杂。因此，这一理论的提出，对于克服方志编修中的混乱现象，是有着十分重要的意义的。

四、建议州县设立志科

史家撰史与文士作文的要求是有所不同的，史家贵在征信，文学贵在独创。因此，史家只有具备了丰富的史料，始可记一事之始末，考一事之得失，加以陶铸，成为珍品。没有原料，也就无法陶铸成品。方志既然属于史的范畴，自然也不能例外。章学诚在修志的具体实践中，深感搜集材料的困难与及时搜集资料的重要性。他认为，要修好方志，萧何转饷这项工作是万万少不了的。其中以往正史典籍固然"俱须加意集访"，但是，地方文献却更为重要，这是方志编修必不可少的材料。"若邑绅所撰野乘、私记、文编、稗史、家谱、图牒之类，凡可资搜讨者，亦须出示征收"，以便做到"博观约取"。[①] 值得注意的是，方志内容既要详近略远，多写当时之事，那么材料就必须取之于当时现实生活之中。因此，他主张除了搜集现成的乡邦文献以外，还需要进行实地访问调查，掌握第一手资料。他十分赞扬司马迁修史之前"东渐南浮"的实地考察精神。他自己在修《永清县志》时，也曾"周历县境，侵游以尽委备"，并亲访乡村妇女50余人，用所得口碑材料，

---

① 《修志十议呈天门胡明府》，《文史通义》外篇四。

"详为之传，其文随人变异，不复为方志公家之言"，从而改变了一般方志撰写"贞节孝烈"，"文多雷同"的局面。[①]而所撰《亳州志》，由于"逼于楚行，四乡名迹，未尽游涉，而孀妇之现存者，不能与之面询委曲，差觉不如《永清》"。虽然从文献足征来说，是远胜于《永清》，但未尽观察访问之责，以致总有"负愧"之感。[②]尽管他所访问的对象多为乡村妇女，其目的又在于宣传封建道德，但就其重视实地调查的精神来说，还是值得肯定的。何况他的考察也不仅限于这一项内容。通过实践，他体会到史料搜集，贵在及时，"一方文献，及时不与搜罗，编次不得其法，去取或失其宜，则他日将有放失难稽，湮没无闻者矣"[③]。为了解决修志过程中所遇到的材料来源之困难，他建议清朝政府在各州县建立"志科"，专门掌管搜集乡邦文献，为编好各类方志创造条件。为此，他专作《州县请立志科议》一文，加以申述：

> 州县之志，不可取办于一时，平日当于诸典吏中，特立志科，佥典吏之稍明于文法者，以充其选。而且立为成法，俾如法以纪载，略如案牍之有公式焉，则无妄作聪明之弊矣。积数十年之久，则访能文学而通史裁者，笔削以为成书，所谓待其人而后行也。如是又积而又修之，于事不劳，而功效已为文史之儒所不能及。……六科案牍，约取大略而录藏其副可也；官长师儒，去官之日，取其平日行事善恶有实据者，录其始末可也；所属之中，家修其谱，人撰其传志状述，必呈其副，学校师儒，采取公论，核正而藏于志科可也；所属人士，或有经史撰著，诗辞文笔，论定成编，必呈其副，藏于志科，兼录部目可也；衙廨城池，学庙祠宇，堤堰桥梁，有所修建，必告于科，而呈其端委可也；铭金刻石，纪事摛辞，必摩其本而藏之于科可也；宾兴乡饮，读法讲书，凡有举行，必书一时官秩及诸名姓，录其所闻所见可也。

可见搜罗范围相当广泛，不仅搜集办法十分具体，就是如何保管，文中亦有详细说明。其实这一建议，早年在《答甄秀才论修志第一书》中就已经

[①]《周筤谷别传》，《遗书》卷18，第179页。
[②]《又与永清论文》，《文史通义》外篇三。
[③]《记与戴东原论修志》，《文史通义》外篇四。

有所考虑，他在信中说："今之志乘所载，百不及一。此无他，搜罗采辑，一时之耳目难周；掌故备藏，平日之专司无主也。尝拟当事者，欲使志无遗漏，平日当立一志乘科房，佥掾吏之稍通文墨者为之。凡政教典故，堂行事实，六曹案牍，一切皆令关会，目录真迹，汇册存库。异日开局纂修，取裁甚富。"从这里也足以说明，他对于编修方志考虑是相当周全的。在志科以外，四乡还各设采访一人，聘请"绅士之公正符人望者为之"，平时负责采访搜集遗文逸事，及时上呈志科。他还强调志科之重要性说："今天下大计，既始于州县，则史事责成，亦当始于州县之志。州县有荒陋无稽之志，而无荒陋无稽之令史案牍。志有因人臧否，因人工拙之义例文辞；案牍无因人臧否，因人工拙之义例文辞。盖以登载有一定之法，典守有一定之人，所谓师三代之遗意也。"① 可是，像这样富有独创精神的建议，却如泥牛入海，根本没有为清政府所注意。遗憾的是，有人竟说在我国历史上曾经设立过志科，这是没有根据的。章学诚的《州县请立志科议》，虽然当时未被采纳，但在今天来说，不仅历史工作者和档案工作者仍可借鉴，就是对从事社会调查工作的同志来说，也同样具有一定参考价值。当然，对于正在从事新方志编修的工作者来说，就更有必要去好好读一读了。

五、章学诚方志理论的局限性

　　章学诚的一生，从未参与政治活动，他长于史学，而史馆之职也未能取得，因此虽有丰富的史学理论，却不能试之于史，这促使他把修史的理论运用于方志领域，用他的史学理论对以往的方志编纂进行批判性总结，从而创立了一套修志的理论和义例。他首先确定"志属信史"，其作用应当和正史一样足以"经世"，因而它的编纂亦应规于史法。他批判了许多方志"求于史家义例，似志非志，似掌故而又非掌故"。这种情况的出现，说明作者不懂得史籍区分为两大部类——记注和撰述的意义，所以出现了"于记注撰述两无所似"的作品。为了扭转这一局面，他提出了方志分立三书的创议。这一创议的意义，正如他自己在《与陈观民工部论史学》一文中所说："用

---

　　① 《州县请立志科议》，《文史通义》外篇四。

其别识心裁，勒成三家之书，各具渊源师法，以为撰方志者凿山浚源。"作为三书之一的志来说，是全部方志的主体，仿纪传正史之体而作。其内容是重视当今，强调实用，更能为政治服务。这与那些专考地理沿革、罗列职官爵秩、记载古迹名胜、选录风云月露文章的方志相比，无疑是一个很大的进步。显然，通过这一改革，方志的作用与地位是被大大提高了，志为史体的概念也得以牢固地树立起来，从此方志便从地理类划出，成为历史学的一个分支。而"方志辨体"，进一步明确了各类方志编修应有各自的义例与要求。尤其可贵的是，他把自己创立的理论在修志中予以实践。

可惜的是，他主持编修的几部方志，由于种种原因，除《永清县志》外均未能完整地保存下来，特别是他刻意经营的《湖北通志》，是全面贯彻其方志理论的代表作。因而，有人以为"章学诚以方志名家，偏偏他自己所作的方志多不传，这与章学诚重视方志编写的理论和体例的研究，重点在各类大小序文的写作，于史料及事实注意不够有一定关系"[①]。这个评论是不符合历史实际的。章学诚不但重视方志理论的探讨，而且十分注意文献资料的搜集和积累，这在前文中我们已多次论及。

章学诚在方志理论上所以能取得如此巨大的成就，是与他有丰富的史学理论作指导分不开的。他不仅总结前人的经验，而且具有实践的知识，更重要的是能及时把它们上升为理论，进而使之具有普遍意义，转过来再指导方志的编修工作，这是一般方志学家无法办到的。理论指导实践，实践又丰富了理论，这是章学诚方志学发展的全过程，也是他在方志理论上取得巨大成就的决定因素。章学诚在方志学方面的理论是相当全面的，从方志的性质到内容范围，从义例创立到资料来源，乃至省志与府州县志的分合详略等问题，无所不论。他将不大被人们重视的地方志，从理论到实践，建立起一整套体系，并使之发展成为专门学问——方志学。因此，我们说章学诚在方志学上的贡献是巨大的。近世有人推许他为"方志之祖"、"方志之圣"，是有一定道理的。

我们肯定了章学诚在方志学上的杰出贡献，但也必须指出，由于时代和阶级的局限，他所建立的方志理论也不可避免地存在着许多局限性，而他撰

[①] 柴德赓：《试论章学诚的学术思想》，《光明日报》1963年5月8日。

写的志书内容，亦包含着不少封建糟粕，应当予以分析批判。

首先，他确定"志乃信史"以后，在各方面都从史的角度来要求方志，这虽是为了当时学术斗争的需要，但由于情绪偏激，许多论述失之偏颇。他将方志等同于地方史，这就混淆了史、志概念的区别，对后来也起了一定的消极影响。李泰棻的《方志学》一书，可以说是这个观点的集中体现。正是从上述理论出发，章学诚矢口否认唐宋图经的方志属性。这种看法，无疑割断了方志发展的历史。这是今天我们在总结章学诚方志理论时必须予以指出的。

其次，由于章学诚过分强调方志"经世"，必须有裨风教，因此，其方志理论过分重视人文方面的内容，而于自然科学、经济生活等方面往往重视不够，这也是他强调按正史的规模来编修方志所带来的结果，从而使方志原有的某些优良传统失去作用。这是我们今天修志时应当引以为戒的。

再次，他的方志理论以及所修诸志内容，归根到底是为封建统治服务的，他把地方志看成是统治者用来"鉴戒"、"资治"的工具。他认为史志之书所以有裨风教，原因就在于"传述忠孝节义"，因此他非常重视列传及列女传的撰述，借以宣扬封建的伦理道德和纲常法纪。他为了撰好列女传，曾四处奔走，大力搜寻妇女"贞节"的材料，将自己的社会伦理道德观念融注到志书之中去。

最后，他早期纂修的方志，开端必冠以《皇言》、《恩泽》的纪，并在《修志十议呈天门胡明府》中还立上一条"皇恩庆典宜作纪"。他在方志理论上强调修志"非示观美"，不必讲求死板形式，而对这两个纯属形式的纪，却以为缺一不可。本来志书的编年之纪是要记一方之"古今理乱"，成为全书之"经"，而此二纪根本未能起到编年、经理全书的作用，无非是为封建统治者歌功颂德而已。这显然又与他的方志理论相违背。

第三节　章学诚方志理论的三大来源

一、史学理论是他建立方志学的重要源泉

章学诚是我国封建社会后期一位杰出的史学评论家，他对古代史学特别

是刘知幾的史学理论进行了批判性的总结继承和发展，对各种史体的长短得失进行了系统的总结和评论。虽然他自己说"刘言史法，吾言史意；刘议馆局纂修，吾议一家著述"，实际上他言史法也是相当多的。不过这些议论大多是通过撰写各种方志序跋表达出来的。可是像他这样一位很有才华的历史学家，由于学术主张不合时好，所以从未得到清政府的重用，以致他一生穷困潦倒，自己虽有丰富的史学理论，却无从试之于史。于是他就用自己的史学理论来指导方志的编修和方志理论的探讨，这是他在方志理论上能取得巨大成就的重要因素，在某种意义上，可以说是决定性因素。

他首先从史学的发展源流来论述志属史体，确定了方志的性质是史而不是地理著作。然后又针对方志的特点及其发展过程中所形成的规模和体式，选择了要用纪传正史之体来编撰方志。因为在他看来，"纪传之初，盖分编年之事实而区之以类者也。类则事有适从而寻求便易，故相沿不废；而纪传一体，遂超编年而为史氏之大宗焉"①。这就是说，纪传体的长处可以做到事类相从，容易寻检，故他对司马迁所创立的纪传体极为称赞，誉之为"实三代以后之良法"。唯其如此，他力主方志的主体"志"要仿纪传正史之体而作。我们综观他所写的《和州志》、《永清县志》、《亳州志》、《湖北通志》等各部志书的序例，无一不是从史学角度入手加以论述，最后才落实到方志的编修。下面试举数例略加说明。

先从他的方志分立三书理论谈起。《方志立三书议》载："或曰：'方志之由来久矣，未有析而为三者，今忽析而为三，何也？'曰：明史学也。"可见，史学理论是他提出方志分立三书主张的理论根据。其直接来源，则是刘知幾的史学理论。我们知道，刘知幾在《史通·载言》篇中曾提出，今后编修纪传正史要立书部，这种书部，类似文选。他感到从《史记》、《汉书》以后，史传往往载入大量长篇的"制册诰命"、"群臣奏章"等文章，这样势必有损于行文气势，使传记文章变得臃肿而冗长，"唯上（尚）录言，罕逢载事"，当然就谈不上是好文章了。为了克服这一弊病，遵照古法，言事分载，"于志表之外，更立一书"，将"人主之制册诰命"、"群臣之章表移檄"，以及人所共推的诗文佳章，分别选录，以类区分，各立为"制册书"、"章

---

① 《史篇别录例议》，《文史通义》外篇一。

表书"等等，"亦犹志之有《礼乐志》、《刑法志》者也"。这样一来，既可保存大量宝贵的文献资料，又可使纪传文章写得简洁精练，通顺流畅。对此主张，章学诚十分赞赏，并将其灵活地运用到志书中去。他在《和州志文征序例》中说："唐刘知幾尝患史传载言繁富，欲取朝廷诏令，臣下章奏，仿表志专门之例，别为一体，类次纪传之中，其意可谓善矣。"后来经过实践，对刘氏之说又提出了修正意见，认为应当分别成书，故《永清县志文征序例》说："唐刘知幾尝患史体载言繁琐，欲取诏诰章疏之属，以类相从，别为一体，入于纪传之史，是未察古人各有成书，相辅益章之义矣。"这就是说，他是受到刘知幾史学理论的启发，又经过自己的研究，觉得应当各有成书，不能混杂一道，这就是他方志分立三书理论的发展由来。他先是赞扬刘知幾的主张"其意可谓善矣"，但若死搬刘知幾的理论，三书分立之说也就无从提出。他又根据历史上历代所编会要、会典、文选、文类等著作的启示，确立了三书之学。他在许多文章中，都论述了这个问题。如《永清县志文征序例》说："古人有专守之官，即有专掌之故；有专门之学，即有专家之言；未有博采诸家，汇辑众体，如后世文选之所为也。官失学废，文采愈繁。以意所尚，采掇名隽，若萧氏《文选》、姚氏《文粹》是也；循流溯源，推而达于治道，《宋文之鉴》（指宋人吕祖谦所编《宋文鉴》）是也；相质披文，进而欲为史翼，《元文之类》（指元人苏天爵所编《元文类》）是也。是数子之用心，可谓至矣。然而古者十五《国风》、八国《国语》，以及晋《乘》、楚《梼杌》，与夫各国《春秋》之旨，绎之则列国史书，与其文诰声诗，相辅而行，在昔非无其例也。"这段议论是讲其立文征的历史依据。《亳州志掌故例议中》云："史学亡于唐，而史法亦莫具于唐。欧阳《唐志》未出，而唐人已有窥于典章制度，不可求全于史志也。刘氏有《政典》、杜氏有《通典》，并仿《周官》六典，包罗典章，巨细兼收。书盈百帙，未尝不曰君臣事迹，纪传可详；制度名数，书志难于赅备，故修之至汲汲也。至于宋初王氏有《唐会要》、《五代会要》，其后徐氏更为两汉《会要》，则补苴前古，括代为书，虽与刘、杜之典，同源异流，要皆综核典章，别于史志，义例昭然，不可易矣。夫唐宋所为典要，既已如彼，后人修唐宋书，即以其法，纪纲唐宋制度，使与纪传之史，相辅而行，则《春秋》、《周礼》并接源流，奕世遵行，不亦善乎？"这就从历史的渊源找出了他别立掌故的史学依据。可见，章学诚能在刘知幾史学理论的基础上，因势利导，结合古代史学发展的实际情况，触类旁通，提出了方志分立三书的理论。

我们再看他对方志列女传的看法。长期以来，方志中的"列女传"大多变成了"烈女传"，这也是受正史的影响。对此，章学诚提出了不同的看法。他在《永清县志列女列传序例》一文中，既评论了列传分合编次的意义，又追述了史书立列女传的渊源所自，进而说明，无论是正史还是方志，都应当立"列女传"而不是"烈女传"。他说：

> 列女之名，仿于刘向，非烈女也。曹昭重其学，使为丈夫，则儒林之选也；蔡琰著其才，使为丈夫，则文苑之林也。刘知幾讥范史之传蔡琰，其说甚谬，而后史奉为科律，专书节烈一门。然则充其义例，史书男子，但具忠臣一传足矣。是之谓不知类也。

这就是说，男子在史书列传中既然可分儒林、文苑、忠臣等类，不同类型均可入传，为什么女子只能写节烈一项呢？因此，在章氏看来，刘向列女传之立，特别是范晔《后汉书》中首先创立正史中的《列女传》，其本意并非烈女，具有贞节事迹的妇女固然要写，而才华出众的如蔡文姬也应入传。范晔在《后汉书·列女传》中，曾明确说明，自己创设《列女传》的指导思想是"搜次才行尤高秀者，不必专在一操而已"。因为在他看来，许多有才华的女子，不仅对于治国治家作出贡献，而且在各种艺术方面也具有超群的才能，可是她们的这些事迹史书一般很少有记载，"若夫贤妃助国君之政，哲妇隆家人之道，高士弘清淳之风，贞女亮明白之节，则其徽美未殊也，而世典咸漏焉"。既然作传的不能只限于贞节，因此，他把"博学有才辩，又妙于音律"，才华出众的蔡文姬收入了该传。不料，这一杰出的举动，竟一直受到封建正统史家的批评和讥讽，身为史学评论家的刘知幾，竟然也在《史通·人物》篇中对范晔的做法提出批评，指责他取舍没有"准的"。章学诚从史学渊源出发，批评了刘知幾等史家的错误观点，这样既澄清了正史中列女传的性质之误，也就为方志列女传的编写指明了方向。其实，这一观点早在《答甄秀才论修志第二书》中即已提出。他在文中说：

> 列女名传，创于刘向，分汇七篇，义近乎子；缀《颂》述《雅》，学通乎《诗》；而比事属辞，实为史家之籍。班、马二史，均阙此传。自范蔚宗《东汉书》中，始载《列女》，后史因之，遂为定则。然后世史家所谓列女，则节烈之谓，而刘向所叙，乃罗列之谓也。节烈之烈为列女传，则贞节之与殉烈，已自有殊；若孝女义妇，更不相入，而闺秀才妇，道姑仙女，永无入传之例矣。夫妇道无成，节烈孝义之外，原可稍略；然班姬之盛德，曹昭之史才，蔡琰之文学，岂转不及方技伶官之伦，更无可传之道哉！刘向传中，节烈孝义之外，才如妾婧，奇如鲁文，无所不载；即下至施、旦，亦胥附焉。列之为义，可为广矣。自《东汉》以后，诸史误以罗列之列为殉烈之烈，于是法律之外，可载者少，而蔡文姬之入史，人亦议之。

当然，他所以能够这样侃侃而谈，首先必须具备两个条件，一则是对史学的发展要非常熟悉，若既不知刘向《列女传》的内容，又不知范晔《后汉书》创设《列女传》之本义，那只能随声附和，人云亦云，而不知后世正史改"列女传"为"烈女传"的错误之所在。再则是必须有胆有识，若无超人的见识，尽管对史学源流和发展都很熟悉，但却看不出问题，反而认为那种做法是理所当然。章学诚的评论，既有丰富的史实为依据，又进行理论上的层层分析。从史学角度而言，无疑是发展了史学理论，对史书编修实践亦具有一定意义。而对方志的编纂来说，也提供了可靠的理论依据，自然也为方志理论的建立和发展以及方志编修实践的各个方面作出了贡献。

又如他的"文人不能修志"的主张，有人似乎有些非议，我们则认为他谈得很有道理。他的这个结论，一方面是从大量的文人所修志书的实际情况总结出来的。诸如范成大的《吴郡志》、王鏊的《姑苏志》、康海的《武功志》、韩邦靖的《朝邑县志》等，这些作者在文坛上都颇有名气，"号为通人"，但所作志书却毛病百出，因为修志并非他们的长处。就像范成大的《吴郡志》，在章学诚看来，还是比较好的一部方志，但由于受了文风影响，使它产生了不应有的缺点，"官名地号之称谓非法，人氏名号之信笔乱填，盖宋人诗话家风，大变史文格律；其无当于方志专家，史官绳尺，不待言矣。其所以为世所称，则以石湖贤而有文，又显贵于当时，而剪裁笔削，虽不合于史法，亦视近日猥滥庸妄一流，固为矫出，得名亦不偶然也。然以是为方志之佳，则不确矣"①。这就说明，他的这个主张所以提出，是有事实根据的。同时，章学诚"文人不能修志"的主张，又有其史学理论为依据，是他"文人不能修史"观点在方志理论中的运用。志乃史体，既然文人不能修好史书，又如何能修好方志呢？其道理自然是相同的。

此外，对于具体各种志书的撰写，章学诚也无一不是从史学的角度着手论述，即所谓"体裁宜得史法也"②。他在《为毕秋帆制府撰石首县志序》中说："盖人物为马《史》列传之遗，艺文为班、刘著录之例，事必师古，而后可以法当世也。"这就是我们今天所说的继承和发展之意。对于古人著述之意一窍不通，还谈得上什么发展呢？故他在《与石首王明府论志例》中又说："记传叙述之人，皆出史学。史学不讲，而记传叙述之文，全无法度，以至方志家言，习而不察，不惟文不雅驯，抑亦有害事理。"这就明确指出，若不懂史家法度，不以史学理论来指导方志的编纂，必然编撰不出既符合史家法度，又符合志体的人所共称的佳志来。由上可见，丰富的史学理论，是章学诚建立起系统方志理论的重要源泉。

二、修志实践经验不断丰富着他的方志理论

实践出真知，这在今天来说，是人所共知的真理。作为封建时代的史学评论家、方志学的创始人，章学诚对此已有一定的体会。他在与其师弟朱少白论治学经验时，曾语重心长地说：

> 人之真自知者寡矣！自己尚然不知，如何能知古今人之是非？良可慨也。人才如是之难，足下能不自勉。倘因弟之所论，而遂有轻视一切之心，则非弟勉效砥砺之意，而反进鸩毒于足下矣！大抵身履其境，心知其意，方有真见解。不用功于实际，则见解虽高，而难恃也。③

---

① 《书吴郡志后》，《文史通义》外篇六。
② 《答甄秀才论修志第二书》，《文史通义》外篇四。
③ 《又答朱少白书》第一篇，《文史通义》外篇三。

这几句话，在今天看来，仍不失为至理名言。在章学诚看来，只有脚踏实地地去实践，并且自己有了心得体会，才能产生出真见解。如果不在实际中下功夫，见解立论再高，也是站不住脚的。章学诚在方志学这块园地里，确实是一步一步地实践着，每修完一部方志，就向前迈进了一大步，他的方志理论也就有了新的发展，最后终于登上封建时代方志理论的高峰。

乾隆二十九年（1764）冬，章学诚的父亲应天门知县之聘，主持编纂《天门县志》，年方27岁的学诚，不仅参与了编修工作，而且特地为其写了《修志十议呈天门胡明府》一文。该文自跋说："甲申冬杪，天门胡明府议修县志，因作此篇，以附商榷。其论笔削义例，大意与旧答甄秀才前后两书相出入。而此议前五条，则先事之事宜，有彼书所不及者。若彼书所条，此议亦不尽入，则此乃就事论事，而余意推广于纂修之外者，所未遑也。"这几句话告诉我们两个问题，其一，他给甄松年写的两封论修志的信，肯定在作《十议》之前。其二，《十议》乃是为这次修志中所提出的问题而作，这就是他所说"此乃就事论事"，此外都未能充分发挥，因此他希望读者阅此文时，最好能"取二书而互考焉"。从有关记载来看，章学诚为其父代作当不止三序。他在《与族孙汝楠论学书》中说："《天门志》呈览，中为俗人所改，所存才十之六七。著作之事，必自己出，即此亦见一端。"可见此志修好不久，已为俗人所篡改，即使流传，也非原貌。但从所留三序，仍能得到一些信息，这部方志很可能已经另立"文征"之类的篇目。他在《文史通义》外篇六《天门县志艺文考序》中曾说："近世多仿《国语》而修邑志，不闻仿《国风》而汇辑一邑诗文，以为专集，此其所以爱不忍删，牵率牴牾，一变艺文成法欤！夫史体尚谨严，选事贵博采。以此诗文拦入志乘，已觉繁多，而以选例推之，则又方嫌其少。然则二者自宜各为成书，交相裨佐明矣。"这个观点，他在《答甄秀才论修志第二书》中也已提出。可知这里所言，不似单纯空发议论。既然他批评了别人未仿《国风》而汇集一邑诗文，以为专集，想必此志已经这样做了。今查《天门县志》，果然最后一卷叫"余篇"，其序言谓："一邑之事，纲纪毕陈，大小具举，亦已成矣。乃有其说似铃，其言似卮，以为是骈拇枝指而削之，又伤其天之全者，是不可以已也，志余篇。"卷中收录了姜绾、张崇德、程维楧、程大夏等历史名人的奏章诗文等原文。

乾隆三十二年（1767），其师朱筠被诏撰《顺天府志》，亦属章学诚等人"经纪其事"。他以为这么一来，自己可以大显身手，得行其志，心中十分快慰。这种心情，在次年所写《与家守一书》中，得到充分体现。信中说道："筠河师被诏撰《顺天志》，亦属仆辈经纪其事，此非馆局之书，既不限年，又无牵制。向与足下及让木辈，抵掌剧谈，穷日不休者，颇得行其六七，为差慰矣。"① 可惜这部府志最后编纂的结局如何已不得而知。

乾隆三十八年（1773），章学诚应知州刘长城之聘，编纂《和州志》。这是他第一次用自己的方志理论进行实践。全书纪、表、图、书、传一应俱全（政略亦属列传，有人将它作为一种体裁，实为误解，其性质就是"名宦传"）。另编《和州文征》八卷，计奏议二卷，征述三卷，论著一卷，诗赋二卷。上面已经讲了，志稿刚成，知州易人，志事遂中废。他只好将志稿删存为20篇，名曰《志隅》，今存于《章氏遗书》外编。他在《志隅自叙》中说："志者，史之一隅，州志又志之一隅也。……《通义》（指《文史通义》）示人，而人犹信疑参之。盖空言不及征诸实事也。《志隅》20篇，略示推行之一端。能反其隅，《通义》非迂言可也。"这就是说，《和州志》的编纂，完全是根据他自己的史学理论进行的。因此，《和州志》的体例、内容和编纂方法都体现了他的史学理论。事实正是这样，现今残留的《和州志》20篇，若是单从一部方志来说，它确实是无多大价值，但若从理论上来研究它，则不仅体现了章学诚的方志理论，而且反映了他丰富的史学思想。如他在《和州志舆地图序例》中详细论述了图谱之学的发展演变及其在史书和方志中的地位与价值。又如在《和州志艺文书序例》中，详细论述了艺文志的源流、发展及其作用。他认为艺文志之作，在于"辨章学术，考镜源流"。可是当时方志的艺文志，一般仅是选载诗文，故他说"州县志乘艺文之篇，不可不熟议也"，不是随便搜集一些诗文，便可称为艺文志。"典籍文章，为学术源流所自出，治功业绪之所流传，不于州县志书，为之部次条别，治其要删，其何以使一方文献无所缺失耶？"这就可以说明，他对方志的艺文志是抱有多么大的希望。我们可以看到，这部方志更为可贵的是，他在每种体裁或每一组成部分，都必冠以叙言或小序，历叙其历史演变及学术价值，这

---

① 《与家守一书》，《遗书》卷29，第338页。

是以前方志所不多见的。特别是他又拟之于史,因此每一部分都从史学角度进行论述。如《文征》之前,已有一篇叙言,论述志书之外另立《文征》的意义、依据和要求,而在每个组成部分之前又有小序。如《征述》一门小序曰:"征述者,记传序述志状碑铭诸体也。其文与列传、图、书互为详略。盖史学散而书不专家,文人别集之中,应酬存录之作,亦往往有记传诸体,可裨史事者。萧统选文之时,尚未有此也。后代文集中,兼史体,修史传者,往往从而取之,则《征述》之文,要为不易者矣。"诸如此类,其设置之目的和意义,一目了然。

文征的设置,《和州志》是首创。此外,他在《和州志》中,还创立了《前志列传》。在这个列传之前,他写了一篇长序,论述纪传体史书应当立《史官传》,而每部方志则应立《前志列传》,有了此传,人们便可以得知某一地方志的编纂源流,以及每部志书的利弊得失,既可吸取前人修志的经验教训,又可以做到对前人成果的尊重和肯定。不过,章学诚认为,州县志书要作好此传,"有难叙者三,有不可不叙者三,载笔之士,不可不熟察此论也"。《文史通义》外篇四《和州志前志列传序例下》对此有详尽的论述。他说:

> 州县志书,论次前人撰述,特编列传,盖创例也。举此而推之四方,使《春秋》经世,史氏家法,灿然大明于天下,则外志既治,书有统会,而国史要删,可以抵掌言也。虽然,有难叙者三,有不可不叙者三,载笔之士,不可不熟察此论也。
>
> 何谓难叙者三?一曰书无家法,文不足观,易于散落也。……外志规矩荡然,体裁无准,摘比似类书,注记如簿册,质言似胥吏,文语若尺牍,观者茫然,莫能知其宗旨。文学之士,鄙弃不观,新编告成,旧志遽没;比如寒暑之易冠衣,传舍之留过客,欲求存录,不亦难乎!
>
> 二曰纂修诸家,行业不详,难于立传也。……州县志书,不过一时游宦之士,偶尔过从,启局杀青,不逾岁月;讨论商榷,不出州间。其人或有潜德莫征,懿修未显;所游不知其常,所习不知其业,等于萍踪之聚,鸿爪之留,即欲效文苑之联编,仿儒林之列传,何可得耶?
>
> 三曰题序芜滥,体要久亡,难征录例也。……州县修志,尤以多序

为荣，隶草夸书，风云竞体。棠阴花满，先为循吏颂辞；水激山峨，又作人文通赞。千书一律，观者索然；移之甲乙可也，畀之丙丁可也。尚得采其旧志序言，录其前书凡例，作列传之取材，为一书之条贯耶？凡此三者，所为难叙者也。

何谓不可不叙者三？一曰前志不当，后志改之，宜存互证也。……穷经之业，后或胜前，岂作志之才，一成不易耶？然后人裁定新编，未必遽存故录，苟前志失叙，何由知更定之苦心，识辨裁之至当？是则论次前录，非特为旧志存其姓氏，亦可为新志明其别裁耳。

二曰前志有征，后志误改，当备采择也。……史家积习，喜改旧文……不存当日原文，则三更其手，非特亥豕传讹，将恐虫鱼易体矣。

三曰志当递续，不当迭改，宜衷凡例也。……区区州县志乘，既无别识心裁，便当述而不作。乃近人载笔，务欲炫长，未窥龙门之藩，先习狙公之术，移三易四，辗转相因，所谓自扰也。夫三十年为一世，可以补辑遗文，蒐罗掌故；更三十年而往，遗待后贤，使甲编乙录，新新相承，略如班之续马，范之继班，不亦善乎？……乃竟粗更凡目，全录旧文，得鱼忘筌，有同剽窃，如之何其可也？

凡此六点，真可谓是经验之谈。其中许多意见，即使今人修志者，亦当认真借鉴思考。如"新编告成，旧志遽没"问题；一志多序，使序文成为"千篇一律"的装饰品现象；"喜改旧文"，使前志原文无征问题；"粗更凡目，全录旧文"，"有同剽窃"现象，等等，这些现象和问题，在今人修志中，亦常有所见，不能不引起重视。编纂新志，势必要参考旧志，以便吸取其长处，弥补其不足，做到继承更新。可是以上这些情况的出现，却令人失望，因为如此则根本无法做到继承与创新。章学诚提出在新志中立一个《前志列传》，以妥善处理继承与创新的关系，既不没前人之功绩，又可体现出新志的创新和别裁。这确是一个创见。由此也可以看出，章学诚正是在修志实践中，不断发现问题，研究解决办法，总结经验教训，然后把它提炼为具有普遍意义的理论。

乾隆四十二年（1777）五月，章学诚应周震荣之聘，主持编纂《永清县志》。后来他在撰写《周筤谷别传》（周震荣字筤谷）时，曾追述这段经历说：

丁酉戊戌之间，馆余撰《永清志》，以族志多所挂漏，官绅采访，非略则扰，因具车从，橐笔载酒，请余周历县境，侵游以尽委备。先是宪司檄征金石文字上续通志馆，永清牒报荒僻，无征久矣。至是得唐宋辽金刻画一十余通，咸著于录。又以妇人无闻外事，而贞节孝烈，录于方志，文多雷同，观者无所兴感，则访其见存者，安车迎至馆中，俾自述生平。其不愿至者，或走访其家，以礼相见，引端究绪，其间悲欢情乐，殆于人心如面之不同也。前后接见五十余人，余皆详为之传，其文随人变易，不复为方志公家之言。①

这一自述表明，章学诚编修方志，不仅很重视搜集现有的各种文献资料，而且非常重视实地调查访问，他不主张闭门造车，或单纯抄录古典文献。他强调方志的编修，必须有补于政事，有益于风教，"夫志不特表章文献，亦以辅政教也"②。正因为如此，他所创立的方志理论更富有现实意义。乾隆四十四年（1779）七月，《永清县志》修成，凡五体，共25篇，另有《文征》五卷。其体例与《和州志》大致相同，中又有些小异，反映章学诚方志编纂思想的一些变化。现将两志类目对照如下：

和州志	永清县志
皇言纪	皇言纪
×	恩泽纪
官师表	职官表
选举表	选举表
氏族表	士族表
舆地图	舆地图
建置图	建置图
营汛图	×
水利图	水道图
田赋书	吏书

---

① 《周筤谷别传》，《遗书》卷18，第179页。
② 《为毕秋帆制府撰常德府志序》，《文史通义》外篇六。

续表

和州志	永清县志
（其中尚有四书，名佚）	户书
	礼书
	兵书
	刑书
艺文书	工书
政略	政略
列传	列传
阙访	阙访
前志	前志
文征	文征

从上表可以看出，《和州志》与《永清县志》在体例上虽大体无异，但在具体分类和称呼上却又不尽相同，说明章学诚修志不拘名号，而重在求实用。编修过程中又从实践出发，有内容则写，无内容则阙。因此《永清县志》未列《艺文书》，田赋归之于《户书》之内。《文征》五卷包括奏议、征实、论说、诗赋、金石各一卷，这与《和州志》亦略有不同。他非常注意为旧志写传，两部志书及后来所撰之《湖北通志》都有《前志列传》。当时永清县所存的旧志仅康熙年间所修的一部，章学诚在《永清县志·前志列传》中对这部旧志作了这样的介绍：

> 万一肃，江南丹徒人，康熙十二年，以举人任永清知县。于十五年与训导乔寯定著《永清县志》，为十一篇，凡十五卷。一曰天文，二曰地理，三曰建置，四曰图考，五曰职官，六曰选举，七曰人物，八曰赋役，九曰祀典，十曰文籍，十一曰词赋。文辞多不雅训，难垂典则。然创始之难，自古已然，要其搜剔固已勤矣。

在这简单的叙述之后，又将这部旧志原有的四篇序文也收录于后。这样，人们看了，便可得知作者简况、志书体例、记载内容、价值地位等情况。后来所作《湖北通志》中的《前志列传》，所收旧志部数及介绍就更多了。

在《永清县志》的编修过程中，他还随时总结经验，加以改进。关于表的使用便是一例。他在《永清县志选举表序例》中说："表有有经纬者，亦有不可以经纬者。如永清岁贡，嘉靖以前，不可稽年甲者七十七人，载之无格可归，删之于理未惬，则列叙其名于嘉靖选举之前，殿于正德选举之末，是《春秋》归余于终，而《易》卦终于《未济》之义也。史迁《三代世表》，于夏泄而下，无可经纬，则列叙而不复纵横其体，是亦古法之可通者矣。"这就说明，他虽遇到了难题，但能以历史理论为依据，予以正确解决，从而丰富了方志理论。

《永清县志》修成后，章学诚的方志理论很快在其朋友中流传开来，并出现了大家争聘的局面。周震荣为学诚《庚辛之间亡友传》所作的跋中说：

> 辛丑孟秋（"辛丑"系"己亥"之误），余于役顺义，得与两君（指张维祺、周荣）相比。实斋自京来视余，余置酒邀与相见。时《永清志》新成，余出示坐客。两君色然，若不肯让余独步者，争延实斋，实斋已就相国梁师之约，未之诺也。两君遂各就其所治，采缀成书。云湄（张）大名，晴坡（周）获鹿，皆旧所官之地也。云湄之书，实斋已为订定，晴坡因移剧，旋被吏议，又丁内忧，书虽成，深藏箧中，未尝以示人。其除广东曲江知县，戊申七月也，将行，余询之，晴坡曰："我闻之实斋矣。"余曰："实斋云何？"晴坡曰："实斋云，志者志也，其事其文之外有义焉，史家著作之微旨也，国史所取裁也，史部之要删也。序人物，当详于史传，不可节录大概，如官府之点卯簿；载书籍，当详其目录卷次凡例，不可采录华词绮言，如诗文之类选册本；官名、地名，必遵一朝制度，不可假借古称；甲子、干支，必冠年号，以日纪事，必志晦朔；词赋膏粉，勿入纪传，文乡里以桑梓，饰昆弟以埙篪，苟乖理而悠义，则触讳于转喉。"①

这里把章学诚方志理论的精神实质点了出来。至于张维祺所撰的《大名县志》，从章学诚所写的《为张吉甫司马撰大名县志序》可以看出，亦是按照章学诚方志理论而作。

---

① 《庚辛之间亡友传》附周震荣《书庚辛之间亡友传后》，《遗书》卷19，第196页。

乾隆五十四年（1789）秋冬，章学诚在亳州时，应知州裴振的邀请，为其编纂《亳州志》，约于翌年二月全书告成，为时不到半年。章学诚对自己所修的《亳州志》十分自信，他在《又与永清论文》中说："近日撰《亳州志》，颇有新得，视《和州》、《永清》之志，一半为土苴矣。主人雅相信任，不以一语旁参，与足下同。而地广道远，仆又逼于楚行，四乡名迹，未尽游涉，而孀妇之现存者，不能与之面询委曲，差觉不如《永清》；然文献足征，又较《永清》为远胜矣。此志拟之于史，当于陈范抗行，义例之精，则又《文史通义》中之最上乘也。世人忽近贵远，自不察耳。后世是非，终有定评，如有良史才出，读《亳志》而心知其意，不特方志奉为开山之祖，即史家得其一二精义，亦当尊为不祧之宗；此中自信颇真，言大实非夸也。"① 可惜的是由于知州裴振是年去任，书未及刊板，竟至散佚，致使我们今天不得见其全貌，自然也就难以评定其等第之高低。但这封信告诉我们这样一个事实，《亳州志》之所以能够修得令人满意，除了他的方志理论有了新的发展外，很重要的一点是"主人雅相信任，不以一语旁参"。应当说这是一条很重要的经验。至于《亳州志》究竟有何长处，我们从他给史余村的一封信中，仍可看到一些梗概，信中说："近撰《亳州志》，更有进境。《新唐书》以至《宋》、《元》诸史，书、志之体不免繁芜，而汰之又似不可，则不解掌故别有专书，不当事事求备也。列传猥滥，固由文笔不任，然亦不解表例，不特如顾宁人所指班马诸年表已也。班氏《古今人表》，史家诟詈，几如众射之的；仆细审之，岂惟不可轻訾，乃大有关系之作，史家必当奉为不祧之宗。颇疑班氏未必出于创造，于古必有所受，或西京诸儒治《春秋》者所传，班氏删改入《汉书》耳。此例一复，则列传自可清其芜累，惜为丛毁所集，无人进而原其心尔。今州县创立其例，便觉旧撰诸志列传，不免玉石杂而不分，正坐不立人表故尔。"② 不难看出，这封信中他强调"掌故"和"人表"在史书和方志中的作用，只要"掌故"立为专书，则书志之体可以免去繁芜，而不必事事求备；人表一入史志，则史书、州县之志列传自可清其芜累。这部方志如今所留下的只有《人物表例议》和《掌故例议》各三篇。从

---

① 《又与永清论文》，《文史通义》外篇三。
② 《又与史余村》，《文史通义》外篇三。

中可以看到它的精义所在。他在《和州》、《永清》二志的编写中，除志书以外，均作有"文征"。而现在又提出更立"掌故"，这就为后来作《方志立三书议》打下了基础。这里附带说明一下，有人说章学诚的"文征"发端于旧方志的"艺文"一目，而"掌故"源于"考"体，这种说法是没有根据的。章学诚自己说得十分清楚，"文征"之立，远的是仿《诗风》，近的则效文选、文鉴等。至于"掌故"，远则源于《官礼》，近则仿会要、会典之体而成。此皆为资料汇编，也就是章学诚所讲的类纂。而"考"乃是志中的一种体裁，这种"考"体，章学诚再三说明是仿《史记》八书、《汉书》十志而作。与"掌故"相较，两者功效与性质均不相同。上述错误看法的产生，正是由于对章学诚方志分立三书的本意不理解所致。《方志立三书议》说得非常明白："别删掌故以辅志，犹《唐书》之有《唐会要》，《宋史》之有《宋会要》，《元史》之有《元典章》，《明史》之有《明会典》而已矣。"

乾隆五十七年（1792），章学诚方志理论的核心著作《方志立三书议》正式写出，这标志着章学诚方志理论已达到成熟阶段，这年他已经55岁了。经过《和州志》、《永清县志》和《亳州志》三部志书的编纂，他深深感到，方志编纂要继续发展，必须进行改革，而经过三次具体实践，证明改革完全是有可能的。章学诚以史学理论为依据，总结方志编纂的实践经验，经过系统化后，创立了自己的方志理论。

果然，第二年，他便用自己新的方志理论，开始编纂一部大型的《湖北通志》。这是一部全面体现《方志立三书议》精神的著作，因此亦可视为章学诚方志理论成熟阶段的代表作。此志纪、图、表、考、传一应俱全，除志的主体外，尚有《文征》、《掌故》、《丛谈》。现将其目录分列如下：

《湖北通志》74篇

二纪：皇言纪、皇朝编年纪（附前代）。

三图：方舆图、沿革图、水道图。

五表：职官表、封建表、选举表、族望表、人物表。

六考：府县考、舆地考、食货考、水利考、艺文考、金石考。

四政略：经济略、循绩略、捍御略、师儒略。

五十三传（目多，从略）

《湖北文征》8集

　　甲集（上下）：裒录正史列传论。

　　乙集（上下）：裒录经济策画论。

　　丙集（上下）：裒合辞章诗赋论。

　　丁集（上下）：裒录近人诗文论。

《湖北掌故》66篇

　　吏科：分四目：官司员额、官司职掌、员缺繁简、吏典事宜。

　　户科：分十九目：赋役（表）、仓庾、漕运、杂税、牙行、武昌厂及游湖关税额、州县落地税、解饷水脚、钱法、采运铜铅（表）、盐法、文武养廉公费、各营兵马粮饷表、科场供给、驿站钱粮、铺递工食表、采办颜料例案、育婴堂、普济堂。

　　礼科：分十三目：祀典、仪注、文闱事宜、科场条例、学校事宜、书院、颁发书籍、采访书籍、禁书目录、各省咨查应禁各书、阴阳医学僧道、外国贡使、义冢。

　　兵科：分十二目：将备员额、各营兵丁技艺额数表、武弁例马、汛弁兑旗会巡表、营汛图、武闱仪注、各标营军械额数表、各营战巡船只、驿站（图）、铺递、铺递图、五军道里表。

　　刑科：分六目：里甲、编甲图、囚粮衣食、秋审矜恤、冬春二季巡缉江面督捕事宜、三流道里表。

　　工科：分十二目：陵寝祠庙、修建衙署贡院、城工、塘汛、江防、各属救生义渡济渡等船、关榷、开采铜铁矿厂、采办硝磺、军械工料银两、工料价值表、刊刷条例。

　　《丛谈》四卷：考据、轶事、琐语、异闻。

为什么作这样的编排，他在《湖北通志·凡例》和《为毕制府撰湖北通志序》中都有十分详细的论述。对于志所记载的内容，序中这样说："其山川物产，风俗人文，与夫政教所施，经要所重，具次于斯志者，披文可省。"至于何以分立三书，序中亦有一段论述，谈得十分清楚，现引录如下：

　　今参取古今史志例义，剪截浮辞，禀酌经要，分纪、表、图、考、略、传，以为《通志》七十三篇，所以备史裁也。臣又惟簿书案牍，不入雅裁，而府史所职，《周官》不废。汉臣贾谊，尝谓"古人之治天下，至纤至悉"，先儒以谓深于官礼之言。今曹司吏典之程，钱谷甲兵之数，志家详之则嫌芜秽，略之又惧缺遗。此则不知小行人之分别为书法也。今于《通志》之外，取官司见行章程，分吏、户、礼、兵、刑、工，以为"掌故"六门，凡六十六篇，所以昭典例也。臣又惟两汉而后，学少专家，而文人有集。集者，非经而有义解，非史而有传记，非子而有论说，无专门之长，而有偶至之诣，是以尚选辑焉。志家往往选辑诗文为艺文志，不知艺文仿于汉臣班固，乃群籍之著录，而方志不知取法，猥选诗文，亦失古人分别之义。今取传记、论说、诗赋、箴铭之属，别次甲乙丙丁上下八集，以为"文征"，所以俟采风也。

这里结合《湖北通志》的具体编纂，将《方志立三书议》的理论发挥得淋漓尽致！特别是文中实事求是地对唐宋以来文集的学术价值作了恰如其分的评价，指出许多文集的作者虽在学术上无专门之长，但在某一方面却往往有一得之见，主张将它们及时选出，予以发扬，以不致埋没。在凡例中，又对三书作了言简意赅的规定："一方纪载，统绪纷繁，文士英华，鲜裨实用，胥史（吏）簿牍，不入雅裁，二者牵连纠葛，不免畸重畸轻，向来方志，往往受其累也。今仿史裁而为《通志》，仿会典则例而为《掌故》，仿文选文粹而为《文征》，截分三部之书，各立一家之学，庶体要既得，头绪易清。"现在，我们虽然不能看到《湖北通志》的全部内容，但从残存文稿以及目录中仍可看出，这确实是一部体例谨严、内容丰富、详略得当的巨著。虽然章氏自言此志尚有"事有未备，人有未全"等缺点，但这是一部巨著是毋庸置疑的。

从上述事实我们可以看到，章学诚的方志理论确实是在修志的实践中不断得到丰富和逐步完善起来的。具体说来，他将自己丰富的史学理论运用于修志实践，又将修志的实践经验及时总结发挥，使之系统化、理论化，成为修志中具有普遍意义的理论，反过来指导方志编修的实践工作。这就是他的方志理论所以能得到不断丰富发展的关键。简言之，理论指导实践，实践又丰富发展了理论，这就是章学诚方志理论发展的全过程。

三、总结吸取前人修志经验和教训

章学诚方志理论还有一个重要来源，那就是不断总结吸取前人的修志经验和教训，经过自己的分析概括和提炼，使之上升为修志的理论。所以我们读了他的方志理论，总有着路路皆通、左右逢源之感。他对前人的方志不仅看了，而且能论其长短得失，以作为自己编修方志的借鉴。

章学诚对宋代流传下来的十多部方志都给予分析评价，从总的方面看，他都予以充分的肯定。《为张吉甫司马撰大名县志序》说："今可见者，宋志十有余家，虽不能无得失，而当时图经纂类名目未盛，则史氏家法犹存。未若今之直以纂类子目，取为全志，俨如天经地义之不可易也。"而宋志中又推举范成大的《吴郡志》和罗愿的《新安志》为最好，"范氏之《吴郡志》、罗氏之《新安志》，其尤善也。罗《志》芜而不精，范《志》短而不详，其所蔽也。罗《志》意存著述，范《志》笔具剪裁，其所长也。后人得著述之意者鲜矣"。对于明清时期的佳志，同样予以高度的评价，《为毕秋帆制府撰荆州府志序》这样评价明清时代所修《荆州府志》："前明所修《荆州府志》，仅见著录而无其籍，康熙年间，胡在恪所修，号称佳本，而世亦鲜见。今存叶仰高志，自云多仍胡氏旧文，体例谨严，纂辑必注所出，则其法之善也。"可见，章学诚对于别人所修方志，无论是前人旧志还是今人新编，都能实事求是地作出评价，只不过评价之中要求较为严格，但却不能因此指责他有专门骂人的"绍兴师爷"作风。事实上，他对别人修志中的长处和经验，不仅没有抹杀，而且加以吸收，以丰富自己的方志理论。如他的方志分立三书理论，便曾得益于当时人修志经验的启示。他在写《答甄秀才论修志第二书》时，还未具体参加过修志，但文中根据历史理论和近人经验，已萌发了在志体之外另立文征的想法。文中说：

> 文有关于土风人事者，其类颇夥，史固不得而尽收之。以故昭明以来，括代为选，唐有《文苑》，宋有《文鉴》，元有《文类》，明有《文选》，广为铨次，巨细毕收，其可证史事之不逮者，不一而足。故左氏论次《国语》，未尝不引谚证谣，而十五《国风》，亦未尝不别为一编，均隶太史。此文选志乘交相裨益之明验也。近楚抚于《湖广通志》

之外，又选《三楚文献录》，江苏宋抚军聘邵昆陵修《明文录》外，更撰《三吴文献录》等集，亦佐《江南通志》之不及。仆浅陋寡闻，未知他省皆如是否？然即此一端，亦可类及。何如略仿《国风》遗意，取其有关民风流俗，参伍质证，可资考校，分列诗文记序诸体，勒为一邑之书，与志相辅，当亦不为无补。

这种方法是否可行，由于自己未经过修志实践，还无把握，故议论间还带有几分商榷的口气。但当《和州志》、《永清县志》、《亳州志》三志修成以后，便知道自己的主张不仅可行，而且行之有效，并可在撰史中同时应用。《亳州志掌故例议》即说："为史学计其长策，纪、表、志、传，率由旧章，再推周典遗意，就其官司簿籍，删取名物器数，略有条贯，以存一时掌故，与史相辅而不相侵，虽为百世不易之规，可也。"这是何等自信的语言！当《湖北通志》撰成后，对于方志分立三书的做法，他更是信心十足地说："世人之撰通志，率盈百帙，余撰通志，不过线装二十册，即与旧志相较，新志势必加增于旧，余反减旧志，仅存三分之一。"[①]这就是运用方志分立三书后的显著功效！

章学诚在总结前人修志的经验教训时，一般都要用三条标准进行衡量，一曰史家法度，二曰方志体例，三曰内容价值。三者符合，自然便是佳志。

关于用史家法度衡量方志，在他所评论的方志中几乎每部都有涉及，因为他认为"志属信史"，所以编纂中绝不应当违背史法。如他批评范成大的《吴郡志》和王鏊的《姑苏志》，首先在书名上就违背了史法，"按宋自政和五年以前，名为苏州，政和五年以后，名为平江路府，终宋之世，无吴郡名。范《志》标题既谬，则志文法度，等于自郐无讥。王氏不知改易，所谓谬也"[②]。范成大违反史家法度，与宋代文人中流传的拟古之风有很大关系，"其五十卷（指《吴郡志》）中，官名地号之称谓非法，人氏名号之信笔乱填，盖宋人诗话家风，大变史文格律，其无当于方志专家，史官绳尺，不待言矣"[③]。这个批评是非常正确的。方志编修，本应反映社会现实，官名地号，

[①] 《方志辨体》，《文史通义》外篇四。
[②] 《书姑苏志后》，《文史通义》外篇六。
[③] 《书吴郡志后》，《文史通义》外篇六。

皆应以修志时之名称为准，不能随便乱用古代官名地号，否则将会使人今古不分，是非莫辨。又如对明代应城人陈士元任滦州知州期间编撰的《滦志》的评论，也是击中要害。在《文史通义》外篇六《书滦志后》中，他说：

> 其书分四篇，一曰世编，二曰疆里，三曰壤则，四曰建置。世编用编年体，仿《春秋》书法，实为妄诞不根。篇首大书云："帝喾氏建九州，我冀分。"传云"书者何？志始也"云云，以考九州分域。又大书云："黄帝逐荤粥（匈奴之古称）。"传云："书荤粥何？我边郡也。"又大书云："周武王十有三祀，夷、齐饿死于首阳，封召公奭于燕，我燕分。"此皆陈氏原编，怪妄不直一笑。《春秋》，鲁国之书，臣子措辞，义有内外，故称鲁为我，非特别于他国之君，且鲁史既以国名，则书中自不便于书国为鲁，文法宜然，非有他也。郡县之世，天下统于一尊，珥笔为州县志者，孰非朝廷臣子，何我之有？至于公、穀传经，出于经师授受，隐微之旨，难以遽喻，则假问答而阐明之，非史例也。州县之志，出于一手撰述，非有前人隐义，待己阐明，而自书自解，自问自答，既非优伶演剧，何为作独对之酬酢乎？且刘氏《史通》，尝论《晋纪》及《汉晋春秋》，力诋前人摩拟，无端称我，与假设问答，俱在所斥。陈氏号为通博，独未之窥乎？国史且然，况州县志乎？

这些批评，全是从事实出发，据理驳斥，毫无故意贬低之意。章学诚用史家法度去衡量方志，评论其利弊得失和长短优劣，是非常必要的，否则"史字未曾全识，皆可奋笔妄修"，方志又如何能提高自己的地位和价值呢？又如《文史通义》外篇六《书武功志后》对康海《武功志》的总评价是："芜秽特甚，盖缘不知史家法度，文章体裁。"当然，不合史家法度，并不意味着康海全无学术识见，他在文坛上的声誉仍然很高。总之，章学诚提出，方志撰修，应符合史法，志书人物撰写，应仿《史记》七十列传之书法，志书艺文撰写，当效《三通》、《七略》之意，如此等等，皆属史家法度，不可不讲究。

一部方志编纂得好坏，重要的还要看它的体例如何。如果体例不合，内容虽好也不能算是好方志。章学诚在《为毕秋帆制府撰石首县志序》中曾反复强调这一观点，他说："夫为政必先纲纪，治书必明体要。近日为州县志者，或胥吏案牍，芜秽失裁；或景物题咏，浮华无实。而求其名义所归，政教所重，则茫然不知其所指焉。夫政者，事也；志者，言也。天下盖有言之斐然而不得于其事者矣；未闻言之尚无条贯，而其事转能秩然得叙者也。"又说："抚驭必因形势，为政必恃纲纪，治书必贵体要。……洵有得于体要，后人相仍如县治矣。"因为他认为方志是著作，而不是资料汇编。但当时许多人皆以方志为纂类家言，就如他颇为肯定的《吴郡志》，"通体采撷史籍及诗文说部，编辑而成，仍注所出于本条下，是足为纂类之法，却非著作体也"。又其"人物不自撰著，裁节史传，亦纂类之例也"。至于分类不伦，排列顺序错置，这些都影响着体例的严谨。"今于人物之后，间以进士题名，土物、宫观、府郭寺、郊外寺、县记、冢墓，凡十二卷后，忽出仙事以下三门，遂使物典人事，淆杂不清，可谓扰而不精之甚者矣。"[①]又如《姑苏志》，《文史通义》外篇六《书姑苏志后》说："叙自古兵革之事，列为平乱一门，亦不得其解也。山川田赋，坊巷风俗，户驿兵仓，皆数典之目；宦迹流寓，人物列女，皆传述之体。平乱名篇，既不类于书志数典，亦不等于列传标人，自当别议记载，务得伦序，否则全志皆当改如记事本末，乃不致于不类之讥。"此例虽属一小事，但处置不当，便造成全书体例不纯。再如《滦志》，"自书自解，自问自答"，已违反史家法度，也不符合志书体裁，至于书名，更是不伦不类，所以章学诚在《文史通义》外篇六《书滦志后》说："至《滦志》标题，亦甚庸妄。滦乃水名，州亦以水得名耳。今去州字，而称《滦志》，则阅题签者，疑为滦水志矣。"为什么会如此呢？章学诚认为，这正是明代社会病态风气的反映。"今观其书，矫诬迂怪，颇染明中叶人不读书而好奇习气。"这确实指出了明代中期以后许多方志一意标新立异毛病的根源所在。对于这种情况，章学诚批评其"庸妄"，一点也不过分。因为方志的编纂，就是实实在在，装点夸饰，故弄玄虚，皆非方志之本色，所以章学诚一概加以反对。而他自己在修志过程中，对此颇为注意，自云："余于志例，极具裁剪苦心，而无见行章程，案牍文册，入志不合体裁者，别裁《湖北掌故》六十六篇。略仿会典则例，以备一方实用，具经世有用之书

[①] 《书吴郡志后》，《文史通义》外篇六。

也。"[①] 这与他重视总结吸取前人修志的经验教训是分不开的。

至于方志的内容是否有益于社会风尚，有补于政事，则更是章学诚衡量评价前人所撰方志价值高下的标准之一。他在《为毕秋帆制府撰常德府志序》中便直接提出："夫志不特表章文献，亦以辅政教也。"他认为以前许多方志根本就谈不上这点，"虽然，方志遍寰宇矣，贤长吏知政贵有恒，而载笔之士，不知辞尚体要，猥芜杂滥，无讥焉耳。即有矫出流俗，自命成家，或文人矜于辞采，学士侈其搜罗，而于事之关于经济，文之出于史裁，则未之议也"。这就是他总结许多方志内容以后所得出的结论。他是如此批评别人，他自己所撰方志，所阐发的方志理论，也特重经世有用这一根本目的。

综上所述，章学诚方志理论的产生、发展，乃至最后形成自成系统的方志理论体系，建立起较为完备的方志学，并非一朝一夕之事，而是其一生苦心实践的结果。他的方志理论，是在史学理论指导下，通过不断的修志实践，并对前人修志经验及教训加以总结提炼形成的。章学诚方志理论的形成发展过程，对我们是有所启发的。那就是在今天要建立和完善社会主义时代的新方志理论，首先必须学习马列主义理论和重要的史学常识，以此作为修志的理论指导；其次必须不断地参加修志实践，总结实践经验，丰富发展方志理论；同时还必须认真处理好继承和发展创新的关系，总结吸取旧志理论和旧志编纂的经验教训。因此，研究和学习章学诚的方志理论，分析总结其理论的三大来源，对于今天的修志者来说，仍具有重大的现实意义和借鉴价值。

---

① 《方志辨体》，《文史通义》外篇四。

第七章
集古之大成的校雠学理论

系统阐发校雠学理论，是章学诚在学术上的又一重大贡献，也是他"成一家之言"的一个重要内容。前面说过，"为著作之林校雠得失"，本是章学诚治学的一个重要方面，他曾说自己"思敛精神为校雠之学，上探班刘，溯源官礼，下该《雕龙》、《史通》，甄别名实，品藻流别，为《文史通义》一书"①。又说："鄙人所业，文史校雠，文史之争义例，校雠之辨源流……皆不能不驳正古人，譬如官御史者不能无弹劾，官刑曹者不能不执法，天性于此见优……文史自马、班而下，校雠自中垒父子（指刘向、刘歆父子，皆曾任中垒校尉之职）而下，凡所攻刺，古人未有能解免者。"并对自己在校雠学上所取得的成就相当自负："惟文史、校雠二事，鄙人颇涉藩篱，以谓向、歆以后，校雠绝学失传，区区略有窥测。"②他甚至还说过"学诚从事于文史校雠，盖将有所发明"③，"至于史学义例，校雠心法，则皆前人从未言及"④等话。事实也确实如此，章学诚在《文史通义》中，已有许多篇章论及校雠之学，非但如此，他更著有校雠学理论专著《校雠通义》，对校雠学的内容、目的和任务、校雠学的起源和发展、校雠学的理论和方法等重要问题，都作了系统全面的论述，其中许多观点往往与《文史通义》相互发明，真正做到了集古代校雠学之大成，并对中国近现代校雠学理论和方法的建立与形成产生了重大的影响。

---

① 《与严冬友侍读》，《文史通义》外篇三。
② 《与孙渊如观察论学十规》，《文史通义》外篇一。
③ 《上辛楣宫詹书》，《文史通义》外篇三。
④ 《家书二》，《文史通义》外篇三。

第一节　校雠学的目的和任务

　　校雠的"校"，本字应为"挍"，《说文》："挍，敲击也。"引申为推敲。"雠"的本字为"讎"，《说文》："讎，双鸟也，从二隹。"引申为成双成对。"校雠"二字连称，始于西汉刘向。李善《文选·魏都赋注》于"讎校篆籀"后注引刘向《别录》云："讎校，一人读书，校其上下，得谬误为校；一人持本，一人读书，若怨家相对，故曰讎也。"这里所指的是勘对书籍的两种方法，一人独自进行的叫作"校"，两个人共同进行的叫作"讎"，也即今人所称的"校对"。但如果将"校雠"简单地等同于校对文字谬误，那又是狭义的理解了。实际上，刘向所进行的校书工作，远非仅指校对文字一个方面，它包括收集各种不同版本，订正书中错别字，以及重新编次写成目录等工作，也就是包括了今人所说的版本、校勘、目录等方面。这就是广义的校雠学的范畴了。诚如已故当代文献学家张舜徽先生所云："目录、版本、校勘，皆校雠家事也。但举校雠，自足该之。"并着重指出："目录、版本、校勘是校雠学的三个组成部分。过去学者们将校勘文字异同来概括校雠学的错误看法，是必须加以纠正的。"[①]事实上，即使在今天，尚有许多学者狭义地理解校雠学，并将它与目录学、版本学对立起来，却很少有人注意到目录、版本只是校雠学的一部分。

　　我们称章学诚为古代校雠学理论的集大成者，就是因为他首先对校雠学的范畴作了明白无误的说明，并指出了校雠学的目的和任务。他反对将校雠学与目录学、校勘学对立起来的做法，《遗书》外编卷1《信摭》指出：

　　　　校雠之学，自刘氏父子，渊源流别，最为推见古人大体。而校订字句，则其小焉者也。绝学不传，千载而后，郑樵始有窥见，特著校雠之略，而未尽其奥，人亦无由知之。世之论校雠者，惟争辨于行墨字句之间，不复知有渊源流别矣。近人不得其说，而于古书有篇卷参差、叙例同异当考辨者，乃谓古人别有目录之学，真属诧闻。

[①]　张舜徽：《中国校雠学叙论》，《华中师范学院学报》1979年第1期。

正因为章学诚将校雠学广义地理解为包括校订字句、篇卷参差、叙例同异、推见大体在内的一门学问，所以，他进一步提出这门学问的研究目的和任务，应该是"辨章学术，考镜源流"、"推阐大义"、"宣明大道"。在《校雠通义·自序》中，他开宗明义地指出：

> 校雠之义，盖自刘向父子部次条别，将以辨章学术，考镜源流，非深明于道术精微、群言得失之故者，不足与此。后世部次甲乙，纪录经史者，代有其人，而求能推阐大义，条别学术异同，使人由委溯源，以想见于坟籍之初者，千百之中不十一焉。

这就是说，校雠之学，不单纯是为了寻求、整理和保管书籍，更主要是在于"辨章学术，考镜源流"，最终达到"推阐大义"的目的。而要实现这样宏伟的目标，就非得对这些著作加以全面研究不可。在章学诚看来，各类书籍经过整理、校勘，加以分类，写出叙言，人们才可从中看出学术类别之源流，为其他学术思想的研究服务，并起到"聚粮"和"转饷"的作用。他说，整理书籍，"推论其要旨，以见古人所谓言有物而行有恒者，编于著录之下，则一切无实之华言，牵率之文集，亦可因是而治之，庶几辨章学术之一端矣"[①]。如关于图书的分类，便不是随便可以分的，而是要通过分类，达到"部次流别，申明大道，叙列九流百氏之学，使之绳贯珠联，无少缺逸，欲人即类求书，因书究学"[②]。在《校雠通义》卷1《原道》篇中，他这样评价刘向父子的校雠学著作《七略》：

> 刘歆《七略》，班固删其《辑略》而存其六。颜师古曰："《辑略》谓诸书之总要。"盖刘氏讨论群书之旨也。此最为明道之要，惜乎其文不传。今可见者，唯总计部目之后，条辨流别数语耳。即此数语窥之，刘歆盖深明乎古人官师合一之道，而有以知乎私门初无著述之故也。何则？其叙六艺而后，次及诸子百家，必云某家者流，盖出古者某官之

[①] 《宗刘》，《校雠通义》卷1。
[②] 《互著》，《校雠通义》卷1。

掌，其流而为某氏之学，失而为某氏之弊。其云某官之掌，即法具于官，官守其书之义也；其云流而为某家之学，即官司失职，而师弟传业之义也；其云失而为某氏之弊，即孟子所谓"生心发政，作政害事"，辨而别之，盖欲庶几于知言之学者也。由刘氏之旨以博求古今之载籍，则著录部次，辨章流别，将以折衷六艺，宣明大道，不徒为甲乙纪数之需，亦已明矣。

这段话最清楚不过地表明了校雠学的社会作用，那就是"辨章学术，考镜源流"，并与社会政治紧密结合起来，为更好地反映社会服务。

事实上也正如章氏所说，校雠学运用得好，其作用是非常大的。刘向父子《七略》之后，班固受其影响在《汉书》中首创了《艺文志》，使我们得以了解先秦以来学术发展的趋势和社会面貌。章学诚称赞道："《汉志》最重学术源流……此叙述著录所以有关于明道之要，而非后世仅计部目者之所及也。"[1]而后来的《隋书·经籍志》，又为我们了解汉魏六朝至唐初学术思想和社会思潮的发展创造了条件。

章学诚首次明确提出校雠学的目的和任务在于"辨章学术，考镜源流"、"推阐大义"、"宣明大道"，这就澄清了千百年来对校雠学的狭隘理解，驳斥了当时颇为时兴的为校雠而校雠的学术倾向，将辨章、考镜学术思想得失，与现实社会政治紧密结合起来，与学术研究的最终目的"申明大道"完全统一起来。章学诚关于校雠学目的和任务的论述，是与他的一贯学术主张和社会政治思想一脉相承的。也正因为此，他强调"六经皆史"、"道不离器"；也正因为此，他在《文史通义》创作了《原道》上中下三篇后，又在《校雠通义》中首列《原道》一篇，进一步探讨学术研究与探索人类社会的"道"的紧密关系。所不同的是，《文史通义》中的《原道》三篇重在探讨人类社会"道"的起源和本质，而《校雠通义》中的《原道》篇，则着重阐述了校雠学的本质及社会作用，他甚至原拟直接用"著录先明大道论"作为标题。这种思想在《校雠通义》的其他篇章中同样得到充分的体现。如卷二《补校汉艺文志》即云："形而上者谓之道，形而下者谓之器。善法具举，本末兼

---

[1] 《补校汉艺文志》，《校雠通义》卷2。

该，部次相从，有伦有脊，使求书者可以即器而明道，会偏而得全。"并进一步提出，能成"一家之言"的理论著述，可称得上"形上之道"，而其他讲述"法术名数"的书籍，则为"形下之器"。校雠著录，应将这两种书籍"部次相从"，合理编排，一起研究，以体现"即器求道"、"道器合一"原则。章学诚对于校雠学理论的首要贡献，便在于此。

第二节　校雠学的起源和发展

在阐明了校雠学的目的和任务之后，章学诚进一步探讨和总结了古代校雠学的起源和发展历程，试图探求其中的发展规律，即所谓的"道"。

在《校雠通义》第一篇《原道》里，他首先叙述了我国文字和图书产生时期的最初情形：

> 古无文字，结绳之治，易之书契。……理大物博，不可殚也，圣人为之立官分守，而文字亦从而纪焉。有官斯有法，故法具于官；有法斯有书，故官守其书；有书斯有学，故师传其学；有学斯有业，故弟子习其业。官守学业皆出于一，而天下以同文为治，故私门无著述文字。私门无著述文字，则官守之分职，即群书之部次，不复别有著录之法也。

这就是说，在学术在官、官师合一、无私人著述的时代，并没有形成专门的图书分类著录之法。当时对于图书资料的掌管、保藏和利用，均由官师代办。即如"六艺"，亦"非孔氏之书，乃《周官》之旧典也。《易》掌太卜，《书》藏外史，《礼》在宗伯，《乐》隶司乐，《诗》领于太师，《春秋》存乎国史"。又说："想见三代盛时，《礼》以宗伯为师，《乐》以司乐为师，《诗》以太师为师，《书》以外史为师，《三易》、《春秋》亦若是则已矣。"这个看法与他在《文史通义》中多次阐述的"官师合一"、"六经皆史"思想是相通的。如在《文史通义》内篇一《诗教》上下篇中，他多次提及"古未尝有著述之事也，官师守其典章，史臣录其职载，文字之道，百官以之治而万民以之察，而其用已备矣。"又外篇四《和州志艺文书序例》中说："三代之盛,法具于书,书守之官;天下之术业皆出于官师之掌故……而《周官》六篇,皆古人所以即官守而存师法者也。"

战国以后,这种官师合一、图书官守的局面被打破,出现了许多私人著述。为了获得知识,社会各阶级各阶层的人们都需要对图书典籍进行研究、整理和利用。孔子对六经的整理,《庄子·天下篇》、《荀子·非十二子》对古代各派学术源流的总结等,都属于这一时期文献校雠工作的代表。特别是汉朝建立后,征集天下遗书,汇集于太史公处,为图书校雠事业创造了条件。司马迁秉承家学,对先秦文献进行了较为全面的整理研究,并在此基础上创作了《史记》。《史记》中的《太史公自序》、《儒林列传》、《十二诸侯年表序》等篇章,都对古今学术渊源进行了探索和总结。所有这些,都为校雠学的形成创造了条件。

随着社会经济的发展,文化事业不断进步,书籍也越来越多。到了刘向、刘歆父子时,便开始了一次大规模整理文献的工作,而《七略》便是这次文献整理研究的成果。古代校雠学,作为一门"专门之学",至此正式确立。

章学诚一再强调,校雠学形成的这一过程是时势使然,是客观历史发展的必然结果。他说:"书既散在天下,无所统宗,于是著录部次之法出而治之,亦势之所不容已。"①

东汉、三国以后,由于书籍种类的不断增加,刘向父子创立的《七略》分类法已不适应时代发展的需要,于是产生了四部分类法。至唐修《隋书·经籍志》,确立以经、史、子、集四分法部次群书,遂为后代著录不祧之宗。

从《七略》到四部分类法,这是古代校雠学的又一重大发展。对于这一转折,章学诚的认识过程前后也有重大变化。在初期所作的《和州志艺文书序例》中,他认为这是校雠学的一种衰落。他说:"魏晋之间,专门之学渐亡……《七略》流而为四部,是师失其传也。若谓史籍浩繁,《春秋》附庸,蔚成大国;名墨寥落,小宗支别,再世失传,以谓《七略》之势不得不变而为四部,是又浅之乎论著录之道者矣!"这是因为,在章学诚当时看来,"《七略》承六典之敝,而知存六典之遗法;四部承《七略》之敝,而

---

① 《和州志艺文书序例》,《文史通义》外篇四。

不知存《七略》之遗法。是《七略》能以部次治书籍，而四部不能不以书籍乱部次也"。自四部著录法立，"而天下学术益纷然而无复纲纪矣！"因而也就失去了校雠学"辨章学术，考镜源流"的意义。因此，他主张恢复刘氏父子《七略》的分类法，将仪注入于礼经，职官通于六典，文集附于子部，史籍仍附春秋。在书籍新品种大量涌现的新时代，章学诚仍想用《七略》旧法，而反对四部分类新法，这个观点自然是不正确的。所以，后来在《校雠通义》中，他便修正了这个错误观点，转而极力拥护由《七略》到四部的发展。《校雠通义》卷一《宗刘》云："《七略》之流而为四部，如篆隶之流而为行楷，皆势之所不容已者也。"并根据图书的发展变化，提出五个"四部之不能返《七略》"的具体理由：

> 史部日繁，不能悉隶以《春秋》家学，四部之不能返《七略》者一；名墨诸家，后世不复有其支别，四部之不能返《七略》者二；文集炽盛，不能定百家九流之名目，四部之不能返《七略》者三；钞辑之体，既非丛书，又非类书，四部之不能返《七略》者四；评点诗文，亦有似别集而实非别集，似总集而又非总集者，四部之不能返《七略》者五。

其结论是："凡一切古无今有、古有今无之书，其势判如霄壤，又安得执《七略》之成法以部次近日之文章乎？"《文史通义》内篇四《释通》亦云："《七略》流而为四部，类例显明，无复深求古人家法矣。"非常明显，章学诚对这个问题的认识有了根本性的转变。

非但如此，章学诚还进一步以发展的眼光，提出改进四部分类的思想，那就是在四部分类法的基础上，加强"辨章学术，考镜源流"的内容，将刘氏父子的这一校雠学宗旨融入四部分类法之中。他说，"就四部之成法，而能讨论流别"，则"《七略》之要旨，其亦可以有补于古人矣"。又说："《七略》之古法终不可复，而四部之体质又不可改，则四部之中，附以辨章流别之义，以见文字之必有源委，亦治书之要法。"[1] 这一思想是非常可贵的。他写《宗刘》篇的用意正在于此，并不是要完全复古模仿刘氏父子，而是要继

---

[1] 《宗刘》，《校雠通义》卷1。

承他们的治学宗旨。

总之，章学诚对我国古代校雠学的起源和发展过程的探讨，是基本上符合校雠学产生发展的历史实际的。

第三节　校雠学的理论和方法

章学诚"折衷诸家"，总结历代校雠学的理论和方法，特别是刘氏父子、班固、郑樵等校雠学家的理论和方法，并结合历史实际，在前人的基础上，着重提出了一套系统的校雠学理论，真正做到了集古之大成。在校雠学的三大内容目录、校勘、版本方面，都提出了许多有益的见解。如在图书目录的分类著录上，特别强调"序录"的重要性，并提出了互著与别裁、辨嫌名与著残逸、编韵编和制索引等等具体方法。在校勘方法上，又提出了系统的"校勘条理"，强调校勘必须持有的态度和方法。在版本方面，则提出了广储副本、采辑补缀、书掌于官等观点。所有这些理论和方法，都围绕着一个中心，就是如何更好地发挥校雠学的功用，即起到"辨章学术，考镜源流"和"宣明大道"的作用，从而大大丰富和发展了古代校雠学理论，其中有些观点，即使在今天，仍然具有现实意义。

一、序录"最为明道之要"

序（或称叙）录之名，起于刘向校书。《汉书·艺文志》载，在整理校雠图书时，"每一书已，向辄条其篇目，撮其旨意，录而奏之"。可见，刘向在每校完一部书后，便写一篇介绍本书内容的文章，既"条其篇目"，又"撮其旨意"，这便是最早的"目录"，也简称"录"。这种"录"实际上是包含篇目和旨意两个内容，后人分割其意，各取一偏，也称为录。王充在《论衡·案书》篇有云："《六略》之录，万三千篇。"这便是称目为录。刘义庆的《世说新语》在《言语》篇曾引邱渊之《文章录》，而在《文学》篇引时又称《文章叙》，这又将叙称为录。唐朝毋煚的《古今书录序》有云："览录而知旨,观目而悉词。"①则以"录"名专属于序了。刘向所作之录,都是目在叙前,故称"目录",后世仿此而作者,在体式上已作了变化,叙在目前,所以改称"叙录"。因此,叙录就是替一部书所作的小序,后世提要实仿于此。刘歆在《七略》中,首列《辑略》,作为"诸书之总要",也就是图书的序录。刘氏父子所撰图书序录的内容,包括图书作者的生平事迹和学术思想简介、图书内容评介、书名的意义,以及整理校雠的经过等方面。

在章学诚看来,为图书作序录,这是校雠学的一个最重要内容,因为图书的序录,"最为明道之要"②,最能起到"辨章学术,考镜源流"和"宣明大道"的作用。所以,他十分推崇刘向父子的序录,称赞《辑略》既能追溯学术源流,又能辨清其流弊,并能揭示出图书与社会政治的密切关系。③在《校雠通义》卷2《补校汉艺文志》和《文史通义》外篇一《史考释例》中多次将《辑略》奉为古代校雠学的"鼻祖"。他还批评后世校雠学家所编写整理的图书目录,丢却了"序录"这一良好方法,越来越简单,只剩下"徒为纪数之需"的简单目录,"使观者如阅甲乙簿注,而更不识其讨论流别之义焉"。④

正因为此,章学诚在自己从事文史校雠事业的时候,十分强调要对书籍"溯其原委","严其辨"。⑤他花费晚年大半精力所撰作的史部目录学巨著《史籍考》,便"采群书叙录,间为案语,以折其衷",继承和发展了目录解题和序录的良好方法。诚如当代文献学家傅振伦先生所指出的:"《史籍考》是有解题或序录的目录书,它的编辑方法是已往历代目录学的发展。"⑥

二、互著与别裁

章学诚在《校雠通义》卷1中专立《互著》和《别裁》两篇,系统提出

---

① 《经籍志上》引毋煚《古今书录序》语,《旧唐书》卷46,中华书局标点本。
② 《原道》,《校雠通义》卷1。
③ 同上。
④ 《宗刘》,《校雠通义》卷1。
⑤ 《释通》,《文史通义》内篇四。
⑥ 傅振伦:《清朝目录学家章学诚》,《史学史资料》1980年第1期。

了图书分类著录的两个重要方法——互著与别裁，从而标志着我国古代校雠学的重大进步。

在图书分类著录的过程中，一般来说，总是一书著录在一类。但由于图书本身内容的复杂和相互间的关联，往往又会造成分类困难和容易混淆的情况。早在南宋时期，校雠学家郑樵便提出这个问题，觉得颇难处理。他说："古今编书所不能分者五：一曰传记，二曰杂家，三曰小说，四曰杂史，五曰故事。凡此五类之书，足相紊乱。又如文史与诗话亦能相滥。"① 遇到这种情况，究竟应该怎样著录呢？章学诚从"辨章学术，考镜源流"的角度出发，提出了"互著之法"。《互著》篇云：

> 至理有互通，书有两用者，未尝不兼收并载，初不以重复为嫌，其于甲乙部次之下，但加互注，以便稽检而已。古人最重家学，叙列一家之书，凡有涉此一家之学者，无不穷源至委，竟其流别，所谓著作之标准，群言之折衷也。如避重复而不载，则一书本有两用，而仅登一录，于本书之体，既有所不全；一家本有是书，而缺而不载，于一家之学，亦有所不备矣。

这就是说，如遇一书的内容论及两种以上主题或涉及两类以上时，该书即应该在有关各类中互为著录，即已录入甲类的，同时还可在乙类或丙类中著录，也就是兼收并载，不以重复为嫌，以见其全备。他还举例加以具体说明：

> 若就书之易淆者言之：经部易家与子部之五行阴阳家相出入；乐家与集部之乐府、子部之艺术相出入；小学家之书法与金石之法帖相出入；史部之职官与故事相出入；谱牒与传记相出入；故事与集部之诏诰奏议相出入；集部之词曲与史部之小说相出入；子部之儒家与经部之经解相出入；史部之食货与子部之农家相出入；非特如郑樵之所谓传记、杂家、小说、杂史、故事五类，与诗话、文史之二类易相紊乱已也。
> 若就书之相资者而论：《尔雅》与本草之书相资为用；地理与兵家之

---

① 《校雠略·编次之讹论》，《通志》卷71，《万有文库》第二集。

书相资为用；谱牒与历律之书相资为用；不特如郑樵之所谓性命之书求之道家，小学之书求之释家，《周易》藏于卜筮，《洪范》藏于五行已也。

总之，"书之易混者，非重复互注之法，无以免后学之牴牾；书之相资者，非重复互注之法，无以究古人之源委。一隅三反，其类盖亦广矣"。章学诚的这两句话，成为我国古代校雠学上关于图书著录方法的至理名言。

他还以郑樵《通志》中的《金石》、《图谱》、《艺文》三略为例，提出这三略中所著录的书有些正可以相互参见，互相补苴，这样才能使三略各自充实完善。可是，郑樵并没有这样做。如《艺文略》中著录有各种石经、图谱著作，而在《金石》、《图谱》二略中，却墨守旧有的著录范围，没有把各种石经、地动图等著作重复互注，从而使《金石》、《图谱》二略名不副实，"全无伦次"，且不完备。章学诚认为，这就是"不知重复互注之法"的原因。

互著是据一书或一家的整体而言，将一书著录在两个或两个以上的类目内。但古代书籍中，往往还有另外一种情况，即一书之中的各篇或某一部分内容有主次轻重和不同性质，却又够不上整部书另立一目，互著于他类，在这个时候，为了让读者准确地了解这些不同性质的篇章，章学诚又提出了"别裁"的方法，即将一部书中的某些篇章或某些部分裁出，著录在相关的另一类（或另几类）里面。《别裁》篇云：

> 盖古人著书，有采取成说，袭用故事者，其所采之书，别有本旨，或历时已久，不知所出；又或所著之篇，于全书之内自为一类者，并得裁其篇章，补苴部次，别出门类，以辨著述源流。至其全书，篇次具存，无所更易，隶于本类，亦自两不相妨。盖权于宾主重轻之间，知其无庸互见者，而始有裁篇别出之法耳。

这就是说，别裁法著录的书，一般分为两种情况：一是"采取成说，袭用故事"的部分，因为它本来就是从别的书籍中引录编入的，所以就可以裁出别行，编入其他有关类目。另一种是"所著之篇，于全书之内自为一类者"，即自己可以成为一个主题的，就可以将其篇章裁出，列入与该主题有关的相应类目中。

他还针对《汉书·艺文志》的著录情况，提出具体详尽的别裁主张。《校雠通义》卷2《焦竑误校汉志》说：

> 裁篇别出之法，《汉志》仅存见于此篇（指《弟子职》从《管子》书中裁出入于《孝经》类），及《孔子三朝》篇之出《礼记》而已。充类而求，则欲明学术源委而使会通于大道，舍是莫由焉。且如叙天文之书，当取《周官·保章》、《尔雅·释天》、《邹衍·言天》、《淮南·天象》诸篇，裁列天文部首，而后专门天文之书，以次列为类焉，则求天文者无遗憾矣；叙时令之书，当取《大戴礼·夏小正》篇、《小戴记·月令》篇、《周书·时训解》诸篇，裁列时令部首，而后专门时令之书，以次列为类焉；叙地理之书，当取《禹贡》、《职方》、《管子·地圆》、《淮南·地形》、诸史地志诸篇，裁列地理部首，而后专门地理之书，以次列为类焉，则后人求其学术源流，皆可无遗憾矣。《汉志》存其意，而未能充其量，然赖有此微意焉。

这样的别裁分类著录法，确实可以为后人探求学术源委、研究各派学术思想提供系统、完整的资料。其目的和作用与"互著法"是一致的，那就是为了更好地发挥校雠学"辨章学术，考镜源流"、"会通大道"的作用。在《和州志艺文书序例》中，他更直接地指出："夫篇次可以别出，则学术源流无阙间不全之患也；部目可以互见，则分纲别纪，无两歧牵掣之患也。"并进而将这两种著录之法提高到"辨章百家，通于大道"的境地。

也正因为互著、别裁两种著录方法具有如此重大的作用，章学诚对它们的运用始终持十分冷静谨慎的态度，他强调必须"权于宾主重轻之间"，了解学术源流之后方可使用，切不可滥用，否则会适得其反。他说：

> 校雠之家，苟未能深于学术源流，使之徒事裁篇而别出，断部而互见，将破碎纷扰，无复规矩章程，斯救弊益以滋弊矣。是以校雠师法不可不传，而著录专家不可不立也。①

---

① 《和州志艺文书序例》，《文史通义》外篇四。

又说：

> 或曰：裁篇别出之法行，则一书之内，取裁甚多，纷然割裂，恐其破碎支离而无当也。答曰：学贵专家，旨存统要。显著专篇，明标义类者，专门之要，学所必究，乃撷取于全书之中焉。章而钌之，句而辇之，牵率名义，纷然依附，则是类书纂辑之所为，而非著录源流之所贵也。①

并指出，在运用别裁法时，应同时注明原书全本所在之处，即在本篇之下，标以子注，"申明篇第之所自"②。

章学诚不仅对互著、别裁的理论和方法作了上述深刻透彻的阐述，而且还在实践中加以运用。不仅在《校雠通义》卷2、卷3以及《文史通义》外篇四《和州志艺文书序例》等文中运用这两种方法，批判补充了《汉书·艺文志》、《通志》二十略等著录的不足，更在《史籍考》中，将两种方法娴熟地加以运用。《史籍考》虽为史部书籍专科目录，但在著录时，对于经、子、集三部类的书，只要与历史书籍相关联的地方，都使用互著别裁的方法加以著录，从而使《史籍考》成为一部系统完整的历史专科目录巨著。

章学诚对互著别裁法理论的阐述和运用，是对古代校雠学的一大总结和发展，具有不可忽视的价值。直至今天，这一方法在图书目录的整理著录中仍得到广泛应用。

然而，有人却指责章学诚的互著别裁理论是掠美先贤，并以此来讽刺章氏的学术道德。如文廷式在《纯常子枝语》卷26中有这么一大段话，值得引起我们注意：

> 章实斋《校雠通义》立一书互见及裁篇别出之说，目录家颇谓创获。余阅明祁承㸁《书目略例》（注：此应为《书目例略》，下同）实开其端。《略例》云："古人解经，存者十一，如欧阳公之《易童子问》、王荆公之《卦名解》、曾南丰之《洪范传》，皆有别本而今仅见于文集

---

① 《焦竑误校汉志》，《校雠通义》卷2。
② 《别裁》，《校雠通义》卷1。

之中，惟各摘其目列之本类，使穷经者有所考求。又如《靖康传信录》、《建康时政记》，此杂史也，而载于李忠定之《奏议》；《宋朝祖宗事实》及《法制人物》，此记传也，而收于朱晦翁之《语录》。如罗延平之集，而《尊尧录》则史矣；张子韶之集，而《传心录》则子矣。他如琐记、稗记、小说、诗话之类，附见本集者不可枚举。即如《弇州集》之《艺苑卮言》、《宛委余编》，又如《冯元敏集》之《艺海泂酌》、《经史稗谭》，皆按籍可见，人所知也；而元美之《名卿迹记》、元敏之《宝善编》，即其集中之小传者，两书久已不行，苟非为标其目，则二书竟无从考矣。凡若此类，今皆悉为分载，特明注原在某集之内，以便简阅。"按此即章氏所谓裁篇别出者也。

又云："同一书也，于此则为本类，于彼亦为应收；同一类也，收其半于前，有不得不归其半于后。如《皇明诏制》，制书也，国史之中固不可遗，而诏制之中亦所应入；《五伦全书》，敕纂也，既不敢不遵王而入制书，亦不可不从类而入纂训；又如《焦氏易林》、《周易占林》，皆五行家也，而《易》书占筮之内，亦不可遗。他如《水东日记》、《双槐岁钞》、陆文裕公之《别集》、于文定公之《笔麈》，虽国朝之载笔居其强半，而事理之诠论亦略相当，皆不可不各存其目，以备考镜。至若《木钟台集》、《闲云馆别编》、《归云别集》、《外集》、范守己之《御龙子集》，如此之类，一部之中，名籍不可胜数，故往往有一书而彼此互见者，同集而名类各分者。"按此即章氏所谓一书互见者也。章氏与祁氏近同里闬，不容不见其书，乃远述弱侯（焦竑字），而近遗夷度（祁承㸁字），殆不欲著其相袭之迹乎？若然，则《文史通义》特重史德，实斋为有愧也。

此后，如昌彼得、李日刚等学者均沿袭文廷式说，直斥章氏掠美乡贤。①按，祁承㸁，明末山阴人。所著《庚申整书例略》收入《澹生堂集》卷14，文中确实已明确提出了"通"与"互"的方法，并且在所著《澹生堂

---

① 昌彼得：《中国目录学讲义》，台北文史哲出版社1973年版，第103—113页；李日刚：《中国目录学》，台北明文书局1983年版，第276—279页。

书目》内，灵活使用了这两种方法。但无论从理论总结和阐述的深度，以及实际运用的娴熟来看，都是不能与章学诚相比的。况且，章学诚也从来没有把互著别裁方法当作自己的发明，他一直把这一功劳归于西汉刘歆，认为刘歆在《七略》中已初步运用了互著别裁方法。《互著》篇云："《七略》于兵书权谋家有伊尹、太公、管子、荀卿子、鹖冠子、苏子、蒯通、陆贾、淮南王九家之书，而儒家复有荀卿子、陆贾二家之书；纵横家复有苏子、蒯通二家之书；杂家复有淮南王一家之书。兵书技巧家有墨子，而墨家复有墨子之书。惜此外之重复互见者，不尽见于著录，容有散逸失传之文。然即此之十家一书两载，则古人之申明流别，独重家学，而不避重复著录明矣。"又在《补校汉艺文志》中说："任宏《兵书》一略，郑樵称其最优，今观刘《略》重复之书仅十家，皆出《兵略》，他部绝无其例，是则互注之法，刘氏具未能深究，仅因任宏而稍存其意耳。"至于别裁法，章学诚也认为始于《七略》。《别裁》篇云："《管子》，道家之言也，刘歆裁其《弟子职》篇入小学；七十子所记百三十一篇，礼经所部也，刘歆裁其《三朝记》篇入《论语》。"这就是刘歆的别裁之法。

此外，章学诚认为，《史记》、《汉书》的列传家法，即人事有两关者详略互载，对互著别裁法的产生也有一定的启发。如子贡在《史记·仲尼弟子列传》中为正传，但在《史记·货殖列传》中则又有他经商业绩的记载；《汉书》既有董仲舒、王吉、韦贤等专传，而在《儒林传》中又有他们各自传经事迹的记载。

尽管经当代目录学家王重民先生考证，章学诚所说的《兵书略》中十个互著例子，以及《弟子职》、《三朝记》等别裁例子，都是任宏和刘歆按当时的别行本著录，称不上是有意识地运用了互著别裁法；而真正第一次有意识地使用互著别裁法的，倒是被章学诚视为"幸而偶中"的马端临《文献通考·经籍考》。[①]但这也无损于说明章学诚从未认为互著别裁法是他本人的发明和独创，从而也就无所谓"掠美"之嫌了。

---

① 王重民：《校雠通义通解》，第 26—27 页。

三、辨嫌名与编索引

在《文史通义》内篇三《繁称》篇中，章学诚指出，古代往往有许多书名和人名异称的现象。因为"古人著书，往往不标篇名，后人校雠，即以篇首字句名篇；不标书名，后世校雠，即以其人名书；此见古人无意为标榜也。其有篇名书名者，皆明白易晓，未尝有意为吊诡也。然而一书两名，先后文质，未能一定，则皆校雠诸家易名著录，相沿不察，遂开歧异，初非著书之人自尚新奇为吊诡也。有本名质而著录从文者，有本名文而著录从质者，有书本全而为人偏举者，有书本偏而为人全称者，学者不可不知也。……此皆校雠著录之家所当留意。虽亦质文升降，时会有然，而著录之家不为别白，则其流弊，无异别号称名之吊诡矣"。比如说，《史记》初名《太史公书》、《战国策》初名《短长语》、《老子》之称《道德经》、《屈原赋》之称《楚辞》、《淮南鸿烈解》之称《淮南子》、《吕氏春秋》之称《吕览》等，都是一书有数名。又如郑樵《通志·艺文略》误《班昭集》与《曹大家集》为二书，晁公武《郡斋读书志》误《脞说》的作者张君房为张唐英等，都是由于人名字号不一而"开歧误之端"。

如何解决这类书名异称现象？学诚自注"已详《校雠通义》"。这就是他在《校雠通义》卷1《辨嫌名》中提出的"嫌名著录法"。即凡遇"一书数名者，必当历注互名于卷帙之下；一人而有多字号者，亦当历注其字号于姓名之下"。这样就可避免"嫌名歧出之弊"。在《校雠通义》卷3《汉志兵书》中，他还对《汉书·艺文志》中"同名而异实"的图书作了专门的辨别。而他在为自己所编《史籍考》定下的凡例中，亦有"嫌名宜辨"一条，指出："古人之书，或一书歧名，或异书同名者多矣，皆于标题之下，注明同异书目，以便稽检。"

然而，要使嫌名著录法准确无误，在章学诚看来，必须事先"深究载籍，详考史传，并当历究著录之家，求其所以同异两称之故而笔之于书"。在这里，章学诚以其深邃的洞察力，提出了先作长编，制成各种"索引"的办法。《辨嫌名》云："欲免一书两入之弊，但须先作长编，取著书之人与书之标名，按韵编之，详注一书源委于其韵下，至分部别类之时，但须按韵稽之，虽百人共事，千卷雷同，可使疑似之书一无犯复矣。"又在《文史通义》

外篇一《论修史籍考要略》中说："取诸书名目,仿《佩文韵府》之例,依韵先编档簿,以俟检核,庶几编次之时,乃无遗漏复叠之患。"这里指的就是编制著者索引("著书之人")和书名索引("书之标名")。

提倡编制"索引",实在是章学诚非常重视的一项工作,他认为"索引""不特为读史要领,且为一切考订关人事者作资粮也"①。据章学诚自言,他曾打算将全部史书的人名,按韵排列,制成人名索引,凡遇重复互见者,遍注其下。后因工程太大,仅完成了《明史列传人名韵编》一书,惜未能流传下来。②在《校雠通义》卷1《校雠条理》中,他甚至还提出编制群书索引的主张,并称之为"校雠之良法"。他说:

窃以典籍浩繁,闻见有限,在博雅者且不能悉究无遗,况其下乎?以谓校雠之先,宜尽取四库之藏,中外之籍,择其中之人名地号,官阶书目,凡一切有名可治,有数可稽者,略仿《佩文韵府》之例,悉编为韵;乃于本韵之下,注明原书出处及先后篇第,自一见再见以至数千百,皆详注之,藏之馆中,以为群书之总类。至校书之时,遇有疑似之处,即名而求其编韵,因韵而检其本书,参互错综,即可得其至是。此则渊博之儒,穷毕生年力而不可究殚者,今即中才校勘可坐收于几席之间,非校雠之良法欤?

200多年前的章学诚能提出如此极有见地的校雠学主张,实在了不起。而章氏为校雠学大家,绝非虚语。

四、采辑补缀与书掌于官

章学诚对书籍的辑佚、校勘和收藏等校雠学上的重要内容也十分重视,并在《校雠通义》中作了专门论述。

我们知道,郑樵在《通志·校雠略》中,曾有《书有名亡实不亡论》、

---

① 《与族孙守一论史表》,《文史通义》外篇三。
② 同上。

《阙书备于后世论》两篇文章，提出了有关辑佚书的问题。章学诚在郑樵的基础上，进一步对辑佚问题作了总结和补充论述。在《校雠通义》卷1《补郑》篇中，他说，郑樵的"书有名亡实不亡"理论，是很有卓见的，但"亦有发言太易者"，就是没有对采辑补缀之法加以具体的说明。章学诚总结郑樵、王应麟等的辑佚工作，并提出了自己的一些主张，指出："今按纬候之书，往往见于《毛诗》、《礼记注疏》及《后汉书注》；汉魏杂史，往往见于《三国志注》；挚虞《流别》及《文章志》，往往见于《文选注》；六朝诗文集，多见采于《北堂书钞》、《艺文类聚》；唐人载籍，多见采于《太平御览》、《文苑英华》。一隅三反，充类求之，古逸之可采者多矣。"这无疑是给辑佚工作指明了一条捷径。

清乾嘉时期，是辑佚学极盛的时代，从事辑佚工作的人甚多。章学诚虽未直接从事这一工作，但在《史籍考》中，却反映出他的辑佚书成就也是很大的。章氏在《论修史籍考要略》中，专立"古逸宜存"、"逸篇宜采"二条，指出：

> 今作《史考》，宜具原委，凡六经、《左》、《国》、周秦诸子所引古史逸文，如《左传》所称《军志》、《周志》，《大戴》所称《丹书》、《青史》之类，略仿《玉海·艺文》之意，首标古逸一门以讨其原。……若两汉以下，至于隋代，史氏家学，尚未尽泯，亡逸之史，载在传志，崖略尚有可考。其遗篇逸句，散见群书，称引亦可宝贵。自隋以前，古书存者无多，耳目易于周遍，可仿王伯厚氏采辑郑氏《书》、《易》、《三家诗训》之例，备录本书之下，亦朱竹垞氏采录纬候逸文之成法也。此于史学所补，实非浅鲜。

可惜《史籍考》未能流传下来，我们也就无法窥见章氏辑佚工作之全貌了。

在《校雠通义》卷1《校雠条理》中，章学诚又提出了"书掌于官"的主张。他认为，求书、校书都离不开平时的"治书"，而最理想的办法是，"于平日责成州县学校，师儒讲习，考求是正，著为录籍，略如人户之有版图。载笔之士，果能发明道要，自致不朽，愿托于官者听之"。也就是由地方政府组织人员专门从事搜访、整理及保藏书籍的工作。在他看来，这样做至少有四个好处："如是则书掌于官，不致散逸，其便一也。事有稽检，则奇邪不衷之说，淫诐邪荡之词，无由伏匿以干禁例，其便二也。求书之时，按籍而稽，无劳搜访，其便三也。中书不足，稽之外府，外书讹误，正以中书，交互为功，同文称盛，其便四也。"这种"书掌于官"的方法"最为合古"，但真正执行起来，却会有许多困难，主要是"学官难得通人，馆阁校雠未必尽是向、歆一流，不得其人，则室碍难行，甚或渐启挟持讹诈、骚扰多事之渐，则不但无益而有损矣。然法固待人而行，不可因一时难行而不存其说也"。

这种方法，与他在方志学理论中提出的"州县请立志科"的主张，是完全吻合的。在《校雠通义》卷1《藏书》里，他还鼓励社会各界藏书，"以补中秘之所不逮"。在《文史通义》外篇二《藉书园书目叙》中，他又表扬周永年以个人力量建立藉书园，"欲构室而藏，托之名山，又欲强有力者为之赡其经费，立为纪纲，而使学者于以习其业，传抄者于以流通其书"。并指出："近世著录，若天一阁、菉竹堂、传是楼、述古堂诸家，纷纷著簿，私门所辑，殆与前古艺文相伯仲矣。然或以炫博，或以稽数，其指不过存一时之籍而不复计于永久，著一家之藏而不复能推明所以然者广之于天下。其智虑之深浅，用心之公私，利泽之普狭，与周君相去当何如耶！虽然，群书既萃，学者能自得师，尚矣；扩四部而通之，更为部次条别，申明家学，使求其书者可即类以明学，由流而溯源，庶几通于大道之要，而有以刊落夫无实之文词，泛滥之记诵，则学术当而风俗成矣。"这就是说，社会各界甚至私人藏书，同样要以更好地服务于学术研究为目的，不能只图个人私利。

王重民先生认为，章学诚关于"补中秘之所不逮"的藏书思想，"对于建立学术团体的藏书，使图书馆走向半公开的形式，是很重要的"。"稍后，阮元发展了这一思想，他作的《杭州灵隐藏书记》和《焦山书藏记》（并见《研经室三集》卷2）就是这一思想的进一步实施。"[①]

除了强调"序录"、互著别裁、嫌名著录和编制索引、辑佚和藏书等理论和方法外，章学诚还提出校书过程中应"广储副本"，并且"博求"各种

---

① 王重民：《校雠通义通解》，第41页。

版本，以备校正一书时，对质互勘。[①] 此外，他提出"有所更定必注原文"的意见。《校雠条理》云："古人校雠，于书有讹误，更定其文者，必注原文于其下；其两说可通者，亦两存其说；删去篇次者，亦必存其阙目；所以备后人之采择，而未敢自以谓必是也。"这种极为谨慎的态度和方法，值得从事校雠学工作者借鉴。所有这些，都表明了章学诚校雠学思想的价值和意义所在。

[①]《校雠条理》，《校雠通义》卷1。

第八章
"史部支流"的谱牒学理论

谱牒学，简称谱学，是研究和阐述人类宗族、家族世系历史的一门学问。它与方志学一样，是史学的旁支，并随着史学的发展而产生和形成。我国谱牒的修撰，起源甚早，先秦时期，即产生谱牒之书，至魏晋南北朝时期已形成一门专门的学问。但直到清代，关于这门学问的许多理论问题，均未得到系统完整而明确的阐述。前面说过，章学诚迫于生计，常常靠为人家撰述志书谱牒为生，自言："三十年来，苦饥谋食，辄藉笔墨为生，往往为人撰述状志谱牒。"① 在这个过程中，他结合自己的史学、方志学理论，对谱牒学的一些至关重要的理论问题，如谱牒学的性质和作用，谱牒学与方志学、史学的关系，谱牒学产生、发展和演变的历史，谱牒的编纂原则和方法，等等，都作了较为详细深入的探讨，从而首次为我国古代的谱牒学建立起一套比较完整系统的理论体系。

第一节 谱牒学的性质和作用

章学诚说："谱历之学……亦史部支流，用备一家之书而已。"② "夫家有谱，州县有志，国有史，其义一也。"③ "且有天下之史，有一国之史，有一家之史，有一人之史。传状志述，一人之史也；家乘谱牒，一家之史也；部府县志，一国之史也；综纪一朝，天下之史也。比人而后有家，比家而后有

---

① 《与宗族论撰节憨公家传书》，《遗书》卷29，第337页。
② 《刘忠介公年谱叙》，《文史通义》外篇二。
③ 《为张吉甫司马撰大名县志序》，《文史通义》外篇六。

国，比国而后有天下。惟分者极其详，然后合者能择善而无憾也。"① 这几段话不仅讲清了谱学的性质，而且阐明了谱学与方志学、史学的关系。谱学"亦史部支流"，它与方志学一样，都是史学的一个旁支；谱牒之书也和志书一样，都属史体，与国史相较，性质也一样，所不同者，不过是范围的大小而已。章学诚在相关的谱学文章中，反复提及"谱牒之学"、"谱历之学"、"谱学"等概念，说明他已明确将"谱学"作为一门独立的学科来看待，并且对其性质内涵作出定义。

章学诚对谱学性质的认识基本上是符合历史实际的。但我们却不可以得出谱牒学等同于家谱学的结论来。谱学是研究和阐述人类宗族家族世系历史的一门学问，一切著录和记载宗族家族世系历史的典籍，都属谱学研究的范畴。其中包括家谱、家乘、宗谱、族谱、支谱、世谱、世系录、总谱、会谱、统谱、年谱，以及史书中的世系表等等。而家谱只是谱牒中的一个主要组成部分，不能代表整个谱牒学。如果把谱学等同于家谱学，那就是狭义地理解了。这样一来，像唐朝所修的《氏族志》和《姓氏录》，以及作为谱学的重要组成部分之一的大量的年谱，自然就被排斥在谱学之外了。而如《新唐书·宰相世系表》、沈炳震《廿一史四谱》之类就更不用说了。所以，谱学绝不能只等同于家谱学。这个问题，对我们今天研究谱牒学的同志来说，是必须首先认识清楚的。遗憾的是，迄今为止，尚有许多学者仍然抱着谱学即家谱学的错误看法，这是很不应该的。

章学诚虽然时常将谱学称作"一家之史"，但在具体的论述过程中，却能正确地、广义地理解和对待谱学。比如，他在《和州志氏族表序例上》、《永清县志士族表序例》、《湖北通志族望表序例》等许多文章中多次指出，司马迁著《史记》时，根据《五帝系牒》、《尚书集记》所作的《三代世表》，欧阳修《新唐书》中的《宰相世系表》等都属谱学范围。他在《史籍考总目·谱牒部》下分谱牒为专家、总类、年谱、别谱四大类，并在《史考释例》中解释道："谱牒有专家、总类之不同，专则一家之书，总则汇萃之书，而家传、家训、内训、家范、家礼皆附入专谱门中，以其行于家者然也。但自宋以来，有乡约之书，名似为一乡设，其实皆推家范、家礼之意……故

---

① 《州县请立志科议》，《文史通义》外篇四。

附之也。"可见范围之广。特别是他首次把年谱当作谱学的一部分，这是十分正确的。年谱是按年次记载一个人的生平事迹的一种著作，是"一人之史"①，由编年传记体发展而来，但不同于一般的人物传记，它不仅有叙述文字，而且有纲有目，有图有谱，有表有格，自然是谱学的一种新体裁。然而，历代学者却一直不把年谱作为谱学之书，目录类著作也都不把它收入谱牒类而大多列入传记类。非但古人，至今尚有相当一部分人持这种看法。

恩格斯曾经指出，每一个时代的学说，"都具有由它的先驱者传给它而它便由以出发的特定的思想资料作为前提"②。章学诚谱为史体的理论同样也是有一定渊源的。

过去学者对谱学的性质早已作过一番探索，但一直未有明确的论述。章学诚对前人的理论和实践首先作了总结和分析。他在《和州志氏族表序例上》里说，司马迁的《史记·三代世表》第一次在实践中把谱学融注到史学之中。但直到唐刘知幾讨论史志，才提出族谱之书应归入史学范畴的意见。宋郑樵《通志》"首著《氏族》之略，其叙例之言，发明谱学所系，推原史家不得师承之故，盖尝慨切言之"，然而，也只是"但纪姓氏源流，不为条例支系"。章学诚对此感到很遗憾，认为是"亦史部之阙典也"。明代以后，人们对谱学性质的认识才逐渐明确起来，有了"夫谱，家史也"③，"国之有史，犹家之有乘"④的论点。与章学诚同时代的学者钱大昕更指出："谱系之学，史学也。"⑤所以，章学诚"谱学亦史部支流"的理论，可以说是对司马迁、刘知幾、郑樵以来史学理论的继承和发挥，他是在前人的基础上更明确、更深刻地对谱学的性质作了总结。

章学诚"谱学亦史部支流"的理论，同时也是他的整个史学理论的具体体现。我们知道，章学诚是主张广义的"史学"的，他不仅高唱"六经皆

---

① 梁启超：《清代学者整理旧学之总成绩三》，《中国近三百年学术史》十五，见朱维铮校注：《梁启超论清学史二种》，第468页。
② 恩格斯：《致康·施米特》，《马克思恩格斯选集》第4卷，第485页。
③ （明）王世贞：《荣泉李氏族谱序》，《弇州山人四部稿》卷70，明万历五年（1577）刻本，杭州大学图书馆藏。
④ （明）张萱：《史局》引王祖嫡语，《西园闻见录》卷29，元明史料丛编第二辑，台北文海出版社。
⑤ （清）钱大昕：《巨野姚氏谱序》，《潜研堂文集》卷26，见吕友仁标点：《潜研堂集》。

史",而且认为"盈天地间,凡涉著作之林,皆是史学"。[①]这实际上已接近马克思"我们仅仅知道一门唯一的科学,即历史科学"[②]的观点了。谱牒既是一种著作,自然也属"史学"范畴。章学诚在《文史通义》外篇一《史考释例》说:"天文、地理、五行、谱牒,何非史部之所通乎!故六经流别,为史部所不得不收者也。"

谱为史体,这是章学诚整个谱学理论的支点,谱学既然是史学的一部分,其作用也就无异于史学,而著谱亦就等于著史,史家记实直笔之书法态度自然也就成了谱学家著谱时必须遵守的原则。章学诚处处以史法去衡量谱法(详见后文),这就有引导谱学趋向信史之特殊作用。章氏对谱学的这一贡献,是首先必须称颂的。

章学诚重视谱学是与他对谱学的作用有相当深刻的认识分不开的。谱学是由于社会上的某种需要而产生的。所以,它首先具有的是社会功能。《文史通义》外篇五《永清县志士族表序例》云,谱学最初的社会功能是奠系世、辨昭穆,别贵贱、识尊卑,"先王赐土分姓,所以尊人治而明伦叙者,莫不由此"。随着社会的发展,谱学的功能也在不断演变,魏晋南北朝时期,门阀制度盛行,谱学既是政府选官的依据,又是社会上争门第、攀婚姻的工具,其社会作用得到充分发挥。隋唐时期,尤其是唐朝前期和中期,谱学的社会功能突出地表现在统治阶级内部的政治斗争上,最高统治者利用谱学这个工具,来提高皇室和功臣的地位,压抑旧士族势力,以达到调节统治阶级内部各阶层间的关系,巩固其政权统治的目的。宋代以后,政府虽已不重视谱学,但社会上仍十分注重。特别是地方大姓、世家大族,需要通过修谱宣扬"尊祖"、"敬宗"、"睦族"的伦理道德。所以,《史考释例》说:"谱学,古人所重,世家巨族,国家所与休戚者也。封建罢而门第流品之法又不行,故后世之谱学轻;如谓后世不须谱学,则几于汩彝伦矣。"《文史通义》外篇五《永清县志士族表序例》又说,因为封建统治者是"以世族率齐民,以州县领世族,以司府领州县,以部院领司府",世家大族成为王朝统治的社会基础,记述世家大族的谱牒,其社会作用也就可想而知了。故而"州县

---

① 《报孙渊如书》,《文史通义》外篇三。
② 马克思、恩格斯:《费尔巴哈》,《马克思恩格斯选集》第1卷,第21页。

之书，苟能部次世族，因以达于司府部院，则伦叙有所联而治化有所属矣"。在《湖北通志族望表叙例》和《和州志氏族表序例中》里，章学诚更总结列举了谱牒的十大作用：它可以使清浊分途，流品攸分；衡文取士，有籍可稽；昭穆亲疏，秩然有序；争为人后，其讼易平，有助于评判嗣续方面的诉讼；能使祖系分明；婚姻有辨；使士族的德行道艺不被淹没，而又有劝惩之义；还能使人们弄清地望著重、坊表都里。如此等等，都是谱学社会功能的具体体现。

谱学的社会功能是现实的，为现实的社会政治服务，非但如此，它还具有深远的历史意义，那就是它的史学功用，它的学术价值。

谱学既然是一家一族之史书，后人研究家族史就离不开它，同时，它又能在很大程度上反映当时的社会，是研究社会历史的重要资料。分而言之，第一，它可以补史志之不足，帮助我们了解历史人物的事迹，解决许多悬案。如《紫阳朱氏建安谱》关于朱熹生平事迹的记载，《岳氏宗谱》关于岳飞及其后人事迹的记载，《杨家宗卷》关于杨家将事迹的记载，《宋氏宗谱》关于宋应星生平事迹的记载，都具有极高的史料价值。而关于施耐庵的籍贯、郑樵的生卒年、曹雪芹的家世等重大学术疑案也都可从谱牒中找到重要依据。至于人物年谱，更是研究历史人物的重要依据。今人对唐宋八大家之一曾巩的生平活动往往线索不清，争议颇大，其中一个很重要的原因就是南宋朱熹编的《南丰先生年谱》在元代后期已失传，这是十分遗憾的事。第二，它是研究社会学、人口学、民族学、遗传学、伦理学、地名学以及艺术等各方面的资料宝库。宗族的祭祀礼节和习惯，人口总数和增殖速度、性别和平均寿命，人口的文化状况、婚姻状况，移民，疾病和瘟疫，社会规范，人际关系，地名沿革，民间艺术等等，均可从谱牒中找到资料。第三，谱牒中关于宗祠组织、职能、族规、家训、宗族与政府的关系等记载，是研究我国封建宗法制度和族权统治的重要资料。第四，谱牒中还有许多关于农民起义的重要资料。如《新安程氏诸谱会通》有唐末黄巢起义史迹的记载，《洪氏宗谱》则有太平天国运动的史实记载。

谱学的学术价值不仅表现为它本身反映了一家一族乃至整个社会的历史，还表现在能为国史、方志的编修直接提供素材，这一点尤是章学诚所强调的。他说："比人斯有家，比家斯有国，比国斯有天下。家牒不修，则国之掌故何所资而为之征信耶？"① 尤其是人物年谱，是一人之史，"家史、国史与一代之史亦将取以证焉"。章学诚特别主张地方志书要多载谱牒以备国史删取，《州县请立志科议》云："州县之书，下为谱牒持平，上为部府征信，实朝史之要删也。"又在《和州志氏族表序例上》里说："谱牒之书，藏之于家，易于散乱，尽入国史，又惧繁多，是则方州之志，考定成编，可以领诸家之总，而备国史之要删，亦载笔之不可不知所务者也。"并一再强调国史、方志的编纂要参考家乘谱牒材料。② 所有这些，都充分表现了章学诚对谱学价值的认识程度。

总之，谱学无论是于社会还是于史学均具有很大作用。

谱牒虽然具有很大的社会作用和学术价值，但也同时存在着严重的缺点，主要是容易失实。特别是宗谱、家谱，编写时不仅有妄相假托、牵强附会之处，而且往往言过其实，文过饰非。因此，对谱牒所载之事，应详加考证，切不可随意取信。章学诚一方面深刻指出谱牒严重失实的缺点（详见后文），另一方面则仍然强调它是史书，作史志时应参考。在他看来，要者，不是因噎废食，而在于要求撰谱者具有史学修养，能直书其事，努力克服失实曲笔之弊病，使它成为信史。这就不仅有提醒人们要慎引谱牒之作用，更有引导谱学趋向史学记实之正轨的特殊意义。章学诚对谱学的最大贡献便在于此。

第二节　谱牒学的起源和发展

有人说谱学起源于原始社会，因为那时已有氏族的世系存在，这是一种错误的认识。有了氏族的世系并不等于就是谱学，谱学作为一门学问，它不可能产生于文字产生之前。夏朝已开始进入阶级社会，"家天下"就意味着私有制的确立，从此，帝王世袭，"各亲其亲，各子其子"③，但目前尚无确凿

---

① 《和州志氏族表序例上》，《文史通义》外篇四。
② 《修志十议呈天门胡明府》，《文史通义》外篇四。
③ 《礼记·礼运》，《十三经注疏》本。

证据证明夏代已有文字记载的世系谱牒。商代有比较明显的谱系记载,这从甲骨文中可得到证明[①],但甲骨文关于谱系的记载尚不系统,故只能称为谱学的萌芽。

西周实行分封制,并建立了严密的宗法制度。基于分封制和宗法制的需要,周朝设史官专掌"定世系,辨昭穆"。据《史记》卷13《三代世表》、卷14《十二诸侯年表》等记载,司马迁就曾见到过周代谱牒。桓谭《新论》云:"太史公《三代世表》,旁行邪上,并效周谱。"所以,谱牒起源于周,应该是无疑的,其时既有社会政治的需要,又有记录谱系的可能,故《史记索隐》在《史记·十二诸侯年表》中注云:"谱起周代。"章学诚在《文史通义》外篇二《高邮沈氏家谱序》里说:"古者锡姓命氏,义与封建相为表里,故谱牒之学,溯自生民之初,大原出于天也。"外篇二《嘉善茜泾浦氏支谱序》也说:谱牒之学,"其原出于锡土受姓,直溯生人之初,斯为尚矣"。又在外篇一《家谱杂议》中说:"古者开国承家,天子锡姓,诸侯命氏,生则别以属,死则纪以庙谥,亲疏远近,昭穆尊卑,侯国掌之,宗人王朝,小史奠之系世,故虽百世,宗支可辨别也。"溯谱学之源而至于"天",当然不对,但在这里章学诚却道出了谱学起源于"生民之初"、"开国承家"之时的社会基础和需要,即"锡姓命氏"的分封制和"昭穆亲疏"的宗法制。在外篇二《史姓韵编序》中,章氏又说:"昔者诸侯去籍,周谱仅存……《世本》流传,六朝尚有其书,杜预之治《左氏春秋》,所为《世卿》、《公子》诸谱,多所取质,此姓系名录所以为经史专门之学也。"这里,他把《世本》看作是谱牒之书,是十分恰当的。梁启超在《中国历史研究法》中指出,《史记》十表是"稽牒作谱,印范于《世本》"[②]。今天,我们有充分的理由肯定《世本》乃是我国谱牒最早著作之一[③]。在《文史通义》外篇二《刘忠介公年谱叙》、《史姓韵编序》、《高邮沈氏家谱序》诸文中,章学诚反复指出,"谱历之学,仿于《周官》,所以奠系属,分经纬","《周官》小史掌奠系世,而谱牒为姓氏专司","乃专官之典守,非人所得而私"。在《湖北通志族望表

---

① 郭沫若:《卜辞通纂》,《郭沫若全集》考古编第二卷,科学出版社1982年版。
② 梁启超:《过去之中国史学界》,《中国历史研究法》第二章,东方出版社1996年版,第19页。
③ 参见仓修良:《试论谱学的发展及其文献价值》,《文献》1983年第16辑。

序例》中也指出:"《周官》小史奠系世,辨昭穆,谱牒之掌,古有专官。"就是说,这一时期的谱牒与史学一样,是由专官所执掌,其目的在于奠系世、辨昭穆、别贵贱、识尊卑。这就点明了谱学在起源时期的特点。

秦汉以后,"封建罢为郡县,姓氏不命于朝",谱牒无专官执掌,"于是家自为书"①,如王符的《氏姓》、扬雄的《家牒》、应劭的《士族篇》、颍川太守的《聊氏万姓谱》以及《邓氏官谱》等等。当时朝廷设有"宗正"(九卿之一,多由皇族中人充任)为皇族事务机关的长官,掌管序录王国的嫡庶之次及亲属之远近。《汉书·百官志》注引胡广曰:宗正"岁一治诸侯世谱,差叙秩第"。《晋书·百官志》亦云:"宗正统皇族宗人图牒。"历代相沿,名称各有不同,唐及宋称"宗正寺",元称"宗正院",明初为"宗人府",掌皇族玉牒、爵禄、支派、教诫、赏罚等。

魏晋南北朝时期,由于社会和政治的需要,史学得到了蓬勃发展,史学内部各分支也有了长足发展,方志学、谱学等史学分支至此便纷纷从史学大家庭中分离出来,各自成为一门独立的学问。当时整个社会修谱之风极盛,并出现了一大批著名的谱学专家和专著,谱学正式成为一门专门的学问,得到了空前的发展。章学诚对这一时期的谱学极为重视,在《文史通义》外篇四《和州志氏族表序例上》里,他记述当时谱学的发展情况说:

> 自魏、晋以降,迄乎六朝,族望渐崇,学士大夫辄推太史公《世家》遗意,自为家传。其命名之别,若王肃《家传》、虞览《家记》、范汪《世传》、明粲《世录》、陆煦《家史》之属,并于谱牒之外,勒为专书,以俟采录者也。至于挚虞《昭穆记》、王俭《百家谱》,以及何氏《姓苑》、贾氏《要状》诸编,则总汇群伦,编分类次,上者可裨史乘,下或流入类书,其别甚广,不可不辨也。族属既严,郡望愈重。若沛国刘氏、陇西李氏、太原王氏、陈郡谢氏,虽子姓散处,或本非同居,然而推言族望,必本所始。后魏迁洛,则有八氏、十姓、三十六族、九十二姓,并居河南洛阳。而中国人士,各第门阀,有四海大姓、州姓、郡姓、县姓,撰为谱录。齐、梁之间,斯风益盛,郡谱州牒,并

---

① 《高邮沈氏家谱序》,《文史通义》外篇二。

有专书。若王俭、王僧孺之所著录,《冀州姓族》、《扬州谱钞》之属,不可胜纪,俱以州郡系其世望者也。

这段论述不仅如实地反映了当时谱学的极盛情况,而且还集中说明了谱学发达的社会根源。我们知道,魏晋南北朝时期,谱学所以能盛极一时,是和门阀豪族势力的发展息息相关的。门阀豪族最重门第、血统、婚宦,而谱学正能为此服务。唐朝谱学家柳芳就曾指出:"善言谱者,系之地望而不惑,质之姓氏而无疑,缀之婚姻而有别。"[1] 所以,魏晋行九品中正的选举制度,谱学与社会政治就紧密地联系在一起了。诚如章学诚所指出的,当时吏部选格,州郡中正,无不执门阀而定铨衡,于是各豪族大姓"动以流品相倾轧,而门户风声,贤者亦不免存轩轾"[2],谱学成为十足的选官、争门第的工具,为门阀制度服务。总之,这一时期的谱学,从发展形势之迅猛、取得成绩之卓著、社会功能发挥之广泛等方面来看,都是前所未有的,它是我国封建社会谱学发展史上的黄金时代。

隋唐时期,特别是唐朝前期和中期,谱学在魏晋南北朝基础上继续发展,但区别于前一时期的一个最大特点是,这一时期官修谱牒特别发达,它与唐代整个史学一样,其编撰权几乎全为官府所垄断,谱学与政治维系得更为紧密。这与当时的社会历史背景是密切相关的。章学诚在《文史通义》外篇二《嘉善茜泾浦氏支谱序》中说:"隋唐设郎令史掌其属籍事,虽领于史官,而周谱中遭放佚,上失渊源,士大夫以门第相矜,遂多依托附会,至于私售官谱,贿赂公行,有谱之弊,转不如无谱矣。"这是谱牒官修造成的必然后果。

经过唐末五代的社会动乱,门阀制度彻底衰落,谱学作为统治者政治斗争工具的功能已消失,官修谱牒也随之衰落下去。所以,从表面上看,未尝不可以说唐末五代的社会动乱打断了谱学发展的上升线,但并不能说,这以后就无谱学可言。事实上,自宋代开始,谱学不仅仍在继续发展,并且有了新的内容,出现了新的演变。首先是地方大姓为了"尊祖"、"敬宗"、

---

[1] 《儒学传中》,《新唐书》卷199,中华书局标点本。
[2] 《永清县志士族表序例》,《文史通义》外篇五。

"睦族"的需要，仍十分注重修谱，"世德之家，必纪其族"①，私人修谱之风盛行。诚如章学诚在《文史通义》外篇一《论修史籍考要略》中所指出的："古谱牒掌于官，而后世人自为书，不复领于郎令史。"钱大昕也说："五季之乱，谱牒散失，至宋而私谱盛行，朝廷不复过而问焉。"②章学诚的好友邵晋涵更指出："自奠系牒之官废，而后有专门之学，专门之学衰，而后有私家之谱。自古迄今，凡三变焉。"③他明确把"专门之学"转为"私家之谱"的界线划在五代，这是符合封建社会谱学发展的规律的。谱学发展的这一演变，还是有一定意义的，它使谱学摆脱了官府的垄断，不再成为纯政治的附属品，为政治所左右，从而比较容易得到自由发展，谱学的内容和形式也因此获得解放，出现多样化的趋势，所谓"家自为书，人自为说"，这在官修时是不可能出现的。但也应当看到私人修谱的缺点所在。章学诚即指出，私家之谱有"诬"和"陋"两大缺陷，他在《永清县志士族表序例》中说："谱牒掌于官，则事有统会，人有著籍，而天下大势可以均平也。……私门谱牒，往往附会名贤，侈陈德业，其失则诬"，有的则阙焉不备，"往往子孙不志高曾名字，间有所录，荒略难稽，其失则陋。……偏诬偏陋，流弊至于如是之甚者，谱牒不掌于官，而史权无统之故也"。又在《和州志氏族表序例中》里说：

> 谱系之法，不掌于官，则家自为书，人自为说，子孙或过誉其祖父，是非或颇谬于国史。其不肖者流，或谬托贤哲，或私鬻宗谱，以伪乱真，悠谬恍惚，不可胜言。其清门华胄，则门阀相矜，私立名字。……以至李必陇西，刘必沛国，但求资望，不问从来。则有谱之弊，不如无谱！

这些分析和揭露堪称淋漓尽致，犀利而深刻，击中了私家之谱的致命弱点。宋以后谱学发展的另一重要特点是：谱学新体裁——人物年谱的出现。

---

① （明）章辂：《临湖章氏重修宗谱序》，民国二十九年《黄岩临湖章氏宗谱》原序。
② （清）钱大昕：《郡望》，《十驾斋养新录》卷12，上海书店出版社1983年版，第268页。
③ （清）邵晋涵：《余姚史氏宗谱序》，《南江文钞》卷6，晋石厂丛书1934年重印本。

这是我国谱学发展史上的重大突破，它不仅为谱学的进一步发展开辟了一条新的途径，而且还大大提高了谱学在整个史学上的地位和价值。年谱一经出现，继作者日渐增多，到了清代，大为盛行，遂形成谱学发展史上继魏晋南北朝和隋唐以后的第三次高潮。这一点章学诚看得最清楚。他在《文史通义》外篇二《韩柳二先生年谱书后》中说："年谱之体，仿于宋代。"又在外篇二《刘忠介公年谱叙》里说："宋人崇尚家学，程朱弟子，次序师说，每用生平年月，以为经纬，而前代文人，若韩、柳、李、杜诸家，一时皆为之谱，于是即人为谱，而儒杂二家之言，往往见之谱牒矣。孟子曰：'颂其诗，读其书，不知其人可乎？'以谱证人，则必阅乎一代风教而后可以为谱。盖学者能读前人之书，不能设身处境，而论前人之得失，则其说未易得当也。好古之士，谱次前代文人岁月，将以考镜文章得失，用功先后而已；儒家弟子，谱其师说，所以验其进德始终，学问变化。"这就点明了年谱产生于宋代的原因。

对年谱的价值，章学诚也有充分的认识。《韩柳二先生年谱序》说："考次前人撰著，因而谱其生平时事与其人之出处进退，而知其所以为言，是亦论世知人之学也。"尤其是文人年谱，更是如此，"文人之有年谱，前此所无，宋人为之，颇觉有补于知人论世之学，不仅区区考一人文集已也"。他还在《刘忠介公年谱叙》中举明末刘宗周年谱为例说："盖其学之本末，行之终始，天启、崇祯间之风俗人心，与东南鼎革间之时事得失，皆于先生之谱可以推见其余。先生故以人谱教学者，而学者又即先生之谱可以想见其人。故曰：以谱证人，必有关于一代风教，而后可以作谱。"

谱学自产生、发展演变到清，已经历了一个相当长的过程，对它进行反省、探求其发展轨迹者亦不少，如上所述，章学诚对谱学发展史的探索是比较清楚、详细、深刻而具有代表性的。这是章学诚对谱学的又一贡献。

第三节 谱牒的编纂原则和方法

章学诚对谱学的贡献，不仅在于确立了谱学的性质和定义，探讨了谱学产生、发展和演变的历史，更在于他还提出了一套谱学编纂理论。对谱牒的各个组成部分、谱牒的书法态度以及繁简标准等等，都作了极为详细的论述，并提出了自己的看法。

章学诚认为，一部谱牒至少要有"表"、"牒"、"图"、"传"等几部分组成。

对于"表"，章氏率先予以重视，他说："余惟谱历之学，仿于《周官》……太史公集《尚书》、《世纪》为《三代世表》，其遗法也。"①"家谱系表，旁行斜上，乃是周谱旧式，后史所本者也。"②又说："人表者，春秋谱历之遗，而类聚名姓之品目也。人表入于史篇，则人分类例，而列传不必曲折求备；列传繁文既省，则事之端委易究，而马、班婉约成章之家学可牵而复也。"③在这里，章氏一则称太史公《三代世表》乃仿周谱旧式，一则又言人表者乃春秋谱历之遗，可见，他是把"表"作为谱牒的主要组成部分的。事实也是如此，谱学范围很广，表由周谱发展而来，桓谭即言："太史公《三代世表》，旁行邪上，并效周谱。"郑樵亦说："古者纪年别系之书，谓之谱，太史公改而为表。"④在《家谱杂议》和《高邮沈氏家谱叙例》中，章学诚还对谱表的具体做法提出意见。他认为谱表主要是叙述家族世系，应该自上而下，贯彻始终，即使向上追溯二三十世均可。但当时许多谱牒之书，仅"以五世分截"，这样一来，五世以上世系，势必难以显明，只好在表中加子注说明，从而造成表、牒不分，"审绎既烦，支系又难清析"。他提出："世系设表，惟取其分别支派，使蝉联系属，皎若列眉，但书名讳，占地无多。"而文字"简而明"。其余解释文字，均在"牒"中说明。章学诚还极力主张在方志中立表，他主修的每一部方志都设有许多"表"，诸如《人物表》、《职官表》、《选举表》、《赋役表》等等，名目繁多，不一而足，使"表"的作用得到充分发挥。特别是在《和州志》、《永清县志》、《湖北通志》中还设立了《氏族表》、《士族表》或《族望表》，专门记述州县地方大姓的谱系。在《湖北通志·凡例》中还对《氏族表》的具体做法作了说明，如关于所表人物的范围，他说："谱牒自以科甲为主，其非科甲，而仕宦京官至四品、外官至三品、武

---

① 《刘忠介公年谱叙》，《文史通义》外篇二。
② 《高邮沈氏家谱叙例》，《遗书》卷13，第118页。
③ 《史姓韵编序》，《文史通义》外篇二。
④ 《通志·总序》，《万有文库》第二集。

官至二品者，亦列于表；科甲寥寥止一二人者，亦不列表，须进士二人以上，乃得谱例。此就湖北一省约言之也，大省小省准是以为宽约，亦可备谱学矣。"把谱表运用到方志中去，这是章氏首创，后人仿之甚众，如《深圳风土记》、《续江阴县志》、《兴平县志》、《川沙县志》等等，影响极其深远。

"牒"，是谱牒的另一组成部分。《高邮沈氏家谱叙例》云："牒者，表之注也。表仅列名，而人之行次、字号、历官、生卒、妻妾姓氏、子女所出、茔墓向方，皆当注于名下，如履贯然，表线所不能容，故著牒以详之。"又在《家谱杂议》中说："至其人之字号、历官、生卒年月、妻妾姓氏、子女嫡庶、窀穸方向，不待旁行斜上而始识者，则谱家往往别编为牒。牒有专门，则世系之表，但书名讳辈行，不复须加子注。表无子注，则尺幅之间，约字无多，而二三十世可绳贯矣。"这就说明了牒的性质和内容，牒之作用，亦由此可见。对牒的格式，章氏在《高邮沈氏家谱叙例》中也作了分析："盖古法也，牒用横格，分列款目，占幅稍多，而观览易者。直书如注，占幅较省，而披阅难明。然用横格款目，则存疑待质，与留缺俟补之处，各有一定方所，于例较便，故今用其式焉。"章学诚认为，谱牒的表和牒，两者相辅相成，缺一不可。"表以支派为主，伯支末世子孙未尽，不能书仲支之祖宗，所谓经也；牒以行辈为主，一辈弟兄叔季未尽，不能书伯支之子系，所谓纬也。一经一纬，所以表人伦之道也。"所以，章学诚又在《文史通义》外篇三《与冯秋山论修谱书》中说，谱牒如果能分别表、牒，则"彼观之者，见表而昭穆亲疏，了如指掌，然后循表之名，考牒之注，岂不观览有序，编次可法也哉！今分别表牒，用纸不过十番，而一望可晓"。

谱传，是谱牒的又一组成部分。章学诚在《高邮沈氏家谱叙例》中说："谱传即史传之支流，亦以备史传之采取也。"所以，谱传作的好坏，关系重大，但"近代谱家之传，往往杂取时人投赠之笔，祝嘏铭诔之辞，藉以取征，不复绳削"，这是"不解别裁"，"义例不纯"。他认为，作谱传要注意两点：一是取材尽量比史传详备一些，以备史传之约取；二是作谱传也要像作史传一样，做到"事必信而有征"，不能"矫诬失实"。后一点尤为重要，因为"子孙表扬祖父，人有同情"，若不谨严，很可能言过其实，讳言曲笔。他还引用史传和方志并有《列女传》以表内行的理论，主张在谱传中也增设"内传"，"以示妇学"；已出嫁的妇女，其内训可传，节行可表者，则著为外传,与内传相为表里。并特别提出,谱学《内传》所记妇女,与史志中的《列女传》一样,不能仅记"贞孝节烈"女子。他说:"凡安常处顺,而不以贞孝节烈当其变者,有如淑媛相夫,贤母训子,哲妇持家,闺秀文墨之才,婢妾一节之善,岂无可录,则规规于节孝斯存,毋乃拘乎?"在谈到谱传的具体做法时,章学诚还把它与牒作了比较。人们往往把谱传和牒混为一谈,认为牒即传,章学诚认为这种看法是错误的。他在《遗书》卷13《宜兴陈氏宗谱书后》说:"每图之后,列书字行、生卒、妻妾、子女之属,所谓牒也,乃称世传,则亦大不谙于义例矣。世传自是作谱人于横表纵牒之中,择其嘉言懿行,可以为法则者,罗列为传,非字行生卒之类,人所同具而式有一定者,可称传也。"可见,区别牒与传之不同,实在是很必要的。

　　章学诚认为,编著史书,图是不可缺少的组成部分,而谱牒也同样需要有图,因为它的作用,是表牒所代替不了的,"图象为无言之史,谱牒为无文之书,相辅而行,虽欲阙一而不可者也"①。比如说,谱牒著录先世人物肖像影图、茔域形势图等就是相当必要的。②

　　章学诚谱学编纂理论的又一见解是主张在谱牒中立"文征篇"。《高邮沈氏家谱叙例》云:"谱为家史,前人嘉言懿行,诸传既已载之;文,则言之尤雅者也。奏疏尊君列于首矣,旧谱传状多删取为新谱列传,取画一于体例,非敢掠前人之美也,原本录于文征,非第存文,且使新谱诸传详略互见,亦史家旁证之遗意也。考订论辨之文,有关先世传闻异同,嫌介疑似,尤为谱牒指南,则次列之。诗赋词章,或有所抒发,或中有感遇,古人所贵,赋诗以见志也,则又次列之。……文不贵多,子孙能读前人之书,即区区所录,教忠教孝,显亲扬名,大义已无所不备矣。"可见,谱牒立"文征篇"好处很多,不仅可以保存重要的文献资料,而且可以避免谱传之烦冗芜累,并可与谱传相为表里,相互印证,更能起到教育子孙后代的作用。"文征篇"又可分为内、外两篇,内篇录祖先之文,外篇录他姓文人为该姓所作之文,以备后人与内篇之文相为互勘补证。

　　章学诚十分重视谱牒编修的书法态度和必须秉持的编纂原则。他认为,

---

① 《和州志舆地图序例》,《文史通义》外篇四。
② 《高邮沈氏家谱叙例》,《遗书》卷13,第118—119页。

谱牒既是一家一族之史书,作谱时就应该坚持史书"书实之义","事必信而有征",不能"矫诬失实","惟其谨严之至斯,乃所以敬其先也"。这种思想集中反映在他对欧阳修、苏洵两家谱学书法的评论上。欧阳修撰《欧阳氏族图》、苏洵撰《苏氏族谱》和《大宗谱法》,两家谱牒是我国古代流传影响最大的谱牒著作。章学诚在《文史通义》外篇二《高邮沈氏家谱序》中指出:"宋人谱牒,今不甚传,欧、苏文名最盛,谱附文集以传,其以世次荒远,不敢漫为附会,凡所推溯,断自可知之代,最得《春秋》谨严之旨,可谓善矣。"又在《家谱杂议》中说:"欧、苏之谱,所谓推表世系,断自可知之世,此诚不易之理。"但他批评欧谱对于祖先中有在五代十国时期做官的,往往削其所署官阶,"削而不载",失史家"书实之义"。对苏谱"尊其自出"的毛病则更为不满:

　　《苏氏族谱》,自谓谱苏之族,而尊其自出,与通族书法,详略尊卑,体例有别,以为谱乃吾作,故尊吾之所出,此尤无异儿童之见。使人人各尊所出,而卑视旁支,则谱乃聚讼之阶矣。迁、固叙其家世,书至谈、彪,犹作公家之言,与他称述无异,所以公其道于天下,而不以私尊私贵亵其亲也。苏氏所见如此其陋,而世反尊而法之何也?

《高邮沈氏家谱序》又说:"谱为一族公书,而秉笔之人,独尊其所出,则人子孰不爱亲,必致交相扬抑启争端矣。"

　　章学诚反复强调"谱为一族公书"、要"公其道于天下",不能"私尊私贵",批评"欧阳刊削之嫌"、"苏氏私尊之弊",这也是对当时谱学编修中失实弊病的一种纠正。对后世修谱者"动引欧、苏谱例"也加以驳斥:"古人之谱不传,学者不知源委,而盛称欧、苏,乃震于其名也。不知欧、苏文人而未通史学,今存欧、苏之谱,疵病甚多,而世竞称之,不免于耳食矣。"[①]这些批评,语气虽稍有偏激,但确实切中古代谱学书法之通病。如《宜兴陈氏宗谱》,取应求酬答之文以为谱传,章学诚即指出:"应求酬答之作,岂无过情之誉、偏主之辞?别为一类,以备参考可也,即以此为纪载之实,则谱

[①]《与吴胥石简》,《文史通义》外篇三。

乃一家史也，史文岂如是之漫无决择乎？"①又在《家谱杂议》中说："惟修谱本为家史，体例自有一定，岂得出入任情，茫无成法欤！汇观近日南州诸谱，于此等处多不画一，虽经名手裁订，亦往往不免。……谱牒书法，今人不知，行文律令，好为新异之称，亦其惑也。"《文史通义》内篇四《说林》也说："谱牒不受史官成法，而一家之史鲜有知之者矣。"处处以史法来衡量谱学，力主谱牒要成为信史，这实在是前所未有之宏论。章学诚为谱学巨家，当之无愧！

对于谱牒的繁简标准，章学诚也有自己的看法。他认为，谱牒用周人旧法，旁行斜上，表牒相间，较之连篇直书的史书本应简洁一些。但他反对过分追求简单以为子孙他日迁移便于携挈的看法，《文史通义》外篇三《与冯秋山论修谱书》云："谱乃一家之史，史文宜简宜繁，各有攸当，岂得偏主简之一说以概其凡？至云便于迁移携挈，则尤不成议论。充其所言，家藏六经三史，其文不为简矣，一遇子孙迁移，必当抛掷而弃毁之邪？抑六经三史传示子孙必当删节而简括之邪？此则不问而知说之非也。"可见，在章学诚看来，谱牒的繁简标准应与史书一样，各有攸当，适可而止。

综上所述，我们可以看到，章学诚的谱学编纂理论，是他的整个史学理论、方志学理论的一个有机组成部分。无论是对谱学图表作用的重视，还是对谱传的强调，也无论是立文征篇的主张，还是对谱牒编纂书法原则和语言繁简的见解，都是其史学理论、方志学理论在谱学上的体现。根据这些丰富的理论所编成的谱牒实际上已是一部表牒相间、图文并茂、繁简攸当、内容确凿的史学著作。

尤其值得称颂的是，章学诚于谱学，不仅有如此丰富的编纂理论，而且还有不断的编纂实践活动。从近而立之年开始，一直到其晚年，他常为人撰述谱牒，时人要修谱，也往往向他请教以求帮助。如乾隆四十三年（1778），好友周震荣要编先世谱牒，便与章学诚商量编写体例，章氏不仅详为指导，还亲自为其编写一部分谱传。②五十二年，章学诚又在北京参与《梁文定公（国治）年谱》的编纂工作，并作《梁文定公年谱书后》一文，对该年

---

① 《宜兴陈氏宗谱书后》，《遗书》卷13，第120页。
② 《周松岩先生家传》，《遗书》卷17，第166页。

谱作了补充。五十四年，安徽学使徐立纲辑《徐氏宗谱》，请章学诚经纪其事[1]，章学诚还专门为此写了《家谱杂议》一文。嘉庆元年（1796），章氏已59岁，还在扬州为高邮沈氏参校《家谱》，并作《序》及《叙例》诸文，详论编纂之事。特别是《高邮沈氏家谱叙例》，是章学诚为这部家谱的各个部分所写的"叙文"，从中可见这部家谱的完整体例和篇卷。为说明问题，现将篇目辑录如下：诰敕第一，世系源流图第二，支系表第三，世牒第四，列传第五，内传第六，外传第七，影图第八，茔域图第九，文征内篇第十，文征外篇第十一，旧谱叙例第十二。共计12篇。而《高邮沈氏家谱序》是章学诚为整部家谱所作的总序，序文中对家谱的各篇"义例"亦有一个总的介绍，他说：

> 诰敕以崇王制，则推受姓之遗。系图以溯本原，则存缺疑之说，所见大而命意微矣。系表追周谱之法，旁行斜上，贯彻终始，而不循五世别起之俗例，则昭穆亲疏之属，朗如列眉。世牒仿传注之意，条明款析，比类分区，而不用随表夹注之繁文，则生卒子女诸条明于指掌。列传以述嘉言懿行，而镕裁状志杂文，以协于体例，则文指无歧。内传以表妇德之修，外传以彰女训之谨，尤为有伦有脊。礼以义起，则影图存容貌之瞻。杜渐防微，则茔域著侵陵之戒。征文以备考献，内篇见手泽之留贻，外篇表同人之推许。至若前人草创苦心，中经续修增撰，并存原序原例，以见一门作述，先后继承，其来有自。大体既正，经纬昭宣，无欧阳刊削之嫌，无苏氏私尊之弊。上溯《周官》小史，唐典令史，古人之意，时有所符。则虽先生一家之书，知其意者，扩而充之，虽为天下后世共著其文可也。

可见这部家谱完全是章学诚谱学理论的实际运用。我们还注意到，这部家谱最后有"旧谱叙例"一篇，这实际上与章学诚在方志学理论中一再强调的要不没前人成果，阐明继承和发展的关系，在方志中增设"前志列传"的主张，是密切相关联的。故他在《高邮沈氏家谱叙例》中说：

---

[1]《姑孰夏课乙编小引》，《遗书》卷29，第325页。

书之迭纂而迭修者,惟方志与家谱为多。盖可备史官之裁择,则自下而上,比于日程月要,以待岁计,理势然也。但前人纂录,具有苦心,后人袭其书,而不著前人之序例,或仅存序跋,而不著前书之义例如何,则几于饮水而忘源矣。故创辑者,必著取材之所自,否则等于无征弗信也;重修者,必著前谱之序例,否则等于伯宗攘善也;迭修者,则迭存之义例详尽;而无事于修者,则但续其所无,而不改其所有。斯庶几矣。①

此外,章学诚还为别人写过多篇家传,今《遗书》中尚收录有20余篇,实际上也都可看作谱传之文。②非但如此,章学诚还立志要为自己的家族编一部宗谱。早在乾隆三十一年(1766),章学诚才29岁,便与从兄垣业一道讨论编辑宗谱之事。《文史通义》外篇三《与族孙汝楠论学书》详载此事,其中有云:

所要家谱义例,允功大兄(即垣业)手录支系,初完记序,碑版搜罗,尚未成帙。大约全城十五支以下,略疏源流,近自高曾,详绘谱牒,参取老泉(即苏洵)谱例,及邵念鲁序全氏谱法,微折其衷。至嘉言懿行,闲范逸事,遗书宗约之属,拟仿杂著体,区类为篇,以便省览。而行状传志,投赠诗文之属,则别辑为外篇,以附其后。俟略成卷轴,便当附寄商榷。

在《文史通义》外篇三《与吴胥石简》中,章学诚也提及自己"将有志纂辑先世遗闻,留示子弟也"。《遗书》卷17《载璜公家传》又记其为这部宗谱编写谱传的情况。直到晚年,章氏还念念不忘作宗谱之事业。③

可见,章学诚并不是一个纸上谈兵的空头理论家,而是一位力图把自己的理论完全运用到实践中去的实干家。然而,由于章学诚生活贫困,一生常

---

① 《高邮沈氏家谱叙例》,《遗书》卷13,第119页。
② 《旧唐书·经籍志》"家传"入"谱牒类"。
③ 《神堂神主议》,《遗书》卷23,第238—240页。

为生计问题奔波,"颠倒狼狈,竟至不可复支",长期为人作嫁,而独立撰谱之志,则终未成愿。章氏晚年曾无可奈何地悲叹道:

> 三十年来,苦饥谋食,辄藉笔墨营生,往往为人撰述传志谱牒,辄叹寒女代人作嫁衣裳,而己身不获一试时服。尝欲自辑墟里遗闻逸献,勒为一书,以备遗忘,窃与守一、尚木言之,而皆困于势不遑,且力不逮也。①

这不仅是章学诚个人怀才不遇的悲剧,也是任意摧残扼杀人才的封建社会制度的必然悲剧!

---

① 《与宗族论撰节愍公家传书》,《遗书》卷29,第337页。

第九章
别具一格的文学理论

　　章学诚的《文史通义》是一部纵论文史、品评古今学术的理论著作，其中有许多篇章专门谈论文学理论，而更多的时候则往往是文史兼论。这是因为，在章学诚看来，任何学问都是相互贯通、密不可分的，文史也是不分家的，所谓"史之赖于文也，犹衣之需乎采，食之需乎味也。采之不能无华朴，味之不能无浓淡，势也"①。正如他在史学理论上颇多创见、集古之大成一样，在文学理论上，他在批判总结古代文论的基础上，同样提出了许多别具一格的新的文论标准。他继承和发扬古代进步文论家"文以载道"的优良传统，提出了"文贵明道"、"文期用世"的创作目的论，并赋予新的含义；他更在文学创作态度和文学批评态度方面倡导"文德"，从而使"文德论"与"史德论"一样，成为章学诚文史批评理论的两大创见之一；他又强调文学创作要遵循本身的规律，提出"文理"、"文心"、"文性"、"文情"、"文例"等概念，力主"文贵有物"、"中有所见"、"有所发明"；在文学的形式与内容关系问题上，他又强调"清真"、"自然"、"文如其质"、"因质施文"。尤为可贵的是，他在阐述上述文学理论的同时，又毫不留情地揭露和批判了当时文学领域内的种种不良风气，从而使得他的这些文学理论充满了时代气息。②

第一节　文贵"明道"、"用世"

　　文以载道，为现实社会服务，这本是文学所应有的社会功能。从先秦

---

① 《史德》，《文史通义》内篇五。
② 参见叶建华：《章学诚的文学批评》，《浙江学刊》1996年第3期。

《礼记》的"声乐之道与政通"①、孔子的"《诗》达于政"②，到王充的"作有益于化，化有补于正"、"为世用者，百篇无害，不为用者，一章无补"③等等，早就揭示了文学的这一基本功能。可是，在清朝乾嘉年间这个特殊的时代，由于统治当局采取了前所未有的文化专制主义政策，使得学术文化畸形发展，大多数学者为了逃避现实，一头钻进故纸堆，从博古、求古，到泥古不化，全然忘却了"文以载道"的创作目的。章学诚对这种现象予以辛辣的批判，并大声疾呼，文学也和其他学术一样，其根本目的和任务就是要反映现实，为现实社会服务。他在《文史通义》外篇三《与史余村》中说："文章经世之业，立言亦期有补于世，否则古人著述已厌其多，岂容更益简编，撑床叠架为哉？"又在内篇四《说林》中说："学问所以经世，而文章期于明道，非为人士树名地也。"并在外篇一《评沈梅村古文》中反复强调："古之作者，不患文字之不工，而患文字之徒工而无益于世教；不患学问之不富，而患学问徒富而无得于身心。"内篇三《俗嫌》也说，如果"文章之用，内不本于学问，外不关于世教，已失为文之质"。外篇三《答沈枫墀论学》甚至还说："文贵发明，亦期用世，斯可与进于道矣。……有所发明，而于世无用，是雕龙谈天之文也。"内篇二《原道下》更指出：

> 立言与功德相准，盖必有所需而后从而给之，有所郁而后从而宣之，有所弊而后从而救之，而非徒夸声音采色，以为一己之名也。《易》曰："神以知来，智以藏往。"知来，阳也；藏往，阴也。一阴一阳，道也。文章之用，或以述事，或以明理。事溯已往，阴也；理阐方来，阳也。其至焉者，则述事而理以昭焉，言理而事以范焉，则主适不偏，而文乃衷于道矣。迁、固之史，董、韩之文，庶几哉有所不已于言者乎！不知其故而但溺文辞，其人不足道已。即为高论者，以谓文贵明道，何取声情色采以为愉悦，亦非知道之言也。夫无为之治而奏薰风，灵台之功而乐钟鼓，以及弹琴遇文，风雩言志，则帝王致治，贤圣功修，未尝

---

① 《礼记·乐记》，《十三经注疏》本。
② 《论语·子路》，《十三经注疏》本。
③ （东汉）王充：《对作》、《自纪》，《论衡》，中华书局1979年版《论衡注释》本。

无悦目娱心之适，而谓文章之用，必无咏叹抑扬之致哉！但溺于文辞之末，则害道已。

这里明确揭示了文学创作必须首先符合时代的要求，反映现实社会，阐述事物发展的规律。而这也正是文学所要起到的社会作用。故章学诚又在《文史通义》外篇三《与朱少白论文》中说："道隐晦而难显，故须文辞以达之。"外篇三《与林秀才》也说："因文见道，又复何害？孔孟言道，未尝离于文也。"《原道下》又说："夫道备于六经，义蕴之匿于前者，章句训诂足以发明之。"他还对当时学术界义理、词章、考订三派纷纷争论相互对抗的现象予以批评，主张三者结合。《原道下》云："训诂章句，疏解义理，考求名物，皆不足以言道也。取三者而兼用之，则以萃聚之力补遥溯之功，或可庶几耳。……义理不可空言也，博学以实之，文章以达之，三者合于一，庶几哉周孔之道虽远，不啻累译而通矣。"《文史通义》内篇二《原学下》又云："擅于文者，终身苦心焦思以构之，不思文之何所用也。言义理者似能思矣，而不知义理虚悬而无薄，则义理亦无当于道矣。"

也许有人会问，章学诚反复强调做文章要明道、用世，但他自己一生中却又往往"辄藉笔墨为生"，代人书写了许多应酬文章，难道这些应酬文章也能够明道经世吗？对此，章学诚也作过正面的回答，他在《文史通义》外篇三《答陈鉴亭》中明确说：

文以明道，君子患夫于道有所未见，苟果有见于意之所谓诚然，则触处可以发挥，应酬人事，亦以吾道施之。

并举例说：韩愈诗文七百，若撇开那些祝寿墓志等应酬文章，而"自以本意著文者"，所剩不过二十分之一；《孟子》七篇，大多为"答齐、梁诸君，答弟子问，以及与时人相辨难者"等"应酬"文章，但这些不是都很有价值吗？关键是要做到"世人以应酬求之"，我则"以吾道与之"，"藉人事应酬以为发挥之地"，贯彻自己的主张和思想观点。做到了这一点，那么，无论是祝寿文章也罢，墓志文章也罢，都照样可写出具有内容而不空洞的文章来，贯穿自己"明道"、"经世"的思想。所以，他在《文史通义》外篇三

《答朱少白书》中曾说："寿文与墓志虽所出前后不同，而应酬则一，事虽出于应酬，而君子借以立言，亦同例也。"章学诚的这一创作观是非常有意义的，而他本人也确实是做到了这一点。在他的许多所谓"应酬"文章中，同样可以反映出其明道经世的学术宗旨来，以致今天我们研究章氏学术思想，不能不十分重视这些"应酬"文章。这是值得我们学习借鉴的。

第二节 倡导"文德"

《文史通义》中有两篇引人注目的文章，一为《史德》，一为《文德》，谈论的都是文史创作者和批评者所必须具有的一种职业品德——"心术"问题。这在中国史学批评史和文学批评史上都是一种创见。

"文德"一词，早在先秦典籍中即已出现，《尚书·大禹谟》言"帝乃诞敷文德"，《易·大畜·象传》言"君子以懿文德"，《论语·季氏》亦言"故远人不服，则修文德以来之"等等。不过这里所谓的"文德"，皆指文教德化而言，与文学无关。文学史上谈论"文德"的，最早为东汉王充《论衡·佚文》中提出的"文德之操为文"，"繁文丽辞，无文德之操"。后来刘勰又在《文心雕龙·原道》中提出"文之为德也大矣"。据《魏书·文苑传·温子升》记载，北魏杨遵彦曾作有《文德论》一文，提出"古今辞人，皆负才遗行，浇薄险忌，惟邢子才、王元景、温子升彬彬有德素"。

可见，在章学诚之前，谈论"文德"者确实大有人在。也正因为此，后来便有人据此认为，章学诚的"文德"说并非创见，而是"窃"用了前人的观点。[①] 其实，这实在是一种误解。章氏所论"文德"与前人所谓的"文德"，两者内容所指是不同的。王充所言"文德"，是强调文章内容的重要性，反对追求繁文丽辞的形式主义文风；刘勰的"文德"，是指文学所起到的道德教化功用，专指文学的功用而言；杨遵彦的"文德"说，指的是作者的道德行为素养。这些与章学诚所言作者的态度（即"心术"问题）是有所不同的。其实，章氏本人早已对此加以说明。《文德》篇开头便说：

---

① 章太炎：《文学总略》，《国故论衡》卷中，《章氏丛书》本。

凡言义理，有前人疏而后人加密者，不可不致其思也。古人论文，惟论文辞而已矣。刘勰氏出，本陆机氏说而昌论文心；苏辙氏出，本韩愈氏说而昌论文气；可谓愈推而愈精矣。未见有论"文德"者，学者所宜深省也。夫子尝言"有德必有言"，又言"修辞立其诚"；孟子尝论"知言"、"养气"，本乎"集义"；韩子亦言"仁义之途"，"《诗》、《书》之源"，皆言德也。今云未见论文德者，以古人所言，皆兼本末，包内外，犹合道德文章而一之；未尝就文辞之中言其有才、有学、有识，又有文之德也。

那么，何谓"文德"呢？章学诚接着说：

凡为古文辞者，必敬以恕。临文必敬，非修德之谓也；论古必恕，非宽容之谓也。敬非修德之谓者，气摄而不纵，纵必不能中节也；恕非宽容之谓者，能为古人设身而处地也。嗟乎！知德者鲜，知临文之不可无敬恕，则知文德矣。

可见，所谓"文德"是指文学创作上的"临文必敬"和文学评论上的"论古必恕"两个方面。学诚还对这两个方面加以具体的阐释：

韩氏论文，"迎而拒之，平心察之"，喻气于水，言为浮物。柳氏之论文也，"不敢轻心掉之"，"怠心易之"，"矜气作之"，"昏气出之"。夫诸贤论心论气，未即孔、孟之旨，及乎天人性命之微也。然文繁而不可杀，语变而各有当。要其大旨，则临文主敬，一言以蔽之矣。主敬则心平而气有所摄，自能变化从容以合度也。……心虚难恃，气浮易弛，主敬者，随时检摄于心气之间，而谨防其一往不收之流弊也。……今为临文检其心气，以是为文德之敬而已尔。

可见，章氏所谓的"临文主敬"，指的是作者写作时应持有的严肃态度，也就是要通过"修德"、"养气"，最终达到"心平"，在"心平"的情态下去从事创作，才能合于"法度"。诚如他在《史德》篇中已说过的，"心术贵于养也"。其中"修德"就是"修辞立诚";"养气"就是通过读书博识,做到胸中自有主意。故他在《文史通义》外篇二《徐尚之古文跋》中又说:"读书广识,乃使义理充积于中,久之又久,使其胸次自有伦类,则心有主,心有主,则笔之于书,乃如火然泉达之不可已,此古人之所以为养气也。"外篇二《跋香泉读书记》也说:"文者气之所形,古之能文者,必先养气,养气之功,在于集义。读书服古,时有会心,方臆测而未及为文,即札记所见,以存于录,日有积焉,月有汇焉,久之又久,充满流动,然后发为文辞,浩乎沛然,将有不自识其所以者矣。此则文章家之所谓集义而养气也。"

章学诚所谓的"论古必恕",指的是文学评论者进行评论时应持有的严肃态度,也就是应根据作品产生的时代和作者个人的处境、写作背景等,来分析评价,既不可苛求古人,也不能无原则地"宽容",一句话,要"知人论世","能为古人设身而处地"。《文德》篇云:

> 不知古人之世,不可妄论古人文辞也。知其世矣,不知古人之身处,亦不可以遽论其文也。身之所处,固有荣辱、隐显、屈伸、忧乐之不齐,而言之有所为而言者,虽有子不知夫子之所谓,况生千古以后乎!圣门之论恕也,"己所不欲,勿施于人",其道大矣。今则第为文人论古必先设身,以是为文德之恕而已尔。

章学诚的这一文论原则和态度,实际上是对孟子"知人论世"说的进一步发挥。《孟子·万章下》曾说:"以友天下之善士为未足,又尚论古之人,颂其诗,读其书,不知其人可乎?是以论其世也,是尚友也。"章学诚在《文史通义》外篇二《刘忠介公年谱叙》中引用了孟子的这句话后,接着说:"盖学者能读前人之书,不能设身处境,而论前人之得失,则其说未易得当也。"他还在外篇一《与孙渊如观察论学十规》中对当时一些学者动辄责骂古人的不良作风提出批评,指出:"人不幸而为古人,不能阅后世之穷变通久,而有未见之事与理,又不能一言一动处处自作注解,以使后人之不疑,又不能留其口舌以待后方掎摭之时出而与之质辨,惟有升天入地,一听后起之魏伯起尔。然百年之后,吾辈亦古人也,设身处地,又当何如?……今请于辨正文字,但明其理而不必过责其人,且于称谓之间,稍存严敬,是亦足以平人之心,且我辈立言,道固当如是耳。"有些学者没有真正领会章学诚"论古必恕"的含义,即指责其为儒家传统的恕道哲学,这是不应该的。当代著名学者白寿彝先生对章学诚"知世论人"的主张极为赞赏,认为:"章学诚的知世论人,有类于我们讲历史条件而本质上不同,但这在中世纪,已是向真理接近的可贵的思想。……章学诚的言论已达到中世纪的高峰,这是前人所不能比的。"①

总之,章学诚提出"文德"说,强调文学创作和批评的原则态度应该是"敬"和"恕",端正"心术"。他甚至旗帜鲜明地提出了"文品人品"②和"至文无私"③的观点,更提出了"学问文章,盖天下之公器也"④的著名论断。这在文学史上是应该大书特书的,对今后的文学创作和文学批评也是很有指导意义的。但是,我们也应当看到,章学诚的"文德"说也好,"史德"论也罢,终究是无法摆脱时代和阶级的局限的。他大谈"著述者之心术",而其所谓的心术"正"与"不正",归根到底,还是以封建时代君臣父子那一套名教伦理道德为标准。《史德》篇说:"所患夫心术者,谓其有君子之心,而所养未底于粹也。"《文史通义》外篇三《与邵二云论文》又说:"夫立言于不朽之三,苟大义不在君父,推阐不为世教,则虽斐如贝锦,绚若朝霞,亦何取乎!……故读书知崇功令,文字当依制科,则文境醇而心术正……夫不由规矩绳尺,即无以为大匠,至于神而明之,则固存乎其人。学者慎毋私智穿凿,妄谓别有名山著述在庙堂律令之外也。"受这种思想所支配,章学诚对前人和时人的文学创作、文学评论等所作出的批评,就难免会出现偏激之处。无怪乎,在《史德》篇中,他反复阐明,后人评论屈原《离骚》和司马迁《史记》是"诽君谤主",这是后人"心术不正"、"附会牵强"的评论。对当时倾动一时的袁枚的"性灵"说以及袁枚招邀女弟子作诗歌等做法,章学诚也站在封建卫道士的立场上,直斥其伤风败俗、"非圣无法"等等。

---

① 白寿彝:《中国史学史》第一册,上海人民出版社 1986 年版,第 159 页。
② 《清漳书院留别条训》,《文史通义》外篇二。
③ 《说林》,《文史通义》内篇四。
④ 《论课蒙学文法》,《文史通义》外篇一。

第三节 "文理"说

文学的功用在于载道、明理、用世，文学创作和评论的态度应恪守"文德"，那么，文学创作本身是否也有规律可循呢？对此，章学诚作了肯定的回答，他在《文史通义》内篇三《辨似》中说："盖文固所以载理，文不备则理不明也。且文亦自有其理，妍媸好丑，人见之者，不约而有同然之情，又不关于所载之理者，即文之理也。"为此，他在《文史通义》中专作《文理》一文，具体阐述文学创作内在的规律（即"文之理"）。

章学诚认为，文学创作的首要条件，就在于"言之有物"和"中有所见"。《文理》篇云："夫立言之要，在于有物。古人著为文章，皆本于中之所见，初非好为炳炳烺烺，如锦工绣女之矜夸采色已也。"又在《答沈枫墀论学》中指出，为文之要，可一言而蔽曰："学以求心得。"并举例说："韩昌黎之论文也，则曰'文无难易，惟其是耳'。明道先生之论学，曰'凡事思所以然，天下第一学问'。二公所言，圣人复生，不能易也。夫文求是而学思其所以然，人皆知之而人罕能之。"文贵发明，关键是应该"心有所得"，若"不求心得而形迹取之，皆伪体矣"。

要做到"言之有物"，"博览"和"阅历"两者是非常重要的。《文史通义》外篇三《答沈枫墀论学》说："学资博览，须兼阅历。……博览而不兼阅历，是发策决科之学也。"又在外篇三《又答朱少白》中说："大抵身履其境，心知其意，方有真见解；不用功于实际，则见解虽高，而难恃也。"这里，章学诚强调"阅历"和实践对于写作的重要性，是对当时千篇一律埋头故纸堆，学古文辞风气的针砭。在今天看来，也是非常有意义的。

而要做到"中有所见"、"有所发明"，除了"博览"和"阅历"外，还离不开不断磨炼自己的"志识"。章学诚十分重视"志识"在文学创作中的作用及其与文辞之间的相互关系。他说："文辞，犹舟车也；志识，其乘者也。轮欲其固，帆欲其捷，凡用舟车，莫不然也。东西南北，存乎其乘者矣。知此义者，可以以我用文，而不致以文役我者矣。"他还把文辞比作"三军"，志识比作"将帅"；文辞比作"品物"，志识比作"工师"；文辞比作"金石"，志识比作"炉锤"；文辞比作"财货"，志识比作"良贾"；文辞比作"药毒"，志识比作"医工"，等等，反复说明"志识"的重要性。[①]并进而认为，"志识"是通过"奋摩不已"的"气"的磨炼和真挚情感的融注而成的。故而他在《史德》篇中说："凡文不足以动人，所以动人者，气也；凡文不足以入人，所以入人者，情也。气积而文昌，情深而文挚。气昌而情挚，天下之至文。"

由此可见，章学诚所谓的"文理"，也就是强调文学创作要遵循"言之有物"、"中有所见"、"有所发明"的创作规律。也正因为此，他还着重对清代文坛上那种无病呻吟、"毒口肆骂"，机械摹仿古文辞，而缺乏自己的真知灼见、真情实感的不良风气，进行了透彻深刻的批判，指出这是违反文学创作原则和规律，也即违背"文理"的。《文史通义》外篇一《杂说中》云：

> 诗人抑扬咏叹，则兴于物……要必有为而发，则指月可以示人，如其无病而呻，虽抽蒲何益亡子邪！每见文士效颦，无端生慨……千篇一律，貌虽似于古人，义实流于浮泛，歌哭虽殷，悲喜何有哉！……近见文士为人撰宗祠义学规例，序端毒口肆骂世人不知睦族，与勉人进学以反衬之，真恶习也……亦开肆酒骂座、无病而呻之渐。

当时"桐城派"奉归有光用五色圈点评《史记》的方法为文学创作的"义法"、"范例"，章学诚以此作为靶子，加以驳斥。《文理》篇指出，归有光批评王世贞等用秦汉古文是"伪体"，是"文理不通"，这虽有一定道理，但归氏本人也同样存在违反"文理"的地方，特别是"按其中之所得，则亦不可强索。……于古人所谓阃中阃外，言以声其心之所得，则未之闻尔"。也就是说，未能做到文学创作最基本的要求——言之有物、中有所见。其所谓的五色圈点评《史记》的"秘法"，便是违反"文理"、机械摹仿古文的典型。他说：归有光评《史记》，用"五色标识，各为义例，不相混乱，若者为全篇结构，若者为逐段精彩，若者为意度波澜，若者为精神气魄，以例分类，便于拳服揣摩"，这种方法被后世奉为"古文秘传"，"前辈言古文者，所为珍重授受，而不轻以示人者也"。并将它比作"五祖传灯，灵素受箓，

[①] 《说林》，《文史通义》内篇四。

由此出者，乃是正宗；不由此出，纵有非常著作，释子所讥为野狐禅也"。其实，这种评点，最大的缺点是"其中无物"、"不免浮滑"，只重形式上的机械摹仿，而且"开后人以描摹浅陋之习"。章学诚一针见血地指出，归氏"得力于《史记》者，特其皮毛，而于古人深际，未之有见。今观诸君所传五色订本，然后知归氏之所以不能至古人者，正坐此也"。

　　章学诚接着强调，文学是要反映自己的思想感情和心得创见的，不能够机械地去摹拟古人、死人，更不可以拘泥于古文之法式作为今人必须遵守之"法度"，强加于今人，令人不敢越雷池半步。他说："《易》曰：'言有物而行有恒。'《书》曰：'诗言志。'吾观立言之君子，歌咏之诗人，何其纷纷耶！求其物而不得也，探其志而茫然也，然而皆曰吾以立言也，吾以赋诗也。无言而有言，无诗而有诗，即其所谓物与志也，然而自此纷纷矣。"①《文理》篇更以生动形象的比喻加以无情的揭露和讽刺：

　　　　富贵公子，虽醉梦中不能作寒酸求乞语；疾痛患难之人，虽置之丝竹华宴之场，不能易其呻吟而作欢笑。此声之所以肖其心，而文之所以不能彼此相易，各自成家者也。今舍己之所求而摩古人之形似，是杞梁之妻善哭其夫，而西家偕老之妇亦学其悲号；屈子自沉汨罗，而同心一德之朝，其臣亦宜作楚怨也，不亦慎乎！……学问为立言之主，犹之志也；文章为明道之具，犹之气也。求自得于学问，固为文之根本；求无病于文章，亦为学之发挥。……但文字之佳胜，正贵读者之自得，如饮食甘旨，衣服轻暖，衣且食者之领受，各自知之，而难以告人。如欲告人衣食之道，当指脍炙而令其自尝，可得旨甘，指狐貉而令其自被，可得轻暖，则有是道矣。必吐己之所尝而哺人以授之甘，搂人之身而置怀以授之暖，则无是理也。……比如怀人见月而思，月岂必主远怀？久客听雨而悲，雨岂必有愁况？然而月下之怀，雨中之感，岂非天地至文？而欲以此感此怀藏为秘密，或欲嘉惠后学，以谓凡对明月与听霖雨，必须用此悲感方可领略，则适当良友乍逢及新昏宴尔之人，必不信矣。……标识评点之册，本为文之末务，不可揭以告人，只可用以自

---

① 《质性》，《文史通义》内篇三。

志。……执古文而示人以法度，则文章变化，非一成之文所能限也。归震川氏取《史记》之文，五色标识，以示义法，今之通人，如闻其事，必窃笑之，余不能为归氏解也。……据为传授之秘，则是郢人宝燕石矣。……因一己所见，而谓天下之人，皆当范我之心手焉，后人或我从矣，起古人而问之，乃曰："余之所命，不在是矣。"毋乃冤欤！

这些尖锐的批评，对当时高举古文义法，奢言古文法度的"桐城派"，无疑像是投枪，击中要害。

也许是章氏本人已经觉得，仅仅批倒归有光评点《史记》的所谓"古文义法"，还是不够过瘾的，所以，他又作了《古文十弊》[①]一文，对当时的古文通弊予以更猛烈的抨击。他在文首小序中说："余论古文辞义例，自与知好诸君书凡数十通；笔为论著，又有《文德》、《文理》、《质性》、《黠陋》、《俗嫌》、《俗忌》诸篇，亦详哉其言之矣。然多论古人，鲜及近世。兹见近日作者所有言论与其撰著，颇有不安于心，因取最浅近者条为十通，思与同志诸君相为讲明。若他篇所已及者不复述，览者可互见焉。此不足以尽文之隐，然一隅三反，亦庶几其近之矣。"可见，本篇的现实针对性更强，专门批评"近世"、"近日作者所有言论与其撰著"，锋芒毕露。所谓"十弊"，分别为：（一）"剜肉为疮"；（二）"八面求圆"；（三）"削趾适履"；（四）"私署头衔"；（五）"不达时势"；（六）"同里铭旌"；（七）"画蛇添足"；（八）"优伶演剧"；（九）"井底天文"；（十）"误学邯郸"。这可以说是将当时的文坛"通弊"驳得体无完肤，斯文扫地。其中有些观点和见解，被后人誉为"五四"时期《新青年》倡导"文学解放的先驱"。

不过，章学诚将归有光以至"桐城派"所总结的古文义法一概骂倒，在今天看来，也有失偏颇。他们评点和总结出来的古文创作手法，虽多为拘执琐碎牵强，但亦不乏对文章艺术的细致分析和归纳，可以给后人以一定的示范和启发。当然，将这些义法作为一成不变的程式而到处照搬硬套，奉为圭臬，自然是流弊百出。

---

① 《文史通义》内篇二。

第四节 "清真"说

章学诚进一步对文学创作的形式与内容之相互关系（即文质关系）作了深入透彻的总结和阐述，提出了"清真"等新的文论概念。

在《文史通义》外篇三《与邵二云》中，章学诚说："仆持文律，不外'清真'二字。清则气不杂也，真则理无支也。此二语知之甚易，能之甚难。"《遗书》外编卷1《信摭》则云："论文以清真为训。清之为言，不杂也；真之为言，实有所得而著于言也。清则就文而论；真则未论文，而先言学问也。"又在《遗书》外编卷2《乙卯札记》中说："余论文之要，必以清真为主。真则不求于文，求于为文之旨，所谓言之有物，非苟为文是也；清则主于文之气体，所谓读《易》如无《书》，读《书》如无《诗》，一例之言，不可有所夹杂是也。"

由上可见，"清真"说确实是章学诚十分重视的一个文论标准。而其所谓"清"，主要是指文学创作的艺术形式（包括体例和遣词造句用字等），要"纯""洁"而"不杂"。就体例而言，"时代升降，文体亦有不同，用一代之体，不容杂入不类之语，亦求清之道也"①。就用辞而言，"理附气而辞以达之，辞不洁而气先受其病矣。辞何至于不洁？盖文各有体，六经亦莫不然，故《诗》语不可以入《书》，《易》言不可以附《礼》，虽以圣人之言，措非其所，即不洁矣，辞不洁则气不清矣。后世之文，则辞赋绮言，不可以入纪传，而受此弊者乃纷纷未有已也"②。《文史通义》外篇四《与石首王明府论志例》亦说："未有不洁而习以言史文者。文如何而为洁？选辞欲其纯而不杂也。古人读《易》如无《书》，不杂之谓也。同为经典，同为圣人之言，倘以龙血鬼车之象，而参奥若稽古之文；取熊蛇鱼旐之梦，而系春王正月之次，则圣人之业荒，而六经之文且不洁矣。"

章学诚所谓的"真"，则是指文章的思想内容和创作宗旨而言，也就是要做到言之有物，中有所见，作有为之文。这与前节所言"文理"的要求

---

① 《乙卯札记》，《遗书》外编卷2，第377页。
② 《评沈梅村古文》，《文史通义》外篇一。

是一致的。故《文史通义》外篇一《墓铭辨例》又云："骈体赋人，成篇自易，如欲清真结撰，摩写传真，自当简削其辞，拟于伐毛洗髓，隐括要节，谋兹短篇，庶知文者，以谓曲折无尽，此竹数尺，而有千寻之势，文短而神味长也。"总之，章学诚的"清真"说，实际上是要求文学创作达到艺术形式上的纯洁不杂和思想内容上的神味深长，也就是做到形式与内容的完美统一。

对于文论史上文学形式与内容关系的传统提法"文"与"质"的概念，章学诚也予以足够的重视，以进一步发挥其"清真"说。《文史通义》内篇三《砭俗》云："夫文，生于质也。""文生于质"，这是章学诚在许多文章中一再强调的话，也是他关于"文""质"关系的认识前提。在这个认识前提下，他又提出"因质而施文"、"文必如其质"、"文以情至"等看法。他说："文生于质，视其质之如何而施吾文焉。"如果写作对象是人，则"因其人之质而施以文"，"人万变而文亦万变也"。如果写作对象是事，则"事万变而文亦万变，事不变而文亦不变"。也就是说，一切要根据质的具体情况而行文，如果质不存在，文也就失去意义了。所以"文缘质而得名"[1]，"质去而文不能独存"[2]，"无质不可以言文"[3]，质是主要的，第一性的，文是次要的，第二性的。故而"与其文而失实，何如质以传真也"[4]，"有璞而后施雕，有质而后运斤，先后轻重之间，其数易明也"[5]。

既然"文生于质"，"因质而施文"，那么，反过来说，文就必须无条件地服从于质，反映质，也就是如《文史通义》内篇一《书教下》所说的，做到"文必如其质"，而"不得以辞害意"。章学诚一贯强调传人记事之文，必须做到文如其人，文如其事，恰如其分，形象逼真。他在《古文十弊》中说："夫传人者文如其人，述事者文如其事，足矣。其或有关考征，要必本质所具，即或闲情逸出，正如阿堵传神。"又说："传人适如其人，述事适如其事，无定之中有一定焉。知其意者，旦暮遇之；不知其意，袭其形貌，神

---

[1] 《杂说下》，《文史通义》外篇一。
[2] 《砭陋》，《文史通义》内篇三。
[3] 《家书七》，《文史通义》外篇三。
[4] 《古文十弊》，《文史通义》内篇二。
[5] 《州县请立志科议》，《文史通义》外篇四。

弗肖也。"文章还对"叙事之文"、"记言之文"和"攻辨之文"的具体行文特点作了区别："叙事之文，作者之言也，为文为质，惟其所欲，期如其事而已矣；记言之文，则非作者之言也，为文为质，期于适如其人之言，非作者所能自主也。"《文史通义》外篇三《与胡雒君论文》又说："攻辨之文，义蕴惟恐有所不畅，有蕴不畅，便留后人反诘之端，而措辞又不欲其过火，过火亦开后人反诘，所谓太过反致不及也。"

章学诚还批判了当时过分注重于文章的形式义例，追求华丽辞藻而忽视内容的文风，《文史通义》外篇一《杂说上》指出："文胜者必反于质。……文家必欲文名而真文丧矣。"又说："苟使才人饰以黼藻，文士加以琢雕，则施之有政，达于其事，必有窒碍而不可行者矣。"总之，"所贵文章，贵乎如其事也"。

对史书语言文字，章学诚尤加注意，认为史文的措辞也要以反映事实、阐明义理为主，形式服从内容。《文史通义》内篇一《书教下》云："史文屈曲而适如其事，则必因事命篇，不为常例所拘，而后能起讫自如，无一言之或遗而或滥也。……斟酌古今之史，而定文质之中，则师《尚书》之意，而以迁史义例通左氏之裁制焉。……文省而事益加明，例简而义益加精，岂非文质之适宜，古今之中道欤！"

章学诚反复强调"质"的重要性，同时又对"文"的作用予以重视，认为若能很好地运用文辞，对于阐明事理、突出主题极有帮助。这里，他提出了"文情"这个概念。《文史通义》内篇六《杂说》篇说："文生于情，情又生于文，气动志而志动气也。……文以气行，亦以情至。……今人误解辞达之旨者，以谓文取理明而事白，其他又何求焉？不知文情未至，即其理其事之情亦未至也。譬之为调笑者，同述一言而闻者索然，或同述一言而闻者笑不能止，得其情也；譬之诉悲苦者，同叙一事而闻者漠然，或同叙一事而闻者涕洟不能自休，得其情也。昔人谓文之至者，以为不知文生于情，情生于文。夫文生于情，而文又能生情，以谓文人多事乎？不知使人由情而恍然于其事其理，则辞之于事理，必如是而始可称为达尔。"这一认识，显然是非常辩证的。

第十章
蕴意丰厚的教育思想

章学诚一生以著书讲学为主。先后主讲过定州之定武书院、肥乡之清漳书院、永平之敬胜书院、保定之莲池书院、归德之文正书院等，还担任过梁国治等人的家庭教师。在长期的教学实践中，章学诚积累了丰富的经验，并且撰写了多篇阐述教育理论的文章。章学诚的教育思想，无疑是他的哲学思想、社会政治思想以及文史理论等在教育领域中的具体体现，他强调教育的目的是"学以致其道"，培养对社会的经世有用之才；他主张将传统的经、史课程作为教学的主要内容，强调通经服古，反对八股时文；特别是在教学原则和具体方法上，提出了许多真知灼见，大大丰富和发展了传统的教育理论。他本人的治学经验也有许多值得借鉴之处。

第一节 "学以致其道"的教育目的

章学诚认为，教育的目的在于使受教育者通过学习认识"道"。《文史通义》内篇四《说林》说："道，公也；学，私也。君子学以致其道，将尽人以达于天也。人者何？聪明才力，分于形气之私者也；天者何？中正平直，本于自然之公者也。故曰道公而学私。"这里所谓的"道"，与其哲学思想中的"道"一样，首先是指自然事物的客观必然性。故《文史通义》内篇二《原道上》云："道者，万事万物之所以然，而非万事万物之当然也。"又在内篇一《礼教》篇说："君子学以致其道，道者，自然而已。"

"君子学以致其道"[①]，本是孔子的学生子夏所说的一句名言，通过教学认

---

① 见《论语·子张》，《十三经注疏》本。

识"道",是孔门师生进行教学的共同目的。章学诚更深入系统地阐述了教、学与明道的相互关系。《文史通义》内篇二《原学上》云:"《易》曰:'成象之谓乾,效法之谓坤。'学也者,效法之谓也;道也者,成象之谓也。夫子曰:'下学而上达。'盖言学于形下之器,而自达于形上之道也。……人生禀气不齐,固有不能自知适当其可之准者,则先知先觉之人从而指示之,所谓教也。教也者,教人自知适当其可之准,非教之舍己而从我也。"又在《文史通义》外篇二《清漳书院留别条训》中说:"人才实难,而因设教,更不易易。"也就是说,教育是为了培养人才而设置的,是一件非常不容易的工作,其难就难在要"致其道"。

章学诚所谓通过学习认识"道",同样具有为社会培养"经世"有用人才的内容。他认为上古时期的教育就是与社会政治紧密结合,培养学生"修齐治平之道"的本领。在《文史通义》内篇二《原道中》里,他这样说:

  空言不可以教人,所谓"无征不信"也。教之为事,羲轩以来,盖已有之。观《易大传》之所称述,则知圣人即身示法,因事立教,而未尝于敷政出治之外,别有所谓教法也。虞廷之教,则有专官矣……其所习者,修齐治平之道,而所师者守官典法之人。治教无二,官师合一,岂有空言以存其私说哉!……然则学夫子者,岂曰屏弃事功,预期道不行而垂其教邪?

可见脱离了经世事功,教育也就失去了意义。故他又说:"古学、俗学之分,不在文字,在乎有为而言与无为而言。文辞高下,犹其次也。"教学的目的就是帮助学生"培其本质",培养他们"尽其学而成其立言之功能"。[①]所谓"有为而言"的"立言"功能,就是有益于当今时代,有益于社会。他说:"如云立言有益将来,而不为今日地,鄙人无此意也。言惟其是,待将来亦何妨;如其非也,今之人岂可徇乎?"[②]

章学诚还认为,教育的目的应该是培养学生"有德有言"的良好素质。

[①] 《答周筤谷论课蒙书》,《文史通义》外篇三。
[②] 《再答周筤谷论课蒙书》,《文史通义》外篇三。

当时章学诚的朋友周筤谷等人认为，这样的教学目标未免太难了，与教学内容不相符合。章学诚则强调指出，是否重点培养学生"有德有言"的素质，是他与当时一般士人所见的根本分歧所在。在《再答周筤谷论课蒙书》中，他说：

> 足下又云"有德有言，与我辈此时所论皆非是者"，此则鄙见与高明之见终始歧异之原也。德者，行道而有得于心之谓，不必一定圣人道德之极至也；凡立言者，必于学问先有所得，否则六经、《三史》，皆时文耳，况于他乎！学问而至于有得，岂可概之学者，是以利钝华朴杂陈焉，而使之文境不拘窒，他日可以为有得之基，此前书之所谓勿以机心成其机事也。若不察其指，徒一望而惊其难，则不如从事归震川之八家，储宜兴之七种，任其播弄而先后施之。

可见，从小培养"有德有言"的素质，是可以为长大以后立言行道打下扎实的基础的。

章学诚在《文史通义》内篇六中还专门写了《师说》一文，将教师分为"可易之师"和"不可易之师"两种，凡仅仅传授具体知识和技艺的，乃为"可易之师"，只有那些真正能传授"致其道"的、能教人以德才兼备的老师，才称得上"不可易之师"。而当今"师道失传久矣"，"求之天下，不见不可易之师"。

当然，章学诚所谓"致其道"的教育目的，在许多地方是指培养具备封建社会"天德"、"天位"等君臣父子伦理道德观念的"人才"，所以，在他的教育内容中，无不充斥着宣传封建伦理道德观念的内容，这又是章学诚教育思想的封建正统性所在。

第二节 "通经服古"的教学内容

由"学以致其道"的教学宗旨所决定，又由其"道"存乎经史典籍所载日常人伦思想所支配，章学诚对教学内容提出了"通经服古"的要求，并极力反对以八股时文为教学内容。

章学诚认为，经史之学乃是第一大学问，是"有本之学"，"学问大端，不外经史"[①]，"学问大要，不出经史，经载其道，史征其事"[②]。故而他视经史为教学的根本内容，认为以经史教育学生，就可以收到"事半功倍"的效果；反对当时以科举时文为教学内容的做法，认为那样不仅事倍功半，而且还会教坏学生，误人子弟。《文史通义》外篇二《清漳书院留别条训》云：

> 凡天下事，俱当求其根本，得其本则功省而效多，失其本则功勤而效寡。譬若治生之道其多，稼穑其根本也；为人之责綦重，孝友其根本也。学问文章，何独不然？诸子百家，别派分源，论撰辞章，因才辨体，其要总不外于六艺。……今之学者，疲精劳神于浮薄诗文，计其用力，奚翅十年？毕竟游谈无根，精华易竭。若移无用之力，而为有本之学，则膏沃者光未有不明，本深者叶未有不茂，事半功倍，孰大于此？诸生于此，幸致思焉！

又说：

> 诸生喜读无益之文，而惮读经传，不过谓经传但可撷拾典故，而于文章固无益尔。于是典故取洽先辈成文，或庸劣纂类之书，以为不必更诵经传，欲为举业，但求之于时文，即已无不足也。此无论但就时文为生活者，其文必不能佳，且即就文而论，文章之大，岂有过于经传者哉？古人之学，言道而文在其中。……诸生纵无志于通经服古，即此区区语言文字之工，断不能用心者也。以此佐其文艺，较之止攻浮薄时文，奚翅霄壤之判？况由此求之而不已，未尝不可因文见道也哉！盖为诸生一向高阁六经，置之"尊而不亲"之列，不知六经固如日月，虽高不可逾，而无日不与人相切近。故为诸生卑论及于文辞之末，可谓陋矣。然要不得谓此卑末者之非六经也。则六经之益人，故不鲜矣！诸生

[①] 《与乔迁安明府论初学课业三简》，《文史通义》外篇三。
[②] 《清漳书院会课策问》，《遗书》卷22，第227页。

又何惮而不为耶?

据《文史通义》外篇二《定武书院教诸生识字训约》记载,章学诚在定武书院主讲时,对那些"天资尤敏慧者",谆谆"教以通经服古"。并说:"今学者以通经服古为迂谈,而剽掠浮薄时文,以为取青紫如拾芥矣。究之所求未必得,而术业甚陋,不可复问。"他告诫学生:"今诸生耳聪目明,春秋方富,向之所谓从事举业而求捷取功名,其效既可睹矣。……以不可多得之聪明岁月,而为是朝成夕毁未可取必之时文,虽至愚者不为。"

在《清漳书院留别条训》中,章学诚还对如何通经服古、学习经史,提出具体的学习要点。认为学《易》的关键是掌握"象数、理致二端",并熟悉卦变之图。学习《尚书》,关键是掌握《尧典》的天文、《禹贡》的地理、《洪范》的五行"三门学术"。学《诗》,则"贵于风雅"。学《礼记》,应"以《周礼》六典为纲,而一切礼文,皆依条而归附,此则万事得其条贯,万物得其统宗"。对《礼记》各篇的中心内容,也加以说明。学《春秋》,则应"用论事之法","出经入传",结合三传,"参质同异",而不应将"三传直束高阁,而斤斤焉独守宋儒凭空论理之说"。至于史书,则以《左传》、《史记》为权舆,《文史通义》外篇一《论课蒙学文法》云:"叙事之文,莫备于《左》、《史》。今以史迁之法,而贯《左氏》之文,神而明之,存乎其人,非尽初学可几也。""史迁论赞之文,变化不拘……所以尽文章之能事,为著述之标准也。初学不可有所别择,不特使其胸罗全史,亦可使知文境之无不备也。"在《遗书》卷28《清漳书院条约二》中,章学诚还主张老师考学生的内容,自然应以经义和史论为主,因为"大义乃通经之源,古论乃读史之本,事虽浅近,理实遥深,愿诸生其懋勉之"。在《文史通义》内篇二《朱陆》里,他表扬"通经服古,躬行实践"、"通经服古,学求其是"、"通经服古,经纬世宙"、"通经服古,心知其意"的人为"醇儒",是"足以立教"的人才。

章学诚极力反对用八股时文内容教育学生,"诸生多为八股款式,去其破承而加以粗率,真使人闷绝也!"①尤其对于儿童的启蒙教育来说,更应

---

① 《与乔迁安明府论初学课业三简》,《文史通义》外篇三。

诱导他们学习经史古文，而不应该使之学习时文。《论课蒙学文法》云："世欲训课童子，必从时文入手，时文体卑而法密，古文道备而法宽。童幼知识初开，不从宽者入手，而使之略近于道；乃责以密者，而使之从事于卑。无论识趋庸下，即其从入之途，亦已难矣。"一旦"演习成惯，入于俗下时文，将有一言之几于道而不可得者，先入为主，良不可以不慎也"。学诚的这一看法是比较合乎儿童启蒙教育实际的。儿童的大脑犹如一张白纸，由人们填写，而这种最初的灌输，往往是先入为主，影响儿童今后的发展。

除了经史以外，子部之《老》、《庄》、《管》、《韩》、《吕览》、《淮南子》诸家，集部之唐宋八大家、李杜全集、《文选》、《唐文粹》、《宋文鉴》、《元文类》等，亦可适当选用，教育学生。[①]

章学诚"通经服古"的教学内容本身并没有什么新意，但作为反对八股时文而提出，"通经服古"又不能不说是一种返璞归真，是对当时教学流弊的一种纠正。

第三节 "尽人达天"的教学方法

在长期的教学实践中，章学诚总结出许多具体的、行之有效的教学方法，而最根本的一条，就是要让每个受教育者充分发挥自己的特长，更有效地掌握知识，最终实现教学目标。

一、尽人达天，因材施教

先秦孔子在教学中即已注意到根据学生各不相同的个性，采取不同的教学方法，注意发挥学生特长，补偏救弊，从学生的实际出发进行教学。故南宋朱熹总结出"孔子教人，各因其材"[②]。章学诚在此基础上，提出了"尽人达天"的教学总原则和方法。

---

① 《清漳书院留别条训》，《文史通义》外篇二。
② （宋）朱熹：《论语集注》，《四书章句集注》，中华书局1983年版。

章学诚认为，"人之才质，万变不同"①，每个人的个性特长都不一样，"以其所能而易其所不能，则所求者可以无弗得也"②。只有结合他们的特长，发挥他们的天性，才能取得成就。《文史通义》内篇二《博约中》云："夫学有天性焉，读书服古之中，有入识最初而终身不可变易者是也。"所以，教学首先必须坚持因材施教的原则。外篇一《论课蒙学文法》说："善为教者，达其天而不益以人，则生才不枉，而学者易于有成也。"这里的"达其天而不益以人"，含义与他在史学理论中谈论史德时提出的"尽其天而不益以人"有所不同。在史学研究上，他提出"尽其天而不益以人"，是要求历史研究尽量做到史学客观和主观相符合，也就是实事求是反映客观。而这里提出的教育学生要"达其天而不益以人"，是指教学要充分发挥每个学生的"天性"、"个性"或"禀性"，而不应强迫学生放弃特长，听从教师的摆布，即所谓"君子学以致其道，将尽人以达于天也"。比如在《清漳书院留别条训》中指出，学作诗，就要"取其天籁，近于自然"，"使之习其性之所近，而尽其材之所良，抑亦可矣"。符合学生性情心理而施教，学生就容易掌握，而不觉得吃力。故学诚在《论课蒙学文法》中又说："善教学者，必知文之节候，学之性情，故能使人勤而不苦，得而愈奋，终身愤乐而不能自己也。"总之，正如《清漳书院留别条训》所强调的，应该"即其性之所良，用其力之能赴"，而不应该"强人同我"。一句话，"因材或可就达也"③。在《遗书》卷22《与定武书院诸及门书》里，章学诚根据每位学生的不同情况，一一提出了不同的要求和发展方向，这是章学诚"因材施教"方法的具体运用和体现。

章学诚在《清漳书院留别条训》中还指出，当时的督学主司、塾师山长等从事教育的人，往往是"各自有规模，几又入主出奴，党同伐异"，门户分派很严，这种现象是很不利于教学的。他提醒这些教育工作者，不要因为自己的门派观念而影响学生的全面发展。在教育学生的时候，绝不可事先认定一派，强迫学生只接受这一派的观点，而应该随学生的性情意趣，任其

---

① 《家书六》，《文史通义》外篇三。
② 《说林》，《文史通义》内篇四。
③ 《与乔迁安明府论初学课业三简》，《文史通义》外篇三。

自然发展。因为,"人之性情,各有所近,平奇浓淡,不能易地为良。使得其意之所惬,而入于趣之最深,则神明变化,即在方圆规矩之中"。如果强迫学生接受某一派观点,则"耳食无心,皮毛粗见,不求得心应手,自出机杼",最终必定是"三不像",而"不得其一似","此与小儿强学解事,又何以异乎?"

章学诚在《论课蒙学文法》中特别强调在儿童启蒙教育中,更应根据儿童的天性和心理特点,因材施教,循序渐进。比如说,教儿童学习论事、论人之文,应先从《左传》入手,因为《左传》论事,"文短理长,语平指远,故自三语五语,以致三数百言,皆孺子意中之所有。资于《左氏》而顺以导之,故能迎机而无所滞也。其后渐能窥寻首尾,则纂辑人物,而论赞仿焉。……是皆孺子自有之天倪,岂有强制束缚而困以所本无哉?"而俗人的教育方法,却都是一开始就"以宋人所为博议、史论诸篇课童子,以为攻《左氏》者入门之资也"。这种做法是严重违背儿童天性和心理特点的,因为"博议、史论诸篇,皆有意于构文,凡遇寻常之事,务欲推而高之,凿而深之,俱非童孺意中之所有,使之肄而习焉,作其机心,而行其机事,于是孺子始以文字为圆转之具,而习为清利浮剽之习调。……是则益之以人,而不达其天之咎也"。学诚指出:"为童幼之初,天质未泯,遽强以所本无,而穿凿以人事,揠苗助长,槁固可立而待也。夫凤雏出彀,不必遽能飞也;急以振翼为能事,则藩篱鹦雀,何足喻其多哉!"他告诫人们:"童孺知识初开,甫学为文,必有天籁自然之妙,非雕琢以后所能及也。"《清漳书院留别条训》进而指出,这个时候,如果不尽可能地发挥其天资,而是揠苗助长,急于成章,那么,无异于让"萌芽初茁之时,先受多方摧折,然后取其晦蚀不尽之余,演为浮薄时文,以合时文之规矩"。原来可以培养通经服古,"大可有为之资,屈于多方之摧折",这就不仅仅是"事倍功半"的问题,而简直是"误人子弟,拟其罪于庸医伤人,不为过矣"。据学诚的好友周震荣回忆,学诚在保定讲学时,曾与周震荣讨论教育儿童的方法,学诚"极言《东莱博议》及唐宋人论人论事之文,不可资以入门,揠苗助长,槁可立待"[1]。

章学诚这种尊重学生天赋,因材施教的方法,即使在今天看来,也有值

---

[1] 《庚辛之间亡友传》附周震荣《书庚辛之间亡友传后》,《遗书》卷19,第196页。

得借鉴之处。

二、惟教学半，教学相长

章学诚认为，教与学的关系，不只是教师教和学生学的关系，因为教师在教学时，由于感觉到自己知识的不足，乃不断学习，或者从学生的问题中受到启发，获得灵感，从而弄清不懂的问题，也就是说，教师在教学的过程中也有了提高。这就是章学诚反复强调的"惟教学半"命题，也就是现代所说的教学相长理论。

"惟教学半"一词，最早出自《尚书·说命下》，意思是教人是学习的一半。因为教别人时，知道有困难，发现问题，要学习解决，这样就等于学习的一半了。章学诚认为，这是每个老师都应该深刻领悟和遵循的。在《清漳书院留别条训》中，他说：

> 诸生多以授徒为业，则"惟教学半"之说，不可不三致意也。一堂弟子，量其材质，可使七业俱兴。为之师者，勤为授读讲解，虽幼年未读之经传，于斯即为末路之补苴焉，当亦不无裨益矣。且为诸徒讲解，则问答剖悉，疑义亦可假以明道，较之幼年诵读而长大未温习者，固已远胜之矣。

又说，如果教学之中，教师能"坐收学半之效，成人即以成己，岂不为尽善尽美之事乎？"

在《与定武书院诸及门书》中，他还谆谆教导诸生，人生中年以后，人事蹉跎，不可能再闭户十年，专心读未读之书。这个时候，只有在聚徒讲学时，边教边学，"日与讲解，孜孜不倦"，"则惟教学半，其裨补当不浅矣"。这样，"学徒既得成就"，而教师的水平，"亦日浸润于古，而不自知矣"。

三、理解思考，启发是资

章学诚认为，教育学生理解思考非常重要。当时许多教师教学生背诵课文,"多者六七百篇,少者二三百篇,可谓富矣",但如果"询以得心应手,运用不穷,即什一而可当千百者,则竟未闻有一篇焉"。其根本原因就在于只知教学生死记硬背,而不去理解文章的意思。这样的读书,读了等于没读,不能灵活运用,举一反三。他在《清漳书院留别条训》中说:

> 诵习先辈成文,犹学为梓匠轮舆,求观工师之成器耳。器已浑成,而但志其方圆之形象,不解于未有成器之先,详悉求其引绳削墨之所自,虽公输之巧,岂能遂得其疾徐甘苦哉?先正读古人文,不惟成诵而已也。盖必设身处地,一如未有其文,就题先为拟议,揣其何以构思布局遗(遣)调行机措辞练字,至于筹无遗计,而后徐阅其文,使之一字一句,皆从己心迎拒而去,不啻此心同其疾徐甘苦之致也。则作者止择一途,而读者遍虑及于四旁上下,是读文之难,较之作文之攻苦,殆不止于倍蓰焉。往往涉旬逾月之久,而始尽一篇之神妙也。人生岁月几何?精神几何?终身得力不过五七十篇,亦云富矣。安能数百计哉?及其出而应用,则作者之神妙有尽,而吾心与为迎拒于四旁上下者无穷。理解由斯濬凿,气机由斯鼓动,揣摩熟而变化生,所谓即什一而可当千百之用者,即是道也。若其得心应手,启悟无方,有因一篇一句而终身运用不穷者,则又存乎其人,神而明之,别有化境,固不可以言尽者也。

这段话将理解记忆的好处讲得非常清楚。不仅如此,章学诚还对理解思考的具体方法作了详细说明。他指出,一篇文章,如果仅仅是记住文字,那么背熟后,往往就会"熟而生厌",而若是用理解记忆的方法去学习,则往往会"熟文习之使生",越读越有味,每次阅读都会有新的收获。具体方法是,从命意、立句、行机、遣调、分比变化、虚实相生、反正开合、顿挫层折、琢句、炼字等十个方面和层次,加以分析思考,"每一诵习,各作一意推求,仍用先如未见其文,逐处平心迎拒之法,往复不已,则文虽一定,而我意转换无穷,即使万遍诵习,而揣摩光景,常如新脱于稿,所谓'熟文习之使生',此法是也"。这种方法,章学诚有时又把它叫作"易意环求之道"。

总之,在章学诚看来,理解记忆的好处,就是能"举一反三","一隅三反",灵活应用。否则,培养的学生只是"但知记诵,而不能开发性灵"[1]。

章学诚还进一步认为,"古人教学,启发是资"[2]。启发教育与理解记忆是密切相关的。他自己在主讲书院时,处处启发学生思考,培养学生的怀疑精神,教导学生不可迷信以往的解释。在会课策问时,他经常启发学生思考下列问题:"经于何道,最有关心?史于何事,最所惬愿?……假使诸生,亦已登进士第,无所事举业矣,遂将束书而不观耶?抑将尚有不能自已者耶?……即以举业而论,敢问何所讲求?何所师法?于经书传记,何者致功有年?于先正法程,何者诵习有得?理解向以何书折衷?典实向以何书考证?规矩法度,向以谁氏遴选?何家评议,允所惬心?四书文外,经诗论策,亦举业之要务也,向者于何致功?平日亦有怀疑不决,欲就请质而无从者欤?院长愿悉与闻,将为诸生效他山之错焉。"[3]可见,学诚在教学中,是非常善于运用启发式教学方法的。

这种理解记忆和启发式教育,又与强调学生独立思考联系在一起,故学诚在《文史通义》外篇三《与邵二云论学》中又说:"学而不思,学中无进境也。"不培养学生的理解思考能力,学生就不会取得进步。《文史通义》内篇五《习固》批评那些对于"是非而不致其思者,所矜之创见,皆其平而无足奇者也"。在内篇二《原学》上、中、下三篇中,章学诚又反复论证学习与思考的关系,力图纠正"学、思偏废之弊"。他后来在写给陈鉴亭的信中,流露出对自己所写《原学》篇的观点非常满意,"《原学》之篇,即申《原道》未尽之意,其以学而不思为俗学之因缘,思而不学为异端之底蕴,颇自喜其能得要领"[4]。

四、分别正闰,去故更新

章学诚已经认识到人的记忆大多"厌故喜新",尤其是青少年的注意力

---

[1] 《与乔迁安明府论初学课业三简》,《文史通义》外篇三。
[2] 《清漳书院会课策问》,《遗书》卷22,第226页。
[3] 同上书,第227页。
[4] 《与陈鉴亭论学》,《文史通义》外篇三。

很难长时间集中在一件事情上（现代心理学称之为注意的转移）。所以，如果让学生长期读某一种内容的书，注意力往往容易分散，反而不易掌握。对此，他提出"分别正闰"的教学方法，也就是主张一日之内，几种内容穿插进行学习。他在《清漳书院留别条训》中说：

> 童幼诵习经书，必须分别正闰。盖中人之性，多是厌故喜新，童幼初学诵习，则厌故喜新为尤甚也。假如学徒资性，每日能诵习三百言者，则使日诵本经止二百言，再授他经亦二百言，必能诵识无遗。是已不知不觉平添百字之功矣。盖一日之间，精神有数，少加变易，使之去故更新，则易于振作，大约可以增倍之差，理固当然。

章学诚虽然不可能知道，这种现象的出现，是由于人类大脑分区记忆的原因，但他所提出的这个"分别正闰"的教学方法，是符合现代教育心理学的，也是为今人所普遍采用的。

五、力学辨识，练识充才

在《清漳书院留别条训》中，章学诚还认为，刘知幾提出的史学应具才、学、识三长，"岂惟作史，天下凡事，莫不皆然"。即以举业而论，三者固缺一不可。他分析说，人们在教学过程中，都知道有法度、机局、色采等，"而不知法出于理而识主之"，"机出于气而才主之"，"色采出于书卷而学主之"。就三者分而论之，"则才色本于天而学由于人，本于天者不可强勉，而由于人者不可力为"；就三者相互联系而论，则"学固所以养才而练识者也"。所以，古人常常"勉人力学以养其气"，十分重视学习的作用。但古人却未能揭示出"人将以何者为学而集以为养气之基"。对此，章学诚加以论述，认为人们平时在教学中经常提到的学生的"读性"、"作性"、"悟性"三者，即可为培养才、学、识三者之基础。因为"所谓读性，即他日积之而成其学焉者也；所谓作性，即他日积之而成其才焉者也；所谓悟性，即他日积之而成其识焉者也"。这三种"性"，早已伴随着每个学生，只是未加注意而已，故而"虽勉力于诵读，而终无生其识趣也"。学诚指出："诚能喻夫凡人皆有是三者，而不自弃，又能喻夫力学可以辨识，练识可以充才，则凡事皆可得其根本，而况区区之举业乎？"就是说，作为一名教师，就是要向学生指出他们所具有的读性、作性和悟性，并教育勉励他们充分利用这三性，勤奋好学，训练其才、学、识三长，最终取得学业成功。

六、知行合一，动手成功

在教育史上，从孔子一直到明代王阳明，大多提倡"知行合一"之教。章学诚也不例外，他认为，"知行合一"之教，是孔子所创立的古代教育的优良传统，也是今人所不可须臾放弃的教学原则。《文史通义》内篇二《原学中》说："古人之学，不遗事物，盖亦治教未分，官师合一，而后为之较易也。司徒敷五教，典乐教胄子，以及三代之学校皆见于制度。彼时从事于学者，入而申其占毕，出而即见政教典章之行事，是以学皆信而有征，而非空言相为授受也。"这就是说，知行合一，是保证教学不流于空疏的条件，教学要与实际相结合，与社会相联系。故他进而又说："谓必习于事而后可以言学，此则夫子诲人知行合一之道也。"《原学上》也说："效法者，必见于行事。……不格物而致知，则不可以诚意，行则知其而出之也。……专于诵读而言学，世儒之陋也。""然而其知易入，其行难副，则从古已然矣。"其实，这一教学思想，也是由其道不离器的哲学思想所决定的。在《与乔迁安明府论初学课业三简》中，章学诚说："为学之事，动手必有成功。"鼓励学生自己动手，将所学知识与社会实际结合起来。

第四节 可贵的治学经验

虽然，贫困和饥寒时刻困扰着章学诚，耗费了他大量宝贵的时间和精力，但章学诚还是利用点滴时间发愤治学，正如他自己所言，他的许多文章都是在"车尘马足之间"写成的。正由于他有如此坚强的治学精神和丰富的教学理论，才为我们留下了许多可贵的治学经验。

一、为学之要，先戒名心

章学诚认为，一个人要在学术上取得成就，有所建树，名利思想必须淡薄。他自己一生不追逐名利，虽然穷困潦倒，藉笔墨为生，也从不愿"舍己以从时尚"，把全部精力都用于文史校雠之业。他在《文史通义》外篇一《与孙渊如观察论学十规》中说：

> 鄙人所业，幸在寂寞之途，殆于陶朱公之所谓人弃我取，故无同道之争；一时通人亦多不屑顾盼，故无毁誉之劝阻；而鄙性又不甚乐于舍己从时尚也，故浮沈至此。然区区可自信者，能驳古人尺寸之非，而不敢并忽其寻丈之善，知己才之不足以兼人，而不敢强己量之所不及。

《文史通义》外篇三《与史余村论学书》也说，每当贫困交加，几乎失去生活乐趣的时候，只要一想到自己爱好的文史校雠事业，"则觉饥之可以为食，寒之可以为衣"，"旦暮得此所由以生，不啻鱼之于水，虎豹之于幽也"。为了自己在学业上能取得不朽的成就，生活上不管多么艰苦，精神上不管受到多大刺激，他都能以惊人的毅力坚持下来。特别是在人人竞言考据的时代，他能不为此风所囿，坚持文史校雠要经世致用，尤为不易。

章学诚认为，做学问必须专心致志，不能三心二意，要做到"世之所重，而非吾意所期与，虽大如泰山，不遑顾也；世之所忽，而苟为吾意之所期与，虽细如秋毫，不敢略也。趋向专，故成功也易；毁誉淡，故自得深"[①]。这些都是他的经验之谈。做学问必须按照自己的志趣、爱好和条件去努力，千万不可随波逐流，以趋时尚，否则就很难得到高深的造诣。那些好争名逐利的人，必然"趋风气而为学业"，这样既败坏了学风，又损害了人才的成长，危害极大，不能不引起重视。他在《文史通义》外篇三《答吴胥石书》中说："学问文章，君子之出于不得已也。人皆心知其意，君子方欲忘言，惟不能不迹于学问文章，不幸而学问文章可以致名，又不幸而其名诚有所利，慕利者争名，而托于学问文章，甚至忮很贪求，无所不至，君子病焉。"

[①] 《与朱沧湄中翰论学书》，《文史通义》外篇三。

这就是说，学问文章，竟成为人们用来追名逐利的资本，这样一来，势必要腐蚀人们钻研学问的意志，毁坏其名声。他反复教育自己的子弟，要勉以力学，务去名心。在《文史通义》外篇三《家书七》中，章学诚还以现身说法教育子弟，他说：

> 邵先生尝举黄梨洲言："好名乃学者之病，又为不学者之药。"吾当时颇不为然，今知黄氏之言良有味也。因忆吾生二十许岁，亦颇好名，彼时只以己之所业欲得人赞赏尔，尚不至舍己之长，徇人所好，以干誉也。后见乡曲儇子，好名有甚，愚者诵拾名数以炫侈博，几于冬月握冰，盛夏拥火，劳苦倍蓰于人，而究其所得，毫无端绪，已可怜矣；而名心所激，恐人轧己，猜嫌疑畏，至于草木皆兵，举动乖张似丧心者，一时旧交故友，莫不苦之。吾于是惕然知戒，以谓好名流弊，乃至于此！故常为之说曰："好名之甚，必坏心术。"又曰："好名之心，与好利同。凡好名者，归趣未有不俗者也。"邵先生亦颇善吾言，与黄梨洲说常并称之。

可见，章学诚的这种思想观点，既是受到先辈们的启示，又是自己切身经历的感受。

在章学诚看来，做学问既然是为了"辨章学术，考镜源流"，为了"明道"、"经世"，"非为人士树名地"，那么首先就要立定志向，按照自己所长，努力去钻研，决不为社会风气所左右。可是当时许多士人为了追求个人名利，不顾自己有否专长，一意趋风气以从时尚。这些人并无真才实学，在毁誉面前，全都不能自主。正如章学诚所说，今之学者，"不问天质之所近，不求心性之所安，惟逐风气所趋而徇当世之所尚，勉强为之，固已不若人矣；世人誉之则沾沾以喜，世人毁之则戚戚以忧，而不知天质之良，日已离矣"。抱有这种患得患失之心的人，自然很难在学术上取得重大成就。因为凡是"趋风气者未有不相率而入于伪也，其所以入于伪者，毁誉重而名心亟也"。针对当时的社会现实，章学诚提出"为学之要，先戒名心；为学之方，求端于道"①

---

① 《答沈枫墀论学》，《文史通义》外篇三。

的要求。认为好名风气的流行,影响极坏,"实为世道人心忧虑。盖好名之习,渐为门户,而争胜之心,流为忮险。学问本属光明坦途,近乃酿成一种枳棘险隘,诡谲霭昧,殆于不可解释者"①。对于那种朋友之间相互吹捧的做法,章学诚也提出批评。他在《文史通义》外篇三《与陈鉴亭论学》中说:"著述之旨,微妙难言,才脱稿而群口交称,正恐所得未必深耳;不同声而附和,正见诸君古谊。"这些话,对我们今天做学问,甚至于任何事情,都是一种借鉴。总之,章学诚认为要做学问,首先必须明确治学目的,端正治学态度。如果这个问题不解决,其他也就无从谈起。

二、札记之功,必不可少

章学诚认为,治学之初,打好基础,练好基本功是非常重要的,这是任何一个学者都不可逾越的阶段。特别是记诵,乃是积累知识过程中必不可少的步骤。他在《文史通义》内篇三《辨似》中说:"学问之始,未能记诵;博涉既深,将起记诵。故记诵者,学问之舟车也。"可见他认为记诵是获得知识,培养识力,提高理解能力的最重要的基本功。任何一个学者开始时都必须练好这个基本功。为了练好这个基本功,帮助记诵,巩固积累的知识,他大力提倡平日做好札记。在外篇三《家书一》中,他说:"札记之功,必不可少;如不札记,则无穷妙绪,皆如雨珠落入大海矣。"又在《清漳书院留别条训》中说:"阅文贵有簿记矣。"特别是随着年龄的增长,记诵之功会衰退,"人生诵读之功,须在二十内外,若年近三十及三十外者,人事日多,记诵之功亦减"。在这个时期,札记之功尤显重要。故而他在给朱少白的信中也说:"中年杂乱人事,势不能如童子塾之用功,惟札记之功逐日不可间断。看书有触即笔于书,而所笔必当参以所见,自作一番小议论,既以炼笔,且以炼其聪明。夫聪明如水银流走不定者也,炼久成识,则自有家数矣,亦如水银既炼成丹砂也。"②

在章学诚看来,每一位专家学者,无不经过艰苦用功的札记历程,"一

---

① 《又与朱少白》,《文史通义》外篇三。
② 《与朱少白书》,《文史通义》外篇三。

切专门名家，苦心孤诣，自非造次可达，即案头有翻涉之书，每日必有所记，而札记于册，以待日后之会通，岂犹有所难者，亦消遣所藉以不寂寞也，宁不图之"①。他对晚辈后学无不以此作为要求，还列举顾炎武《日知录》作为典范，认为此书"空前绝后矣，其自序乃日逐札存，晚年删定而类次者也"。所以他说："文章者，随时表其学问所见之具也；札记者，读书练识以自进于道之所有事也。"② 这里他对于札记的作用就提得更高了，不单是用来帮助记诵，积累知识，而且又是"读书练识"的一种手段。因为札记不是一般的抄书，而是在读书过程中，有了心得体会，随时加以笔录。要能掌握要领，抓住宗旨，发现问题，非具有识力不可。所以章学诚在《文史通义》外篇二《跋香泉读书记》中又说：

> 读书服古，时有会心，方臆测而未及为文，即札记所见以存于录。日有积焉，月有汇焉，久之又久，充满流动，然后发为文辞，浩乎沛然，将有不自识其所以者矣。此则文章家之所谓集义而养气也。《易》曰："神以知来，知以藏往。"存记札录，藏往以蓄知也；词锋论议，知来以用神也。不有藏往，何以遂知来乎！

可见，"存记札录"，其功实不可少，它是积累知识、"读书练识"、"藏往以蓄知"的重要手段，是做学问的重要基本功。

做学问本是艰苦的，又是很有乐趣的。既要手勤，多做札记，又要脑子勤，多做思考。章学诚说："为学之事，动手必有成功。"只要勤于"存记札录"，就必然会有所收获。又说："善学者正在善于问耳。"也就是要多动脑筋多思考，如果不善于思考，就无法发现问题和提出问题。故他曾提出："阙疑即学问也"③。

当然，要多读、多记、多思考，就需要有足够的时间和精力。章学诚在这方面深有体会，他希望学者们抓紧眼前的点滴时间从事学习和研究，不要

---

① 《又与朱少白》，《文史通义》外篇三。
② 《与林秀才》，《文史通义》外篇三。
③ 《与乔迁安明府论初学课业三简》，《文史通义》外篇三。

把有限的时间和精力"分于声色和一切世俗酬应",更不要把自己研究的事业寄托于遥远的将来。他在《假年》篇中指出有这种想法的人"非愚则罔"。他经常用自身经历劝告学者们,像他这样生活极不安定的人,仍能坚持"撰著于车尘马足之间",关键就在于能够把"学问之于身心",看作"犹饥寒之于衣食也"。他奉劝那些有志青年,要想"卓然自立以不愧古人",就应当"不羡轻隽之浮名,不揣世俗之毁誉,循循勉勉,积数十年,中人以下所不屑为者而为之,乃有一旦庶几之日"。① 不管天资如何,只要不居功,不为名,勤勤恳恳,奋斗数十年,就一定能登上科学的顶峰。关键在于立定志向,不要动摇。他说:"学在自立,人所能者,我不必以不能愧也。"因为各人专长有所不同,"譬于货殖,居市帛者不必与知粟菽,藏药饵者不必与闻金珠。患己不能自成家耳,譬市布而或缺于衣材,售药而或欠于方剂,则不可也"②。因此,立定志向以后,就不要三心二意,自己既无专长,更不应强不知以为知,也不要"强其所不能,必欲自为著述以趋时尚"③。因为这样一来,势必要分散自己的精力,浪费宝贵的时间,影响自己专长的发展。所以,他在《文史通义》外篇三《与周次列举人论刻先集》中告诉大家:"大抵文章学问,善取不如善弃。天地之大,人之所知所能,必不如其所不知不能,故有志于不朽之业,宜度己之所长而用之,尤莫要于能审己之所短而谢之。是以舆薪有所不顾,而秋毫有所必争,诚贵乎其专也。"要想在学术上做出成就,没有这种"善弃"的精神是很难想象的。因为人的精力有限,不分主次地样样都去研究,结果将是一无所成。所以必须尽量发挥自己的长处,珍惜光阴,刻苦奋斗。这是治学当中不可忽视的经验。

基于这一观点,章学诚还提出学者应有自知之明,也就是要能正确对待自己。特别是对自己的学术才能,应当自己心中有数,既要看到长处,又要看到短处,尤其要看到长处之中还有不足。要做到这点是很不容易的,但对于一个学者来说,却又是很重要的。因为有了自知之明,既可避免莫名其妙的骄傲自大,又可避免不必要的自暴自弃。"人生难得全才",这就是他的立

---

① 《与族孙汝楠论学书》,《文史通义》外篇三。
② 《博约上》,《文史通义》内篇二。
③ 《家书二》,《文史通义》外篇三。

论根据。在《文史通义》内篇六《杂说》里，他说：

> 学问以知人，知学先须知人，知人先须自知。自知所长易，自知所短难；自知所短易，自知所长之中犹有所短难。知长中之短，则进学自不容已矣；自知既明，则不患不知人矣。人各有长有短，与人相形，见短而不以为患者，特别有所长也；知长中犹有所短，而丧然失所恃矣；然不学亦不知也。学而能知长中之短，则几矣。

自己能有正确认识，学习中也就不会苛求于人，特别是对待古人的著作，才有可能树立正确的态度。

三、博而不杂，约而不漏

清初浙东史家于学问莫不博大而精深，自成一家之说，所以章学诚在《文史通义》内篇二《浙东学术》一文中说："浙东贵专家，浙西尚博雅，各因其习而习。"这确实道出了清初浙东史学的一大特点。所谓"贵专家"，就是贵有独创精神，能够自成一家之说。章学诚是浙东史学的殿军，在这方面表现尤为突出。他在《文史通义》外篇三《家书三》中说："吾于史学，贵其著述成家，不取方圆求备，有同类纂。"当然，要成专家之学，就得有渊博的知识为基础，择一而专。所以，对于如何处理好渊博与精专的关系，章学诚予以足够的重视，并作过很多的论述。

章学诚说："博详反约，原非截然分界。"[①] 他在《文史通义》内篇六《博杂》中说，当时的学风贪多求全，"不知学问之为己而骛博以炫人焉，其为学也，泛无所主，以谓一物不知，儒者所耻，故不可以有择；其为考索也，不求其理之当而但欲征引之富，以谓非是不足以折人之口也；其为纂述也，不顾其说之安而必欲赅而俱存"。这样一些人，章学诚贬之为"贱儒"。"此其为术，蠢愚纯拙，而其为说，亦室戾不通之至矣。"可是对这种"贱儒"，"当世犹有称之者，学术不明，驳杂丑记为流俗之所惊也"。针对这一

[①] 《与族孙汝楠论学书》，《文史通义》外篇三。

现状，章学诚在《博约下》里明确提出"学必求其心得，业必贵于专精"的主张。又在外篇三《家书四》中指出："学贵专门，识须坚定，皆是卓然自立，不可稍有游移者。"在内篇六《假年》中，他批评那些专事"骛博以炫人"的做法，说："天下闻见不可尽而人之好尚不可同，以有尽之生而逐无穷之闻见，以一人之身而逐无端之好尚，尧舜有所不能也。"既然如此，求知博览也就不能漫无边际，人生有限，书籍无穷，欲以有限的生命，穷尽浩如烟海的书籍，那便是自不量力。必须懂得，博览载籍，终归是为专精服务，立学成家是其最终的归宿。所以章学诚又说："大抵学问文章，须成家数，博以聚之，约以收之，载籍浩博难穷，而吾力所能有限，非有专精致力之处，则如钱之散积于地，不可绳以贯也。"① 做学问只是漫无边际的泛览，而无专精之处，则如钱散于地而不可拾也。当然博览与专精又相辅相成，无博览为基础，也就无从上升到专精。"士生三古而后，苟欲有志乎官守师传之业，非有所独得者，固不可以涉猎为功；而未能博稽载籍，遍览群言，亦未有以成其所谓独得之学而使之毫发之无憾。"② 这说明，治学必须具有独创精神，有独得之学，又非得有"博稽载籍，遍览群言"的功力不可。

为了进一步说明博与专的相互关系，章学诚还特地在《文史通义》中写了《博约》上中下三篇、《博杂》一篇，加以论述。在《博约中》里，他这样说：

> 博学强识，儒之所有事也。以谓自立之基，不在是矣。学贵博而能约，未有不博而能约者也。以言陋儒荒俚，学一先生之言以自封域，不得谓专家也。然亦未有不约而能博者也。以言俗儒记诵漫漶至于无极，妄求遍物，而不知尧舜之知所不能也。博学强识，自可以待问耳；不知约守而只为待问设焉，则无问者，儒将无学乎？且问者固将闻吾名而求吾实也；名有由立，非专门成学不可也，故未有不专而可成学者也。

这段议论，把博约的辩证关系论述得十分透彻。意思是说，博本来就

---

① 《与林秀才》，《文史通义》外篇三。
② 《藉书园书目叙》，《文史通义》外篇二。

是为了约而设，为约而求博，则博的目的性才更加明确。反之，约也只有在博的基础上才能实现。故两者是治学过程中相互依存的统一体。这里需要说明的是，章学诚在论学中间，常把学问分为"藏往之学"与"知来之学"两种，所谓"知来之学"就是指具有独创性的专家之学，这两种学问对于博的要求表面上看似乎有所不同，"藏往之学欲其博，知来之学欲其精"。但接着他说："真能知来者，所操甚约而所及者甚广。"[①] 可见"知来之学"虽然本身是要求精专，但仍离不开以广博的知识为基础。当然，总的来说，"学必有所专"，"学必求其心得，业必贵于专精"，乃是章学诚论述博约关系的最终目的。从他在《文史通义》内篇六《博杂》篇所打的比喻来看，目的也在于此。他说："学之要于博也，所以为知类也。张罗求鸟，得鸟者不过一目，以一目为罗，则鸟不可得也。然则罗之多目，所以为一目地也。"张罗的目的在于求鸟，因此，罗目多少无不服务于此。

正是基于学贵独创精神、自成一家之言的观点，章学诚对宋代史家郑樵的评价，提出了与众不同的看法。别人批评郑樵学术"疏漏"，他却十分推崇郑樵，专门为之写了《申郑》、《答客问》等文加以申辩，指出郑樵的学术贡献，在于"不徒以词采为文，考据为学"，而在于能发凡起例，运用别出心裁，成一家之言。事实也正是如此，只有具有探索和独创精神的人才有可能成专门学问，"成一家之言"。如果事事跟随前人，样样墨守成规，自然也就谈不上独创了。唯其如此，章学诚一再强调，学者治学态度必须严肃认真，不要抄袭别人著作，自己既然学无心得，就不应该著述文章到处招摇撞骗。他正是这样要求自己的。他在《文史通义》外篇三《与陈鉴亭论学》中说："鄙著《通义》，凡意见有与古人不约而同者，必著前人之说，示不相袭。"所以，他每写成一篇文章，都要先送给学界朋友审看，"遍询同人"，请"同志诸君为检先儒绪论，审有似此者也。如其有之，幸即寄示，俾得免于雷同剿说之愆"。对于不成熟的作品，他主张不要轻易发表，以免贻误别人。他在同邵晋涵及其他朋友通信时，对这两个问题都进行了讨论，指出："学无心得而但袭人言，未有可恃者也，是以不得不别白而存其真也。顾宁人云：'良工不示人以璞，恐其以未成之器误人。'我辈书未出，而微言要

[①] 《礼教》，《文史通义》内篇一。

旨，往往先见言论，遂使人得掩为似是之非，虽曰士风之浇，而轻露其璞以误人，我辈不得不职其咎矣。"① 这是何等对读者负责的治学态度和高尚品德！这两点要求，即使在今天，也是值得借鉴和记取的，那就是做学问一是不要抄袭别人著作，二是不成熟的作品不要轻易发表以免贻误读者。

四、学与功力，似而不同

在考据学风行的乾嘉时代，许多人都终日"疲精劳神于经传子史"的考证补苴，把抄录资料、考订文字看成是自己的绝大学问，并认为这才是真正的学问，除此之外，别无学问可言。这实际上是把做学问的功力与学问等同起来，以为治学的功力掌握了，也就等于掌握了学问。对此错误看法，章学诚也加以严厉的批评。

在《文史通义》外篇三《又与正甫论文》中，他说：

> 学问文章，古人本一事，后乃分为二途。近人则不解文章，但言学问。而所谓学问者，乃是功力，非学问也。功力之与学问，实相似而不同。记诵名数，搜剔遗逸，排纂门类，考订异同，途辙多端，实皆学者求知所用之功力尔。即于数者之中，能得其所以然，因而上阐古人精微，下启后人津逮，其中隐微可独喻，而难为他人言者，乃学问也。今人误执古人功力以为学问，毋怪学问之纷纷矣。文章必本学问，不待言矣。而学问中之功力，万变不同。《尔雅》注虫鱼，固可求学问，读书观大意，亦未始不可求学问，但要中有自得之实耳。中有自得之实，则从入之途，或疏或密，皆可入门。……而今之误执功力为学问者，但趋风气，本无心得，直谓舍彼区区掇拾，即无所谓学，亦夏虫之见矣。

可见在章学诚看来，考据不过是做学问过程中所采用的一种手段、一个环节，是求得学问的一种功力，而"非学问"。读了几部古人的书，难道就能说明自己掌握了学问吗？当然不能，只能说明在做学问过程中积累了一定

---

① 《与邵二云论学》，《文史通义》外篇三。

的知识。只有自己有了体会，产生了独得之见，可以"上阐古人精微，下启后人津逮"，这才算是学问。在《博约中》一文里，他还举例说："王伯厚氏搜罗摘抉，穷幽极微，其于经传子史，名物制数，贯串旁骛，实能讨先儒所未备，其所纂辑诸书，至今学者资衣被焉，岂可以待问之学而忽之哉？答曰：王伯厚氏盖因名而求实者也。昔人谓韩昌黎因文而见道，既见道则超乎文矣；王氏因待问而求学，既知学则超乎待问矣。然王氏诸书，谓之纂辑可也，谓之著述则不可也；谓之学者求知之功力可也，谓之成家之学术则未可也。"他认为当时学者所以产生这种错误看法，是因为受到王氏这些著作的影响，"正坐宗仰王氏，而误执求知之功力以为学即在是尔"。他还说："学不可以骤几，人当致攻乎功力则可耳，指功力以谓学，是犹指秣黍以谓酒也。"求得学问并不是轻而易举之事，必须下苦功，打基础，只要功力到家，学问就有可能得到。秣黍可以造酒，但本身还不是酒，功力可以达到学问，但功力本身并不是学问。"学与功力，实相似而不同。"在《文史通义》外篇二《郑学斋记书后》里，章学诚还一针见血地指出："世之学者，喜言墨守"，"然以墨守为至诣，则害于道矣"！

前面讲过，章学诚非常强调在治学中做札记的重要性，但这种札记本身显然还不是学问，并不能把札记直接看作著作。对此，章学诚曾明确加以区别。他说："为今学者计，札录之功必不可少。然存为功力，而不可以为著作。"① 辨明这一点自然是很必要的。

章学诚之所以要反复辨明"学与功力，实相似而不同"，主要是批判汉学家把考据当作学问，把考据用来名家，把考据当作一切，除此之外则别无学问可言的不正之风。考据既是功力，自然就不能用来名家。章学诚说：

> 考据者，学问之所有事耳；学问不一家，考据亦不一家也。鄙陋之夫不知学问之有流别，见人学问，眩于目而莫能指识，则概名之曰考据家。夫考据岂有家哉！学问之有考据，犹诗文之有事实耳。今见有如韩柳之文，李杜之诗，不能定为何家诗文，惟见中有事实，即概名为事实家，可乎？学问成家，则发挥而为文辞，证实而为考据。比如人身，学

---

① 《与林秀才》，《文史通义》外篇三。

问，其神智也；文辞，其肌肤也；考据，其骸骨也。三者备而后谓之著述。著述可随学问而各自名家，别无所谓考据家与著述家也。鄙俗之夫，不知著述随学问以名家，辄以私意妄分为考据家、著述家，而又以私心妄议为著述家终胜于考据家。彼之所谓考据，不过类书策括；所谓著述，不过如伊所自撰无根柢之诗文耳；其实皆算不得成家。是直见人具体，不知其有神智；而妄别人有骸骨家与肌肤家，又谓肌肤家之终胜骸骨家也，此为何许语耶？[①]

章学诚这些观点，在当时来说是有积极意义的，不但批驳了汉学家的错误看法，也是对清朝文化专制主义的抗议。因为这种奇特社会现象的出现，完全是清朝政府严厉的文化专制主义，特别是文字狱造成的。在文禁森严的条件下，知识分子只能终日在几本古书里下功夫，其他别无出路。这种状况对清朝统治者有利，因而加以大力提倡。需要说明的是，章学诚当时认为考据不能称学，亦不能名家，这是有特定历史条件的。我们今天自然不能以现代的学术发展情况去批评章学诚当时的评论。

[①] 《诗话》,《文史通义》内篇五。

第十一章
浙东史学的殿军

浙东史学是中国历史上一个颇具特色的学术流派。它在宋代形成，经元明时期的过渡，到清代达到鼎盛。而章学诚则是浙东史学的殿军和集大成者。对此，学术界尚有个别学者持不同看法，认为章学诚算不上浙东学派成员，章学诚与浙东史学前辈极少关系，有的甚至断然否定历史上存在过浙东学派。为了辨清事实，有必要将浙东史学的形成发展概况及其特点、章学诚与浙东史学的关系等问题加以阐明。

第一节　浙东史学的概况

浙东，作为一个地域概念，是指浙江省的东部地区。钱塘江大致呈西北东南状，将浙江省分隔成东西两半，故"两浙"之称，起源很早。唐代置浙江东道、浙江西道。宋改称浙江东路、西路。元至正二十六年（1366）始置浙江等处行中书省。明洪武九年（1376）改称浙江承宣布政使司。清朝因之称浙江行省，属府十一，仍以钱塘江之右的杭州、嘉兴、湖州三府称为"浙西"，俗称"下三府"；而以钱塘江之左的宁波、绍兴、台州、金华、衢州、严州、温州、处州八府称为"浙东"，俗称"上八府"。

浙东地区山清水秀，物产丰富，不仅有宁绍平原、金衢平原等鱼米之乡，更有宁波、温州等对外贸易港口，故历来被称作"财赋之上腴"[①]。该地区文化发达，人才辈出，思想活跃，到宋代逐渐形成一个颇具特色的学派。

学术发展以地域为限而形成某种学派，在古代特殊情况下，往往如此。

---

① （清）嵇曾筠：《浙江通志·序》，光绪二十五年重刻本，商务印书馆1934年影印本。

这一方面有师承关系，或经名师讲学传习，或属家学渊源；另一方面，同一地区就近从业方便，学风也会播迁浸染。宋代社会经济比之它的前代有了迅猛的发展，而学术文化也达到空前繁荣。当时书院林立，讲学之风盛行，对众多学派的形成更有直接的作用。北宋时期便出现了"关学"、"洛学"、"蜀学"、"新学"等哲学流派。南宋以后，学派更是众多，而影响最大的莫过于朱学、陆学和在浙东地区形成的"浙学"。朱学和陆学皆偏重于义理心性的研究，而浙东之学则在言性命义理的同时，"必究于史"，由经入史，注重从现实出发研究历史，强调学术研究必须经世致用，提倡实学。这在当时被视为"经制事功之学"，而实质上是一个史学派别。这个浙东学派主要集中在永嘉、永康、金华三个中心，其代表人物分别为叶适、陈亮、吕祖谦等。[①]此外浙东宁波、绍兴地区史学也相当发达，代表人物有黄震、王应麟和陆游、高似孙等。他们的史学思想对清代浙东史学有着重要的影响。

浙东学派在南宋形成并显示了其特有的个性，在浙江文化史乃至中国学术文化史上留下了绚丽多彩的一页。但是继宋而起的元、明是中国学术文化的低谷时期，浙东史学也渐渐丧失了南宋时期那种蒸蒸日上的锐气，而只是在南宋的基础上相应地得到了一些发展。如元代浙东婺州（金华）的金履祥，宁波的袁桷、胡三省，明代金华的宋濂、义乌的王祎、天台的方孝孺、兰溪的胡应麟等，他们或者参与官修国史，注重宋元史的改修和续补，或者致力于地方文献的整理和研究，有的则重视史学理论的研究。正是由于他们的努力，浙东史学的传统才得以艰难曲折地延续下去，为清代浙东史学的重新振兴并达到鼎盛奠定了基础。特别是从明代中后期开始，由于时代的变迁、学术思想的演变，浙东地区又逐渐出现了类似宋代的可喜景象，学者们著书立说、讲学论道蔚然成风。而首开这种风气者，便是余姚的王阳明，他提倡心学良知，批判朱子理学的教条统治，要恢复儒家经典"道事合一"的本来面貌，注重经史合一，六经皆史。这就推动了学术思潮的变革，为明清之际浙东史学流派的再度崛起和清代浙东史学高峰期的到来开辟了道路。[②]

随着明末清初的社会动荡，阶级矛盾和民族矛盾尖锐，意识形态领域里

---

① 参见叶建华：《宋代浙江事功学派述评》，《浙江学刊》1989年第6期。
② 参见叶建华：《浙东史学流派简史》，《浙江学刊》1990年第6期。

出现了许多反对理学空谈误国，主张经世致用之学的启蒙思潮，而浙东史学也再次崛起。其开山祖便是黄宗羲。他远承宋代浙东学派以及元明以来浙东史学的优良传统，近受浙东王阳明、刘宗周哲学思想的启蒙，倡导经世致用之学，并通过著书讲学、师友传授，为浙东地区培养了一大批有识之士。[①]其中最著名的有万斯同、万斯大，他们直接继承了黄宗羲的经史之业。万斯大专治经学，斯同博通诸史，尤熟于明代掌故。与万氏同时，尚有邵念鲁（廷采），亦尝问业于梨洲，而传其文献之学。继邵氏之后，又有全祖望，私淑黄、万，向慕其风，于晚明文献搜罗，贡献尤大。其后出者则有邵晋涵、章学诚等，而章学诚实为浙东史学之殿军。非常明显，从黄宗羲到章学诚，史学宗旨一脉相承。诚如后来梁启超所说："浙东学风，从梨洲（黄宗羲）、季野（万斯同）、谢山（全祖望）起以至于章实斋，厘然自成一系统，而其贡献最大者实在史学。"[②]

综观清代史学阵容，如果抽掉了富有生气的浙东史学，便会黯然失色。众所周知，乾嘉史学是清代史学发展史上的顶峰，如果排除浙东史学名家全祖望、章学诚等人，其余的就只有以考史著称的钱大昕、王鸣盛、赵翼等人了。这些史家虽说在整理古籍、考订真伪方面作出了贡献，但毕竟只是些"襞绩补苴"的工作，并无发挥创造精神，这是大家所公认的。而浙东学派的史学家则不然，他们大多贵发明创造，并且在史学上亦多有重大贡献。黄宗羲是开一代史学新风的创始人，提倡学术经世致用，他在史学上贡献尤大者还在于开创了学术史的编纂，中国有完善的学术史是自他的《明儒学案》和《宋元学案》两书开始的。万斯同在史学上的杰出贡献，也是众所周知的。他以布衣参修《明史》，不署衔，不受俸，五百卷《明史稿》，皆出其手定。因此，现行《明史》，虽属官局分修，实际上最初全靠万斯同总其成。对此，钱大昕就说过："乾隆初大学士张公廷玉等奉诏刊定《明史》，以王公鸿绪史稿为本而增损之，王氏稿大半出自先生手。"[③]至于史学方面著作重要

[①] 参见仓修良：《黄宗羲和清代浙东史学》，《东南文化》1989年第6期。
[②] 梁启超：《清初史学之建设》，《中国近三百年学术史》八，见朱维铮校注：《梁启超论清学史二种》，第200页。
[③] （清）钱大昕：《万斯同先生传》，《潜研堂文集》卷38，见吕友仁校点：《潜研堂集》。

的还有《历代史表》、《儒林宗派》等书。邵廷采在史学方面则有《东南纪事》、《西南纪事》这样两部被梁启超等人誉为"有系统的著述"、具有"永久的价值"的重要著作。[①] 全祖望在史学上的贡献更是多方面的,他续补《宋元学案》,在学术史编纂体例上有创见,他是继黄、万而重视采集文献的代表人物,用碑传记序等形式,把搜罗来的大量晚明史事记录下来。他还七校《水经注》,三笺《困学纪闻》。邵晋涵在负责撰写《四库全书总目》史部提要的同时,很重视宋元明清史的研究。他有志于改编《宋史》,又帮助毕沅审定《续资治通鉴》,于晚明清初史事知之尤深,清代"数十年来名卿列传"亦多出其手。作为浙东史学殿军的章学诚,单就他的《文史通义》和《校雠通义》两书,就足以说明他在史学上的巨大贡献,何况他还编了一部规模更大的《史籍考》,以及多部高质量的地方志书。从以上简单概述可以看出,清代浙东史学在清代史学发展中占有举足轻重的地位。而每位浙东史学家又都各自具有不同的创见与建树。他们治学的共同特点在于:(1)反门户之见;(2)贵专家之学;(3)主张学术必须经世致用。[②] 可见清代浙东史学确实是一个颇具特色的学派。

第二节 章学诚是浙东史学的殿军

我们称章学诚为浙东史学的殿军和集大成者,不仅是因为他和浙东诸史学大师共同生活在浙东地区,并与他们在学术上有着密切的师友传承关系,而且因为他弘扬光大了浙东史学的学术思想和治学精神,在史学上取得了罕有其匹的成就,更因为他始终以浙东史学的一员自居,并在晚年著成《浙东学术》一文,对浙东学派进行了反思和总结。不过,学术界至今尚有个别学者怀疑章学诚是浙东学派的成员,并进而否定清代浙东学派的存在这个客观事实。其理由不外乎三点:一曰黄宗羲、全祖望、章学诚的史学与宋代浙东

---

① 梁启超:《清代学者整理旧学之总成绩三》,《中国近三百年学术史》十五,见朱维铮校注:《梁启超论清学史二种》,第412页。
② 参见仓修良、魏得良:《中国古代史学史简编》,黑龙江人民出版社1983年版。

学派"绝少因缘",所以历史上并不存在一个源远流长的浙东学派;二曰章学诚、邵晋涵的学问是"自致通达",与黄宗羲、全祖望等亦无"因缘"关系,特别是章学诚很晚才读到黄、全等的著作,甚至还不了解他们,所以,清代并不存在一个一脉相承的浙东学派;三曰章学诚的《浙东学术》一文很不可靠,他是为了与戴震抗衡而故意制造出一个源远流长的"浙东学派"来。[1] 我们认为,这些理由都是不符合历史事实的,故有必要加以辨明如下。

我们承认,宋代浙东学派和清代浙东学派确实是在不同的时代条件下产生的,但不能因此否定两者之间的学术渊源关系。就以清代浙东史学的开山祖黄宗羲来说,其学术思想渊源无疑是与宋以来浙东学派分不开的。全祖望即指出:"公(指黄宗羲)以濂洛之统,综会诸家,横渠(张载)之礼教,康节(邵雍)之数学,东莱(吕祖谦)之文献,艮斋(薛季宣)、止斋(陈傅良)之经制,水心(叶适)之文章,莫不旁推交通,连珠合璧,自来儒林所未有也。"[2] 黄宗羲本人对宋代浙东学派就曾作过积极的评价,称他们"教人就事上理会,步步著实,言之必使可行,足以开物成务"。所著《南雷诗历》卷四《次徐端先生见赠》中还赞扬过南宋以来浙东之史学。清代浙东史学大柱全祖望的文献学,也深受吕祖谦、王应麟、黄震等宋元浙东史学名家的影响。他曾多次称赞王应麟"私淑东莱,而兼综建安、江右、永嘉之传"[3]。又说:"王尚书深宁(王应麟)独得吕学之大宗,深宁论学,独亦兼取诸家,然其综罗文献,实师法东莱。"[4] 全祖望本人即被人们称为"深宁(王应麟)、东发(黄震)后一人"[5]。而黄宗羲、全祖望两人的《宋元学案》一书,对宋代浙东学术也有详尽的记述。至于章学诚,就更是多次提及宋以来浙东史学的渊源和发展情况。他在《遗书》卷18《邵与桐别传》中说:"南宋以来,浙东儒哲讲性命者,多攻史学,历有师承。宋明两朝,记载皆稿荟

---

[1] 金毓黻:《中国史学史》,重庆商务印书馆1944年版;何冠彪:《浙东学派问题平议》,《清史论丛》第七辑,中华书局1986年版;柴德赓:《试论章学诚的学术思想》,《光明日报》1963年5月8日;余英时:《论戴震与章学诚》,台北华世出版社1977年版。

[2] (清)全祖望:《梨洲先生神道碑文》,《鲒埼亭集》卷11,见黄云眉选注:《鲒埼亭集选注》,齐鲁书社1982年版。

[3] (清)全祖望:《宋王尚书画像记》,《鲒埼亭集》外编卷16,四部丛刊本。

[4] (清)全祖望:《同谷三先生书院记》,《鲒埼亭集》外编卷16,四部丛刊本。

[5] 《全祖望传》,《清史稿》卷481,中华书局标点本。

于浙东,史馆取为依据,其间文献之征,所见所闻,所传闻者,容有中原耆宿不克与闻者矣。"又在《文史通义》外篇三《与胡雒君论校胡稺威集二简》里说:"浙东史学,自宋元数百年来,历有渊源。"《文史通义》外篇三《与阮学使论求遗书》也说:"浙中自元明以来,藏书之家不乏,盖《元》、《明》两史,其初稿皆辑成于甬东人士,故浙东史学,历有渊源,而乙部储藏,亦甲他处。"在《遗书》外编卷3《丙辰札记》中,他还对吕祖谦创立的金华学派大加赞赏,并叙述其门人说:

> 金华自宋吕东莱倡明理学,而儒风大振,前后称六先生。北山何基,鲁斋王柏,仁山金履祥,白云许谦,枫山章懋。惟东莱、枫山仕于朝,而四先生皆布衣。何谥文定,王谥文宪,金谥文安,许谥文懿。足见当时崇儒重道,不以草泽而靳易名之典也。

此外,元明以来,两浙为边远省份,去京城较远,又濒临东海,因而清入关后,这里一度成为明末遗民反清复明的重要根据地。就这点而言,宋末元初浙东爱国史家王应麟、胡三省的史学思想自然对他们也产生一定的影响。黄宗羲曾多次起兵抗清,便是明证。

总之,否认清代浙东史学与宋代浙东学派之间的学术联系和影响,是不符合历史事实的。

至于怀疑章学诚是浙东学派的成员,进而否定清代以黄宗羲开山,万斯同、邵廷采传承,全祖望、邵晋涵发扬光大,章学诚集大成的有源有流、脉络清晰的史学派别,就更是毫无根据了。

首先,说章学诚、邵晋涵是"自致通达",与黄宗羲、全祖望无"因缘"关系,甚至"不了解"黄、全,并与浙东史学"无共同之处",便不是事实。

说章学诚"不了解全祖望"[①]、"对全祖望的认识也有限"[②]的唯一根据是,章学诚在晚年所著《乙卯札记》中曾说过这样一句话:"全谢山文集,近始阅其详。"其实,仅凭此一语并不能证明章学诚很晚才知道全祖望这个人,只能

---

① 何冠彪:《浙东学派问题平议》,《清史论丛》第七辑。
② 柴德赓:《试论章学诚的学术思想》,《光明日报》1963年5月8日。

说明他很晚才读到全氏比较详尽的著作。事实上，只要我们不断章取义，就会发现，紧接着"近始阅其详"后面，章学诚还有对全祖望很长的一段评论和分析。为便于说明事实真相，我们有必要将这段原文全部引录如下：

> 全谢山文集，近始阅其详，盖于东南文献，及胜国遗事，尤加意焉。生承诸老之后，渊源既深，通籍馆阁，闻见更广，故其所见，较念鲁先生颇为宏阔。而其文辞，不免冗蔓，语亦不甚选择，又不免于复沓，不解文章互相详略之法，如鲁王起事，六狂生举义始末，见于传志诸作，凡三四处。又所撰神道墓碑，多是拟作，而刻石见用者十居其五，是又狃于八家选集之古文义例，以碑志为古文中之大著述也。汪钝翁辈且欲以《汉书》诸传，削去论赞，而增以韵铭作好碑志，同一惑矣。乃嗤念鲁先生为迂陋，不知其文笔未足抗衡思复堂也。然近人修饰边幅，全无为文之实，而竟夸作者，则全氏又远胜之矣。

就整段文字来看，章学诚在这里并无故意贬斥全祖望之意，而在文章的首尾，都有称颂和肯定之词。原文俱在，无须多作分析。而柴德赓先生却仅据中间几语即下结论："章学诚不了解全祖望，仅仅从《鲒埼亭集》中看到全氏所撰碑传事的重复，《乙卯札记》说：谢山'不解文章互相详略之法'，'所撰神道墓碑，多是拟作，而刻石见用者十居其五，是又狃于八家选集之古文义例，以碑志为古文中之大著述也'。把全祖望表彰民族气节的深心，看成是为自己的文集争体面，更暴露他自己思想浅陋。"其实，柴先生所列举的，是章学诚纯从文章的体裁、史学的义例方面所作的批评，纯属技术性问题，而对于全氏表彰明季忠义，保存东南文献之功，已经作了足够的肯定，说他"生承诸老之后，渊源既深，通籍馆阁，闻见更广，故其所见，较念鲁先生颇为宏阔"。邵念鲁在表彰明季忠烈，保存故国文献方面已是不遗余力，他本人又是章学诚最推崇的人物。而在这个问题上，章氏却肯定全祖望"较念鲁先生颇为宏阔"，这就充分说明章学诚对全祖望文集大量表扬明季忠义之士，是完全了解的，绝对不是什么"不了解"或"认识有限"。章学诚所干的行当，是文史校雠，为著作之林校雠得失，既然如此，他指出全祖望著作中存在的某些文章体例、文辞等方面的缺陷，完全属于正常现象，有什么理由值得非难呢？况且，章学诚所指出的几点，也都是事实。全祖望的文辞，确实不甚高明，所记事实，往往重重叠叠。为了把问题辨明，不妨再看看章学诚批评全祖望的另一段话：

> 全氏通籍馆阁，入窥中秘，出交名公巨卿，闻见自宜有进。然其为文，虽号大家，但与《思复堂集》不可同日语也。全氏修辞饰句，芜累甚多，不如《思复堂集》辞洁气清；若其泛滥驰骤，不免漫衍冗长，不如《思复堂集》雄健谨严，语无枝剩。至于数人共为一事，全氏各为其人传状碑志，叙所共之事，复见叠出，至于再四，不知古人文集虽不如子书之篇第相承，然同在一集之中，必使前后虚实分合之间互相趋避，乃成家法。而全氏不然，以视《思复堂集》，全书止如一篇，一篇止如一句，百十万言若可运于掌者，相去又不可以道里计矣。至于闻见有所出入，要于大体无伤，古人不甚校也。王弇州之雄才博学，实过震川，而气体不清，不能不折服于震川之正论。今全氏之才，不能远过弇州，而《思复堂集》高过震川数等，岂可轻相非诋？是全氏之过也。①

这段文字同样说明，章学诚批评全祖望的是文章的技巧义例，说他的文集不成家法，是技术性问题，并无涉及思想、人品。况且全祖望对邵念鲁《思复堂集》确有过贬议，即所谓"轻相非诋"，所以章学诚发此议论予以指正。确实，邵念鲁的传记文章要比全祖望高明，姚名达就曾说过："念鲁作传记，极尽文章之能事，梁任公先生推为中国第一，实非谀辞。"②关于此事，李慈铭也曾予以指出，他在《越缦堂日记》同治四年十一月十八日记曰："全谢山讥念鲁为学究，颇抉摘是集之谬误。念鲁腹笥俭隘，其学问诚不足望谢山津涯，而文章峻洁，则非谢山所及。"又十九日记曰："念鲁私淑梨洲，自任传姚江之学。尤勤勤于残明文献，蒐拾表章，不遗余力。虽终身授徒乡塾，闻见有限，读书不多，其所记载，不能无误；要其服膺先贤，专心一志，行步绳尺，文如其人，前辈典型，俨然可想；《鲒埼》以'固陋'

---

① 《邵与桐别传》附贻选跋，《遗书》卷18，第178页。
② 《邵念鲁年谱》附录，中国史学丛书本，商务印书馆1934年版。

二字概其一生，其亦过矣。"可见章学诚批评全祖望文章不及邵念鲁是正确的，尽管全祖望"讥念鲁为学究"，以"固陋"二字概其一生，但章学诚对全祖望仍无过激之词，只是指出"岂可轻相非诋？是全氏之过也"。两段引文也都足以表明这一精神。何况章学诚在其著作当中，引用、肯定、称颂全祖望的文章、论断、见解的地方还是很多的，在《乙卯札记》中，就不下二十处。

我们觉得有一点必须明确，一个学派中的成员，在学术宗旨一致的前提下，对于某些具体事物有不同的看法，是很自然的。何况闻道有先后，认识有深浅。众所周知，全祖望私淑黄、万，对黄宗羲极为崇拜，但对其短处，照样提出批评。他在《答诸生问南雷学术帖子》中说："先生之不免余议者，则有二：其一，则党人之习气未尽，盖少年即入社会，门户之见，深入而不可猝去。……其一，则文人之习气未尽，不免以正谊明道之余技，犹留连于枝叶，亦其病也。"[①] 批评的对错是另一回事，关键在于这样的批评并无损于他对黄氏的推崇。当然，我们也不会因此就说"全祖望不认识黄宗羲"或"黄、全两人无共同之处"。同样，章学诚对邵念鲁是推崇备至，自愧不及，但在某些见解上也有不同看法。比如，邵念鲁对元人修《宋史》，于《儒林传》外另立《道学传》，很不以为然，认为"吾道一贯，孰非道学中事，而以此立儒学标帜乎？同父（陈亮）所以谓人不当专学为儒，正为此也"，因而主张"似当去之"。[②] 而章学诚则从史家写史应当反映社会现实情况的原则出发，肯定了《宋史》的这一做法。[③] 可见，即使同一学派人物，学术上持有不同见解，乃是正常现象，只要总的学术宗旨一致，对于具体事物持有不同看法也是许可的。

何冠彪又说："章学诚对黄宗羲根本没有深入的认识，甚至对黄氏的思想渊源，曾经有过相反的论调。"其根据是：

《浙东学术》篇作于嘉庆五年，章氏把顾炎武、黄宗羲分别归入朱、

---

① 《答诸生问南雷学术帖子》，《鲒埼亭集》外编卷44，四部丛刊本。
② 《候毛西河先生书》，《思复堂文集》卷7，浙江古籍出版社1987年版，第312—313页。
③ 《丙辰札记》，《遗书》外编卷3，第390页。

陆两个系统；但在嘉庆二年写的《又与朱少白书》中，却把顾、黄同列入朱学系统……章学诚在三年间竟把黄宗羲从'朱学传人'一变而为王学的中流砥柱，他所提出的浙东学术传授脉络，就不能不令人怀疑了。将《又与朱少白》和《浙东学术》互相对照，后者顿失去立足点，而数十年来言之凿凿的浙东学统说便面临崩溃。

并自命他的这一发现，终于能"击中要害"①。

浙东学派的统系果真是如此不堪一击吗？为说明问题，有必要将何冠彪所称引的这两段关键性文字原文抄录如下。《文史通义》内篇二《浙东学术》云：

> 浙东之学，虽出婺源，然自三袁之流（指袁燮、袁肃、袁甫父子三人，鄞县人），多宗江西陆氏，而通经服古，绝不空言德性，故不悖于朱子之教。至阳明王子揭孟子之良知，复与朱子牴牾；蕺山刘氏本良知而发明慎独，与朱子不合，亦不相诋也。梨洲黄氏出蕺山刘氏之门，而开万氏弟兄经史之学，以至全氏祖望辈尚存其意，宗陆而不悖于朱者也。

《文史通义》外篇三《又与朱少白书》云：

> 夫空谈性理，孤陋寡闻，一无所知，乃是宋学末流之大弊。然通经服古，由博返约，即是朱子之教。一传为蔡九峰、黄勉斋，再传而为真西山、魏鹤山，三传而为黄东发、王伯厚，其后如许白云、金仁山、王会之，直至明初宋潜溪、王义乌。其后为八股时文中断。至国初而顾亭林、黄梨洲、阎百诗皆俎豆相承，甚于汉之经师谱系。

我们认为，上述两段文字内容，与其说是相反的论调，不如说是可以互解的阐述。在前一段中章学诚明确指出"浙东之学"虽"多宗江西陆氏"，但"通经服古，绝不空言德性，故不悖于朱子之教"，黄宗羲也是"宗陆而不悖于朱"，这与后一段所说的"通经服古，由博返约，即是朱子之教"正

---

① 何冠彪：《浙东学派问题平议》，《清史论丛》第七辑。

是相统一的。黄宗羲在"通经服古，由博返约"方面继承了朱熹，但这与他宗陆并无什么矛盾。实际上黄宗羲对朱、陆都推崇，并无门户之见。这种兼容并蓄的学术倾向在南宋浙东学派的吕祖谦身上即已表现出来了。全祖望即说："朱学以格物致知，陆学以明心，吕学则兼取其长，而复以中原文献之统润色之，门庭径路虽别，要其归宿于圣人，则一也。"①黄氏在"通经服古，由博返约"方面继承了朱熹，但这并不是朱学的全部，也不是朱学的核心。因而，黄宗羲似乎够不上何冠彪所说的"朱子传人"。况且阳明之学到了黄宗羲那里也已经发生了变化，由王阳明的"与朱子牴牾"变为黄宗羲的"不悖于朱子之教"。如果用未加修正的王学与朱学比较，则确实显得有些不相容。但黄氏对王学进行了修正，因而黄氏之学已与朱学有相通之处，并不牴牾。这就说明，章氏对黄氏学术渊源的认识和把握是基本正确的。

可见，将章学诚的《又与朱少白书》与《浙东学术》互相对照，非但不能使"浙东学统说""面临崩溃"，反而更可证明章学诚对浙东学术总结的正确性以及浙东学派存在的客观性。这是何冠彪先生万万没有想到的。

与此同时，那种试图从"心理分析"出发而得出的"章学诚为了与戴震抗衡故意虚构浙东学派统系"②的结论，也就成为毫无事实根据的一种主观推测。事实上，正如前文所讲到的，章学诚对戴震的批评完全是正常的学术批评，既谈不上有意抗衡，更没有必须虚构一个实际并不存在的"浙东学派"来为自己作所谓的"后盾"。何冠彪等却对上述心理分析法得出的结论推崇备至，认为"确是发前人所未发，同时推论合理，见解精辟，可说是研究'浙东学派'问题的一大突破"，这就可见何氏的论说究竟有多少确实可靠的事实根据了。建立在这种"推论"基础上的结论，才真的可以说是"不堪一击"呢！

总之，章学诚对黄宗羲、全祖望的论述很多。对黄宗羲是满口赞语，无一贬词；对全祖望是颂其思想学问，贬其文辞。《遗书》外编卷1《信摭》对黄梨洲生卒年写得十分清楚，说："张方海自言曾见黄梨洲，貌甚奇古。按

---

① （清）全祖望：《东莱学案》，黄宗羲原著，全祖望补修：《宋元学案》卷51，中华书局1986年版，第1653页。

② 余英时：《论戴震与章学诚》，台北华世出版社1977年版。

黄梨洲卒于康熙三十四年乙亥七月，年八十六，张方海生于康熙五十四年乙未，相去二十年，不及见也。乾隆乙卯，余在余姚见梨洲遗像二幅，貌甚肃穆清高，亦不见奇古也。"《遗书》外编卷5《阅书随札》亦载："黄梨洲，康熙乙亥年卒，八十六。邵念鲁，康熙辛卯年卒，六十四。"《信摭》又论及全祖望对黄梨洲一个论文观点的介绍："全谢山述黄梨洲论文，谓唐以前句短，唐以后句长；唐以前字华，唐以后字质；唐以前如高山深谷，唐以后如平原旷野。故自唐以后为一变。然而文之美恶不与焉。此论杂著文笔，及议论辞命，则诚然矣。"并指出，对于史书文笔又不尽然，因为唐以后，文人参与修史，使史文失去《春秋》比事属辞的原则。同时论及万斯同，称"其说近理"，而"诸儒不得其意，而纷纷强辞，于阙疑之道非也"。《文史通义》外篇三《家书七》又对黄梨洲"好名乃学者之病"的观点表示赞同，认为"黄氏之言良有味也"。至于章学诚对邵念鲁的认识和评价就更深刻了，这在下文还将进一步论及。特别是他还对浙东先贤黄宗羲、邵念鲁、全祖望的遗著未能及时刊刻心感不安，认为急需刊出以表彰先贤。他还亲自与邵晋涵一起商讨刊刻先贤著作之事。《邵与桐别传·贻选跋》对此有记载。而《文史通义》外篇三《与胡雒君论校胡稚威集二简》中更有详尽说明，他说：

> 昨闻邵二云学士逝世，哀悼累日，非尽为友谊也。浙东史学，自宋、元数百年来，历有渊源。自斯人不禄，而浙东文献尽矣。……曾忆都门初相见时，询其伯祖邵廷采氏撰著，多未刻者，皆有其稿，其已刻之《思复堂文集》，中多讹滥非真，欲校订重刊，至今未果。此乃合班、马、韩、欧、程、朱、陆、王为一家言，而胸中别具造化者也。而其名不为越士所知。又有黄梨洲者，人虽知之，遗书尚多未刻，曾于其裔孙前嘉善训导黄璋家，见所辑《元儒学案》数十巨册，搜罗元代掌故，未有如是之富者也。又有鄞人全谢山，通籍清华学士，亦闻其名矣，其文集专搜遗文逸献，为功于史学甚大，文笔虽逊于邵，而博大过之，以其清朴不务涂泽，故都人士不甚称道。此皆急宜表章之书。

读罢上文，章学诚对浙东史学前辈黄宗羲、全祖望等的学术究竟是否"不了解"、"认识有限"，答案就十分清楚了。

我们同样还可以从家学渊源、师承传授等关系，进一步探索章学诚、邵晋涵的学术渊源与浙东史学前辈的"因缘"关系，从而攻破章、邵是"自致通达"的观点。

单从表面现象上看，浙东诸大师的学术思想似乎对章学诚无直接影响，但只要仔细研究其学术思想，就会发现，不仅有直接影响，而且影响是多方面的。特别是邵念鲁的学术文章，对他影响尤大。他对邵氏推崇备至，几乎达到无以复加的地步。据吴孝琳《章实斋年谱补正》考证，章学诚的父亲骧衔"极重《思复堂文集》，深爱廷采为人。先生（指章学诚）亦然，故受其影响甚巨"[①]。章学诚在《文史通义》外篇三《家书三》中也说明了这个情况，他对儿子说：

> 吾于古文辞，全不似尔祖父。然祖父生平极重邵思复文，吾实景仰邵氏而愧未能及者也。盖马、班之史，韩、欧之文，程、朱之理，陆、王之学，萃合以成一子之书，自有宋欧、曾以还，未有若是之立言者也；而其名不出于乡党，祖父独深爱之，吾由是定所趋向；其讨论修饰，得之于朱先生，则后起之功也，而根底则出邵氏，亦庭训也。

章学诚极力表彰邵廷采之学，认为《思复堂文集》是熔经、史、文于一炉的著作，"五百年来罕见"之书。章学诚学术思想中的精髓——学术必须"经世致用"和"成一家之言"，便可以说是受到邵廷采思想的影响。《文史通义》外篇三《与邵二云论学》即说："君家念鲁先生有言：'文章有关世道，不可不作；文采未极，亦不妨作。'仆非能文者也，服膺先生遗言，不敢无所撰著，足下亦许以为且可矣。"在《遗书》卷18《邵与桐别传》中又对邵廷采的"一家之言"十分推崇，称其"发明姚江之学与胜国遗闻轶事，经纬成一家言，蔚然大家"。章学诚的老师朱筠也说"学诚笃好其（念鲁）文"[②]。姚名达还曾专门撰有《邵廷采与章实斋》一文，详论章学诚受邵廷采学术之影响[③]。章学诚

---

① 见《说文月刊》二卷九期，1940年12月。
② （清）朱筠：《邵念鲁先生墓表》，《思复堂文集》附录，浙江古籍出版社1987年版，第545页。
③ 见《邵念鲁年谱》附录，中国史学丛书本，商务印书馆1934年版。

是邵廷采的传人，殆无疑义，故而当时邵晋涵称章学诚为"念鲁身后桓谭"①。而邵廷采是浙东学派中的一位重要人物，他一生服膺王阳明、刘宗周的事功节义学说，又"惓惓以姚江书院为不朽之业"②，并先后主讲姚江书院达17年之久，堪称王学后劲。他又曾问学于黄宗羲，亲承黄氏之史学，生平亦"以经世自负"，并仿黄宗羲《行朝录》之体，著成《东南纪事》和《西南纪事》两部史书，又作《史略》六篇、《治平略》十二篇，都是经世致用之作。尚著有《宋遗民所知录》、《明遗民所知录》二书，表彰宋明忠烈之士。此外，受黄宗羲学术史研究的影响，邵廷采还对阳明学进行了总结和研究，著有《阳明王子传》、《蕺山刘子传》、《王门弟子传》、《刘门弟子传》、《姚江书院传》、《姚江书院后记》等文，基本反映了阳明学派的面貌，可与黄宗羲的《明儒学案》互补。诚如梁启超在《中国近三百年学术史》五《阳明学派之余波及其修正》里所云："时清圣祖提倡程朱学，孙承泽、熊锡履辈揣摩风气，专以诋毁阳明为事，念鲁常侃侃与抗不稍慑。……盖阳明同里后辈能昌其学者以念鲁为殿，其兼擅史学，则梨洲之教也。"又在《中国近三百年学术史》十五《清代学者整理旧学之总成绩（三）》中说："邵念鲁之《东南纪事》、《西南纪事》，盖以所闻于黄梨洲者重加甄补。"这一点时人亦多有指出，如朱筠即说：邵廷采"间从宗羲问逸事，受《海外录》、《行国录》，作《东南纪事》"③。邵晋涵也说："先生好从遗老访明亡故事，宗羲授以《海外录》、《行国录》，因……作《东南纪事》。"④邵国麟则说念鲁"师事黄征君（即宗羲）"⑤。全祖望虽对邵廷采多有贬词，但亦曾指出"念鲁曾问文献于梨洲"，"……梨洲信之……念鲁又袭之"⑥等等。邵廷采本人也说自己"尝以《读史百则》呈正黄先生，后又蒙授《行朝》一编，殷勤提命，难忘是恩"⑦。所以，邵廷采是名副其实的黄学传人。从这里也可见章学诚与浙东史学前辈的关系了。

---

① 《答邵二云书》，《文史通义》外篇三；《邵与桐别传》，《遗书》卷18，第178页。
② （清）邵向荣：《理学念鲁公传》，见《余姚邵氏宗谱》卷5，光绪十四年续修。
③ （清）朱筠：《邵念鲁先生墓表》，《思复堂文集》附录，第549页。
④ （清）邵晋涵：《族祖邵先生廷采行状》，钱仪吉辑：《碑传集》卷128，光绪十九年江苏书局刊本。
⑤ （清）邵国麟：《念鲁先生本传》，《思复堂文集》附录，第535页。
⑥ （清）全祖望：《答诸生问思复堂集帖》，《思复堂文集》附录，第555—557页。
⑦ 《谢陈执斋先生书》，《思复堂文集》卷7，第308页。

至于邵晋涵,他是邵廷采的从孙,其祖父邵向荣又是邵廷采的受业弟子,曾与廷采"终日论学,未尝不得意"①,深得廷采学术真谛,并写有《理学念鲁公传》。邵晋涵从他的祖父那里对廷采有很多了解,自云:"晋涵逮事王父,故得闻先生(念鲁)遗事甚详。"后来,又"熟复先念鲁文",并为之作《族祖邵先生廷采行状》。所以,邵晋涵的学术不仅是受家传的影响,同时也受到了包括刘宗周、黄宗羲、邵廷采在内的浙东学术先辈的熏陶。钱大昕即指出:"君(指晋涵)生长浙东,习闻蕺山(即宗周)、南雷(即宗羲)诸先生绪论。"②邵晋涵的挚友章学诚在《遗书》卷18《邵与桐别传》中亦说晋涵之学来源于"家传夙习"。晋涵本人对黄宗羲等浙东先贤十分景仰,"用为私淑,故性情质直贞亮,而经经纬史,涉猎百家"③。可见,将邵晋涵称为"自致通达",也是不符合事实的。

《浙东学术》一文的创作,标志着浙东史学已发展到了自我反省总结的阶段,是浙东史学发展到极盛时期的产物,也是章学诚对浙东史学的巨大贡献所在。在该文中,章氏不仅追根溯源,论述了清代浙东学派的发展脉络和统系,更总结了它的一系列特点和主要精神。文章开宗明义指出:"世推顾亭林氏为开国儒宗,然自是浙西之学;不知同时有黄梨洲氏,出于浙东,虽与顾氏并峙,而上宗王刘,下开二万,较之顾氏,源远而流长矣。"又说:"梨洲黄氏,出蕺山刘氏之门,而开万氏弟兄经史之学,以至全氏祖望辈尚存其意。"寥寥数笔,点明了清代浙东学术的上承下传之统系源流。这里重点在论清代浙东学术,故只上推至王、刘,而未及宋代。但在另外的地方则又屡言宋以来浙东之学术,这在前文中已有引及,不再赘述。章氏认为,浙东史学的最大特点是"言性命者必究于史",强调史学必须"经世致用",反对"空言著述",这是它区别于宋学和汉学的根本所在,也是其最杰出的地方。此外,浙东史学还有反门户之见和贵专家之学两个特点,而这两点也是由其"经世致用"、"切于人事事功"的学术宗旨所决定的。因为"讲学者必有事事,不特无门户可恃,亦且无以持门户矣"。"朱陆异同,干戈门户,千

---

① (清)邵晋涵:《族祖邵先生廷采行状》,钱仪吉辑:《碑传集》卷128,光绪十九年江苏书局刊本。
② (清)钱大昕:《邵君墓志铭》,《潜研堂文集》卷43,吕友仁标点:《潜研堂集》。
③ (清)王昶:《翰林院侍讲学士充国史馆提调官邵君墓表》,《春融堂集》卷60。

古桎梏之府，亦千古荆棘之林也。究其所以纷纶，则惟腾空言而不切于人事耳。""彼不事所事，而但空言德性，空言问学，则黄茅白苇，极面目雷同，不得不殊门户，以为自见地耳。故惟陋儒则争门户也。"这是极有见地的分析。而章学诚本人便是继承和光大了浙东史学的这三大特点，从而把浙东史学推到了最高峰，真正做到了集浙东史学之大成。章学诚为浙东史学的一员和殿军，不容置疑。而浙东学术流派也绝不会因一两个人的否定就不复存在。

结束语

　　章学诚不仅是我国封建社会后期杰出的史学评论家、方志学的奠基人，同时也是一位著名的思想家。他出生在中小地主家庭，青年时代，不愿为科举之业，认为科举考试如同烦琐的法律束缚着人们的思想。可是在他父亲去世以后，为全家生活打算，又不得不把希望寄托在科举考试上，企图通过这一途径取得一官半职，以养家糊口。生活好像总是故意捉弄他，每次考试都是落选，直到41岁那年方中进士。又因学问不合世用，终究未进入仕途。他仅在国子监时任过几年国子典籍（相当于图书管理员），有的研究文章说他任过知县，那是毫无根据的。他的一生是在艰难困苦中度过的，尽管生活颠沛流离，但读书、著作却从未间断。由于从未有过固定职业，故一生中就以主讲书院、为人修志、担任幕僚而走完艰辛的人生旅程。正因为如此，他的一生可以说都是寄生在地方官僚阶层并为他们服务，这使他与社会中下层人士有广泛的接触，对当时的政治、经济、文化学术上的利弊认识比较透彻，因而他的学术思想与当时的正统学派相背离，并成为与其对立的"异端"。他把挽救时风流弊视为自己不可推卸的责任，并大声疾呼"君子之学，贵辟风气，而不贵趋风气"，"天下事凡风气所趋，虽善必有其弊。君子经世之学，但当相弊而救其偏"。[①] 为了发扬正确的学术风气，他对学术界的时风流弊进行了多方面的针砭。这种逆时趋而进的举动在当时被视为"怪物"，诧为"异类"。但他毫不气馁，因为他在做学问上有追求真理的精神，有要在文史校雠上"成一家之言"的宏伟目标，这就成为支持他顶住周围人们对他歧视的巨大压力，忍受一生困苦磨难的精神支柱，直到终生。

　　从以上各章可以看出，章学诚在中国文化思想史上具有十分重要的地位，而且所作贡献是多方面的，无论是哲学、史学、方志学，还是文学、校雠学、

---

① 《淮南子洪保辨》，《文史通义》外篇一。

谱牒学、教育学等，他都有自己的独到见解，可以毫不夸张地说，他早年提出的要"成一家之言"的豪言壮语是完全实现了的。值得人们注意的是，他的所有成就都是在十分恶劣的环境中取得的，许多著作乃是写于"车尘马足之间"，直至晚年，为了完成《史籍考》的编纂，还拖着多病之躯，四处奔走，双目失明后，著作也从未中断。所以我们可以这样说，章学诚是真正认识人生的价值，因而他充分地发挥了人生的价值，为中华民族的学术文化发展无保留地作出了巨大的奉献。可是像这样一位有贡献的学者，正因为他为了挽救学风，重点批判了烦琐考据的流弊，就如同捅了马蜂窝一样，不仅生前遭到社会的冷落，死后也一直被埋没，甚至无人给他写个像样的传记，虽然《文献征存录》和《耆献类征》有一个几行字的小传，但却将姓也改了，变成"张学诚"了。究其原因，正如胡适在《章实斋先生年谱序》中所说："他生平眼高一世，瞧不起那班'孳绩补苴'的汉学家；他想不到，那班'孳绩补苴'的汉学家的权威竟能使他的著作迟至一百二十年后方才有完全见天日的机会，竟能使他的生平事迹埋没了一百二十年无人知道。"这几句话生动形象，将章氏身后的遭遇描绘得淋漓尽致。当然讲得未免过于绝对。事实上，光绪年间安徽桐城有位学者萧穆，对章氏其人其书了解得十分清楚。在他的文集《敬孚类稿》中还留下《记章氏遗书》和《跋文史通义》两篇文章，前者是记述章氏著作流传的经过，对我们今天研究章氏著作有重要价值。后者则是对章氏代表作《文史通义》与刘知幾《史通》作比较研究，许多观点在当时来说，十分了不起。如讲两人虽同为论史，但所论中心和重点并不一样，"两家同一论史，而宗旨各殊。刘氏之书论史法，章氏之书论史意；刘氏之论为官局纂修，章氏之论乃一家著述。名曰同条共贯，实则分道扬镳，非深玩两家之书者或未之能深悉也。两人才识既高，而文笔犀利，又足以达其所见。而恃才傲物，轶轹古今，几于前无古人，后无来者矣。两人之书，两人之情性，既足遥遥相对，有时呈其笔锋，放言高论，不察事实，凿空蹈虚，以致全书得失具陈，醇驳互见者，亦往往有之。……章氏所论，有'文章可以学古，而制度则必从时'，此真为千古之名言，后著作之家所当奉为严师之训也"①。如此评论，即使在近代亦很少有见。谁也不会想到，对于这样一位在

---

① （清）萧穆：《跋文史通义》，《敬孚类稿》卷5；《记章氏遗书》，《敬孚类稿》卷9。

学术上有杰出贡献的历史人物，近代最早宣传他事迹的竟是一位外国学者，那就是日本学者内藤虎次郎编著的《章实斋先生年谱》。时隔多年，方有胡适、姚名达两人合编的《章实斋先生年谱》问世。与此同时，梁启超在其《清代学术概论》和《中国近三百年学术史》中也对章学诚史学、方志学上的贡献作了阐述，这样章氏之学术才慢慢为人们所知晓。20世纪五六十年代，研究章氏之学者为数尚很少。80年代以后，对章氏史学、目录学、方志学等的研究论著逐渐多起来，问题的探讨也逐步深入，这本是正常的现象。可是有些人又开始议论起来了。有的说"五四"以后，梁启超、胡适等大捧章实斋，并援引某权威人物的话说章实斋是个"乡曲之士"，"读书不多的人，好发议论"，言下之意十分清楚。有的人则在著作中说，章学诚由于在考据方面搞不过戴震，故用研究理论以抗衡。有的说得就更直截了当，说时下研究章学诚在逐渐升温，评价越来越高，一顶顶桂冠都加在他头上等等。近来还有人在文章中说某某先生对章评价不高，显而易见，评价高的似乎就成了问题。还有的就某个问题或某方面材料就议论起章学诚学问的浅薄疏漏。对于这些，我们有必要发表自己的看法。

我们认为，学术研究首先不能抱有成见，不能因为章学诚在乾嘉之世大受冷落，我们今天也就不能对他作出公平正确的评价，否则就是吹捧。就以梁启超、胡适诸人的评论而言，他们的著作均在，就是在今天来看，也算不上是"大捧"。至于评价高与不高，也是相对的，若是他对中国学术文化发展确实有重大贡献，为什么评价不能高呢？应当注意的是，一个人对社会对历史所作的贡献乃是客观存在，正确的评价就是在反映客观存在，这有什么不可以呢？这里倒是用得上章学诚自己提出的要求，应当"尽其天而不益以人"，我们的主观意图要尽量去反映客观实际，使主观符合客观，而不能去扭曲客观。再者，每个人做学问的路子并不相同，你是研究小学的，不能因为人家研究史学理论，就认为是空发议论，是没有学问的表现，这种说法如何能令人信服，难道人家也非得研究小学才算是有学问吗？他提出写史应当重视"史义"，即重视观点与立场，要求作为优秀的史家必须具备"史德"，评论作品必须"知人论世"，如此等等，都是实际问题，哪一点是空发议论？看来谁也无法否认这些观点在史学发展中的光辉价值。至于他在方志学、校雠学方面的成就就更加显著了，尤其是其方志学理论，80年代初当中华大地掀起修志热潮时，竟成为修志工作者人人传颂的启蒙教材。这个壮观的场面，显然是有些人无法知道，更难以想象的。

当然，所以会对章学诚产生上述这样那样看法，其原因也是多方面的，有的是由于对章氏所处的时代及其遭遇和所作贡献均不太了解所致。当代学者王重民先生在《校雠通义通解》一书中也曾谈及此事，书中说："章学诚的《文史通义》，陈义甚深，从当时以至现在，都有人认为是'浮夸'，这是由于他所处的时代和个人的经历，是不相称的。例如：《和州志艺文书序例》，是一篇用社会文化史的发展观点论目录学方法与理论的专著，也是一篇国史艺文志的序录，放在《和州志》内本来有点不相称，但对这样的重大问题，当时的考据家们不注意，也不屑于讨论，而章学诚又没有地位，没有正式发挥议论的机会，所以就小题大做，把自己的议论写在自己所能写的地方。"又由于别人怀疑自己的理论，他又没有适当的机会去实践和发展，于是就把自己创立的史学义例用到修志实践中去，以此证明自己的理论是正确的。故王先生的结论是："章学诚的这种研究学问的方法与态度，是科学的，是正确的。"同样一个章学诚，不同的人研究，得出的结论悬殊竟如此之大，关键自然就在于是否抱着实事求是的科学态度。

为什么有人说章学诚是"乡曲之士"呢？我们认为这个说法是错误的，因为它不符合历史事实。我们不妨用著名历史学家白寿彝先生的话来作说明，这样或许会更加令人信服。白先生在《〈文史通义校注〉书后》一文开头便说："《文史通义》是在史学史上占有重要地位的一部书，也是我喜欢阅读的一部书，但这书也确实不好读。我喜欢阅读，是因为它有功力、有见识，提出的问题耐人寻味。说它不好读，因为它涉及的学术领域相当广泛，它有多方面学术渊源的继承关系，还有作者所处的时代之特定的政治环境和学术环境以及作者所特有的表达形式和语言。"[①] 试问哪一个"乡曲之士"能够著作出这样一部"有功力、有见识"、具有"多方面学术渊源"的杰出著作呢？单是这部著作，就已涉及哲学、史学、文学、方志学、校雠学等诸多方面的学问，何况他还有《校雠通义》及其他著作，其引书之多，也绝非"乡曲之士"所可比拟，至于学术上的许多杰出见解，更是任何"乡曲之士"

[①] 白寿彝：《〈文史通义校注〉书后》，《史学史研究》1988年第2期。

所望尘莫及的。他的著作与见解便是最好的见证。至于说某位先生对章氏评价不高,那只不过代表那位先生个人见解而已,不会影响大家对章氏作出公正合理的评价。我们可以告诉大家这样一个事实,在排列我国封建时代十大史学家的时候,无论如何排定,章学诚总是其中之一,这就是我国历史学界对他所下的结论。

其实只要我们冷静地深入研究就可以发现,章学诚的学术思想影响早就已经越出国界了,章氏也已经成为一位国际文化人物。日本、法国、美国等国都有学者对他的学术思想进行研究,发表论文,出版专著。日本学者内藤虎次郎还在20世纪初期便编著出版了《章实斋先生年谱》。1962年,法国汉学家Paul Demieville(戴密微,1894—1979)在其 Chang Hsüeh-cheng and His Historiography(《章学诚和他的史学》)一文中,称章学诚是中国第一流史学天才,他可以与阿拉伯的史学家伊本·凯尔东或欧洲最伟大的史学家并驾齐驱。[①]1966年,美国学者David S. Nivison(倪德卫)则著有 The Life and Thought of Chang Hsüeh-ch'eng(《章学诚的一生与思想》)一书,全书洋洋洒洒数十万言,而作为文明古国的我国国内至今尚无一本如此巨著专论章氏之学。书中指出:"章学诚是中国造就的最有魅力的思想家之一。""章学诚的许多史学理论,已经具有现代色彩。看起来他似乎是一个知识界的怪人,事实上并非如此,他像17、18世纪的其他人,如顾炎武、王夫之、黄宗羲、戴震一样,试图用自己的方法打破过去,提出新问题,用新的方法解决旧的问题。"书中还指出在中国学术界有许多人,"他们有的只是认识到章学诚学术的一部分,有的甚至误解。章氏一直没有被很好地理解,对大多数人而言,章氏只是一个有学问的人,而不是一个需要认真研究的思想家"[②]。这些论述难道不值得我们认真思考吗?尤其是对这些研究中的实质问题,竟是位外国学者所提出,这就更加值得学界同仁们思考了。上述事实说明,章学诚早已经跻身于世界史学名家之列,他的学术思想早已经成为世界文化知

[①] Paul Demieville, "Chang Hsüeh-cheng and His Historiography", W. G. Beasley and E. G. Pulleyblank eds., *Historians of China and Japan*, London: Oxford University Press, 1961.

[②] David S. Nivison, *The Life and Thought of Chang Hsüeh-ch'eng(1738-1801)*, California, Stanford: Stanford University Press, 1966.

识宝库中可贵的财富,这自然也是我们中华民族的骄傲。

总之,我们今天研究章学诚这位世界文化伟人的一生及其思想和学术贡献,不仅是研究传统文化的需要,更是建设社会主义精神文明的一项重要工作,因而具有重大的现实意义。对章学诚学术思想中的封建性糟粕,我们理应作出应有的批判,而对其中许许多多颇有价值的思想理论和学术观点,则值得加以继承和发扬,使之成为繁荣社会主义文化的养料。这,或许也正是我们撰写本书的初衷吧!

后 记

1984年，我在中华书局出版了《章学诚和〈文史通义〉》一书，由于书的主题所限，只是写了与《文史通义》有关的问题。学术界朋友虽诸多鼓励，但总觉得意犹未尽，希望我能对章学诚思想和学术贡献作一全面评述。当时我正在对章氏著作进行全面整理，鉴于其代表作《文史通义》自问世以来，一直无较为完善的定本，而主要的两种版本内容又出入很大，外篇竟是完全不同，因此决定按照章氏著此书的宗旨进行重新编定。正在这一工作接近尾声时，接到匡老主持的中国思想家研究中心来信，约我撰写《章学诚评传》，于是便不揣浅薄，欣然应命。

为了不辜负中国思想家研究中心的深情厚意，更好地完成这部评传，便约叶建华同志和我共同撰写，因为青年人对于新观点、新事物都更为敏感。他是我首届研究生，勤奋好学，学习期间已发表学术论文，毕业多年来，已发表、出版学术论著近70篇（部），对思想史、文化史、史学理论以及章学诚和浙东学派等，均有专门研究。在本书撰写中，我和叶建华同志共同发凡起例，从初稿到定稿，都相互讨论，密切合作，终于实现了预定的目标。

我们在撰写过程中，尽量努力按照匡老为评传丛书所制定的要求精神去做，对传主思想作全面研究和深入剖析，尽可能全面准确地反映传主的思想和学术贡献。为了写好这部评传，我们虽已尽了很大努力，作了反复修改，但书中缺点、错误之处恐怕还是在所难免，欢迎广大读者和行家批评指正。

本书撰写自始至终得到中心许多同志的热忱帮助。吴新雷教授还特地来杭州看望我们，征求意见，我们非常感激；茅家琦教授和蒋广学教授以极其认真科学的态度审阅了全书，提出了许多宝贵的修改意见；花建民先生为本书责任编辑，更为本书付出了辛勤的劳动；我的研究生文善常同志在本书的外文文献和章节目录翻译方面也做了不少工作。在此一并表示衷心感谢！

仓修良

1995年8月于杭州大学

附　记

恩师仓修良先生与我合著的《章学诚评传》自1996年出版以来，经过多次重版重印。此次再版，一是订正了一些文字差错；二是补充了有关史料；三是完善了个别论述和观点；四是优化了引用文献的版本信息，其中《文史通义》的版本更新为商务印书馆2017年出版的《文史通义新编新注》（仓修良编注）。特此说明。

叶建华

2022年5月